江苏思想史

朱承 刘佳 著

江苏文库

研究编

江苏文化专门史

江苏文脉整理与研究工程

江苏人民出版社

图书在版编目(CIP)数据

江苏思想史/朱承,刘佳著. —南京:江苏人民出版社,2020.7

(江苏文库. 研究篇)

ISBN 978-7-214-25291-3

Ⅰ.①江… Ⅱ.①朱…②刘… Ⅲ.①学术思想—思想史—研究—江苏 Ⅳ.①B2

中国版本图书馆 CIP 数据核字(2020)第 126656 号

书　　名	江苏思想史
著　　者	朱　承　刘　佳
出版统筹	韩　鑫
责任编辑	龚　权
特约编辑	张　欣
责任监制	王　娟
装帧设计	姜　嵩
出版发行	江苏人民出版社
出版社地址	南京市湖南路 1 号 A 楼,邮编:210009
出版社网址	http://www.jspph.com
照　　排	江苏凤凰制版有限公司
印　　刷	苏州市越洋印刷有限公司
开　　本	718 毫米×1 000 毫米　1/16
印　　张	22　插页 4
字　　数	317 千字
版　　次	2020 年 7 月第 1 版　2020 年 7 月第 1 次印刷
标准书号	ISBN 978-7-214-25291-3
定　　价	76.00 元

(江苏人民出版社图书凡印装错误可向承印厂调换)

江苏文脉整理与研究工程

编纂出版委员会

出版说明

江苏文化源远流长、历久弥新，文化经典与历史文献层出不穷，典藏丰富；文化巨匠代有人出、彪炳史册，在中华民族乃至整个人类文明的发展史上有着相当重要的地位。为科学把握江苏文化的内涵与特征，在新时代彰显江苏文化对中华文化的贡献，江苏省委、省政府决定组织实施“江苏文脉整理与研究工程”，以梳理江苏文脉资源，总结江苏文化发展的历史规律，再现江苏历史上的文化高地，为当代江苏构筑新的文化高地把准脉动、探明趋势、勾画蓝图。

组织编纂大型江苏历史文献总集《江苏文库》，是“江苏文脉整理与研究工程”的重要工作。《文库》以“编纂整理古今文献，梳理再现名人名作，探究追溯文化脉络，打造江苏文化名片”为宗旨，分六编集中呈现：

（一）书目编。完整著录历史上江苏籍学人的著述及其历史记录，全面反映江苏图书馆的图书典藏情况。

（二）文献编。收录历代江苏籍学人的代表性著作，集中呈现自历史开端至一九一一年的江苏文化文本，呈现江苏文化的整体景观。

（三）精华编。选取历代江苏籍学人著述中对中外文化产生重要影响、在文化学术史上具有经典性代表性的作品进行整理，并从中选取十余种，组织海外汉学家翻译成各国文字，作为江苏对外文化交流的标志性文化成果。

（四）方志编。从江苏现存各级各类旧志中选择价值较高、保存较好的志书，以充分发挥地方志资治、存史、教化等作用，保存江苏的地方文献与历史文化记忆。

（五）史料编。收录有关江苏地方史料类文献，反映江苏各地历史地理、政治经济、文化教育、宗教艺术、社会生活、风土民情等。

（六）研究编。组织、编纂当代学者研究、撰写的江苏文化研究著作。

文献、史料、方志三编属于基础文献，以影印方式出版，旨在提供原始文献，以满足学术研究需要；书目、精华、研究三编，以排印方式出版，既能满足学术研究的基本需求，又能满足全民阅读的基本需求。

"江苏文脉整理与研究工程"工作委员会

江苏文库·研究编编纂人员

一脉千古成江河

——江苏文库·研究编序言

樊和平

“江苏文脉整理与研究工程”是江苏文化史上继往开来的一个浩大工程。与当下方兴未艾的全国性“文库热”相比，江苏文脉工程有三个基本特点：一是全面系统的整理；二是“整理”与“研究”同步；三是以“文脉”为主题。在“书目编—文献编—精华编—史料编—方志编—研究编”的体系结构中，“研究编”是十分独特的板块，因为它是试图超越“修典”而推进文化传承创新的一种学术努力。

“盛世修典”之说不知起源于何时，不过语词结构已经表明“盛世”与“修典”之间的某种互释甚至共谋，以及由此而衍生的复杂文化心态。历史已经表明，“修典”在建构巨大历史功勋的同时，也包含内在的巨大文化风险，最基本的是“入典”的选择风险。《四库全书》的文化贡献不言自明，但最终其收书的数量竟与禁书、毁书、改书的数量大致相当，还有高出近一倍的书目被宣判为无价值。“入典”可能将一个时代的局限甚至选择者个人的局限放大为历史的文化局限，也可能由此扼杀文化多样性而产生文化专断。另一个更为潜在和深刻的风险，是对待传统的文化态度。文献整理，尤其是地域典籍的整理，在理念和战略上面临的最大考验，是以何种心态对待文化传统。当今之世，无论对个体还是社会，传统已经不仅是文化根源，而且是文化和经济发展的资源甚至资本。然而一旦传统成为资源和资本，邂逅市场逻辑的推波助澜，就面临沦为消费和运作对象的风险，从而以一种消费主义和工具主义的文化态度对待文化传统和文献整理。当传统成为消费和运作的对象，其文化价值不仅可能被误读误用，而且也可能在对传统的消费中使文化坐吃山空，造就出文化上的纨绔子弟，更可能在市场运作中使文化不断被糟蹋。“江苏文脉整理与研究工程”的“整理工程”以全面系统的整理的战略应对可能存在的第一种风险，即入典选择的风险；以“研究工程”应对第二种可能的风险，即消费主义与工具主义的风险。我们不仅是既往传统的继承者，更应当是未来传统的创造者；现代人的使命，不仅是继承优秀传统，更应当创造新的优秀传统，这便是传统的创造性转化与创新性发展的真义。诚然，创造传统任重道远，需要经过坚忍不拔的卓越努力和大浪淘沙般的历史积淀，但对“江苏文脉整理与研究工程”而言，无论如何必须在“整理”的同时开启“研究”的千里之行，在研究中继承和发展传统。这便是“研究编”的价值和使命所在，也是“江苏文脉整理与研究工程”在“文库热”中于顶层设计层面的拔群之处。

一　倾听来自历史深处的文化脉动

20 世纪是文化大发现的世纪，20 世纪以来西方世界最重要的战略，就是文化战略。20 世纪 20 年代，德国社会学家马克斯·韦伯的《新教伦理与资本主义精神》，揭示了西方资本主义文明的文化密码，这就是“新教伦理”及其所造就的“资本主义精神”，由此建构“新教伦理＋资本主义”的所谓“理想类型”，为西方资本主义进行了文化论证尤其是伦理论证，奠定了 20 世纪以后西方中心论的文化基础。20 世纪 70 年代，哈佛大学教授丹尼尔·贝尔的《资本主义文化矛盾》，揭示了当代资本主义最深刻的矛盾不是经济矛盾，也不是政治矛盾，而是“文化矛盾”，其集中表现是宗教释放的伦理冲动与市场释放的经济冲动分离与背离，进而对现代西方文明发出文化预警。20 世纪 70 年代之后，亨廷顿的《文明的冲突与世界秩序的重建》将当今世界的一切冲突归结为文明冲突、文化冲突，将文化上升为西方世界尤其是美国国家战略的高度。以上三部曲构成西方世界尤其是美国文化帝国主义的国家文化战略，正如一些西方学者所发现的那样，时至今日，文化帝国主义被另一个概念代替——“全球化”，显而易见，全球化不仅是一种浪潮，更是一种思潮，是西方世界的国家文化战略。文化虽然受经济发展制约甚至被经济发展水平所决定，但回顾从传统到现代的中国文明史，文化问题不仅逻辑地而且历史地成为文明发展的最高最难的问题，正因为如此，文化自信才成为比理论自信、道路自信、制度自信更具基础意义的最重要的自信。

在全球化背景下，文脉整理与研究具有重大的国家文化战略意义，不仅必要，而且急迫。文化遵循与经济社会不同的规律，全球化在造就广泛的全球市场并使全球成为一个“地球村”的同时，内在的最大文明风险和文化风险便是同质性。全球化催生的是一个文化上的独生子女，其可能的镜像是：一种文化风险将是整个世界的风险，一次文化失败将是整个人类的文化失败。文化的本质是什么？梁漱溟先生说，文化就是人的生活的根本样法，文化就是“人化”。丹尼尔·贝尔指出，文化是为人的生命过程提供解释系统，以对付生存困境的一种努力。据此，文化的同质化，最终导致的将是人的同质化，将是民族文化或西方学者所说地方性知识的消解和消失；同时，由于文化是人类应对生存困境的大智慧，或治疗生活世界痼疾的抗体，它所建构的是与自然世界相对应的精神世界和意义世界，文化的同质性将导致人类在面临重大生存困境时智慧资源的贫乏和生命力的苍白，从而将整个人类文明推向空前的高风险。应对全球化的挑战和西方文化帝国主义的国家战略，“江苏文脉整理与研究工程”是整个中华民族浩大文化工程的一部分和具体落实，其战略意义决不止于保存文化记忆的自持和自赏，在这个全球化的高风险正日益逼近的时代，完整地保存地方文化物种，认同文化血脉，畅通文化命脉，不仅可以让我们在遭遇全球化的滔滔洪水之时可以于故乡文化的山脉之巅“一览众山小”地建设自己的精神家园和文化根据地，而且可以在患上全球化的文化感冒甚至某种文化瘟疫之后，不致乞求“西方药”来治“中国病”，而是根据自己的文化基因和文化命理，寻找强化自身的文化抗体和文化免疫力之道，其深远意义，犹如在今天这个独生子女时代穿越时光隧道，回首当年我们的“兄弟姐妹那么多”

和父辈们儿孙满堂的那种天伦风光，不只是因为寂寞，而且是为了中华民族大家庭的文化安全和对未来文化风险的抗击能力。

“江苏文脉整理与研究工程”是以江苏这一特殊地域文化为对象的一次集体文化自觉和文化自信，与其他同类文化工程相比，其最具标识意义的是“文脉”理念。“文脉”是什么？它与“文献”和文化传统的关系到底如何？这是“文脉工程”必须解决的基本问题。

庞朴先生曾对“文化传统”与“传统文化”两个概念进行了审慎而严格的区分，认为“传统文化”可能是历史上曾经存在过的一切文化现象，而“文化传统”则是一以贯之的文化道统。在逻辑和历史两个纬度，文化成为传统都必须同时具备三个条件：历史上发生的，一以贯之的，在现实生活中依然发挥作用的。传统当然发生于历史，但历史上发生的一切，从《道德经》《论语》到女人裹小脚，并不都成为传统，即便当今被考古或历史研究所不断发现的现象，也只能说是“文化遗存”，文化成为传统必须在历史长河中一以贯之而成为道统或法统，孔子提供的儒家学说，老子提供的道家智慧，之所以成为传统，就是因为它们始终与中国人的生活世界和精神世界相伴随，并成为人的生命和生活的文化指引。然而，文化并不只存在于文献典籍之中，否则它只是精英们的特权，作为“人的生活的根本样法”和“对付生存困境”的解释系统，它必定存在于芸芸众生的生命和生活之中，由此才可能，也才真正成为传统。《论语》与《道德经》之所以成为传统，不只是因为它们作为经典至今还为人们所学习和研究，而且因为在中国人精神的深层结构中，即便在未读过它们的野夫村妇身上，也存在同样的文化基因。中国人在得意时是儒家，“明知不可为而偏为之”；在失意时是道家，“后退一步天地宽”；在绝望时是佛家，“四大皆空”，从而建立了与自给自足的自然经济结构相匹合的自给自足的文化精神结构，在任何境遇下都不会丧失安身立命的精神基地，这就是传统。文化传统必须也必定是“活”的，是在现实中依然发挥作用的，是构成现代人的文化基因的生命因子。这种与人的生活和生命同在的文化传统就是“脉”，就是“文脉”。

文脉以文献、典籍为载体，但又不止于文献和典籍，而是与负载它的生命及其现实生活息息相关。“文脉”是什么？“文脉”对历史而言是

"血脉",对未来而言是"命脉",对当下而言是"山脉"。"江苏文脉"就是江苏人的文化血脉、文化命脉、文化山脉,是历史、现在、未来江苏人特殊的文化生命、文化标识、文化家园,以及生生不息的文化记忆和文化动力。虽然它们可能以诸种文化典籍和文化传统的方式呈现和延续,但"文脉工程"致力探寻和发现的则是跃动于这些典籍和传统,也跃动于江苏人生命之中的那种文化脉动。"江苏文脉整理与研究工程"的最大特点就在于它是"文脉工程"而不是一般的"文化工程",更不是"文库工程"。"文化工程""文库工程"可能只是一般的文化挖掘与整理,而"文脉工程"则是与地域的文化生命深切相通,贯穿地域的历史、现在与未来的生命工程。

"江苏文脉整理与研究工程"是"整理"与"研究"的璧合,在"研究工程"中能否、如何倾听到来自历史深处的文化脉动,关键是处理好"文献"与"文脉"的关系。"整理工程"是对文脉的客观呈现,而"研究工程"则是对文脉的自觉揭示,若想取得成功,必须学会在"文献"中倾听和发现"文脉"。"文献"如何呈现"文脉"? 文献是人类文明尤其是人类文化记忆的特殊形态,也是人类信息交换和信息传播的特殊方式。回首人类文明史,到目前为止,大致经历了三种信息方式。最基本也是最原初的是口口交流的信息方式,在这种信息方式中,信息发布者和信息传播者都同时在场,它是人的生命直接和整体在场并对话的信息传播方式,是从语言到身体、情感的全息参与,是生命与生命之间的直接沟通,但具有很大的时空局限。印刷术的产生大大扩展了人类信息交换的广度和深度,不仅可以以文字的方式与不在场的对象交换信息,而且可以以文献的方式与不同时代、不同时空的人们交换信息,这便是第二种信息方式,即以印刷为媒介的信息方式或印刷信息方式。第三种信息方式便是现代社会以电子网络技术为媒介的信息方式,即电子信息方式。文献与典籍是印刷信息方式的特殊形态,它将人类文化史和文明史上具有特殊价值的信息以印刷媒介的方式保存下来,供后人学习和研究,从而积淀为传统。文字本质上是人的生命的表达符号,所谓"诗言志"便是指向生命本身。然而由于它以文字为中介,一旦成为文献,便离开原有的时空背景,并与创作它的生命个体相分离,于是便需要解读,在解读中便可能发生误读，但无论如何，解读的对象并不只是文字本身，而是文字背后的生命现象。

文献尤其是典籍是不同时代人们对于文化精华的集体记忆，它们不仅经受过不同时代人们的共同选择，而且经受过大浪淘沙的历史洗礼，因而其中不仅有创造它的那个个体或文化英雄如老子、孔子的生命表达，而且有传播和接受它的那个民族的文化脉动，是负载它的那个民族的文化生命，这种文化生命一言以蔽之便是文化传统。正因为如此，作为集体记忆的精华，文献和典籍是个体和集体的文化脉动的客观形态，关键在于，必须学会倾听和揭示来自远方的生命旋律。由于它们巨大的时空跨度，往往不能直接把脉，而需要具有一种“悬丝诊脉”的卓越倾听能力。同时，为了把握真实的文化脉动，不仅需要对文献和典籍即“文本”进行研究，而且需要对创造它们的主体包括创作的个体和传播接受的集体的生命即“人物”进行研究。正如席勒所说，每个人都是时代的产儿，那些卓越的哲学家和有抱负的文学家却可能成为一切时代的同代人。文字一旦成为文献或典籍，便意味着创作它的个体成为一切时代的同代人，但无论如何，文献和它们的创造者首先是某个时代的产儿，因而要在浩如烟海的文献和典籍中倾听到来自传统深处的文化脉动，还需要将它们还原到民族的文化生命之中，形成文化发展的“精神的历史”。由此，文本研究、人物研究、学派流派研究、历史研究，便成为“文脉研究工程”的学术构造和逻辑结构。

二　中国文化传统中的江苏文脉

江苏文脉是中国文化传统的一部分，二者之间的关系并不只是部分与整体的关系，借助宋明理学的话语，是“理一”与“分殊”的关系。文脉与文化传统是民族生命的文化表达和自觉体现，如果只将它们理解为部分与整体的关系，那么江苏文脉只是中国文化传统或整个中华文化脉统中的一个构造，只是中华文化生命体中的一个器官。朱熹曾以佛家的“月映万川”诠释“理一分殊”。朗月高照，江河湖泊中水月熠熠，此番景象的哲学本真便是“一月普现一切水，一切水月一月摄”。天空中的“一月”与江河中的“一切水月”之间的关系是“分享”关系，不是分享了“一月”的某一部分，而是全部。江苏文脉与中国文化传统之间的关系便是“理一分殊”，中国文化传统是“理一”，江苏文脉是“分殊”，正因为如此，关于江苏文脉的研究必须在与整个中国文化传统的关系中整体性地把握和展开。其中，文化与地域的关系、江苏文化在中华文化发展中的贡献和地位，是两个基本课题。

到目前为止的一切人类文明的大格局基本上都是由以山河为标志的地理环境造就的，从轴心文明时代的四大文明古国，到“五大洲四大洋”的地理区隔，再到中国山东—山西、广东—广西、河南—河北，江苏的苏南—苏北的文化与经济差异，山河在其中具有基础性意义。在这个意义上，可以将在此以前的一切文明称为“山河文明”。如今，科技经济发展迎来一个“高”时代：高铁、高速公路、电子高速公路……正在并将继续推倒由山河造就的一切文明界碑，即将造就甚至正在造就一个“后山河时代”。“后山河时代”的最后一道屏障，“山河时代”遗赠给“后山河时代”的最宝贵的文明资源，便是地域文化。在这个意义上，江苏文脉的整理与研究，不仅可以为经过全球化席卷之后的同质化世界留下弥足珍贵的“文化大熊猫”，而且可以在未来的芸芸众生饱尝“独上高楼，望尽天涯路”的孤独之后，缔造一个“蓦然回首”的文化故乡，从中可以鸟瞰文化与世界关系的真谛。江苏独特的地域环境与江苏文化、江苏文脉之间的关系，已经不是所谓“一方水土一方人”所能表达，可以说，地脉、水脉、山脉与江苏文脉之间的关系，已经是一脉相承。

我们通过考察和反思发现，水系，地势，山势，大海，是对江苏文脉尤其是文化性格产生重大影响的地理因素。露水不显山，大江大河入大海，低平而辽阔，黄河改道，这一切的一切与其说是自然画卷和自然事件，不如说是江苏文脉的大地摇篮和文化宿命的历史必然，它们孕生和哺育了江苏文明，延绵了江苏文脉。历史学家发现，江苏是中国唯一同时拥有大海、大江、大湖、大平原的省份，有全国第一大河长江，第二大河黄河（故道），第三大河淮河，世界第一大人工河大运河，全国第三大淡水湖太湖，全国第四大淡水湖洪泽湖。江苏也是全国地势最低平的一个省区，绝大部分地区在海拔 50 米以下，少量低山丘陵大多分布于省际边缘，最高峰即连云港云台山的玉女峰也只有 625 米。丰沛而开放的水系和低平而辽阔的地势馈赠给江苏的不只是得天独厚的宜居，更沉潜、更深刻的是独特的文化性格和文脉传统，它们是对江苏地域文化产生重大影响的两个基本自然元素。

不少学者指证江苏文化具有水文化特性，而在众多水系中又具长江文化的特性。“水”的文化特性是什么？“老聃贵柔”，老子尚水，以水演绎世界真谛和人生大智慧。“天下莫柔弱于水，而攻坚强者莫之能胜。”柔弱胜刚强，是水的品质和力量。西方文明史上第一个哲学家和科学家泰勒斯向全世界宣告的第一个大智慧便是：水是万物的始基。辽阔的平原在中国也许还有很多，却没有像江苏这样“处下”。老子也曾以大海揭示“处下”的智慧：“江海所以能为百谷王者，以其善下之，故能为百谷王。”历史上江苏的文化作品、江苏人的文化性格，相当程度上演绎了这种“水性”与“处下”的气质与智慧。历史上相当时期黄河曾经从江苏入海，然而黄河改道、黄河夺淮，几番自然力量或人力所为，最终黄河在江苏留下的只是一个“故道”的背影。黄河在江苏的改道当然是一个自然事件或历史事件，但我们也可能甚至毋宁将它当作一个文化事件，数次改道，偶然之中有必然，从中可以发现和佐证江苏文脉的“长江”守望和江南气质。不仅江苏的地脉“露水不显山”，而且江苏的文化作品，江苏人的文化性格，一句话，江苏文脉，也是“露水不显山”，虽不是“壁立千仞”，却是“有容乃大”。一般说来，充沛的水系，广阔的平原，往往造就自给自足的自我封闭，然而，江苏东临大海，无论长江、淮河，还是历史上的黄河，都从这里入大海，归大海，不只昭示江苏的开放，而且演绎江苏文化、江苏文脉、江苏人海纳百川的博大和静水深流的仁厚。

黄河与长江好似中华文脉的动脉与静脉，也好似人的身体中的任督二脉，以长江文化为基色的江苏文化在中华文脉的缔造和绵延中作出了杰出贡献。有学者指出，在中国文明史上，长江文化每每在黄河文化衰弱之后承担起“救亡图存”的重任。人们常说南京古都不少为小朝廷，其实这正是“救亡图存”的反证，“天下兴亡，匹夫有责”的口号首先由江苏人顾炎武喊出，偶然之中有必然。学界关于江苏文化有三次高峰或三次大贡献，与两次大贡献之说。第一次高峰是开启于秦汉之际的汉文化，第二次高峰是六朝文化，第三次高峰是明清文化。人们已对六朝文化与明清文化两大高峰对中国文化的贡献基本达成共识，但江苏的汉文化高峰及其贡献也应当得到承认，而且三次文化高峰都发生于中国社会的大转折时期，对中国文化的承续作出了重大贡献。在秦汉之际的大变革和大一统国家的建构中，不仅在江苏大地上曾经演绎了波澜壮阔的对后来中国文明产生深远影响的历史史诗，而且演绎这些历史史诗的主角刘邦、项羽、韩信等都是江苏人，他们虽然自身不是文化人，但无疑对中国文化产生了深远影响。董仲舒提出“罢黜百家，独尊儒术”的主张，奠定了大一统的思想和文化基础，他本人虽不是江苏人，却在江苏留下印迹十多年。江苏的汉文化高峰对中国文化的最大贡献，一言概之即“大一统”，包括政治上的大一统和思想文化上的大一统。六朝被公认为中国文化发展的高峰，不少学者将它与古罗马文明相提并论，而六朝文化的中心在江苏、在南京。以南京为核心的六朝文化发生于三国之后的大动乱，它接纳大量流入南方的北方士族，使南北方文化合流，为保存和发展中国文化作出了杰出贡献。明朝是中国历史上第一次在南京，也是第一次在江苏建立统一的帝国都城，江苏的经济文化在全国处于举足轻重的地位，扬州学派、泰州学派、常州学派，形成明清时代中国文化的江苏气象，形成江苏文化对中国文化的第三次重大贡献。三大高峰是江苏的文化贡献，在重大历史转折关头或者民族国家危难之际挺身而出，海纳百川，则是江苏文化的精神和品质，这就是江苏文脉。也正因为如此，江苏文化和江苏文脉在“匹夫有责”的担当精神中总是透逸出某种深沉的忧患意识。

江苏文脉对中国文化的独特贡献及其特殊精神气质在文化经典中得到充分体现。中国四大文学名著，其中三大名著的作者都来自江苏，这就是《西游记》《红楼梦》《水浒》，其实《三国演义》也与江苏深切相关，虽然罗贯中不是江苏人，但却以江苏为重要的时空背景之一。四大名著中不仅有明显的江苏文化的元素，甚至有深刻的江苏地域文化的基因。《西游记》到底是悲剧还是喜剧？仔细反思便会发现，《西游记》就是文学版的《清明上河图》。《清明上河图》表面呈现一幅盛世生活画卷,实际却是一幅“盛世危情图”,空虚的城防,懈怠的守城士兵……被繁华遗忘的是正在悄悄到来的深刻危机。《西游记》以唐僧西天取经渲染大唐的繁盛和开放,然而在经济的极盛之巅,中国人的精神世界却空前贫乏,贫乏得需要派一个和尚不远万里,请来印度的佛教,坐上中国意识形态的宝座,入主中国人的精神世界。口袋富了,脑袋空了,这是不折不扣的悲剧。然而,《西游记》的智慧,江苏文化的智慧,是将悲剧当作喜剧写,在喜剧的形式中潜隐悲剧的主题,就像《清明上河图》将空虚的城防和懈怠的士兵淹没于繁华的海洋一样。《西游记》喜剧与悲剧的二重性,隐喻了江苏文脉的忧患意识,而在对大唐盛世,对唐僧取经的一片颂歌中,深藏悲剧的潜主题,正是江苏文脉“匹夫有责”的担当精神和文化智慧的体现。鲁迅说,真正的悲剧是把美好的东西撕碎了给人看,《西游记》是在喜剧形式的背后撕碎了大唐时代人的精神世界的深刻悲剧。把悲剧当作喜剧写,喜剧当作悲剧读,正是江苏文化、江苏文脉的大智慧和特殊气质所在,也是当今江苏文脉转化发展的重要创新点所在。正因为如此,“江苏文脉研究”必须以深刻的哲学洞察力和深厚的文化功力,倾听来自历史深处的江苏文化的脉动,读懂江苏,触摸江苏文脉。

三　通血脉,知命脉,仰望山脉

江苏文化的巨大魅力和强大生命力,是在数千年发展中已经形成一种传统、一种脉动,不仅是一种客观呈现的文化,而且是一种深植个体生命和集体记忆的生生不息的文脉。这种文化和文脉不仅成为共同的价值认同,而且已经成为一种地域文化胎记。在精神领域,在文化领域,江苏不仅有灿若星河的文学家,而且有彪炳史册的思想家、学问家,更有数不尽的才子骚客。长江在这片土地上流连,黄河在这片土地上改道,淮河在这片土地上滋润,太湖在这片土地上一展胸怀。一代代中国人,一代代江苏人,在这里缔造了文化长江、文化黄河、文化淮河、文化太湖，演绎了波澜壮阔的历史诗篇，这便是江苏文脉。

为了在全球化时代完整地保存江苏文脉这一独特地域文化的集体记忆，以在“后山河时代”为人类缔造精神家园提供根源与资源，为了继承弘扬并创造性转化、创新性发展中国优秀传统文化，2016 年江苏启动了“江苏文脉整理与研究工程”。根据“文脉”的理念，我们将研究工程或“研究编”的顶层设计以一句话表达：“通血脉，知命脉，仰望山脉。”由此将整个工程分为五个结构：江苏文化通史，江苏历代文化名人传，江苏文化专门史，江苏地方文化史，江苏文化史专题。

“江苏文化通史”的要义是“通血脉”，关键词是“通”。“通”的要义，首先是江苏文化与中国文明的息息相通，与人类文明的息息相通，由此才能有民族感或“中国感”，也才有世界眼光，因而必须进行关于“中国文化传统中的江苏文脉”的整体性研究；其次是江苏文脉中诸文化结构之间的“通”，由此才是“江苏”，才有“江苏味”；再次是历史上各个重要历史时期文化发展之间的“通”，由此才能构成“史”，才有历史感；最后是与江苏人的生命与生活的“通”，由此“江苏文脉”才能真正成为江苏人的文化血脉、文化命脉和文化山脉。达到以上“四通”，“江苏文化通史”才是真正的“通”史。

“江苏文化专门史”和“江苏文化史专题”的要义是“知命脉”，关键词是“专”，即“专门”与“专题”。“江苏文化专门史”在框架上分为物质文化史、精神文化史、制度文化史、特色文化史等，深入研究各类专门史，总体思路是系统研究和特色研究相结合，系统研究整体性地呈现江苏历史上的重要文化史，如哲学史、文学史、艺术史等，为了保证基本的完整性，我们根据国务院学科分类目录进行选择；特色研究着力研究历史上具有江苏特色的历史，如民间工艺史、昆曲史等。“江苏文化史专题”着力研究江苏历史上具有全国性影响的各种学派、流派，如扬州学派、泰州学派、常州学派等。

“江苏地方文化史”的要义是“血脉延伸和勾连”，关键词是“地方”。“江苏地方文化史”以现省辖市区域划分为界，13 市各市一卷。每卷上编为地方文化通史，讲述地方整体历史脉络中的文化历史分期演化和内在结构流变，注重把握文化运动规律和发展脉络，定位于地方文化总体性研究；下编为地方文化专题史，按照科学技术、教育科举、文学语言、宗教文化等专题划分，以一定逻辑结构聚焦对地方文化板块加以具体呈现，定位于凸显文化专题特色。每卷都是对一个地方文化的总结和梳理，这是江苏文化血脉的伸展和渗入，是江苏文化多样性、丰富性的生动呈现和重要载体。

“江苏历代文化名人传”的要义是“仰望山脉”，关键词是“文化”。它不是一般性地为江苏历朝历代的“名人”作传，而只是为文化意义上的名人作传。为此，传主或者自身就是文化人并为中国文化的发展、为江苏文脉的积累积淀作出了重要贡献；或者虽然自身主要不是文化人而是政治家、社会活动家等，但对中国文化发展具有重大影响。如何对历史人物进行文化倾听、文化诠释、文化理解，是“文化名人传”的最大难点，也是其最有意义的方面。江苏历史上的文化名人汗牛充栋，“文化名人传”计划为100位江苏文化名人作传，为呈现江苏文化名人的整体画卷，同时编辑出版一部“江苏文化名人辞典”，集中介绍历史上的江苏文化名人1000位左右。

一脉千古成江河，“茫茫九派流中国”。江苏文脉研究的千里之行已经迈出第一步，历史馈赠我们一次千载难逢的宝贵机遇，让我们巡天遥看，一览江苏数千年文化银河的无限风光，对创造江苏文化、缔造江苏文脉的先行者们献上心灵的鞠躬。面对奔涌如黄河、悠远如长江的江苏文脉，我们惟有以跋涉探索之心，怵惕敬畏之情，且行且进，循着爱因斯坦的“引力波”，不断走近并播放来自江苏文脉深处的或澎湃，或激越，或温婉静穆的天籁之音。

我们一直在努力；

我们将一直努力！

目 录

绪　论　发生在江苏的中国思想

对于相对同质性的“中国”思想史来说，作为文化共同体内部的一个区域，“江苏”并不是“严格意义”上的思想单位，“中国”才是。根据文化传统、语言表达差异的历史事实，人们往往以文化上、语言上的根源相对独立性为划分标准来撰写思想史，如中国思想史、日本思想史、法国思想史、欧洲思想史等；或者以思想主张上的差异来撰写思想史，如儒家思想史、道家思想史、佛教思想史、基督教思想史等。以一个文化共同体里面的某个区域作为思想单位，必然在理论和现实上都会遇到多重问题和挑战。试图撰写“江苏思想史”，同样会遭遇这些困难。

第一个重要而严峻的问题与困难，即如何界定“江苏思想史”？由于“江苏”不是一个严格意义上的思想单位，“江苏思想史”这一概念的内涵和外延，只能放到“中国思想”的背景下予以考量。但是，如何撰写一部中国思想背景下的地方思想史，如何既体现思想史的一般性又体现地域性特质，这依然是一个困难。20 世纪 30 年代，金岳霖在为冯友兰《中国哲学史》撰写审查报告时提到：“写中国哲学史就有根本态度的问题。这根本的态度至少有两个：一个态度是把中国哲学当作中国国学中之一种特别学问，与普遍哲学不必发生异同的程度问题；另一态度是把中国哲学当作发现于中国的哲学。”[①]在一个思想大一统且拥有悠

① 金岳霖：《金岳霖学术论文集》，中国社会科学出版社 1991 年版，第 280 页。

久历史的国度，撰写其中某个区域的思想史也会遇到金岳霖提出的根本态度问题。也就是说，区域思想是一种特别的学问还是发现于这个区域所在之国家的思想？简而言之，这个区域的思想与整个国家、民族的思想是什么关系？这是撰写区域思想史时遇到的首要问题。在语言一致、文化上同根同源、政治上追求大一统的国度，各区域的思想在整体上是与国家思想的发展同步同调的。显然，在这个区域内产生的思想是整个国家思想的一部分，是局部与整体的关系，由此看来，研究区域思想史应该放到整个民族、国家思想发展的总体历程与版图中。当然，不同的区域环境对于思想家的思想也有着一定的影响，在梳理区域思想史时，也应该将这种区域环境对于思想的影响凸显出来。因此，撰写区域思想史，既要保持整个民族、国家思想发展的共性背景，也要概括提炼区域思想受特定区域历史文化、经济社会发展而具有的某种个性或特色。这样，上述“如何界定江苏思想史”的问题可以有一个较为明确的回答，那就是“发生在江苏的中国思想史”，或与下面第三个问题结合起来，即是“江苏籍思想家参与书写的中国思想史”。鉴于“中国思想史”已经是一个成熟的概念，也有着较为明确的内涵，因此，我们将从“发生在江苏的中国思想史”或者“中国思想中的江苏元素”等角度出发来定位“江苏思想史”。

撰写区域性思想史遇到的第二个问题是“思想史”的边界在哪里？当然这个问题不仅仅是区域思想史，而是整个思想史书写的问题。宽泛地看，思想史是一个宏大的概念，几乎包括人类精神生产的所有方面，可以包括政治思想、经济思想、军事思想、学术思想、宗教思想、科学思想、建筑思想等，人类精神生产的成果大约都可以称之为“思想”。而由于现代学科划分的传统，以上这些“思想”又包含众多分支，如学术思想还可以包括文学思想、史学思想、艺术思想、哲学思想等等。由于现在学术分科比较细致，单一学科的“思想史”均已归属到各专门学科中，如写文学史的时候自然就将文学思想史囊括在内，写艺术史的时候将艺术思想史也涵摄于其中。因此，为了使得“思想史”的边界相对明确，避免无限制的漫无边界，目前通行的做法是以具有“创造性意义”的学术思想观念为核心，以人物及经典文献为线索和对象，来考察“学术”思想变迁的历史。我们将遵从这一惯常做法，即从诸子百家、经学儒学、佛道二教等传统中国思想史的对象来界定区域思想史中关于“思想”的边界。

另外，类似区域文化名人地域归属上的纷争，区域思想史的写作还会遇到一个常常引起广泛争议的问题，这就是思想家的区域归属问题。当前区域文化界有一个现象，就是某个历史名人究竟归属某个地方的纷争，如老子、庄子等思想家的故里所在，就长期是一个争论的问题。有更荒唐的是，小说中的虚构人物也会有区域归属的争论，如武松、孙悟空的“家乡”何在？区域思想史的写作，就会遇到思想家的区域归属问题。某个思想家可能并非在某个特定区域完成出生、成长以及思想创制的整个过程，如何界定该思想家之思想的区域“归属”问题？当然，在大一统的国家历史发展进程中，思想本身不存在所谓区域“归属”问题，但思想家本身是有区域归属的。为了解决这个问题，我们只能采取“简单便宜”的办法来进行处理。我们预备参照思想家的国度归属这一常见做法，按照思想家的籍贯来划分思想家的区域归属。比如，孔子周游列国，我们将其归为鲁人；马克思长期在英国思考写作，但我们仍将他归属为德国思想家，这是按照其出生地或者国籍来划分的。在撰写江苏思想史时，我们也打算采取这样的办法，按照思想家的籍贯来选择人物。这就是，凡籍贯属于现在江苏省域的思想家，我们就纳入江苏思想史的选取范围。如果某地历史上是江苏辖区，但现在已经不是，我们就不再予以关注，比如现在属上海的一些地方，在明清乃至民国一直是江苏辖区，但现在归属上海，我们就不再选取籍贯在这些地方的思想家。换言之，我们是按照目前江苏的行政区划来判定是否属于“江苏省籍”思想家。当然，这只能是一个权宜之计。

基于对上述几个问题的考虑，《江苏思想史》的撰写将放在整个中华民族思想发展的版图和脉络中，按照中国思想观念发展的历史逻辑，选取现属江苏省域为籍贯的思想家及其所撰经典文献为研究对象，来呈现发生在江苏区域上的“中国思想”。所以，严格来说，本书的书名应该是“发生在江苏的中国思想”，但是由于本书是“江苏文脉”系列著作的其中一个，为了保证整个书系标题的一致性，故命名为《江苏思想史》。这是要特别说明交代的。

江苏籍思想家在中国思想史上占据着十分重要的地位,他们参与了中国主流思想的创造和传承。相传,孔子在“泰伯可谓至德矣,三以天下让,民无德而称焉”(《论语·泰伯》)中所提到的“泰伯”,“三让天下”,自当时的文化中心黄河流域辗转到尚未文化开发的长江太湖地区,开启了古代江苏地区的人文文化。在先秦时期,由于中国思想的中心仍然在于黄河流域,故而一般书写先秦中国思想的时候,较少提到古代江苏地区的人物。但自秦汉以来,特别是出身于现代江苏徐州沛县地区的刘邦家族建立汉朝后,籍贯为现代江苏北部的思想家开始进入思想史的舞台。此后,在各个时代都有引领风气的思想家涌现,有的甚至成为那个时代和整个中华民族思想史上的翘楚人物。特别是在中国历史上发生的几次王朝“南渡”,经济、文化中心随之逐渐南移,长江淮河流域的江苏地区在文化上得到了长足的发展,到了明清至近代时期,在经济繁盛的背景下,就出现了思想家辈出的盛况,成为中国思想史版图上的核心区域之一。在这个意义上,书写江苏的思想历史,在一定意义上也是换一种视角书写先秦之后的中国思想历史。在现代意义上的江苏区域,历史上曾经涌现了一大批思想家,本书只能选取其中部分代表性人物来呈现发生在江苏的中国思想,如两汉时期的刘安、刘向、刘歆,三国两晋南北朝时期的道教人物、佛教人物,宋明理学时期的胡瑗、王艮,明清之际的顾炎武,清代朴学时期的吴派经学、扬州学派、常州学派,晚清时期的“新学”人物,以及民国时期的刘师培、钱穆等人。在先秦之后的各个思想时期,都有着江苏籍思想家的重要参与,特别是明清以来,江苏籍思想家在很大程度上引领了中国学术思想的潮流。这些人物的思想,或引领当时时代的学术发展,或呈现了中国思想的地域特质,在中国思想史上都有着全局性意义,可称之为中国思想史的“江苏元素”。由于时代跨度久远,思想派别不一,中国思想史上的“江苏元素”其内涵和外延往往不尽一致,不同时代、不同主张的思想家各有差异。但是,如果从宏观上来予以审视,基于中国思想的基本气质,以及地域文化上的一些共性,我们还是可以发现有一些共同的特质,这些特质大致表现有四个方面。

一是经世致用的思想指向。由于较为成熟的中华文化最早发生在黄河流域，从整个中国思想史的层面来看，出现较大影响力、籍贯意义上属于江苏区域的思想家大约是汉代以后的事情。江苏地区是汉代皇帝刘姓家族的发祥地，汉代江苏思想家刘安、刘向、刘歆都是汉皇室宗亲。作为皇室宗亲，他们虽然主要是在思想史上留下名声，但他们的学术工作和思想创造也是和汉代政治生活关联在一起的，呈现出以学术和思想参与到政治社会的特点。无论是刘向主持编纂的《淮南子》，还是刘向、刘歆父子的经学思想、谶纬思想，都有着参与现实政治的指向。刘安的《淮南子》，将黄老道家、法家、儒家的思想交织在一起，既强调道家的无为，又主张法家的法术，还重视儒家的仁义，将先秦诸子思想兼收并蓄，期望以此来影响西汉前期的现实统治思想。刘向、刘歆父子的经学研究，无论是穀梁学还是左传学，都密切关联现实，试图通过经典的解释参与到现实政治中去，同样体现了"经世致用"的思想指向。汉代以后，特别是魏晋南北朝时期，佛教道教在中国大规模的传播开来，同时，经济、政治、文化中心形成了第一次南移之势，江苏地区佛道两教也随之兴盛。道教虽然有着长生久视、羽化登仙等超越性追求，但江苏地区的道教思想家们也在客观上形成了对现实世道有用的思想，如葛洪在《抱朴子》外篇中所表达的政治治理思想，陶弘景被称为"山中宰相"，以一种独特的方式参与现实政治生活，另外葛洪、陶弘景都有中医中药思想流行于世，对现实社会生活起到了积极的作用。吴地是南北朝到隋唐时期佛教的中心之一，虽然其佛教义理指向出世间，但在客观上，吴地佛教对于江南建筑、饮食等物质层面产生了现实的影响，同时更为中国士大夫文化增添了佛教因素。宋明时期，江苏的"宋初三先生"之一胡瑗提出"明体达用"之学，对于理论如何诉诸现实多有回应，并积极地从事教育实践，培养出一大批有用之才；明代阳明后学的主要人物、心学家王艮提出"淮南格物"说并形成泰州学派，推动了儒家思想深入民间社会并形成强大的社会反响。到了明清之际，江苏思想家顾炎武更是高举"经世致用"的旗帜，推崇实学，在一定意义上引领了整个清代学问的风气。此后，吴派经学、扬州学派、常州学派，无不重视经学的"经世致用"的思想指向，力图通过"经学"思想来改良社会，虽然效果甚微，但他们的“经世致用”的理论指向，却是值得重视的。到了近代，王韬、冯桂芬、薛福成等新学人物，兼通中西之学，积极为晚清的变法图强建言献策，提出了不少切实的政治、经济、外交等方面的思想。民国时期刘师培、钱穆等人，或通过经学汇通中西古今，或通过史学来发掘弘扬中国文化精神以济时艰，都自觉地将个体的学术、思想与时代联系起来，力求“合于当世”，以期望实现“经世致用”的学术理想。由此大略可见，自秦汉至现代，江苏籍思想家秉持了中国传统中“经世致用”的理想，通过学术研究、思想创造，积极参与到家国天下的发展进程中，这是江苏籍思想家的一个非常重要的共同之处。

二是融会贯通的思想气象。中华文化兼容并包，中国思想兼收并蓄，这一点在江苏籍思想家那里也体现得非常明显。江苏籍思想家融会贯通的思想气象，表现在他们对待诸子百家、今古文经、儒道佛、古今中西等思想的态度上。关于诸子百家，从刘安编纂《淮南子》时，就对先秦诸子百家思想予以融合，按照他们对当时社会现实需求的分析，取百家之长，汇编成一部传世思想著作。后来，刘向、刘歆父子的目录学工作，也是广泛征集、博采百家，为后世领略先秦、秦汉诸子的思想，留下了重要线索。到了清代朴学，江苏籍思想的经典整理工作，对于诸子百家的近代复兴更是开了先河，居功至伟。关于今古文经学，从刘向、刘歆父子开始，经学在一定意义上成了江苏籍儒家学者关注的核心内容，无论是宋代的胡瑗，还是清代的地域性经学学派，都在经学上有着重要成就，这些人物的治经思想，虽各有立场，但都力图调和今古文经学，取长补短，特别是到了清代出现了汉宋兼采、今古并用的趋向，展现了江苏籍思想家不拘泥于门户之见的通儒气象。关于儒、道、佛三教融合的趋势在江苏籍思想家的思想中也有体现，他们往往倾向融儒入道、融儒入佛，促进道教、佛教与主流的儒家思想相融合，以期得到更广泛的接受与认同，这在客观上促进了三教融合。关于古今中西，近代以来，古今之辩、中西之辩成为中国思想界的主题，江苏籍思想家在“三千年未有之变局”的时代背景下，审时度势，顺应时代发展，在古今中西之辩中往往采取顺应潮流发展的思想态度，如王韬、冯桂芬、薛福成等思想家，就对晚清吸收西学、改革变法做出了重要的贡献，刘师培在晚清民国之际对于今古文经学、诸子之学、古今中西思想的融通也有所推进，钱穆的史学思想“贵通不贵专”，也是在对古今中西之辩有着深刻理解的基础上所创造。在一定意义上，江苏籍思想家为近代思想界古今中西的融会贯通作出了具有全局性影响的贡献。在汇通诸子百家、今古文经、儒道佛、古今中西等具有某种“对立”意义的思想上，江苏籍思想家往往能够引领风气之先，呈现“通儒”气象，也展示了中国思想宽容恢宏的一面。

三是革故鼎新的思想追求。“周虽旧邦，其命维新”，中国思想之所以能够绵延几千年而依然呈现出健旺的势头，与中国历代思想家不断求新求变的思想追求密切相关。“月印万川”，中国思想里的求新求变特质在江苏籍思想家那里也有明确的体现。如刘安、刘向、刘歆都随着汉代政治文化形势的变化，或创新性地总结前人，或依据形势改变诠释经典，推动了汉代思想文化的创新。佛道两教的思想家，莫不如是，他们将佛教、道教与儒家思想结合起来，把出世的宗教思想与入世的人伦思想统合起来，实现了佛道两教思想在义理、仪轨上的创新。宋明理学时期，胡瑗对于北宋新儒学的出现起到了开拓性的作用，开启了后来理学的发生、发展。王艮也拓展了王阳明的心学，以他为中心所形成的“泰州学派”是阳明心学发展的新路向。明清之际的顾炎武，提倡实学，开有清一代之学风。清代江苏地区的吴派经学、常州学派、扬州学派在经学、经典整理等方面也都做出了新的贡献，既总结了前人的思想成就，同时又提出新的治经思想。晚清、民国时期，古今中西思想激荡不已，王韬、冯桂芬、薛福成等人顺应时局变化，主张改革，吸收外来新思想；刘师培在中西会通的基础上，中西互释，为经学做出了新的诠释；钱穆在史学研究中提炼出来的“文化精神”“民族精神”，也为传统史学的研究开辟了新方向，终成为20世纪新史学的一代宗师。通观中国思想史，在重大的思想变革和发展时期，都有江苏籍思想家的参与，有的甚至引领全国风潮。在西汉前期的总结先秦诸子思想时期、汉代经学鼎盛期、道教创始发生和确立期、佛教中国化时期、宋代新儒学发生期、阳明心学流布期、明清之际思想启蒙期、清代文献经典整理及经学繁盛期、晚清中西思想交流期、民国现代学术思想确立期等重要思想史关节点，都有着江苏籍思想家的身影。可以说，自秦汉以来，江苏地区始终是中华文化和中国思想的核心区域，同时，江苏籍思想家总是能够站在时代思想的潮头革故鼎新，参与到中国思想推陈出新的历史潮流中去。

四是家族相继的思想传承。自西周以来，血缘宗法制度在中国思想文化的发展中有着深刻的烙印。血缘宗法制度除了政治上的意义之外，也在思想传承中有着体现，往往在一个家族内部就能实现思想和文化的“薪火相传”。这一点，也体现在江苏地区的思想文化发展中，而且尤为明显。由是，血缘宗法的代际传递与学术思想的代际传递交织在一起，成为撰写江苏思想史时需要特别关注的一个现象。西汉刘向、刘歆父子，其祖上刘交是刘邦同父异母的幼弟，受封楚王后一直重视思想文化事业，结交大量儒生，为刘向、刘歆父子后来的学术事业提供了适当的文化背景。到了刘向刘歆那里，学术思想工作更是直接变成了父子相继。到了明清时期，由于江苏地区的经济文化水平领先全国，诗书传家的风气十分盛行，拥有一定土地和财产的家族往往特别重视文教事业，也有足够的财力保证学术思想工作的顺利进行，故而这种思想文化上的家族传承现象，展现得更为明显。顾炎武出身于文化世家，高祖父、曾祖父和祖父分别是正德、嘉靖和万历年间的进士，文化声名显赫一时。吴派经学的领袖惠栋，其曾祖父惠有声、祖父惠周惕、父亲惠士奇都是“通五经、善诗书”的人物，且有著作行于世，惠氏一门代代都为饱学之士，累世传经。扬州学派中，高邮王念孙、王引之父子，其祖上代代以读书为业。仪征刘氏家族，刘文淇、刘毓崧、刘寿曾，到晚清的刘师培，皆以经学研究闻名于世；宝应刘氏家族，刘台拱、刘宝楠和刘恭冕，也是人才辈出；甘泉焦氏也出现了焦循这样的经学大家。常州学派中，庄存与、庄述祖、庄绶甲、刘逢禄、宋翔凤等人，或具有血缘关系，或具有姻亲关系。钱穆所在的无锡钱氏家族，前代也是诗书传家，后代也出现钱伟长、钱逊这样的学术大家。在江苏籍思想家中出现的这种家族相继的思想传承关系，在全国各地域思想文化中较为独特，一是家族群体数量多；二是第一流的思想家、学者多，这不能不说是江苏思想史上的一个重要特征。这也说明，在江苏地区，思想文化昌明是一个世代性发展的必然结果，而非偶发性的天才卓出。同时，由于学术思想工作的连续性，往往需要通过群体来延续，而在传统社会里，家族正是这样一个恰当形式的群体。另外，这也说明了江苏地区有一大批拥有诗书家风的家族，它们具有优秀的历史文化风尚。

以上对历史上江苏地区的思想史特征做了一个简单的概括与归纳，这其中既有中国思想史的共性，也有江苏地区的文化个性。在中国思想史上，江苏地区贡献了不可计数的思想人物，对于中国传统文化的发生、发展都作出了突出贡献，我们囿于学识与能力，不能做更多的记述。另外，本书所记述的这些思想人物，其思想也远不止我们目前记录的内容，但同样囿于学术和能力，也不能做更多的论述。这些都是本书的遗憾和缺失。

中国思想与中国内部各地域的思想是整体与个别的关系，各个地域的思想汇聚成为中华民族的思想历史。中华民族的思想历史多元一体，各个地区因为生产生活环境以及发展程度的差异，在思想的表现上各具特质、各有差异，这使得中华民族的整体思想更加丰富多彩。“发生在江苏的中国思想”“中国思想的江苏元素”是中国思想的重要组成部分，其经世致用的思想指向、融会贯通的思想气象、革故鼎新的思想追求以及家族相继的思想传承，展现了历代江苏籍思想家的思想风貌，成为中华民族的共同精神财富。同为江苏籍的清代诗人赵翼有诗云：“江山代有才人出，各领风骚数百年。”江苏地区文脉深厚，人杰地灵，我们有理由相信：在新的时代，江苏籍思想家将为中华文化和中国思想作出更多的贡献。

第一章　刘安与《淮南子》的思想

刘安（公元前179年—前122年），沛郡丰县人（今江苏省徐州市丰县），汉高祖刘邦之孙，受封淮南王，西汉时期政治家、文学家和思想家。刘安主持编撰的《淮南子》是一部宏大的学术思想著作，蕴含了丰富的哲理，在中国思想史上占有重要地位。周秦之变，“大一统”的王朝统治确立，这一政治格局预示着先秦“百家争鸣”的思想局面行将结束，学术思想上的“大一统”即将形成。在此背景下，各家都力图将自己的学术思想捧上“圣坛”，刘安作为当时黄老思想的代表人物，也利用自己作为一方诸侯的身份和财力，汇聚众多才俊，以黄老思想为主导吸收诸子百家的思想精华，主持编撰出《淮南子》（又称《淮南鸿烈》）一书，期望以此在思想界占据一席之地。此书汇集了当时多种学术思想成果，在一定程度上也表现了刘安本人的思想倾向，反映了汉初的学术思想成就，也是以早期江苏地区思想家为主导来编撰的思想著作。

第一节　生平经历和思想背景

一、刘安的生平和时代

刘安一生经历西汉文、景、武三朝，这一时期既是汉王朝走向鼎盛的时代，也是处于大变革中的时代。从宏观的历史来看，这一时期是西周以来“封建”制度的终结期，也是新兴中央集权的大一统王朝的创建和巩固期，是中国历史发展进程中的大转折时代。秦汉之前，春秋战国虽然充满战争和动荡，但也是个充满创造力的时代，在思想领域出现了“百家争鸣，百花齐放”的生动局面。秦灭六国后，虽然为大一统帝国的制度创建打下了基础，开启了从“封建制”到“郡县制”的中央集权统治，但同时也造成了难以克服的统治困境。在军事上，秦始皇北击匈奴、南并百越，耗资巨大；在工程建设上，他筑长城、修驰道、建阿房、开灵渠，投入大量的人力物力；在文化上，他任法而治，焚书坑儒，妄图力行文化专制。在这种情势下，天下疲敝至极，陈涉登高一呼，民众群起响应，秦朝二世而亡。

秦灭亡后，经过数年的“楚汉之争”，刘邦于公元前202年重新建立起大一统的王朝。汉初的几代君王吸取秦朝灭亡的教训，以黄老之术为指导，在经济、政治、文化等各个领域都施行了较为宽松的政策。至刘安生活的时代，经历了六七十年休养生息的汉朝焕发出前所未有的繁荣景象。《史记·货殖列传》对当时的状况进行了细致的描述：在商业方面，“开关梁，弛山泽之禁，是以富商大贾周流天下，交易之物莫不通”①。农业方面，经过多年的开垦，关中膏壤遍布、沃野千里，巴蜀“亦沃野，地饶卮”②，齐地“带山海，膏壤千里，宜桑麻”③。经济的繁荣带来了政治、文化上的变动，汉帝国以丰厚的财力与物力为保障，开始转变“无为”的政策，政治上力图加强、壮大中央集权，开始削藩和拓边；经济上开辟财源，加强对地方豪强的控制和打击；文化上则从多元到一元，加强对思想文化的控制。

刘安就是在这样的时代背景下出生、成长。刘安的父亲刘长是高祖刘邦的幼子，从小由吕后抚养长大，原来封在淮南的异性王黥布因谋反被杀后，汉高祖将其统辖的淮南四郡授予刘长，封为淮南王。刘长少年得志，在吕后和汉文帝等人的庇护下养成了骄横的性格，他不遵国家

① [汉]司马迁：《史记》卷一二九《货殖列传》，中华书局1959年版，第3261页。
② [汉]司马迁：《史记》卷一二九《货殖列传》，第3261页。
③ [汉]司马迁：《史记》卷一二九《货殖列传》，第3265页。

法令，私自击杀辟阳侯审食其，据《史记》记载，当时薄太后、太子和王公大臣"皆惮厉王"。刘长到了封国之后愈发骄纵，模仿天子仪节，严重僭越礼法，"出入称警跸，称制，自为法令，拟于天子"①。后来甚至发展到勾结匈奴和南越，阴谋造反。事发后，刘长的罪行按律当诛，汉文帝念及亲情，赦其死罪，将他贬谪到蜀中幽禁，客死于途中。文帝八年（公元前172年），刘安被封为阜陵侯。文帝十六年（公元前164年），刘安兄弟三人分别被封为淮南王、衡山王和庐江王。

刘安不似其父那样骄狂无礼，而是有着良好的文化修养。少年时，刘安醉心于读书问学，不好声色犬马、驰骋田猎，曾受命作《离骚赋》，早晨接到命令，一顿饭的工夫就完成了，②因此，汉文帝十分看重他的才华。到了汉武帝时期，刘安因为自身的才学和辈分，受到了极大的礼遇，不仅免除了他按时入朝觐见的义务，而且每次发给刘安的诏书都要经过司马相如等人的修改润色。③ 但刘安作为同姓诸侯王，最终还是走上了谋反的道路，这也说明了汉初分封同姓王在制度上的弊病。关于刘安"谋反"一事，历来存在两种观点，一是刘安谋反自杀；另一种观点则是汉武帝为了剪除诸侯势力，罗织罪名杀害刘安。《史记》《汉书》等记载刘安怨恨父亲被杀，早存谋反之心，"七国之乱"时期他就想起兵响应，无奈被其国相用计所阻，他造反之事才没有被追究。但他造反之心不死，仍私下结交诸侯，修建攻战器械，重金招募游侠、奇才、辩士和术士，为起兵造反积极筹划。后来，由于谋事不密，计划泄露，刘安自杀，其余牵涉诸人尽数伏诛。支持"剪除说"的一派也提出许多理由，主要有以下几个方面，一是武帝为了翦除诸侯王势力，加强中央权力；二是刘安以道家思想为指导，汇聚宾客数千人，俨然形成了一个可以和中央媲美的文化中心，引起武帝不满；三是因为私仇被审食其之孙诬告。"谋反说"与"剪除说"各执一词，各有其道理。这也足以说明，刘安的人生经历与当时的时代政治背景紧密相关。

司马迁在为刘安立传时曾感叹道："淮南、衡山亲为骨肉……谋为

① [汉]司马迁：《史记》卷一一八《淮南衡山列传》，第3076页。
② [汉]班固：《汉书》卷四十四《淮南衡山济北王传》，中华书局1959年版，第2145页。
③ [汉]班固：《汉书》卷四十四《淮南衡山济北王传》，第2145页。

畔逆，仍父子再亡国，各不终其身，为天下笑。”①在政治上，刘安无疑是失败的，但刘安之所以在历史上有着一席之地，并不是因为其政治活动，而主要是因为他的学术活动。刘安的时代，黄老之学在汉初已经实行了相当长一段时间，其优点和缺点都已显现出来，利用黄老之学进行治国的教训和经验，都有待系统的归纳总结，以启发后继之君。特别是到了武帝初年，现实形势有了很大变化，帝国内部和周边的新情况也预示着朝廷不能再“无为”下去，黄老思想在治理“大一统”国家上的不足之处也逐渐显现，且不断受到儒家的挑战与威胁。要想弥补这些缺陷，就有必要吸收其他各学派的主张，结合汉初历史发展的实际状况，进一步完善黄老思想体系，刘安主持编纂的《淮南子》正是这样应运而生的。

二、《淮南子》编纂的思想背景

《淮南子》编纂之时，汉初思想界比较活跃，先秦诸子思想大有再次复兴之势，这也得益于汉初较为宽松的统治政策。秦朝为了施行文化专制，曾下令将除秦国史书之外的史书类书籍及非政府所收藏的“诗、书、百家语者”②全部焚毁，禁止民间私藏书籍，也不能讨论这些内容。汉朝建立后，改变了秦朝的文化专制政策，汉惠帝四年废除“挟书律”③，诸子学说开始复苏，当时，最为汉初统治者所青睐且在政治领域发挥着主导作用的是黄老思想。汉初大臣萧何、陈平、曹参、周勃等人都是黄老之术的信奉者，如丞相曹参在齐国担任国相九年，采用黄老之术，“齐国安集，大称贤相”④，他成为汉朝中央政府的丞相之后，终日饮酒作乐，所有事情皆依照萧何所定前例办理，这就是历史上著名的“萧规曹随”。到了文、景时期，黄老之风更盛，《史记》记载：“及至孝景，不任儒者，而窦太后又好黄老之术，故诸博士具官待问，未有进者。”⑤窦太后是汉文

① [汉]司马迁：《史记》卷一一八《淮南衡山列传》，第 3098 页。
② [汉]司马迁：《史记》卷六《秦始皇本纪》，第 255 页。
③ [汉]班固：《汉书》卷二《惠帝纪》，第 90 页。
④ [汉]司马迁：《史记》卷五十四《曹相国世家》，第 2029 页。
⑤ [汉]司马迁：《史记》卷一二一《儒林列传》，第 3117 页。

帝的皇后、汉景帝的母亲，在景帝和武帝初年的权力格局中占据举足轻重的地位，她“好黄帝老子言，帝及太子诸窦不得不读黄帝、老子言，尊其术”①。上有所好，下必甚焉，黄老思想在汉初思想界的地位不言而喻。事实上，黄老之学对汉初经济的繁荣和学术的进步确实起到了推动作用，司马谈在《论六家要旨》中称赞道：“其为术也，因阴阳之大顺，采儒墨之善，撮名法之要，与时迁移，应物变化，立俗施事，无所不宜，指约而易操，事少而功多。”②

汉初能与黄老思想较量的思想流派，只有儒家。儒家学说作为先秦显学之一，有着其深厚的社会基础，一方面，儒学教导人之为人的道理；另一方面，儒学又告诉人们如何处理自己与他人、社会和国家的关系，蕴含丰富的政治、生活哲理。儒家自身的特点也决定了它在不同历史时期的影响大小，春秋战国时期，以孔子、孟子为代表的儒家奔走列国，希望儒家思想可以运用于治国之策中。由于儒学不能满足诸侯快速富国强兵的目标，所以孔、孟得不到诸侯的青睐，儒学之道不能得到推行，孔、孟本人最终也只能以著书立说、教书育人为业。但是，当秦、汉大一统帝国建立之后，儒学的社会政治作用逐渐凸显，秦始皇虽然不喜儒学，然当他想封禅泰山时，也要“与鲁诸儒生议”，“议封禅望祭山川之事”。③ 汉初，刘邦鉴于群臣无礼、肆意妄为，任用叔孙通制定朝仪，自此百官敬肃，刘邦因此感慨道：“吾乃今日知为皇帝之贵也。”④叔孙通认为儒家思想“难于进取，可与守成”⑤，在政局逐渐稳定之后，他积极推广儒学。儒家的地位从汉朝建立开始，影响力不断上升，除善于“守成”外，还有一大批儒家学者能够与时俱进，重视吸收其他学派之优点，如叔孙通、陆贾、贾谊、韩婴等人。他们自觉或不自觉地将道家、法家、阴阳家、名家的思想融入传统儒家思想中，力图建立一个以儒家为主导、能够巩固大一统皇权统治、适应时代发展的思想体系。

---

① [汉]司马迁：《史记》卷四十九《外戚世家》，第1975页。
② [汉]司马迁：《史记》卷一三〇《太史公自序》，第3289页。
③ [汉]司马迁：《史记》卷六《秦始皇本纪》，第242页。
④ [汉]司马迁：《史记》卷九十九《刘敬叔孙通列传》，第2723页。
⑤ [汉]司马迁：《史记》卷九十九《刘敬叔孙通列传》，第2722页。

金春峰先生在《汉代思想史》一书中认为，汉武帝“罢黜百家，独尊儒术”的举措不仅不是百家争鸣沉寂的原因，相反，正是为了结束纷争而建立综合性思想体系的历史要求与愿望的自觉与反映。① 实际上，在汉武帝“罢黜百家，独尊儒术”之前，刘安的《淮南子》一书就开始尝试以道家思想为基础，力图网罗儒家及其他各派思想，吸收各家学说之长，建立一个相对完整的综合性思想体系。梁启超曾认为，“《淮南鸿烈》为西汉道家言之渊府”②。不过近代以来，学界多主张《淮南子》具有混合百家的特点，如胡适认为《淮南王书》是以无为思想为中心，包罗、混合了各家思想，既属于道家，也是杂家，是思想混一趋势的体现。③ 冯友兰也认为《淮南子》顺应了秦汉道术统一的思想趋势，虽然兼采百家，但却不是原封不动的收录，而是折中调和诸家，在对立之中寻求统一。④ 刘文典认为，“淮南王书博极古今，总统仁义，牢笼天地，弹压山川，诚眇义之渊丛，嘉言之林府，太史公所谓‘因阴阳之大顺，采儒、墨之善，撮名法之要’者也”⑤。从《淮南子》的内容上来看，我们也确实可以看到其汲取了先秦诸家之言，如代表兵家的《兵略训》、法家的《主术训》、阴阳家的《天文训》和《时则训》，农家的《修务训》、儒家的《缪称训》等。另外，据传《淮南子》已经亡佚的中篇《枕中鸿宝秘术》主要是记载神仙方术。由此可见，《淮南子》的编纂意图在于综罗百家、自成一体。

《淮南子》产生于西汉黄老之学的思想背景下，同时又与儒家思想形成争锋之势，但总体上还是对先秦诸子百家采取了兼收并蓄的态度，将诸子百家的学说乃至天文、历法、音律、阴阳五行等都囊括其中，实现了“百家之言，指奏相反，其合道一体也”⑥的效果。

---

① 金春峰：《汉代思想史》，中国社会科学出版社 1997 年版，第 6 页。

② 梁启超：《中国近三百年学术史》，天津古籍出版社 2003 年版，第 267 页。

③ 参见胡适：《淮南王书》，郑大华整理：《胡适全集》(第 6 卷)，安徽教育出版社 2003 年版，第 121 页。

④ 参见冯友兰：《中国哲学史新编》中卷，人民出版社 1998 年版，第 153—155 页。

⑤ 刘文典撰，殷光熹点校：《淮南鸿烈集解》，安徽大学出版社、云南大学出版社 1998 年版，第 1 页。

⑥ [汉]刘安：《齐俗训》，刘文典撰，殷光熹点校：《淮南鸿烈集解》，安徽大学出版社、云南大学出版社 1998 年版，第 368 页。

第二节 《淮南子》的哲学思想

《淮南子》的编纂是西汉前期思想界的一件盛事，刘安为了编撰此书，“招致宾客方术之士数千人，作《内书》二十一篇，《外书》甚众，又有《中篇》八卷”①。可以说，在刘安的领导下，经过众多知识分子努力而创作的《淮南子》，代表了汉初学术思想的较高水平，其内容反映了当时思想界的发展倾向：一方面，其主旨以黄老思想为主，对汉初黄老学说进行了系统的总结。东汉高诱认为，“其旨近《老子》，淡泊无为，蹈虚守静，出入经道……其义也著，其文也富，物事之类，无所不载，然其大较归之于道，号曰《鸿烈》。鸿，大也；烈，明也，以为大明道之言也”②。“道”是《淮南子》论述的起点，也是将天道、人道和治道贯通的最高范畴；另一方面，为了顺应新兴的大一统形势，《淮南子》对先秦各个学术流派进行总结，力图融合其他各家的精华，特别是与儒家的合流互动，做到以道统儒、儒为道补。正是由于《淮南子》这种各家融合的特点，班固在《汉书·艺文志》中将《淮南子》列为杂家，“杂家者流，盖出于议官。兼儒、墨，合名、法，知国体之有此，见王治之无不贯，此其所长也”③。班固肯定了《淮南子》对百家之道无不贯综，有益于王者之治。虽然学界对《淮南子》应该归属于道家还是杂家存在争论，但仍应该肯定《淮南子》是有体系的，此书虽是由刘安和其他学者集体创作，但最终汇聚成书则是刘安来进行统合，不是简单的对先秦各家进行罗列、汇编，而是由一个一以贯之的“道”将各个部分统摄在一起，综贯各家思想，将“天道”和“人事”联系起来，不仅要“与化游息”，而且要“与世浮沉”，最终落实到人事治道上，有着其内在的逻辑体系。

---

① [汉]班固：《汉书》卷四十四《淮南衡山济北王传》，第2145页。

② [汉]高诱：《淮南子·叙目》，刘文典撰，殷光熹点校：《淮南鸿烈集解》，第2页。

③ [汉]班固：《汉书》卷三十《艺文志》，第1742页。

一、《淮南子》的宇宙论

《淮南子》的哲学思想建基于“道”。如所周知，“道”的概念出现很早，最早指“道路”之意，《说文解字》说，“道”是“所行道也”①。而“道”的概念在老子、孔子那里早就成为抽象的、形而上的概念，泛指最高的原则、原理、准则。特别是《老子》中多次谈论“道”，仅在五千多字的《道德经》中，“道”字出现了76次。何为“道”？老子认为“道可道，非常道”②，即“道”是难以言说的，可以通过语言表达的“道”不能称之为真正的“道”。但“道”也是一种特殊的存在，“道之为物，惟恍惟惚。惚兮恍兮，其中有象；恍兮惚兮，其中有物。窈兮冥兮，其中有精；其精甚真，其中有信”③。可见“道”中既可成就实在的“物”，也包涵抽象的“精”和“信”，在老子那里，“道”还是给人一种说不清、道不明、难以明言、玄之又玄的感觉。《淮南子》为了构建自己的宇宙论体系的需要，在黄老思想的基础上对“道”的理论进行了新的阐释。

《淮南子》继承、发展老子的观点，把“道”作为自己思想体系中最为重要的基础性概念。“夫道者，覆天载地，廓四方，柝八极，高不可际，深不可测，包裹天地。”④这说明“道”是比天地还要广阔的存在，遍布于整个空间，具有普遍的适用性和无限的永恒性。但“道”也不是人们在经验世界中凭借感觉器官而感知的，它是一种玄之又玄的神秘存在，它“禀授无形”，而又从“无形”中派生出世间万物。质言之，“道”存在但却不实有。

如同先秦道家，《淮南子》认为“道”是万事万物产生的本原，将难以言说的“道”进一步系统化、具体化，把宇宙生成过程系统的构建起来。《淮南子》明确了道—宇宙—气—天地的生成顺序，即“道始于虚廓，虚

① [汉]许慎：《说文解字》，中华书局1963年版，第42页。
② [魏]王弼著，楼宇烈校释：《老子道德经注校释》，中华书局2008年版，第1页。
③ [魏]王弼著，楼宇烈校释：《老子道德经注校释》，第52页。
④ [汉]刘安：《原道训》，刘文典撰，殷光熹点校：《淮南鸿烈集解》，第1页。

廓生宇宙，宇宙生气，气有涯垠，清阳者薄靡而为天，重浊者凝滞而为地”①。正是有了具体的天地之后，世间万物才能在这个确定的空间中生成、演化。《淮南子》对老庄思想的进一步发展体现在对先秦“阴阳”、“五行”等概念的吸收与运用，即“天地之袭精为阴阳，阴阳之专精为四时，四时之散精力万物”②。这种生成顺序也是一种由虚到实的转化，从虚无的“道”演化为无形而实有的气，气分浊清，清明的部分融合成了天，浑浊的凝结成地，天地之间的精华孕育阴阳，阴阳交汇就形成了四季，四季的差异渐渐衍生出万物。反过来说，正是因为“道”生万物，所以“道”也就天然地成为天地万物运行的准则，所以人也要努力去认识“道”、顺应“道”，甚至去求“道”，以符合最高的准则。《淮南子》无（道）中生有（气）的宇宙万物生成理论对后世解释世界的方式产生了深远影响。

《淮南子》对“气”在宇宙衍化生成中的作用也加以重新阐释，认为“气”从“道”中产生，“气”是一种具体物质，它有轻、重、冷、热的特性，阳气热而轻，阴气冷而重。《淮南子》正是通过对阴阳二气不同性能的发挥来解释宇宙万事万物的衍生变化，如“天之偏气，怒者为风；地之含气，和者为露。阴阳相薄，感而为雷，激而为霆，乱而为雾。阳气胜则散而为雨露，阴气盛则凝而为霜雪”③。可见风雨雷电、雨露霜雪皆为阴阳二气的相互作用所产生，这种“气”论思想一方面丰富了“气”的概念，成为后世以“气”论物的思想资源；另一方面，系统化的阴阳五行之“气”理论，为“天人感应”思想提供了理论基础。所谓：“人主之情，上通于天，故诛暴则多飘风，枉法令则多虫螟，杀不辜则国赤地，令不收则多淫雨。”④强调的是君主施政要合于天地，根据自然的变化来检验政治上的兴衰成败。《天文训》中根据自然变化，建构起了一整套人类的行为准则，“阴气极，则北至北极，下至黄泉，故不可以凿地穿井，万物闭藏，蛰虫首穴，故曰德在室。阳气极，则南至南极，上至朱天，故不可以夷丘上

---

① [汉]刘安：《天文训》，刘文典撰，殷光熹点校：《淮南鸿烈集解》，第78页。
② [汉]刘安：《天文训》，刘文典撰，殷光熹点校：《淮南鸿烈集解》，第79页。
③ [汉]刘安：《天文训》，刘文典撰，殷光熹点校：《淮南鸿烈集解》，第80页。
④ [汉]刘安：《天文训》，刘文典撰，殷光熹点校：《淮南鸿烈集解》，第83页。

屋，万物蕃息，五谷兆长，故曰德在野”①。这种根据自然变化安排人类生活的观念是中国文化中的特点，强调人与自然的协调一致，强调自然法则作为人类生活准则的依据，对中国人理解日常生活的方式产生了深远影响。

《淮南子》的宇宙生成论思想主要继承了先秦道家的观念，是早期中国人对宇宙本源和世界生成的探索和解释，这种宇宙生成理论在逻辑上还不免粗糙和牵强附会。但这种宇宙观对中国人的思维产生了重要影响，由于“道”和“万物”不是截然分离的，道生成万物并寓于万物之中，对万物的运作起着规定性作用，在中国思想史上，成为“道法自然”和“天人合一”思维模式发展变化中的一个环节。

二、《淮南子》的认识论

《淮南子》一书体系极为庞大，除了探讨天地宇宙，在认识论方面也提出了许多有价值的观点。《淮南子》肯定了人具备主观认知能力，认为人是由三个部分构成，即形体、气血与精神，三者各司其职，相辅相成，“形者，生之舍也；气者，生之充也；神者，生之制也。一失位，则三者伤矣”②。可见，“形”与“气”是生命展开的源动力，而“神”则是人类活动的主宰。在三者之中，《淮南子》更强调“神”的主宰性作用和地位，认为“神”能够决定人的日常行为和志向追求，也是人之所以具有认识能力的根源所在。“故以神为主者，形从而利；以形为制者，神从而害。”③《淮南子》提倡重视精神方面的修养，要求人们不要沉溺于肉体上的欢愉，因为一旦长期沉迷于物欲，为权势所支配，就会丧失“精神”，“精神日以耗而弥远，久淫而不还，形闭中距，则神无由入矣”④。

《淮南子》把“神”作为人类活动的主宰，同时，认为人的精神只有与

① [汉]刘安：《天文训》，刘文典撰，殷光熹点校：《淮南鸿烈集解》，第 94 页。
② [汉]刘安：《原道训》，刘文典撰，殷光熹点校：《淮南鸿烈集解》，第 37 页。
③ [汉]刘安：《原道训》，刘文典撰，殷光熹点校：《淮南鸿烈集解》，第 39 页。
④ [汉]刘安：《原道训》，刘文典撰，殷光熹点校：《淮南鸿烈集解》，第 40 页。

客观对象相互作用，才能产生认识，即所谓“物至而神应，知之动也”[①]。“神”是人类主观认识能力的根源，“物”则是客观的外在世界，《淮南子》认识到外在世界有两个特点：一是自然有其客观的规律，而且这些客观规律不以人的意志为转移，“累之而不高，堕之而不下，益之而不众，损之而不寡，斫之而不薄，杀之而不残，凿之而不深，填之而不浅”[②]。二是客观世界复杂多变，即“忽兮怳兮，不可为象兮；怳兮忽兮，用不屈兮；幽兮冥兮，应无形兮；遂兮洞兮，不虚动兮；与刚柔卷舒兮，与阴阳俯仰兮”[③]。因此，人类面对纷繁复杂的客观世界，要把握其客观规律，就必须具备正确的认识方法。

《淮南子》认为人虽然具有认识的能力，但在不同状态下，认识的能力高低是不同的。如果要形成正确的认识，那么人的主观精神应该保持“清静、柔弱、恬愉”的状态，“是故清静者，德之至也；而柔弱者，道之要也；虚无恬愉者，万物之用也。肃然应感，殷然反本，则沦于无形矣。所谓无形者，一之谓也。所谓一者，无匹合于天下者也”[④]。人的精神一旦达到这种“无形”的状态也就能与“道”合一，从“无形”中产生有形，无声中形成五音，无味中生成五味，无色中形成五色。从“静”、“虚”的观点出发，《淮南子》不提倡人的精神经常有喜怒、忧悲、好憎、嗜欲等波动。“大怒破阴，大喜坠阳，薄气发瘖，惊怖为狂。忧悲多恚，病乃成积；好憎繁多，祸乃相随。”[⑤]这些负面情绪不仅对人类的身体有损害，而且会遮蔽人的主观认识能力，人只有保持心灵的平静、重视自身的休养，才能达到“通于神明”的境界。“通于神明者，得其内者也。是故以中制外，百事不废；中能得之，则外能收之。中之得则五藏宁，思虑平，筋力劲强，耳目聪明；疏达而不悖，坚强而不贵，无所大过而无所不逮。”[⑥]“通于神明”，也就达到了高妙认知的境地。

《淮南子》还强调学习的重要性。针对当时“世俗废衰，而非学者

① [汉]刘安：《原道训》，刘文典撰，殷光熹点校：《淮南鸿烈集解》，第 10 页。
② [汉]刘安：《原道训》，刘文典撰，殷光熹点校：《淮南鸿烈集解》，第 4 页。
③ [汉]刘安：《原道训》，刘文典撰，殷光熹点校：《淮南鸿烈集解》，第 4—5 页。
④ [汉]刘安：《原道训》，刘文典撰，殷光熹点校：《淮南鸿烈集解》，第 27 页。
⑤ [汉]刘安：《原道训》，刘文典撰，殷光熹点校：《淮南鸿烈集解》，第 29 页。
⑥ [汉]刘安：《原道训》，刘文典撰，殷光熹点校：《淮南鸿烈集解》，第 30 页。

多"的情况,《淮南子》对"非学"之人进行了驳斥,认为人作为万物之灵,不仅具有自然属性,还受到文化的熏陶。《淮南子》列举了两种极端现象,一种为"不待学问而合于道者,尧、舜、文王也";另一种是"沉湎耽荒,不可教以道,不可喻以德,严父弗能正,贤师不能化者,丹朱、商均也"。[①] 而大部分人类处于这两者之间,既非天生圣贤,也非冥顽不灵之人,因此,通过教育可以使大部分人习得向善之性,而我们也不能因为那些经过教育仍然作恶之人的存在就否定学习的重要性。《淮南子》认为,教育能促使多数人向善、行善。"子有弑父者,然而天下莫疏其子,何也?爱父者众也。儒有邪辟者,而先王之道不废,何也?其行之者多也。"[②]通过教育和学习让人性向善,使人能够分别善恶,进而弃恶从善,社会的稳定也就有了保障。《淮南子》除了承认学习的教化作用外,还看到学习在文化传承与延续方面的作用,"仓颉作书,容成造历,胡曹为衣,后稷耕稼,仪狄作酒,奚仲为车"[③]。这些发明方法之所以能够一代代传承下来,正是人们不断学习并继承的结果。

《淮南子》主张学习要从人的本心出发,发自内心的热爱知识,不要因为外界的种种压力和诱惑而勉强自己。"夫内不开于中而强学问者,不入于耳而不著于心,此何以异于聋者之歌也!效人为之而无以自乐也。声出于口,则越而散矣。"[④]《淮南子》的这种看法符合人类认知特点和教育规律,如果是出于自己本心爱好、追求知识,则学习过程也是享受快乐的过程,对知识的掌握理解程度也会事半功倍。同时,《淮南子》主张政府和学校在培养人才的时候也要依据人的性情爱好,尽量"顺因其性"而不要去"拂人之性"。值得注意的是,《淮南子》强调黄老无为的观念,但却十分强调"学以致用"之学的重要性,认为"学"最根本上是"急所用也"。[⑤]

儒家强调:"博学之,审问之,慎思之,明辨之,笃行之。"(《礼记·中

① [汉]刘安:《修务训》,刘文典撰,殷光熹点校:《淮南鸿烈集解》,第656—657页。
② [汉]刘安:《修务训》,刘文典撰,殷光熹点校:《淮南鸿烈集解》,第657页。
③ [汉]刘安:《修务训》,刘文典撰,殷光熹点校:《淮南鸿烈集解》,第663页。
④ [汉]刘安:《原道训》,刘文典撰,殷光熹点校:《淮南鸿烈集解》,第33页。
⑤ [汉]刘安:《说林训》,刘文典撰,殷光熹点校:《淮南鸿烈集解》,第572页。

庸》）对于“博学”及其背后的追求，《淮南子》也有所反思。《淮南子》指出，人们在认识过程中可以放开思绪，任意驰骋，观览世间万物，但万物变化无端，不能单纯靠纯粹的思辨去认识，把事物的本来面目作为认识的出发点，像镜子一样按照事物的发展趋势去映照它，所谓“因其自然而推之”[①]。《淮南子》与古希腊哲学家一样，认为万物流变背后那个永恒不变的东西（“逻各斯”），强调认识的根本，最终还是要回归到对“道”的把握。《淮南子》批评有些学习的人，“不知道之所一体，德之所总要，取成之迹，相与危坐而说之，鼓歌而舞之，故博学多闻，而不免于惑”[②]。《淮南子》认为：“得十利剑，不若得欧冶之巧；得百走马，不若得伯乐之数。”[③]如果不能把握事物背后的本质性认识，而仅仅认识表面现象，这种知识用来指导实践是有害无益的，如商鞅、申不害等人治理国家，“背道德之本，而争于锥刀之末，斩艾百姓，殚尽太半，而忻忻然常自以为治”[④]。其结果只能是事与愿违，犹如抱薪救火，如果用在政治上，就不能保持国家长治久安。

另外，《淮南子》还继承、发展了老子朴素辩证法的思想，其中比较有价值的是凸显了“和”的观念，强调对立矛盾的双方达到统一的重要性。在宇宙生成方面，“天地之气莫大于和，和者，阴阳调，日夜分，而生物。春分而生，秋分而成，生之与成，必得和之精”[⑤]。可见，天地、四时、日夜等自然现象的正常运作无不依赖于“和”。在国家治理中，“和”也是衡量政治运行的重要标准，“帝者诚能包禀道，合至和，则禽兽草木莫不被其泽矣，而况兆民乎！”[⑥]在个人的修身上，“凡治身养性，节寝处，适饮食，和喜怒，便动静”[⑦]。“和”贯穿于宇宙人生的各个方面，“是故不同于和而可以成事者，天下无之矣”[⑧]。辩证思想贯穿于《淮南子》全书中，许多朴实的语句、事例蕴含着丰富的辩证哲理，对人的日常活动有很大

① [汉]刘安：《原道训》，刘文典撰，殷光熹点校：《淮南鸿烈集解》，第 9 页。
② [汉]刘安：《本经训》，刘文典撰，殷光熹点校：《淮南鸿烈集解》，第 257 页。
③ [汉]刘安：《齐俗训》，刘文典撰，殷光熹点校：《淮南鸿烈集解》，第 366 页。
④ [汉]刘安：《览冥训》，刘文典撰，殷光熹点校：《淮南鸿烈集解》，第 214 页。
⑤ [汉]刘安：《氾论训》，刘文典撰，殷光熹点校：《淮南鸿烈集解》，第 439 页。
⑥ [汉]刘安：《氾论训》，刘文典撰，殷光熹点校：《淮南鸿烈集解》，第 469 页。
⑦ [汉]刘安：《诠言训》，刘文典撰，殷光熹点校：《淮南鸿烈集解》，第 485 页。
⑧ [汉]刘安：《说山训》，刘文典撰，殷光熹点校：《淮南鸿烈集解》，第 541 页。

的启发意义，如“太刚则折，太柔则卷，圣人正在刚柔之间，乃得道之本”①，“夫善游者溺，善骑者堕，各以其所好，反自为祸”②，这些都是从老子的朴素辩证法出发来阐发生活中的一些道理，反映了辩证的生活智慧。

《淮南子》在哲学思想上，继承了先秦道家的基本主张，又糅合诸子百家，在宇宙论、认识论、辩证法等领域形成了具有一定独特意义的思想主张，对后人认知西汉时期的思想界状况有所裨益。

第三节 《淮南子》的政治思想

刘安编撰《淮南子》的一个重要目的是为了有裨于治道，即为汉家天下的治理提供思想资源，因此书中用了大量篇幅描述君主的治国之道。学界往往将《淮南子》列为杂家，这是因为书中矛盾之处颇多，有的篇章认为圣人应该“无为”，这与《庄子》中的神人、真人一样，悠游于物外，不为世俗所累；有的篇章圣人则又需要满足黄老、儒家和法家的要求。关于这一问题，我们大致可以从三个方面来认识：首先，《淮南子》力图对先秦各学术流派进行融合，但不同流派的根本主张有很大不同，因此在编撰过程中出现矛盾不可避免；其次，《淮南子》所建构思想体系的矛盾，也反映了汉初同姓王分封建国的政治体制和中央集权、大一统思想之间的冲突；另外，受庄子理想主义影响，在书中也充斥着理想政治和现实政治之间的矛盾。

一、取法黄老，提倡君道无为

从刘安所处的时代背景和思想环境来看，黄老思想在统治阶级中占有极其重要的地位。无论是从其所处的地位，抑或是为了迎合当时

① [汉]刘安：《氾论训》，刘文典撰，殷光熹点校：《淮南鸿烈集解》，第439页。
② [汉]刘安：《原道训》，刘文典撰，殷光熹点校：《淮南鸿烈集解》，第20页。

最高统治者如窦太后等人的好恶，刘安在《淮南子》中都极力提倡黄老思想。黄老思想除继承了先秦道家清静、无为的思想主张之外，还提倡引法入道、主时变、君臣各司其职等，这些思想基本上被《淮南子》继承和发展。

《淮南子》秉持道家无为的思想，认为君主处于政治运行的中心地位，作为百官、万民之仪表，君主应该清静无为，顺应万物的本性，让万事万物符合自身的规律，"人主之术，处无为之事，而行不言之教。清静而不动，一度而不摇，因循而任下，责成而不劳"①。君主应该内修其本，节制外在的种种欲望，《淮南子》中不提倡君主行"有为"之政，因为君主"有为"就可能出现"上多故则下多诈，上多事则下多态，上烦扰则下不定，上多求则下交争"②的情况，不利于国家的长治久安。但"无为"并不代表君主无所事事，相反，君主应该严格要求自己。君主要有节制地运用自己所拥有的权力，限制自己的欲望，加强自身品格的修养，力争做到"贵正而尚忠"③。因为君主在整个权力架构中，处于最为中心的位置，"得失之道，权要在主。是绳正于上，木直于下"④。"故人主诚正，则直士任事，而奸人伏匿矣；人主不正，则邪人得志，忠者隐蔽矣。"⑤所以，在《淮南子》的治道思想中，君主的道德修养被加以强调，不仅是对儒道思想的调和，也是对新兴皇权政治治理理念的一种探索。

皇权政治形成后，君主和臣子之间的矛盾贯穿始终，如何协调君臣关系？《淮南子》倡导君臣各司其职，即君主"无为"而臣下"有为"，君主把握大政方针，臣下各司其职，君主不干预具体事务。因为君主个人的能力是有限的，他的一己之力与个体智慧不足以承担全部的治国重任，"深居隐处以避燥湿，闺门重袭以避奸贼，内不知闾里之情，外不知山泽之形，帷幕之外，目不能见十里之前，耳不能闻百步之外"⑥。因此，君主要以百官作为其耳目手足，替他执行各种政令。另一方面，君主不应夺

① [汉]刘安：《主术训》，刘文典撰，殷光熹点校：《淮南鸿烈集解》，第 269 页。
② [汉]刘安：《主术训》，刘文典撰，殷光熹点校：《淮南鸿烈集解》，第 272 页。
③ [汉]刘安：《主术训》，刘文典撰，殷光熹点校：《淮南鸿烈集解》，第 286 页。
④ [汉]刘安：《主术训》，刘文典撰，殷光熹点校：《淮南鸿烈集解》，第 287 页。
⑤ [汉]刘安：《主术训》，刘文典撰，殷光熹点校：《淮南鸿烈集解》，第 287 页。
⑥ [汉]刘安：《主术训》，刘文典撰，殷光熹点校：《淮南鸿烈集解》，第 283 页。

耀自己的智慧和勇武，从个体角度来说，夏桀和商纣都是既聪明又勇武之人，但最终还是身死国灭。由此看来，君主的一个良好品质就是“处愚称德”、虚怀若谷，这样群臣也会恪尽职守，“群臣辐凑并进，无愚智贤不肖，莫不尽其能”[①]。君主要能凝聚臣子的力量，所谓“故积力之所举，则无不胜也；众智之所为，则无不成也”[②]。即在治理国家方面，君臣应互相配合、各司其职，和谐的君臣关系是国家有效治理的前提。

关于君主运用人才方面，《淮南子》也有不少策略性的建议。第一，强调选才要根据才能之大小、品德之高低来取舍，“有大略者，不可责以捷巧；有小智者，不可任以大功”[③]。反对大材小用和无材重用的情况，主张各得其宜、各尽其才。第二，主张惟才是举，用人不能根据身份贵贱。刘安认为：“使言之而是，虽在褐夫刍荛，犹不可弃也；使言之而非也，虽在卿相人君，揄策于庙堂之上，未必可用。”[④]只要言论、建议正确，即使身份低贱也应予以采纳，反之即使贵为卿相，错误的主张也要摒弃，即“是非之所在，不可以贵贱尊卑论也”[⑤]。《淮南子》里惟才是举的主张，在汉武帝时期的用人过程中得到很好的体现，班固在《汉书》中提到：“汉之得人，于兹为盛，儒雅则公孙弘、董仲舒，笃行则石建、石庆，质直则汲黯、卜式，推贤则韩安国、郑当时，定令则赵禹，张汤，文章则司马迁、相如，滑稽则东方朔、枚皋，应对则严助、朱买臣，历数则唐都、洛下闳，协律则李延年，运筹则桑弘羊，奉使则张骞、苏武，将率则卫青、霍去病，受遗则霍光、金日磾，其余不可胜纪。”[⑥]在这众多的贤臣良将之中，司马相如、公孙弘、东方朔、朱买臣、卫青等人均为身份低贱之人，但却能扬名于世，建不世之功业，不能不归功于武帝那种“不拘一格降人才”的恢宏气度，也和包括《淮南子》在内的汉初“惟才是举”思想相关。

刘安所主张的君臣各司其职自有其合理之处，但我们不能忽视他自己的政治利益诉求，他主张统治阶层内部各安其分，不得相互僭越，

① [汉]刘安：《主术训》，刘文典撰，殷光熹点校：《淮南鸿烈集解》，第 284 页。
② [汉]刘安：《主术训》，刘文典撰，殷光熹点校：《淮南鸿烈集解》，第 279 页。
③ [汉]刘安：《主术训》，刘文典撰，殷光熹点校：《淮南鸿烈集解》，第 293 页。
④ [汉]刘安：《主术训》，刘文典撰，殷光熹点校：《淮南鸿烈集解》，第 294 页。
⑤ [汉]刘安：《主术训》，刘文典撰，殷光熹点校：《淮南鸿烈集解》，第 294 页。
⑥ [汉]班固：《汉书》卷五十八《公孙弘传》，第 2634 页。

因为"帝者体阴阳则侵，王者法四时则削，霸者节六律则辱，君者失准绳则废。故小而行大，则滔窕而不亲；大而行小，则狭隘而不容。贵贱不失其体，则天下治矣"①。《淮南子》主张"古者天子一畿，诸侯一同，各守其分，不得相侵"②，不赞同自汉文帝以来施行的削弱诸侯王的策略，主张天子、诸侯应该各安其分，不得相互侵夺，这种坚持分封的主张是其诸侯王的立场所决定的。但汉代为了建立中央集权的大一统王朝，势必要削弱地方诸侯。因此，刘安的这种主张与当时大一统的历史大势不合，而且刘安的这种想法在盛行分封制的西周也未必行得通，周天子作为天下的共主也绝非靠"体太一"、"法阴阳"，更多的是依靠武力和宗法制度来控制诸侯，一旦天子势力衰弱，则诸侯并起、天下大乱的局面必然随之而至。

二、引法入道，法术势一体

《淮南子》对用礼法等强制性方式来约束百姓态度是矛盾的：一方面它认为最高水平的治理方式是君主"无为"，让百姓自然而然的生活；另一方面，它也明白至德之世已经不复存在，现实政治中需要礼法制度。因此，《淮南子》中吸收了法家治国思想之精华，将"法"、"术"、"势"引入到《淮南子》构建的思想体系中来。

法律代表君主的权威，一旦制定之后，就必须具有强制性，百官不能加以诽谤，更不能触犯，臣民要完全服从君主的法律和权势，这是典型的法家思想。法律一定要排除君主的私心，不因自己的好恶、爱憎为标准，要明确赏罚的客观标准，受赏者依靠功劳与努力得到赏赐，受罚者则因自己的错误与罪过受到惩罚，这样才能"诛者不怨君，罪之所当也；赏者不德上，功之所致也"③。国家动乱的原因往往是滥赏滥罚所造成的，如果"无功而厚赏，无劳而高爵"④，有无功劳都可以受赏，那么何

① [汉]刘安：《本经训》，刘文典撰，殷光熹点校：《淮南鸿烈集解》，第259—260页。
② [汉]刘安：《本经训》，刘文典撰，殷光熹点校：《淮南鸿烈集解》，第266页。
③ [汉]刘安：《主术训》，刘文典撰，殷光熹点校：《淮南鸿烈集解》，第282页。
④ [汉]刘安：《主术训》，刘文典撰，殷光熹点校：《淮南鸿烈集解》，第282页。

必要兢兢业业为国分忧呢？如果"无罪者而死亡，行直而被刑"①，犯不犯错都也可能刑罚加身，那何不铤而走险呢？所以《淮南子》提倡君主一定要慎施赏罚，在客观的赏罚标准制定之后，君主就不要妄动，即"人主静漠而不躁，百官得修焉。譬而军之持麾者，妄指则乱矣"②。如此看来，君主无需"有为"，只要制定和运用公正、客观的法律标准来治理国家，就能达到垂拱而治的目的。

"术"是先秦法家学说中一个重要的政治概念，"术者，因任而授官，循名而责实，操杀生之柄，课群臣之能者也，此人主之所执也"③。可以看出，"术"是君主运用特定权术来控制臣下的一种手段。《淮南子》吸收了法家的这一概念，强调君主在选人和驭下过程中能够"循名责实"，不要被各种表面现象所迷惑，而要根据实际情形去考察、任免官员，"上操其名以责其实，臣守其业以效其功，言不得过其实，行不得逾其法"④。君主只有保持精明审慎、中正无私，才能真正洞察虚实、管理百官。

"法"和"术"是治国理政的手段，而手段的运用与施行必须依靠有"势"的君主。韩非子认为，"圣人德若尧舜，行若伯夷而不载于势，则功不立名不遂"⑤。儒家强调圣人施行教化要有"德"有"位"，其中的"位"和法家的"势"具有相似的意义，正是儒家知识分子没有"位"，所以才强调要"得君行道"。《淮南子》认为："权势之柄，其以移风易俗矣。尧为匹夫，不能仁化一里，桀在上位，令行禁止。由此观之，贤不足以为治，而势可以易俗明矣。"⑥由此可见，权势是君主施行教化、移风易俗的前提。"时势造英雄"，刘安认为自己所处的时代是一个有"势"有"位"的时代，在他看来，自从远古至德之世过后，就没有圣人施展抱负的环境，或者没有能够让他施行大道的尊贵地位，直到汉朝建立了统一的国家，这种"命"、"时"、"位"、"势"才又重新出现。因此，他认为应该效仿圣人，"持以道德，辅以仁义，近者献其智，远者怀其德，拱揖指麾而四海宾

① [汉]刘安：《主术训》，刘文典撰，殷光熹点校：《淮南鸿烈集解》，第 282 页。
② [汉]刘安：《主术训》，刘文典撰，殷光熹点校：《淮南鸿烈集解》，第 282 页。
③ [清]王先谦撰，钟哲点校：《韩非子集解》，中华书局 2003 年版，第 397 页。
④ [汉]刘安：《主术训》，刘文典撰，殷光熹点校：《淮南鸿烈集解》，第 288 页。
⑤ [清]王先谦撰，钟哲点校：《韩非子集解》，第 209 页。
⑥ [汉]刘安：《主术训》，刘文典撰，殷光熹点校：《淮南鸿烈集解》，第 287 页。

服，春秋冬夏皆献其贡职，天下混而为一，子孙相代，此五帝之所以迎天德也”①。

明确了法、术、势各自的意义之后，《淮南子》认为君主治国的要点就是掌握权势、运用权术、施行法制。但是，如果仅是简单的法、术、势相结合，那么法家都已经阐述得很清楚了，甚至较之《淮南子》更加完备、翔实。秦国的政治实践证明法家构建的制度体系过于刚性、缺乏柔性，存在很大缺陷，基于此，《淮南子》的真正意义当然不是简单地照搬法家思想，而在于它力图将先秦儒、法、道等各家治国理念中合理的部分进行融合，使它们在治国理政的过程中互相补充完善。

三、居仁由义，民为邦本

经历了秦朝严苛的“法”治之后，汉朝开始重视儒家的治国理念。《淮南子》对儒家有所批判，如他们认为“藏《诗》《书》，修文学，而不知至论之旨，则拊盆叩瓴之徒也”②。“儒者不本其所以欲，而禁其所欲；不原其所以乐，而闭其所乐。是犹决江河之源，而障之以手也。”③“故儒者非能使人弗欲，而能止之；非能使人勿乐，而能禁之。夫使天下畏刑而不敢盗，岂若能使无有盗心哉！”④诸如此类，《淮南子》认为儒家思想治标不治本，只有把握了最根本的“道”，顺应自然，才能实现真正的善治。虽然《淮南子》在一定意义上对儒家进行批判，但在西汉的现实政治背景下，《淮南子》还是不得不把儒家的仁义礼智等观念纳入其政治理论，使之对黄老思想和法家思想进行补充，以适应现实政治发展的需要。《淮南子》认识到“仁义”在治国方面发挥着不可替代的作用，主要表现在“积惠重厚，累爱袭恩，以声华呕苻妪掩万民百姓，使知之欣欣然，人乐其性者，仁也。举大功，立显名，体君臣，正上下，明亲疏，等贵贱，存

---

① [汉]刘安：《览冥训》，刘文典撰，殷光熹点校：《淮南鸿烈集解》，第 213—214 页。
② [汉]刘安：《精神训》，刘文典撰，殷光熹点校：《淮南鸿烈集解》，第 237 页。
③ [汉]刘安：《精神训》，刘文典撰，殷光熹点校：《淮南鸿烈集解》，第 240 页。
④ [汉]刘安：《精神训》，刘文典撰，殷光熹点校：《淮南鸿烈集解》，第 241 页。

危国，继绝世，决挐治烦，兴毁宗，立无后者，义也”[①]。由此可知，《淮南子》认识到了儒家核心思想对社会稳定和国家治理的重要作用，因此在道家思想的主导下，部分吸收了儒家思想的精华。该书认为当时在位的汉武帝应该“持以道德，辅以仁义”，这恰好体现了《淮南子》“道主儒辅”的思想。

在《淮南子》所建构的体系中，儒家的地位无疑仅次于道家，德治和仁政是仅次于“无为而治”的一种治理方式，即“道灭而德用，德衰而仁义生。故上世体道而不德，中世守德而弗坏也，末世绳绳乎唯恐失仁义”[②]。按照《淮南子》的理解，他们生活的时代并非“上世”或“中世”，而是所谓的“衰世”，“衰世”特点有四：其一，“人众财寡，事力劳而养不足”；其二，“仁鄙不齐，比周朋党，设诈谞，怀机械巧故之心，而性失矣”；其三，“阴阳之情，莫不有血气之感，男女群居，杂处而无别”；其四，“性命之情，淫而相胁”。[③] 如果要振衰起敝，就要重视仁义礼乐的作用，因为“仁者，所以救争也”、“义者，所以救失也”、“礼者，所以救淫也”、“乐者，所以救忧也”。[④] 可见，《淮南子》也将儒家倡导的仁义礼乐当做振衰起敝的救世之方，并提出，“仁者，积恩之见证也”[⑤]。仁君治理天下，应该“取下有节，自养有度”[⑥]。反对统治者横征暴敛，痛斥暴君“一日而有天下之富，处人主之势，则竭百姓之力，以奉耳目之欲”[⑦]。对于普通人，《淮南子》提倡孟子所说的“富贵不能淫，贫贱不能移，威武不能屈”，通过晏子不屈服于崔杼的例子，倡导“君子义死，而不可以富贵留也；义为，而不可以死亡恐也”的观念；[⑧]通过尧舜禅让、季札让国的典故，告诉人们“不观大义者，不知生之不足贪也；不闻大言者，不知天下之不足利也”[⑨]的道理。

---

① [汉]刘安：《俶真训》，刘文典撰，殷光熹点校：《淮南鸿烈集解》，第57—58页。
② [汉]刘安：《缪称训》，刘文典撰，殷光熹点校：《淮南鸿烈集解》，第321页。
③ [汉]刘安：《本经训》，刘文典撰，殷光熹点校：《淮南鸿烈集解》，第250页。
④ [汉]刘安：《本经训》，刘文典撰，殷光熹点校：《淮南鸿烈集解》，第250页。
⑤ [汉]刘安：《缪称训》，刘文典撰，殷光熹点校：《淮南鸿烈集解》，第321页。
⑥ [汉]刘安：《主术训》，刘文典撰，殷光熹点校：《淮南鸿烈集解》，第307页。
⑦ [汉]刘安：《主术训》，刘文典撰，殷光熹点校：《淮南鸿烈集解》，第291页。
⑧ [汉]刘安：《精神训》，刘文典撰，殷光熹点校：《淮南鸿烈集解》，第235页。
⑨ [汉]刘安：《精神训》，刘文典撰，殷光熹点校：《淮南鸿烈集解》，第236页。

《淮南子》在对儒家思想的借鉴方面，最为可贵的是吸收了孟子的民本思想，这在《淮南子》思想中可谓极为出彩之处。《淮南子》提倡君主要保障人民的基本生存权利，即“食者，民之本也；民者，国之本也；国者，君之本也”①。君主要“上因天时，下尽地财，中用人力，是以群生遂长，五谷蕃殖，教民养育六畜，以时种树，务修田畴，滋植桑麻，肥尧高下，各因其宜，丘陵阪险不生五谷者，以树竹木”②。这与孟子所说“五亩之宅，树之以桑，五十者可以衣帛矣。鸡豚狗彘之畜，无失其时，七十者可以食肉矣。百亩之田，勿夺其时，数口之家可以无饥矣”（《孟子·梁惠王上》）的目标，具有明显的相似之处。在政府对农民的赋税征收方面，“必先计岁收，量民积聚，知饥馑有余不足之数，然后取车舆衣食供养其欲”③，要求政府收税多少的前提是保证老百姓能够衣食无忧。《淮南子》还要求君主应该以百姓之忧为忧，不能一味享乐，即“民有掘穴狭庐所以托身者，明主弗乐也”、“民有糟糠菽粟不接于口者，则明主弗甘也”、“民有处边城，犯危难，泽死暴骸者，明主弗安也”，因此，君主只有努力保证人民衣食住行需求，保证“国无哀人”④，才能与民同乐。《淮南子》重视以民为本，也就承认了君主对人民是负有责任的，这也在客观上限制了君主的权力，防止他们滥用权力。

刘安依据当时的思想状况和他自己的政治诉求，在编纂《淮南子》的时候，将黄老道家、法家、儒家的政治思想混同起来，既强调君道无为，又主张法术一体，还重视居仁由义，可以说，基于对现实政治的理解，《淮南子》并不完全囿于诸子百家各自的门户之见，而是努力吸收诸子百家治理思想的精华，来服务于当时的现实政治治理，这也表现了刘安及《淮南子》思想具有政治上的务实性一面。

---

① [汉]刘安：《主术训》，刘文典撰，殷光熹点校：《淮南鸿烈集解》，第 308 页。
② [汉]刘安：《主术训》，刘文典撰，殷光熹点校：《淮南鸿烈集解》，第 308 页。
③ [汉]刘安：《主术训》，刘文典撰，殷光熹点校：《淮南鸿烈集解》，第 305 页。
④ [汉]刘安：《主术训》，刘文典撰，殷光熹点校：《淮南鸿烈集解》，第 306 页。

第四节　刘安及《淮南子》的历史地位和影响

刘安及其组织编撰的《淮南子》在中国思想史上有着重要的地位。刘安不似其他诸侯王那样骄横肆恣、挥霍无度，而是喜好读书、音乐，尤其擅长文辞，他组织编撰了众多作品，如《淮南子》《淮南王赋》《群臣赋》《淮南歌诗》《淮南杂星子》《淮南万毕术》等。刘安组织编撰的这些作品包罗万象，内容涉及文学、哲学、政治、天文、地理、医学、占卜、农业、商业等方面，既展现了刘安的学识与才华，也使得后人对先秦以及秦汉之际的思想、社会、文化状况有所了解。刘安不但自己博学多闻，且特别重视淮南国的文化发展，当时汇聚在他门下不同学派的学者有数千人之多。淮南国也因此成为当时学术研究的一个重镇，推动了江淮之间广大地域的文化发展，对于今天包括江苏、安徽在内的区域文化发展有着重要的历史意义。

在刘安的引领、支持下，淮南国的文化极其繁荣，涌现出一大批才俊，最著名的当属所谓“淮南八公”，即苏非、李尚、田由、雷被、伍被、晋昌、毛被、左吴等八人，这些人在淮南国取得了不少成就。在文学方面，刘安与门客共同创作了“淮南王赋八十二篇”、“淮南王群臣赋四十四篇”。[①] 淮南国的文学创作丰富了汉代文学，我们知道秦汉之际战乱频繁，秦重法制，汉承秦制，所以汉初文化并不繁盛，而众多学者齐集淮南，推动了汉代文学特别是汉赋的繁荣。可惜随着时代变迁和淮南文化的没落，许多篇章已经散佚，今天能看到的只有《招隐士》与《屏风赋》两篇。刘安本人由于深受楚文化影响，对屈原与《楚辞》进行了细致研究，不仅司马迁在作《屈原列传》时参考了刘安所作的《离骚传》，而且推动了汉代骚体赋的发展，开后世研究《楚辞》之先河。

当然，刘安最重要的成果就是其主持编撰的《淮南子》一书。如前所说，《淮南子》努力将儒、法等各家的思想统摄在道家思想之下。刘安之所以有“以道为主”、“道统儒法”的思想主张，目的还是为了给黄老思

① [汉]班固：《汉书》卷三十《艺文志》，第 1747 页。

想注入新的养料，使之适应西汉王朝的统治需要。《淮南子》在历史上有着深远的影响，它是一次力图立足道家思想，统摄先秦各家学说的重要尝试。唐代刘知几认为，“其书牢笼天地，博极古今，上自太公，下至商鞅，其错综经纬，自谓兼于数家，无遗力也矣”①。中国古代有所谓“立德”、“立功”、“立言”三不朽的传统，刘安编撰《淮南子》一书的贡献足以使他扬名后世，跻身于“立言”的行列之中，同时，《淮南子》集道家思想之大成，不仅继承和丰富了先秦老庄的哲学思想，而且还总结了道家的养生之术，为道教的形成奠定了一定基础。《淮南子》中之所以蕴含许多神仙思想和修炼方术，是因为刘安好神仙，以淮南王的身份招揽了许多方术之士，这些人对《淮南子》的撰写也发挥了重要影响。其中《淮南子》中篇是专门研究神仙之术，特别是炼丹术，刘安及其宾客醉心于炼丹活动，葛洪的《抱朴子》一书就记载了刘安的炼丹活动，对后来道教丹鼎派产生了重要影响。正是由于刘安喜好神仙之术，他死后还衍生出了“一人得道，鸡犬升天”的传说。

值得一提的是，《淮南子》不仅蕴含丰富的思想哲理，而且文辞优美，创造了众多的成语典故。有学者曾对直接和间接出自《淮南子》一书的成语典故进行了简单梳理，如女娲补天、后羿射日、嫦娥奔月、共工触山、塞翁失马、削足适履、一叶知秋、声东击西、扬汤止沸、百川归海、居高临下、至高无上、岿然不动、好逸恶劳、不翼而飞、以小见大、因祸得福、殊途同归、积羽沉舟、强弩之末、酒池肉林、胶柱鼓瑟、乐极生悲、扶老携幼、冠盖相望、墨守成规、瞋目裂眦、三人成虎、怒发冲冠、交浅言深、兔死狗烹、鸟尽弓藏、寝不安席食不甘味、欲取之必先予之、海水不可斗量、一人当关万夫莫开、一寸光阴一寸金、运筹庙堂之上决胜千里之外、城门失火殃及池鱼、临渊羡鱼不如退而结网等。② 这些语言汇入了汉语的发展长河，成为汉语的重要组成部分。可见，《淮南子》不仅具有思想史的意义，也是中国传统语言文化的宝库。

刘安作为从分封建国走向中央集权大一统过渡时期的人物，他的

---

① [唐]刘知几撰，[清]浦起龙通释：《史通》，上海古籍出版社 2008 年版，第 206 页。
② 参见方川：《刘安对“淮南文化”发展贡献论略》，《学术界》2011 年第 2 期。

身上汇聚了两个时代的特质。从政治上说，他对大一统的趋向有着清醒的认识，但由于他从维护自身权力的角度出发，他又力图抗拒中央的支配，维护诸侯国的“封建”特权，也正是在政治上的这种矛盾心理，造成了他在政治上的悲剧性结局。从学术思想上来说，他服膺黄老之术，但是对先秦百家亦不排斥，他为不同学派的学者提供了良好的学术研究环境，使先秦诸子思想得以在淮南国继续发展。同时，为了适应政治上大一统的需要，他又力图以道家思想统摄其他诸家，尝试思想上的“大一统”。刘安带领了一大批学者，对西汉前期盛行近百年的黄老思想进行了系统性总结，并在此基础上广泛吸收诸子百家的思想，进行了创造性的阐发与融合，形成了《淮南子》一书，为总结先秦思想学术和呈现秦汉之际的思想状况，做出了杰出的思想史贡献。刘安在淮南国的思想文化活动，也为黄河流域文化的南移以及后世江苏地区思想文化的发展作出了积极的贡献。

第二章　刘向、刘歆的思想

刘向(公元前77年—前6年),字子政,原名更生,彭城人(今江苏徐州人),既是西汉后期著名的经学家,也是著名的文学家、史学家和目录学家,其代表作有《别录》《古今通义》《列女传》《新序》《说苑》等。刘歆(公元前50年—公元23年),字子骏,刘向少子。刘歆自幼才华横溢,受诏随父刘向共同校书,刘向死后,刘歆继承父业,领校群书,在其父《别录》基础上撰成《七略》一书,该书是我国第一部官修图书目录学著作。刘向、刘歆父子在校理群书、古籍留存、古文经学等方面做出了卓越的贡献,在中国学术思想史上占有重要地位。20世纪20年代,同为江苏人的钱穆所作《刘向歆父子年谱》成为史学名作,开启了近现代以来刘向、刘歆父子研究的新篇章。

第一节　刘向、刘歆生平及思想背景

徐复观先生认为,刘向在西汉思想史上应该占有"坚实的地位",其原因之一在于"刘向因校书中秘的关系,能读西汉一般士人所无法读到的书。因为他的家世及其遭际,对政治真相的了解,与对政治的责任感，亦非并时士大夫所易企及”①。刘向、刘歆和淮南王刘安一样，都是汉室宗亲，他们的生平、经历与汉代政治息息相关，政治经历对他们的学术思想也有至关重要的影响。

一、家世及生平

刘向的四世祖是刘邦的同父异母幼弟刘交。刘邦起兵反秦之时，刘交追随左右，深得汉高祖器重，后来被册封为文信君。汉朝建立之后，刘邦鉴于秦朝二世而亡的教训，大肆分封同姓为诸侯王，刘交也因功被封为楚王，“王薛郡、东海、彭城三十六县”②。在刘邦实行分封的过程中，多数诸侯王是仅凭血缘关系获得爵位，而刘交不仅有血缘纽带的因素，其本人也富有才华。刘交“好书，多材艺。少时尝与鲁穆生、白生、申公俱受《诗》于浮丘伯”③。刘交少时就受到儒家的影响，受封楚王后，他任用了大批儒者。“元王好《诗》，诸子皆读《诗》，申公始为《诗》传，号《鲁诗》。元王亦次之《诗》传，号曰《元王诗》，世或有之。”④楚元王刘交重视儒学及儒生，为其家族成为汉代著名的儒学世家奠定了基础。

刘向曾祖父刘富是刘交的儿子，刘交儿子众多，刘富未袭王位。刘富生刘辟疆，刘辟疆“好读《诗》，能属文”⑤。汉武帝时期，刘辟疆不肯出仕，清静少欲，以诗书自娱。汉昭帝时期，霍光秉政，不敢专擅，起用刘姓宗室子弟参政，以减轻朝廷内外对其擅政的疑虑，“遂拜辟疆为光禄大夫，守长乐卫尉，时年已八十矣。徙为宗正，数月卒”⑥。辟疆之子刘德，“修黄、老术，有智略。少时数言事，召见甘泉宫，武帝谓之‘千里驹’”⑦。刘德后因参与谋划并拥立汉宣帝之功，被封为关内侯。刘德性情仁厚、乐善好施，经常救济生活困难的亲戚、宾客。刘向、歆父子正是

① 徐复观：《两汉思想史》(三)，九洲出版社 2014 年版，第 207 页。
② [汉]班固：《汉书》卷三十六《楚元王传》，第 1922 页。
③ [汉]班固：《汉书》卷三十六《楚元王传》，第 1921 页。
④ [汉]班固：《汉书》卷三十六《楚元王传》，第 1922 页。
⑤ [汉]班固：《汉书》卷三十六《楚元王传》，第 1926 页。
⑥ [汉]班固：《汉书》卷三十六《楚元王传》，第 1926 页。
⑦ [汉]班固：《汉书》卷三十六《楚元王传》，第 1927 页。

在渊源深厚的学风、家风下成长起来，在学术思想领域做出了杰出的贡献。

如上所述，刘向、刘歆父子之所以在中国学术史上占有一席之地，与他们深厚的家学背景息息相关。从楚元王刘交开始，经刘富、刘辟彊、刘德，到刘向、刘歆父子，皆以诗书传家、以学问立身，正是楚元王对儒家文化的重视和提倡，为家族的发展、兴盛、延续打下了牢固的根基。刘交子孙众多，刘富虽然未能承袭王位，但他这一系却传承最久，并且出了刘向、刘歆这样的大学者，可见随着新的中央集权制度的建立，血缘分封在政治中的作用有所下降，官员的升迁、任免不再取决于血缘世袭，还取决于个体文化素养。所以，汉代才有“遗子黄金满籯，不如一经”的说法。皇室宗亲的身份给刘向、刘歆父子提供了出仕的机会，但在这种“世卿世禄”制逐渐走向衰亡的时代，良好的家世、家学和家风以及个人的才华、学识，才是他们父子取得学术成就的最重要因素。

刘向作为宗室子弟，十二岁就任为辇郎，成年之后，又因品行修养被擢升为谏大夫。当时，汉宣帝效仿汉武帝，选拔了一批名儒俊材侍奉左右，刘向因能“通达能属文辞”①，得以与王褒、张子侨等人共同侍奉宣帝，他的文才也得以展露，史书记载，他曾“献赋颂凡数十篇”②。可见，刘向虽然凭借宗室恩荫进入仕途，但其升迁则是依靠自身的才华。正当刘向逐步向权力中心靠拢之时，他却犯下了大错，一度中断了他的仕途生涯。宣帝晚年也像汉武帝一样，喜好神仙方术，恰好刘向家族也深受楚地道家文化熏陶，他的父亲更是“修黄、老术，有智略”③。刘向为迎合宣帝的爱好，献上淮南王刘安所作《枕中鸿宝苑秘书》，并信誓旦旦告诉宣帝可用书中之法铸造黄金，汉宣帝命令按照书中秘方制作黄金，耗费了大量的人力、物力，结果自然以失败告终。刘向论罪当诛，在亲族的大力营救下，刘向才免除死罪，在此过程中，他的父亲刘德病死，“大鸿胪奏德讼子罪，失大臣体，不宜赐谥、置嗣。制曰：赐谥缪侯，为置

① [汉]班固：《汉书》卷三十六《楚元王传》，第1928页。
② [汉]班固：《汉书》卷三十六《楚元王传》，第1928页。
③ [汉]班固：《汉书》卷三十六《楚元王传》，第1927页。

嗣”[1]。虽得以苟免，但刘向也经历了丧父与失爵的双重打击。

汉宣帝为加强思想统治，亲自主持召开了石渠阁会议，这次会议给刘向的仕途生涯带来转机。面对“儒术日盛”的局面，汉宣帝在汉武帝所立五经博士的基础上增加了科目和人数。“会初立《穀梁春秋》，征更生受《穀梁》，讲论《五经》于石渠。复拜为郎中给事黄门，迁散骑、谏大夫、给事中。”[2]汉宣帝死后，刘向迎来了其官场生涯的黄金期。大臣萧望之、周堪等人极为器重刘向，将其引为同道，“望之选白宗室明经达学散骑、谏大夫刘更生给事中，与侍中金敞并拾遗左右。四人同心谋议，劝道上以古制，多所欲匡正，上甚乡纳之”[3]。但好景未长，以萧望之、刘向等人为首的士大夫官僚集团与外戚、宦官的矛盾加剧，在几次政治斗争中，外戚和宦官逐渐占据上风。刘向作为反对外戚、宦官的主要人物，两次上书劝谏皇帝，要求“退恭、显以章蔽善之罚，进望之等以通贤者之路”[4]，“放远佞邪之党，坏散险诐之聚，杜闭群枉之门，广开众正之路”[5]。刘向的两次上书招致了外戚和宦官的极端仇视，他们在汉元帝面前诋毁刘向，使其先后被下狱、贬官，最终在家赋闲十余年之久。但刘向并没有因此而颓废，赋闲期间，他关心时政、著书立说，作《疾谗》《救危》《擿要》《世颂》等，从篇名就可看出，这些著作充分展现了他在政治上的忧愤情怀。

汉成帝即位后，宦官势力被削弱，“更生乃复进用，更名向。向以故九卿召拜为中郎，使领护三辅都水。数奏封事，迁光禄大夫”[6]。这一时期，刘向虽然成了秩比两千石的官员，但手中并没有实权。元帝时期，尚有萧望之、周堪等人可引为同道、共同进退，到了成帝时期，能够匡扶时政、刚正不阿的儒臣越来越少，外戚王氏一族则权倾天下，“阳平侯王凤为大将军，秉政，倚太后，专国权，兄弟七人皆封为列侯”[7]。尽管如

① [汉]班固：《汉书》卷三十六《楚元王传》，第 1928 页。
② [汉]班固：《汉书》卷三十六《楚元王传》，第 1929 页。
③ [汉]班固：《汉书》卷七十八《萧望之传》，第 3283 页。
④ [汉]班固：《汉书》卷三十六《楚元王传》，第 1932 页。
⑤ [汉]班固：《汉书》卷三十六《楚元王传》，第 1946 页。
⑥ [汉]班固：《汉书》卷三十六《楚元王传》，第 1949 页。
⑦ [汉]班固：《汉书》卷三十六《楚元王传》，第 1949—1950 页。

此，刘向仍坚贞不屈，他表示："灾异如此，而外家日盛，其渐必危刘氏。吾幸得同姓末属，累世蒙汉厚恩，身为宗室遗老，历事三主。上以我先帝旧臣，每进见常加优礼，吾而不言，孰当言者？"[①]他数次劝谏皇帝要求"黜远外戚，毋授以政，皆罢令就第……褒睦外内之姓，子子孙孙无疆之计也"[②]。遗憾他的赤胆忠心并未感化暗弱的成帝，反而引来了外戚的嫉恨，他们不断对刘向进行防备与打压，"上数欲用向为九卿，辄不为王氏居位者及丞相御史所持，故终不迁。居列大夫官前后三十余年，年七十二卒"[③]。可见，刘向一生为保存汉室江山而奋斗，无奈世无明主，外戚、宦官当道，使得他的抱负难以实现，"卒后十三岁而王氏代汉"[④]。

刘歆是刘向的幼子，"少以通《诗》、《书》能属文召见成帝，待诏宦者署，为黄门郎。河平中，受诏与父向领校秘书，讲六艺传记，诸子、诗赋、数术、方技，无所不究"[⑤]。但在成帝一朝，刘歆受到其父与外戚斗争的牵连，难以升迁。"左右常荐光禄大夫刘向少子歆通达有异材。上召见歆，诵读诗赋，甚说之，欲以为中常侍，召取衣冠。临当拜，左右皆曰：'未晓大将军。'上曰：'此小事，何须关大将军？'左右叩头争之。上于是语凤，凤以为不可，乃止"[⑥]。从学术发展的角度来看，刘歆这一时期在政治上的失意却并非坏事，他得以把自己的才华全部投入到校书任务中，西汉末年这次校书时间之长，范围之广，都是前代所罕见。刘向父子对政府掌管的皇家书籍进行系统而全面的整理，具有深远意义。刘向去世后，刘歆子承父志，完成了此次校书工作，并且编撰了我国第一部官修目录学著作《七略》。

校书的同时，刘歆在仕途上也迎来了转机。西汉末年，王莽凭借外戚身份掌握大权，因"莽少与歆俱为黄门郎"[⑦]，有了这层亲近关系，王莽"举歆宗室有材行，为侍中太中大夫，迁骑都尉、奉车光禄大夫，贵幸"。

---

① [汉]班固：《汉书》卷三十六《楚元王传》，第1958页。
② [汉]班固：《汉书》卷三十六《楚元王传》，第1962页。
③ [汉]班固：《汉书》卷三十六《楚元王传》，第1966页。
④ [汉]班固：《汉书》卷三十六《楚元王传》，第1966页。
⑤ [汉]班固：《汉书》卷三十六《楚元王传》，第1967页。
⑥ [汉]班固：《汉书》卷九十八《元后传》，第4018—4019页。
⑦ [汉]班固：《汉书》卷三十六《楚元王传》，第1972页。

汉哀帝驾崩后，王莽再次推荐刘歆，“太后留歆为右曹太中大夫，迁中垒校尉、羲和、京兆尹，使治明堂辟雍，封红休侯”[①]。由是刘歆成为王莽集团的重要人物，专门负责“典文章”[②]。王莽篡汉后，大封有功之臣，刘歆被封为“国师，嘉新公”[③]，“是为四辅，位上公”[④]，此时刘歆已位极人臣，进无可进。王莽新朝建立之后面临内忧外患的局面，王莽猜忌之心渐重，许多昔日王莽倚重的大臣被诛杀，刘歆的两子一女也被王莽所杀。刘歆、王涉等人密谋劫持王莽，“东降南阳天子”[⑤]，可惜刘歆等人谋事不密，事情败露，刘歆自杀。

刘向一生坎坷，仕途生涯时起时落，面对西汉末年外戚专权的局面，他仍抱有坚定的政治信念，希望“刘氏长安，不失社稷”[⑥]。面对外戚一次次的打压，他多次上书匡扶时政，至死不渝，可谓是饱学之儒、守节之士、社稷之臣。刘歆在学问方面不输其父，但在政治取向上，却与其父截然相反，刘向一生都在和外戚、宦官作斗争，而刘歆则党附外戚王莽，一度官运亨通。客观上看，刘歆作为汉室宗亲，也许并无意帮助王莽篡汉，但他作为王莽的心腹，备受到世人诟病，实属自然。

二、刘向、歆父子的思想背景

刘向、刘歆父子生活的西汉后期，正是西汉王朝由盛转衰的时期。汉武帝 54 年的统治对西汉王朝的走向构成了深远影响，首先，中央集权战胜了诸侯分封。自汉文帝以来，不断削弱诸侯王的力量；景帝时期，平定了七国之乱，诸侯势力元气大伤，很难再对中央发起强有力的挑战；到武帝时期，继续施行削藩政策，施行推恩令，诸侯势力进一步削弱。至此，以诸侯王为首的地方分裂势力基本消除。其次，皇权逐渐加强，相权日益削弱。西汉肇建之初，出现了大批军功勋贵，如萧何、曹

① [汉]班固：《汉书》卷三十六《楚元王传》，第 1972 页。
② [汉]班固：《汉书》卷九十九《王莽传》，第 4046 页。
③ [汉]班固：《汉书》卷九十九《王莽传》，第 4100 页。
④ [汉]班固：《汉书》卷九十九《王莽传》，第 4100 页。
⑤ [汉]班固：《汉书》卷九十九《王莽传》，第 4184 页。
⑥ [汉]班固：《汉书》卷三十六《楚元王传》，第 1962 页。

参、陈平、周勃等人，他们出将入相，掌握大权，除其本人的能力、功劳外，西汉初期赋予丞相较大的权力，如在大政方针、官员任免上都有极大话语权。因此也就不难理解汉高祖、汉文帝为了巩固皇权而打击萧何、惩治周勃。到汉武帝时期，皇权达到高峰，一方面，皇帝选拔亲近之人组成“内朝”，侵夺丞相职权；另一方面，皇帝也大量任用身份较低之人出任丞相，这些人的权力得失在武帝一念之间，因此对汉武帝唯命是从。皇权的高度集中虽然便于汉武帝施行自己的政策，提高了行政效率，但也附带了一系列弊端，最明显的就是外戚和宦官专权。最后，汉武帝时期确立的“罢黜百家，独尊儒术”政策令儒家思想一跃成为占统治地位的官方主导思想。儒学之所以能够在百家争鸣中被“独尊”，一方面在于大一统国家的建立、巩固需要思想上的统一做支撑；另一方面，在诸多学术流派中，儒家把宗法制家庭与皇权国家高度协调起来，逐渐适应了中国社会结构的变迁。儒家意识形态与郡县制等制度结合所构成的一体化结构，在协调宗法组织和国家组织方面起到了至关重要的作用，儒家的仁孝观念也成为联系宗法与社会组织的桥梁。“儒学政治化”对于中国历史的发展走向产生了至关重要的影响。

武帝晚年虽改弦更张，祛除了许多苛政，但他加强皇权的措施之弊端在西汉晚期产生了重要影响。汉武帝作为一位有为君主，有能力驾驭庞大的皇权，当然面对几乎绝对的权力，他也存在滥用权力的问题。汉武帝之后，除了汉宣帝还有能力控制皇权，保持政治稳定，其他几位皇帝的较弱统治，导致权臣、外戚轮流秉权。此间，出现一个新现象，即以儒家知识分子为重要组成部分的新型官僚体系逐渐形成。汉武帝独尊儒术之后，大批儒家士人成为官僚体系中的重要组成部分，《汉书》记载：“自孝武兴学，公孙弘以儒相，其后蔡义、韦贤、玄成、匡衡、张禹、翟方进、孔光、平当、马宫及当子晏咸以儒宗居宰相位，服儒衣冠，传先王语，其酝藉可也，然皆持禄保位，被阿谀之讥。彼以古人之迹见绳，乌能胜其任乎！”[①]这些儒臣中虽有阿谀之人，但也有大量儒臣具有崇高的道德理想以及对皇帝的忠心。西汉晚期，面临外戚、宦官专权的政治格

---

① [汉]班固：《汉书》卷八十一《匡张孔马传》，第3366页。

局，儒家官僚与外戚、宦官的矛盾斗争不断激化，造成了西汉后期政治局势的动荡。

先秦诸子的学说经历了数百年的争鸣，在相互辩难中不断完善。到汉代，出现融合之势，特别是处在“显学”地位的儒、道两家，不断从其他各家思想中汲取养分，以回应现实问题。淮南王刘安所编的《淮南子》一书体现了汉代道家思想发展的新趋向。在儒家思想方面，出现了叔孙通、陆贾、贾谊、韩婴等儒生，但对汉代儒学发展起到主导作用的是董仲舒，他以儒家思想为主，大量吸收先秦各家思想，建立起了一个完整的思想体系。经过改造的汉代新儒家“适应形势潮流，大量吸取和运用阴阳五行学说，兼采各家思想，构造儒家思想的新体系，倡导大一统、君权神授、三纲五常等思想，把先秦儒家的思想系统化、理论化、神圣化，使之有很高的实用价值”①。

新儒学适应了新的政治形势，汉武帝时儒学上升为官方学说，儒学与选官制度开始紧密结合在一起。建元五年，根据董仲舒的建议，设五经博士教授经学，为政府培养合格的官僚人才；元朔五年，建立太学，以儒家经典为教材，培养人才，除太学与五经博士外，察举、征召等选官方式无不以儒家经典为理论依据和选拔标准。儒学与选官制度的结合对于儒学的壮大起到至关重要的作用，“自武帝立《五经》博士，开弟子员，设科射策，劝以官禄，讫于元始，百有余年，传业者浸盛，支叶蕃滋，一经说至百余万言，大师众至千余人，盖禄利之路然也”②。随着儒学逐步取得“独尊”地位，其内部逐渐开始分化，出现了今、古文之争。这种争议的出现既有政治上权力争夺的因素，也有学术上关于派别、内容、渊源、方法等差异，但总体来看，西汉晚期的今、古文之争偏重于政治权力方面，即争夺“仕进”的机会。

阴阳灾异以及“谶纬”思想的流行是儒学独尊的附带产物，上文提及汉代的新儒家吸收了阴阳五行的观念，董仲舒将其阐发为天人感应，意图通过自然现象来警示和限制君主的权力。董仲舒说：“凡灾异之

① 熊铁基：《汉代学术史论》，高等教育出版社 2013 年版，第 202 页。

② [汉]班固：《汉书》卷八十八《儒林传》，第 3620 页。

本，尽生于国家之失；国家之失，乃始萌芽，而天出灾害以谴告之；谴告之，而不知变，乃现怪异以惊骇之；惊骇之，尚不知畏恐，其殃咎乃至。"[①]阴阳灾异理论化的重要体现是"纬书"的大量出现，"纬"相对于"经"而言，随着儒家经书在西汉中后期取得神圣地位，"纬书"作为经书的补充性著作，也在政治、思想领域占据重要地位。"纬书"穿凿附会一些神秘观念，使儒家经典神秘化、宗教化。"谶"，指隐语、预言，即借用一些神秘启示来预测未来发生的事情。这在秦、汉时期极为流行，如秦始皇时期的"亡秦者胡也"[②]"今年祖龙死"[③]等。陈胜、吴广起义时"大楚兴，陈胜王"[④]的口号，刘邦以赤帝子身份斩白蛇，这些都属于"谶"的范围。

"谶纬"思想对汉代政治、社会和学术思想方面都产生了深远影响，它在西汉中晚期特别盛行，主要用于既定的政治目的，如统治者为了掩盖自己政治上的无能，利用"谶纬"迷信搞出"再受命"的把戏，"待诏夏贺良等言赤精子之谶，汉家历运中衰，当再受命，宜改元、易号。诏曰：汉兴二百载，历数开元。皇天降非材之佑，汉国再获受命之符，朕之不德，曷敢不通！夫基事之元命，必与天下自新，其大赦天下。以建平二年为太初元年。号曰陈圣刘太平皇帝"[⑤]。这种自欺欺人之法不仅不能稳固摇摇欲坠的统治，反而消减了统治的权威性。除了统治者自欺欺人之外，一些野心家利用西汉末期政治上的腐朽，妄图通过"谶纬"获取最高权力，如王莽欲篡权，使人埋白石于井下，上刻"告安汉公莽为皇帝"[⑥]，为自己篡汉作舆论与思想上的准备。东汉光武帝刘秀曾以图谶起兵，称帝后，对此深信不疑，曾经宣布图谶于天下。刘勰记述："至于光武之世，笃信斯术。风化所靡，学者比肩。沛献集纬以通经，曹褒选谶以定礼，乖道谬典，亦已甚矣。"[⑦]原本作为补充和解释儒家典籍的"纬书"，却反过来对经学产生影响，推动了经学的神学化。原始儒家并不

---

① 苏舆撰，钟哲点校：《春秋繁露义证》，中华书局1992年版，第259页。
② [汉]司马迁：《史记》卷六《秦始皇本纪》，第252页。
③ [汉]司马迁：《史记》卷六《秦始皇本纪》，第259页。
④ [汉]司马迁：《史记》卷四十八《陈涉世家》，第1950页。
⑤ [汉]班固：《汉书》卷十一《哀帝纪》，第340页。
⑥ [汉]班固：《汉书》卷九十九《王莽传》，第4078—4079页。
⑦ 周振甫著：《文心雕龙今译》，中华书局1986年版，第36页。

具有这种神秘色彩，也不热衷于怪力乱神，图谶严重背离了儒家的思想，在这个意义上，图谶与经学的结合并不能长久。当然，也应看到“谶纬”之学中包含了许多哲学、天文、地理和历数方面的知识，不能对其一概否定。

概括而言，就思想文化层面来看，刘向、刘歆父子正处在儒学独尊、谶纬始兴的时期，儒家开始了与政权紧密结合的道路，同时又逐渐滑向神秘主义的谶纬之学，他们正是在这样的背景下进行学术思想工作的。

第二节　刘向、刘歆父子的儒学思想

西汉中后期的思想界，随着儒家独尊地位的确立，原来诸子百家之间的争论逐渐转变为儒家内部的争议。西汉儒家内部的争论主要围绕儒家的经典展开，特别是经学的文本辨正及其解释问题。刘向、刘歆父子的儒学思想也是在这些争论中发展出来的。

一、刘向、刘歆父子的经学取向

汉武帝所设的五经博士，皆属于“今文经学”，到汉宣帝时期，社会政治形势发生了变化，原来所立的“学官”需要改变。一方面，随着儒学的发展，原来所立的五经博士不足以涵盖儒学各家各派，没有被立为学官的各派也要求取得政府的“认可”；另一方面，汉武帝所立的学官是为了适应当时社会政治形势的需要，到宣帝末年，已经不能再指导社会政治发展，如《公羊春秋》的“再受命”思想，汉朝前期，“再受命”理论赋予了新兴政权合法性依据，但到西汉晚期，再宣扬“再受命”却不合时宜。在这个背景下，汉宣帝为了统一儒家思想和学说，在长安未央宫主持召开了石渠阁会议，刘向、萧望之、韦玄成、薛广德等儒生参加，由汉宣帝本人亲自做出裁定评判。此次会议上，穀梁之学获得了最高权力的支持，刘向也因其“受《穀梁》”受到重视。

刘向所受《穀梁》与《公羊》一样仍属于今文经学的系统，但其不同于《公羊》的一个特点在于《穀梁》十分重视礼制和宗法情谊。西汉中前期，为了消除诸侯王的威胁，突出了《公羊》所宣扬的拨乱世、反诸正及大一统观念，因此在刘氏同姓内部展开了血腥的杀戮和镇压。① 到宣帝时期，同姓诸侯已不再成为中央政府的威胁，外戚则成为皇权的主要威胁。因此，刘向一方面主张礼乐德化，另一方面，刘向看到宗室暗弱，外戚势大，要求重用刘氏宗亲，他向皇帝上书罗列了三家分晋、田氏代齐、诸吕乱政等历史事件，提出"宜发明诏，吐德音，援近宗室，亲而纳信，黜远外戚"②。但刘向的建议并没有为皇帝所采纳，因为在皇帝眼中，宗室掌权比外戚、宦官威胁更大。

刘向、刘歆父子在经学上的一个特点就是更加主张"通儒之学"而不拘泥于家法，这与刘向的出身背景相关。当时官方经学分两种，一种是汉武帝设五经博士所传经学，强调师法与家法，形成了繁琐的章句之学。另一种是郎官经学，其特点在于不主一家，能够择善而从、兼收并蓄，保持通儒之学的传统。刘向、歆父子出自郎官经学系统，③刘向、刘歆父子最初都是治易经，后来刘向诏受《穀梁》，但并不拘泥于《穀梁》，在其著作与奏疏中，可以清楚地看到他频繁引用、发明《公羊》《左传》的说法。王充在《论衡》中记载刘向"玩弄《左氏》，童仆妻子皆呻吟之"④。徐复观先生也认为刘向治《春秋》"三传并用，无专经师法之说"⑤。刘向在文学的研究上也颇有建树，这在其作品《列女传》《说苑》中多有体现，可见，在治学方面，刘向具有不主一家的通儒气象。

刘歆在治学取向上不同于其父，他更倾向于"古文经学"。这与刘歆的校书经历也有关联，众所周知，秦始皇强调以吏为师、不准诸子学说流传，汉代也有挟书律，在严苛的文化压制下，许多书籍被销毁。还有很多书籍被藏匿起来。到了武帝时期，朝廷鼓励献书，许多被藏匿的书籍得以重见天日。特别是许多用先秦时代六国文字书写的儒家典籍

① 参见金春峰：《汉代思想史》，中国社会科学出版社 1997 年版，第 324 页。
② [汉]班固：《汉书》卷三十六《楚元王传》，第 1962 页。
③ 徐兴无：《刘向评传》，南京大学出版社 2005 年版，第 92—97 页。
④ 黄晖：《论衡校释》，商务印书馆 2006 年版，第 1164 页。
⑤ 徐复观：《两汉思想史》(第三卷)，第 53 页。

被发现，刘向、歆父子校书过程中注意到这些古文经，认为古文经更符合经典原貌。刘歆上书汉哀帝，主张将《左氏春秋》《古文尚书》《逸礼》和《毛诗》都列于学官，但遭到已立为学官的今文博士和研习今文经典的朝廷官员的强烈反对，他遂移书责备太常博士，批评道："不思废绝之阙，苟因陋就寡，分文析字，烦言碎辞，学者罢老且不能究其一艺。信口说而背传记，是末师而非往古，至于国家将有大事，若立辟雍、封禅、巡狩之仪，则幽冥而莫知其原。犹欲保残守缺，挟恐见破之私意，而无从善服义之公心，或怀妒嫉，不考情实，雷同相从，随声是非，抑此三学，以《尚书》为备，谓左氏为不传《春秋》，岂不哀哉！"[①]刘歆的批评，表达了三个方面的意思，一是指责当前所立学官博士传承的经典残缺不全，是"秦火"之余，且"今文经学"中许多经典是汉初老儒记诵所传，多有谬误；二是章句之学过于繁琐，学者沉浸于章句之学而不能自拔，出现"幼童而守一艺，白首而后能言"[②]的现象；三是博士们对新出现的材料视而不见，抱残守缺，墨守既定的师法与家法，"安其所习，毁所不见，终以自蔽"[③]。这都使得经学发展逐渐失去了活力。应该说，刘歆的批评揭示了西汉末期儒家经学存在的问题。

在刘歆所要列于学官的四部经典当中，最重要的就是《左氏春秋》。刘歆认为："左丘明好恶与圣人同，亲见夫子，而公羊、穀梁在七十子后，传闻之与亲见之，其详略不同。"[④]他认为左丘明是与孔子同时代的人，其所作《左传》更能体现《春秋》的真正意涵，比《公羊》和《穀梁》二传的记载也更为可信。刘歆在汉哀帝时期的这次努力终以失败告终，但刘歆对《左传》的贡献在于"引传文以解经，转相发明，由是章句义理备焉"[⑤]。而在汉初，学者治《左传》只重文字训诂，不对经文作义理上的阐发，而刘歆则摹仿《公羊》《穀梁》，以传解经，发明义理，因此，有学者指出，"《春秋左传》之成为春秋左传学是由刘歆完成的"[⑥]。刘歆通过阐释

① [汉]班固：《汉书》卷三十六《楚元王传》，第 1970 页。
② [汉]班固：《汉书》卷三十《艺文志》，第 1723 页。
③ [汉]班固：《汉书》卷三十《艺文志》，第 1723 页。
④ [汉]班固：《汉书》卷三十六《楚元王传》，第 1967 页。
⑤ [汉]班固：《汉书》卷三十六《楚元王传》，第 1967 页。
⑥ 黄开国：《公羊学发展史》，人民出版社 2013 年版，第 148 页。

《春秋》来表达政治主张，他从“五德终始”的理论中推断出汉是继承周而起的王朝，故而在政治上也应保存周礼、继承周制，这就迎合了王莽篡汉改制的需要。因此，在王莽改制过程中，刘歆凭借王莽的支持最终将《左传》等经典列于学官。由此可见，汉武帝将学术与政治紧密结合后，学术的发展在很大程度上受政治摆布，拥有“官方”特权的“博士”们极力维护自己获得的特权，不允许其他学派来分享权益；而其他学派如果要获得政治特权，就不得不依附于某一派政治势力。从长远来看，儒学的官方化使儒学失去了学术思想的自主地位，反过来又制约了儒学的生命力和创造力。

二、刘向、刘歆父子的礼治思想

经典之外，礼仪制度及其治理是汉代儒家的另一个核心话题。西汉后期，朝廷掀起了关于庙议和郊议的讨论。庙议的起因是西汉建国一百多年后，随着“列祖列宗”的增加，全国各地所建的宗庙数量庞大，耗资日巨。为此，有大臣提出两条建议：一是按照“天子七庙”制，可以撤除惠帝、景帝的庙祀；二是废除郡国庙祀。郊祀制度是关于祭祀天地的制度，在传统社会是最为重要的制度之一。郊议的产生，是因为在武帝时期祭天和祭地的地点距离长安很远，每年都要翻山越岭去祭祀，对皇帝、百官和百姓来说都是劳民伤财的事情。因此，有大臣提出按照周朝制度，将祭祀地点放在长安，关于修改庙议与郊议的建议均涉及“礼”的问题，“礼”是儒学治国理论的核心，故而引起了朝廷上下的激烈争论。

从上述关于庙议、郊议的礼制争论中，我们可以看出刘向的礼治思想。刘向反对关于改变庙祀和郊祀制度，他认为：“家人尚不欲绝种祠，况于国之神宝旧畤！且甘泉、汾阴及雍五畤始立，皆有神祇感应，然后营之，非苟而已也。武、宣之世，奉此三神，礼敬敕备，神光尤著。祖宗所立神祇旧位，诚未易动。”[①]甘泉和汾阴都是汉武帝举行郊祀的地点，

---

① [汉]班固：《汉书》卷三十六《楚元王传》，第1958页。

刘向秉持天人感应观念，认为这里是汉武帝精心挑选的神人感应之地，不应轻易变动，同样，“汉宗庙之礼，不得擅议，皆祖宗之君与贤臣所共定”①。总体来讲，刘向坚持反对西汉后期朝廷频繁变更宗庙和祭祀之礼。他之所以反对变动礼制，在于他极其重视“礼”的作用，他采用先秦儒家的礼乐之言，“礼乐者，行化之大者也。移风易俗，莫善于乐；安上治民，莫善于礼”②。“君子无礼，是庶人也；庶人无礼，是禽兽也。”③对于礼乐制度的极端重视，使得他在改动礼制上持反对意见。刘向关于“礼”的思想主要体现在他所撰的《说苑·修文》《说苑·反质》两文中，从两文的篇名可看出，刘向提倡孔子所说的“质胜文则野，文胜质则史；文质彬彬，然后君子”(《论语·雍也》)的观点，认为“礼”的特点就是要内质外文。《修文》篇中讲到：“简者，易野也，易野者，无礼文也。孔子见子桑伯子，子桑伯子不衣冠而处，弟子曰：‘夫子何为见此人乎?’曰：‘其质美而无文，吾欲说而文之。’孔子去，子桑伯子门人不说，曰：‘何为见孔子乎?’曰：‘其质美而文繁，吾欲说而去其文。’故曰，文质修者谓之君子，有质而无文谓之易野，子桑伯子易野，欲同人道于牛马，故仲弓曰太简。”④由此来批评“有质无文”的礼制观。在《反质》篇中也提到“盖重礼不贵牲也，敬实而不贵华。诚有其德而推之，则安往而不可。是以圣人见人之文，必考其质”⑤，即强调“见其文”也要“考其质”。刘向两篇关于“礼”的文章反映出其“文质相合”的礼制主张，将其礼制主张置于庙议、郊议的争论中，就是认为汉武帝时代所制定的郊祀和庙祀的制度是“文质相合”的体现，古今异制，不宜返“周制”而变“汉制”。⑥

在郊议和庙议的争论中我们可以看到，争论双方各有其道理。主张依照周礼变革现存礼制的人并非复古的腐儒，他们只是鉴于现实祭祀中出现的新情况，认为礼制亟需变革，他们想从儒家经典周礼中寻求思想资源来支持变革。刘向反对变革也有合理之处，因汉武帝设计的

---

① [汉]班固：《汉书》卷36《楚元王传》，第1958页。
② [汉]刘向撰，向宗鲁校正：《说苑校正》，中华书局1987年版，第476页。
③ [汉]刘向撰，向宗鲁校正：《说苑校正》，第480页。
④ [汉]刘向撰，向宗鲁校正：《说苑校正》，第498—499页。
⑤ [汉]刘向撰，向宗鲁校正：《说苑校正》，第512页。
⑥ 参见徐兴无：《刘向评传》，第172—173页。

礼制确实适应了大一统帝国的发展需要，有值得保留的地方。在传统中国，“礼”不仅是思想观念，也是国家的重要制度，它对国家政治经济社会发展都产生重要影响。西汉末年祭祀成本的增加给国家带来了沉重负担，基于这样的现实原因，刘向反对礼制改革的做法是值得反思的。

郊议和庙议的争论到刘歆那里得到了一定程度的解决。刘歆综合两方的观点，他从现实政治需要出发，把祭祀天地的地点改为南北郊，节约了祭祀成本，但他也对祭祀的对象及具体祭祀细节做了规定，在一定程度上保存了汉武帝建立的祭祀制度。在宗庙制度方面，刘歆坚持其父主张的天子七庙制度，然而面对不断增加的宗庙数量和祭祀成本的急剧增加，势必要毁弃一些皇帝的庙，而这在当时是很多大臣难以接受的事情。刘歆为了解决这个矛盾，认为宗的地位可以依据帝王功绩来决定，不受七庙数量的限制。“七者，其正法数，可常数者也；宗不在此数中；宗，变也，苟有功德则宗之，不可预为设数。”①另外，还规定了外藩入嗣继承大统，其生父不入国家宗庙的制度，即“父为士，子为天子，祭以天子者，乃谓若虞舜、夏禹、殷汤、周文、汉之高祖受命而王者也，非谓继祖统为后者也”②。刘歆的这种变通之法，既解决了现实问题，也保证有德之君的祭祀世世不绝，班固赞扬他“考观诸儒之议，刘歆博而笃矣”③。

刘向、刘歆父子的儒学思想较为集中地体现在他们的经学取向和礼治主义上。他们在经学上倾向于“通儒之学”，不泥守某种家法，同时还阐扬古文经学，为汉代经学的重要代表人物。在礼制思想上，他们严格遵守儒家的礼治主义，认为遵守礼制才能保证国家治理的合法性，他们参与到了当时因礼制而起的政治斗争中，也表现了儒家士大夫的政治关怀。

---

① [汉]班固：《汉书》卷七十三《韦贤传》，第3127页。
② [汉]班固：《汉书》卷七十三《韦贤传》，第3130页。
③ [汉]班固：《汉书》卷七十三《韦贤传》，第3131页。

第三节　刘向的阴阳灾异与道家思想

刘向、刘歆父子的学术、思想庞杂，在经学、目录学之外，他们受到董仲舒"天人感应"学说以及西汉末期开始的谶纬之风的影响，在思想上也呈现出一定的神秘主义倾向。

一、刘向的天人感应和阴阳灾异思想

刘向思想受到董仲舒影响很深，特别关于天人感应的观念。董仲舒将"天"人格化，赋予"天"意志、目的和道德性，他首先明确了天人之间具有感应关系，"天亦有喜怒之气，哀乐之心，与人相副。以类合之，天人一也"①，强调天人同类，同类则能相感。其次，他也强调人应该服从、敬畏天意，因为"天者，百神之君也，王者之所最尊也"②。最后，天之意志通过灾异的方式传达给世人，"灾者，天之谴也；异者，天之威也。谴之而不知，乃畏之以威"③。刘向继承并丰富了董仲舒的天人感应观，目的在于缓和西汉晚期的社会矛盾，并提醒统治阶级要重视民意，因民意就代表天意，即"所谓天者，非谓苍苍莽莽之天也；君人者以百姓为天，百姓与之则安，辅之则强，非之则危，背之则亡"④。如果统治阶级胡作非为使民怨沸腾，就会惹怒上天，刘向把一些自然灾异归因于百姓的怨气，"是以日月无光，雪霜夏陨，海水沸出，陵谷易处，列星失行，皆怨气之所致也"⑤。

刘向受董仲舒"三纲"中"阳尊阴卑"思想的影响，他的《列女传》一书并非单纯为了褒奖历史上的贞洁烈女，而是为了以这些女性为标准，为后世妇女订立行为规范。先秦到西汉初年，许多妇女都在政治生活

① [清]苏舆撰，钟哲点校：《春秋繁露义证》，第 341 页。
② [清]苏舆撰，钟哲点校：《春秋繁露义证》，第 402 页。
③ [清]苏舆撰，钟哲点校：《春秋繁露义证》，第 259 页。
④ [汉]刘向撰，向宗鲁校正：《说苑校正》，第 73 页。
⑤ [汉]班固：《汉书》卷三十六《楚元王传》，第 1942 页。

中大放异彩，如秦国的宣太后、赵国的赵太后等。这种传统到了汉初依然如此，吕后、窦太后等都是大权在握的女性，到了刘向生活的西汉晚期，由于皇帝短命，王政君又先后成为皇后、太后和太皇太后，依靠裙带关系，王氏一族成为西汉后期最大的外戚家族。正是在这种情况下，刘向希望通过《列女传》从道德上约束皇室女性，“向以为王教由内及外，自近者始。故采取诗书所载贤妃贞妇，兴国显家可法则”[①]。强调女性要服从男性并谨守礼法规范，刘向的初衷当然是为了限制皇室女性干政，打击外戚，维护刘氏的统治，但是刘向对男女尊卑的强调也强化了儒家礼教对妇女的压迫。

刘向、刘歆父子的思想中很重要的一部分是关于谶纬和灾异的。前文已经提及西汉中晚期谶纬盛行，刘向父子在校书过程中也涉及大量的谶纬资料，并且以此撰写了《图书秘记》十七篇。刘向的灾异思想受到董仲舒影响，但又有所发展，董氏只言阴阳而不言五行，而刘向则好谈五行。而且他们二人宣扬灾异的目的也有所不同，董仲舒的时代，汉武帝大权独揽、乾纲独断，为了限制皇帝的绝对权力，董仲舒提出“屈君而伸天”的主张，要求皇帝顺应天意，服从天的权威。而刘向所处时期，皇帝大多无能，大权旁落、权臣擅政，阴阳灾异思想成为打击外戚、宦官势力的武器。汉元帝时，宦官石显、弘恭擅权，刘向上书要求皇帝“退恭、显以章蔽善之罚，进望之等以通贤者之路。如此，太平之门开，灾异之原塞矣”[②]。汉元帝时，外戚王氏专权，当时蜀郡发生灾害，岷山出现山崩，江水泛滥，刘向坚称“周时岐山崩，三川竭，而幽王亡。岐山者，周所兴也。汉家本起于蜀、汉，今所起之地山崩川竭，星孛又及摄提、大角，从参至辰，殆必亡矣”[③]。他多次建议汉元帝疏远外戚，提出刘氏与王氏不能并立的见解，奈何元帝无动于衷，数年之后，王莽果然篡汉，刘向一语成谶。

---

① [汉]班固：《汉书》卷三十六《楚元王传》，第1957—1958页。

② [汉]班固：《汉书》卷三十六《楚元王传》，第1931页。

③ [汉]班固：《汉书》卷二十七《五行志》，第1457页。

二、刘向的道家思想

先秦时期，南方楚地盛行道家思想，刘向家族累世皆受道家文化影响，其父刘德“修黄、老术，有智略”①。在这样的背景下，刘向也深受道家思想熏陶，因此，也就不难理解其为何会给汉宣帝进献淮南王刘安所撰的《枕中鸿宝苑秘书》一书。道家思想对刘向有重要的现实意义，他一生仕途坎坷，自己的建议也不为皇帝所采纳，清心静气、自然无为的道家思想可以缓解他苦闷的心情。另外，刘向一生都在与外戚、宦官作斗争，其所处的环境十分险恶，动辄有杀身之祸，在此情况下，老子的“保身”思想对他具有了指导意义。

刘向在《说苑》中详细阐释了“保身”思想。他认为祸福存亡系于一身，因此，一定要重视身体性命。他提出“保身”的原则是“敬慎”，即要常思常虑，“中庸曰：‘莫见乎隐，莫显乎微；故君子 能慎其独也。’谚曰：‘诚无垢，思无辱。’夫不诚不思而以存身全国者亦难矣。诗曰：‘战战兢兢，如临深渊，如履薄冰。’此之谓也”②。另外，他还认为在日常生活中，要秉持六“谦德”，即俭、恭、畏、卑、愚、浅，提倡“德行广大而守以恭者荣，土地博裕而守以俭者安，禄位尊盛而守以卑者贵，人众兵强而守以畏者胜，聪明睿智而守以愚者益，博闻多记而守以浅者广”③。这与老子所主张的“大成若缺，其用不弊。大盈若冲，其用不穷。大直若屈，大巧若拙，大辩若讷”④的思想，具有一致性，都是在警醒人们在面对功名利禄、荣华富贵时，要保持一种谦虚、谨慎、平和的态度。刘向还提倡辩证地看问题，要看到事物具有的相对性，物极必反，反对走极端。刘向认为“福生于隐约，而祸生于得意”⑤，这也是他青年时期仕途生活的真实写照。刘向少年得志，弱冠之年就得以侍奉在皇帝左右，然正当其春风

① [汉]班固：《汉书》卷三十六《楚元王传》，第 1927 页。
② [汉]刘向撰，向宗鲁校正：《说苑校正》，第 240 页。
③ [汉]刘向撰，向宗鲁校正：《说苑校正》，第 240 页。
④ [魏]王弼注，楼宇烈校释：《老子道德经注》，第 127 页。
⑤ [汉]刘向撰，向宗鲁校正：《说苑校正》，第 249 页。

得意之时，却向汉宣帝进献所谓的“炼金术”，招致祸殃。或许正是在这种刺激之下，他才总结出“得其所利，必虑其所害；乐其所成，必顾其所败”①，时刻警醒自己要常思常虑、慎之又慎。刘向的一个重要特质就是坚忍不拔，知其不可而为之，也因此他一直陷在与外戚、宦官斗争的漩涡中，一生仕途坎坷，他也曾有所感悟“金刚则折，革刚则裂；人君刚则国家灭，人臣刚则交友绝”②。在很多情况下，柔弱反而可以长久，正如老子所言“天下之至柔，驰骋乎天下之至坚”③，“故坚强者死之徒，柔弱者生之徒也”④。“柔”的特性更多地体现在其子刘歆身上，如刘歆曾上书主张将部分古文经立为学官，得罪了执政大臣与今文经的博士，深感危险的刘歆立即主动要求到地方去做官，以避祸患。

由上可见，虽然刘向的思想总体上指向于儒学，在儒家经学上更有卓越成就，但也受到汉代神秘主义和黄老之学的影响，其思想上也有一定的多元性。

第四节 刘向、刘歆父子思想的影响

刘向、刘歆父子皆是硕学大儒，著述丰富。刘向撰有《洪范五行传》《新序》《说苑》《列女传》《别录》，他同时也整理了先秦时期流传的许多散文，汇编成《战国策》一书；刘歆的著作有《三统历谱》、《七略》等。刘氏父子还共同校勘了《山海经》，这些著作特别是书籍整理的成果，为后世留下了珍贵的文化遗产。刘向、刘歆父子的著作内容涉及面广，涵盖历史学、经学、文献学、天文学、目录学等诸多方面，内容极其丰富，影响深远。班固的《汉书·艺文志》在刘歆《七略》的基础上增删而成，班固的《汉书》撰述也受到刘氏父子的影响，《律历志》《五行志》《礼乐志》《天文志》和《郊祀志》等都或多或少地从父子二人的作品中汲取了养分。

---

① [汉]刘向撰，向宗鲁校正：《说苑校正》，第246页。
② [汉]刘向撰，向宗鲁校正：《说苑校正》，第245页。
③ [魏]王弼注，楼宇烈校释：《老子道德经注》，第123页。
④ [魏]王弼注，楼宇烈校释：《老子道德经注》，第193页。

由此，班固对刘向、刘歆父子的评价甚高，“自孔子后，缀文之士众矣，唯孟轲、孙况、董仲舒、司马迁、刘向、杨雄，此数公者，皆博物洽闻，通达古今，其言有补于世。传曰‘圣人不出，其间必有命世者焉’，岂近是乎？刘氏《洪范论》发明《大传》，著天人之应；《七略》剖判艺文，总百家之绪；《三统历谱》考步日月五星之度，有意其推本之也”①。

应该说，班固对刘氏父子的评价还是较为中肯的，除去刘歆党附王莽的政治污点来看，刘向、刘歆在中国学术史上占有极其重要的地位。从经学发展史来看，刘歆为古文经学复兴，特别是左传学的兴盛做出了突出贡献。汉武帝时期，最受重视的是董仲舒、公孙弘等人所提倡的春秋公羊学，公羊学的理论被广泛用于指导行政、司法实践，皇帝诏令、官员奏疏、狱吏断案等无不以《公羊传》为宗。而同时期的《左传》则不为时人所重，只在民间传播，然《左传》影响力的扩大与刘歆发起的将《左传》立于学官的运动有很大关系。刘歆前，虽也有很多人研究《左传》，但多是用事实补充《春秋》，于义理阐发上有所不足。如前所述，刘歆开始注重对义理的阐发，对《左传》研究具有划时代意义，此后，《左传》则名物训诂与义理兼备，在后世学术发展史上的地位逐渐超过《公羊》《穀梁》二传。对于打破今文经学对政治和学术资源的垄断，刘歆于此功莫大焉。

刘向、刘歆父子特别值得一提的贡献是在文献整理和目录学编制方面。汉代承平日久，官方汇集了许多先秦时代的文化典籍，这些文化典籍需要进行系统的整理。刘向、刘歆父子利用主持校书的机会，在掌握大量文献的基础上，历经二十余年的努力，对先秦和汉初的各种文献进行了系统的汇集、整理、编辑、分类和总结，对各派学术的发展源流和真伪优劣都进行了系统梳理与考证，此项工作是对先秦学术的一次系统总结。刘向整理古籍十分认真，他把前代流传下来的不同版本的书籍全部加以搜集，然后对不同版本进行比较、甄别，重新编排篇章，并逐字逐句的校对文字讹误。有学者将其校书顺序总结了二十三个方面，即备众本、订脱误、删重复、条篇目、定书名、谨编次、析内外、待刊改、分

① [汉]班固：《汉书》卷三十六《楚元王传》，第1972—1973页。

部类、辨异同、通学术、叙源流、究得失、撮指意、撰序录、述疑似、准经义、征史传、辟旧说、增佚文、考师承、纪图卷、存别义。① 刘向的图书整理工作取得了极大成就，是对古代典籍一次系统的整理、保护。刘向在校书过程中将所校之书分门别类，并为各书撰写提要，汇集成《别录》一书。正是在刘向的基础上，刘歆才能完成了第一部官修目录著作《七略》，为我国目录学发展指明了方向、奠定了基础。为了更好地完成图书整理工作，刘向、刘歆父子在此次校书过程中创制出一系列古籍整理方法，如校勘、辨伪、考据等，为书目学的发展做出了重要的历史贡献。

在中国传统儒家话语评价体系中，衡量人的标准主要依其德行之高低，若大节有亏，则再大的事功也很难得到肯定性的历史评价。刘向历仕三朝，忠于职守，为维护刘氏江山的正统，一生都在和外戚、宦官作斗争，他受到后世统治者和儒家官僚士大夫的极力褒扬。而其子刘歆在政治上颇为人指摘，特别是其附拟王莽的行为在历史上受到了严厉的批判。刘歆的学术贡献绝不输于其父，在多个领域都取得了突出成就，其《三统历谱》一书被认为是世界上最早的天文年历的雏形，与唐代的《大衍历》、元代的《授时历》并称为古代三大名历。并且刘歆还以天文历法为基础，通过史书中关于天象的记载来确定历史年代。在数学方面，刘歆发现了圆周率的近似值为 3.1547 或 3.1790247，被后人称为歆率或刘歆率。在诸子学研究领域，刘歆将诸子百家分为十类，并且第一次对诸子学的起源进行追溯，提出了诸子出于王官的论断。此外，刘歆对经学的发展也做出卓越贡献，古文经学正是在他的努力下才受到重视，在政治上获得相应地位。但这些贡献并不能掩盖他政治上的失节，特别宋代以后，鉴于五代十国的动乱，士大夫尤为强调“名节”，因此，刘歆党附王莽的行为遭到士人的猛烈抨击。宋人洪迈痛斥刘歆：“力赞王莽，倡其凶逆，至为之国师公，又改名为秀以应图谶，竟亦不免为莽所诛、子棻、女愔皆以戮死。”②在他看来，这一切是天道报应，刘歆死有余辜。清代批评刘歆的言语更为激烈，有学者指出，刘歆等人“祸

---

① 参见王欣夫：《文献学讲义》，上海古籍出版社 2014 年版。

② [宋]洪迈：《容斋随笔》，上海古籍出版社 1978 年版，第 116 页。

移汉鼎,毒流下民,所谓罪过于天,不可容贷"[①]。

从历史角度看,我们应秉持客观的态度来评价刘歆的功过是非,应给予其在学术上的贡献以肯定,并将其政治选择放到具体的历史情境中去考察。西汉后期社会危机深重,政治动荡,人心思变,社会上流行所谓汉室当"更受命"的说法,且王莽当时拥有崇高的声望,王莽代汉可谓众望所归,如"吏民以莽不受新野田而上书者前后四十八万七千五百七十二人,及诸侯、王公、列侯、宗室见者皆叩头言,宜亟加赏于安汉公"[②]。因此,不能将西汉的灭亡仅仅归因于少数人的阴谋诡计,要从大的历史背景来思考个体的人生选择。

刘向、刘歆父子是西汉时期江苏思想史上的重要人物,为中国古代学术思想特别是目录学、经学的发展做过重要贡献的思想家,他们在以学术推动社会政治变革、经学以及营造家学传统等方面,对后世江苏思想家都具有典范性的意义。

① [清]牛运震:《读史纠谬》,齐鲁书社 1989 年版,第 120 页。

② [汉]班固:《汉书》卷三十六《楚元王传》,第 4070 页。

第三章　汉末至南朝时期的道教思想

道教是中国的本土宗教，形成于中华民族文化自身发展的历史过程中。道教的思想渊源可以追溯到先民的巫术和鬼神崇拜，后来又杂糅了先秦、两汉时期的道家和阴阳家思想，以及民间朴素的中医、养生知识。道教成型于东汉恒帝、顺帝之际，发展于魏晋南北朝时期，这一时期由于政治上的大动荡，两汉以来独尊的儒家经学受到极大冲击，逐渐走向衰落，文化思想领域的“大一统”格局分崩离析。与此同时，先秦时期曾与儒家并存的道家学说开始复兴，对老、庄思想的研究蔚为大观，玄学思潮成为这一时期的主流思想。道教正是在这种政治、思想背景下迅速发展、壮大，从带有原始迷信色彩的民间宗教逐渐变为有体系、成系统的宗教。从汉末到魏晋南北朝时期的江苏地区，出现了一批道教思想史上的重要人物，其中以张道陵、葛洪和陶弘景等人最为杰出。道教在句容茅山还形成了上清派道团，产生了具有全国性意义的宗教影响，使得江苏地区成为中国历史上道教盛行地之一。

第一节　张道陵、葛洪、陶弘景的生平经历

张道陵，原名陵，字辅汉，后人在其姓名中加“道”字以示尊崇，后世道家门徒往往称其为张道陵、张天师、祖天师、正一真人等。因张道陵

在道教中享有极高的威望，所以其形象与生平事迹多被后人神化，不过正史中对他的描述却是寥寥无几，其中最为重要的一条存于《三国志》在对其孙张鲁的记载中，"张鲁字公祺，沛国丰人也。祖父陵，客蜀，学道鹄鸣山中，造作道书以惑百姓，从受道者出五斗米，故世号米贼。陵死，子衡行其道。衡死，鲁复行之"①。从这一条史料中，仅能知道张道陵是沛国丰人（江苏省丰县人），生卒年不详，曾在四川修道、传道，创立了五斗米道。虽然正史里不多见，但道教著述与民间传说对张道陵的生平叙说却十分丰富。相传张道陵是西汉开国功臣张良的八代孙，生于东汉建武十年（34 年），卒于桓帝永寿二年（156 年），享年一百二十三岁。他少时聪颖，天文地理、阴阳五行和老庄之学皆能融会贯通，后入太学，学习儒家经典，曾一度任江州令一职。后隐居于北邙山中修道，又先后在不同的地点修炼，最著名的当属道教圣地龙虎山，张道陵在此修道并为当地民众治病，吸引了大批信众和追随者。在龙虎山修炼三十余年后，张道陵又开始新的求道征程，先后在河南嵩山和四川鹤鸣山传道，正是在四川，张道陵创立了最早的宗教团体五斗米道。《三国志》中详细记载了五斗米道的早期状况：

> 使人为奸令祭酒，祭酒主以老子五千文，使都习，号为奸令。为鬼吏，主为病者请祷。请祷之法，书病人姓名，说服罪之意。作三通，其一上之天，著山上，其一埋之地，其一沉之水，谓之三官手书。使病者家出米五斗以为常，故号曰五斗米师。实无益于治病，但为淫妄，然小人昏愚，竞共事之。后角被诛，修亦亡。及鲁在汉中，因其民信行修业，遂增饰之。教使作义舍，以米肉置其中以止行人；又教使自隐，有小过者，当治道百步，则罪除；又依月令，春夏禁杀；又禁酒。流移寄在其地者，不敢不奉。②

五斗米道以老子《道德经》为宗教经典来教化信徒，并且依据《道德经》自创了《老子想尔注》，将老子神话为所谓的"太上老君"，塑造成为宗教崇拜的人格神。张道陵在其教派影响和传播区域内设立了二十四

① [晋]陈寿：《三国志》卷八《魏书八・张鲁》，中华书局 1959 年版，第 263 页。
② [晋]陈寿：《三国志》卷八《魏书八・张鲁》，第 264 页。

"治",即设置较小的宗教教区,分别任命祭酒管理。祭酒集行政管理与传教为一体,逐渐发展为政教合一的地方政权,使得早期道教有了浓厚的政治色彩。从上述史料还可看出,张道陵所创立的五斗米道在黄老道家思想基础上吸收了诸多民间巫术成分,如治病之时,需要将自己的姓名、罪过书写下来,分别"上之天""埋之地""沉之水",这种利用符箓巫术来祈福消灾、治病救人的方法,再加上从黄老道家中生发出来的养生、房中、导引等方术,具备了道家符箓派的早期形态。

葛洪生于西晋太康四年(283年),字稚川,自号抱朴子,丹阳句容(今江苏句容)人。葛洪出生于官宦世家,祖父葛系官至三国时期吴国的大鸿胪,父亲葛悌在晋朝统一南北后官至邵陵太守。葛洪虽然出身官宦世家,但不幸幼年丧父,很早就担负起养家糊口的任务,艰难的生活坚定了葛洪的求学志向,他靠伐薪卖柴的钱购置纸笔,甚至"寻书问义,不远数千里崎岖冒涉"①。虽然生活环境十分困顿,但葛洪依靠自己的艰辛奋斗成长为当时的名士。

葛洪曾参与镇压了石冰的起义,他因功被西晋朝廷封为伏波将军。但葛洪"性寡欲,无所爱玩,不知棋局几道,摴蒱齿名。为人木讷,不好荣利"②。他对做官兴趣不大,却对神仙之道十分倾慕,遂决定投身仙道,以求长生大道。当其北上中原寻师问道之时,西晋王朝内部爆发了"八王之乱",导致天下大乱,生灵涂炭。葛洪在战乱中四处漂泊,后受广州刺史之邀,避祸岭南,葛洪在此潜心修道,完善道家修仙理论。晋室南渡之后,偏安一隅,为了拉拢当地士族,加强统治基础,遂封赏当地大批士族,葛洪祖上历代为官,本人亦有军功,遂被封为关内侯。

葛洪晚年崇道日笃,"欲练丹以祈遐寿,闻交阯出丹,求为句漏令"③。他南下广东,隐居在广州罗浮山中修道、著述,著有《抱朴子》内外篇,《内篇》二十卷,宣扬神仙方术、鬼怪变化、驱邪避祸等仙道学说;《外篇》五十卷,探讨人间得失以及经世治国的儒术。除此之外,还有"所著碑诔诗赋百卷,移檄章表三十卷,神仙、良吏、隐逸、集异等传各十卷,又

① [唐]房玄龄等撰:《晋书》卷七十二《葛洪传》,中华书局1974年版,第1911页。
② [唐]房玄龄等撰:《晋书》卷七十二《葛洪传》,第1911页。
③ [唐]房玄龄等撰:《晋书》卷七十二《葛洪传》,第1911页。

抄《五经》《史》《汉》、百家之言、方技杂事三百一十卷,《金匮药方》一百卷,《肘后备急方》四卷"[①]。葛洪由于擅长养生之术,活到八十一岁。

陶弘景,字通明,丹阳秣陵(今江苏南京)人,生于南朝宋孝建三年(456年),卒于梁大同二年(536年)。他是南朝著名的士族阶层,属江东望族陶氏家族。陶氏家族的兴盛起源于陶弘景的七世族陶睿,陶睿曾官至东吴荆州刺史,西晋统一南北之后,拜其为议郎、散骑常侍、尚书,其兄弟子侄也皆累世为官。陶弘景的祖父陶隆追随宋武帝南征北战,因功被封为晋安侯,其父陶宝贞虽官位低微,但由于士族出身,受到良好的教育,擅长草书和隶书,对经史百家多有涉猎,为当时的权贵所赏识。士族出身的陶弘景自幼好学,四五岁就开始读书和练习书法,他年幼时就能诵览诸子百家之书,史称"读书万余卷,一事不知,以为深耻"[②]。十岁起,他就日夜研读葛洪的《神仙传》,从此开始向往养生之道。陶弘景成年之后,仪容瑰玮,"身长七尺四寸,神仪明秀,朗目疏眉,细形长耳",博学多识,"善琴棋,工草隶"[③]。由于他不凡的仪容和出众的才华,被齐高帝萧道成任命为诸王的侍读,授予官职。中年时,因其仕途不顺加之自幼倾心养生之道,遂辞官归隐。他在句曲山(今江苏茅山)建立华阳馆,自称"华阳陶隐居",自此开启了隐居求道的生活。

在隐居修道过程中,陶弘景致力于两件大事,一是在茅山建立上清道派,该派"宗奉魏夫人或杨曦为第一代宗师,以传承、修习杨曦、二许所造的《上清大洞真经》及有关真诰、传诀为本门正传,修持方法以思神、诵经为主,供奉元始天尊为最高神,同时也兼习灵宝、三皇及天师道经界法箓"[④]。魏夫人虽然是天师道信徒之一,但上清派发展到陶弘景时期摒弃了天师道中的许多糟粕,如房中术、民间巫术性质的祭祀仪式等,更加注重个人修炼。同时,陶弘景深知茅山道派的发展离不开上层社会的支持,他十分注意利用宗教来为政治服务。梁武帝萧衍在篡齐问题上摇摆不定时,陶弘景"上观天象,知时运之变;俯察人心,悯涂炭

① [唐]房玄龄等撰:《晋书》卷七十二《葛洪传》,第1913页。
② [唐]李延寿:《南史》卷七十六《隐逸下·陶弘景》,中华书局1975年版,第1897页。
③ [唐]李延寿:《南史》卷七十六《隐逸下·陶弘景》,第1897页。
④ 任继愈主编:《中国道教史》,第182页。

之苦。乃亟陈图谶，贻书赞奖”[①]，坚定了梁武帝篡逆之心。夺位成功后，为感谢陶弘景的帮助，梁武帝为他在茅山上修建了朱阳观，供其修道、传道之用，同时，还为他提供了黄金、朱砂等大量炼丹原材料。

陶弘景隐居时期的另一主要活动是著书立说。陶弘景辞官之后，四处云游、遍访名师名道，搜集道家经典。在前人基础上，他系统总结了道家理论，创作了《真诰》《登真隐诀》《真灵位业图》等作品，内容涉及道教源起发展、修仙方式方法以及神仙修炼体系等。此外，博学多识的陶弘景在医药、地理、天文历算、子学、经学、文学艺术等多个领域也有突出贡献，其中对药物学的贡献最大，这与修道炼丹有关。汉末以来天下离乱，原来官府所收藏的文献很多都流失了，“汉献迁徙，晋怀奔迸，文籍焚靡，千不遗一”[②]。特别是中医学方面，典籍遗散尤为严重，他搜集整理了《本草经集注》一书，该书“苞综诸经，研括烦省。以《神农本经》三品，合三百六十五为主，又进《名医别品》，亦三百六十五，合七百三十种。精粗皆取，无复遗落，分副科条，区畛物类，兼注名时用，土地所出及仙经道术所须，并此序录，合为七卷”[③]。陶弘景在撰述此书过程中吸收前人的经验和成果，将其与自己养生、炼丹、行医中所积累的知识相结合，该书不仅对当时所能了解的药材进行了汇总，而且首创了对不同药物进行分类归纳的新方法，对传统本草学的发展起到推动作用。陶弘景在医学领域的著作还有《陶氏效验方》《补阙肘后百一方》《名医别录》《药总诀》《养性延命录》等。

第二节　道教信仰体系和修仙理论的确证

道教的核心宗旨之一在于通过自身的各种修炼实现“长生久视，羽化登仙”，为了实现这一目的，需要确证两个前提，一是存在着神仙，二是存在着成为神仙的路径和方法。在道教创始和发展阶段，道教的理

---

① 《道藏》(第 28 册)，文物出版社 1988 年版，第 504 页。

② ［明］李时珍：《本草纲目》，山西科学技术出版社 2014 年版，第 2 页。

③ ［南朝梁］陶弘景著，王京州校注：《陶弘景集校注》，上海古籍出版社 2009 年版，第 127 页。

论家们都围绕着神仙存在、修炼成仙等问题展开思想建构和信仰确立。在道教信仰体系、修炼理论的确证过程中，出自江苏地区的葛洪、陶弘景等道教理论家们起到了非常重要的作用。

一、神仙体系的建构

葛洪在道教信仰体系的建构中发挥了重要作用，他率先论证了仙人的存在。我们知道，儒家一直恪守“子不语怪力乱神”的实用理性传统，孔子称“未能事人，焉能事鬼”(《论语·先进》)，教育学生尽心于人事，而不要沉迷于六合之外、虚无缥缈的鬼神之事。而道教思想其旨归在于通过修炼成为神仙，因而神仙的存在对于道教理论来说就显得十分重要。为了建构道教神仙系统，葛洪就要先论证神仙是实际存在的。葛洪在《论仙》一篇中以问答的方式回复世人对神仙存在的疑问，问者提出“神仙不死，信可得乎?”答曰:“夫有始者必有卒，有存者必有亡。故三五丘旦之圣，弃疾良平之智，端婴随郦之辩，贲育五丁之勇，而咸死者，人理之常然，必至之大端也。”[①]这即是说，世间万物有生必有死，圣人、智者、辩才及勇士没有不最终走向死亡的，这是必然的规律，“故不可为者，虽鬼神不能为也;不可成者，虽天地不能成也。世间亦安得奇方，能使当老者复少，而应死者反生哉?”[②]针对世人对“神仙”与“长生”的怀疑，葛洪称:“虽有至明，而有形者不可毕见焉。虽禀极聪，而有声者不可尽闻焉。虽有大章竖亥之足，而所常履者，未若所不履之多。虽有禹益齐谐之智，而所尝识者未若所不识之众也。万物云云，何所不有，况列仙之人，盈乎竹素矣。不死之道，曷为无之?”[③]他认为，人的感觉经验的有限性导致人不能洞察世间的万事万物，因此，我们不能从狭隘的经验出发去否定未知的世界。葛洪正视世界的纷繁复杂，认为“万殊之类，不可以一概断之”[④]，生物界中都有破茧成蝶、龙蛇之变、龟鹤长

① 王明:《抱朴子内篇校释》，中华书局1986年版，第12页。
② 王明:《抱朴子内篇校释》，第12页。
③ 王明:《抱朴子内篇校释》，第12页。
④ 王明:《抱朴子内篇校释》，第14页。

存等种种神奇之事，那么，作为“有生最灵”的人修仙不死也不足为奇。葛洪在论证了人不能从感观经验出发去否定神仙存在之后，又从正面列举了许多古籍中所记载神仙的存在之事例，如曹植记载左慈，“断穀近一月，而颜色不减，气力自若，常云可五十年不食”①，董仲舒《李少君家录》中少君尸解成仙之事，刘向所撰《列仙传》记载有仙人七十多人，凡此种种，皆是古人所见所闻之成仙例证。普通人之所以难以睹见成仙之事，多是因为“神仙幽隐，与世异流，世之所闻者，犹千不及一者也”②。为了让更多的人相信仙人的存在，葛洪整理了各种“仙经”、“服食方”、“百家之书”以及先师、耆儒之说，整理出《神仙传》十卷，“以传知真识远之士”。③

不过，仅仅论述仙人的存在是不够的，原始道教的信仰是驳杂的，既有玉皇大帝、太上老君、王母娘娘这些中国古代传说中的人物，也有一些地方信仰，如土地公公、龙王爷、河神等等，道教中这种多神信仰最终导致信徒的信仰薄弱，宗教也就失去了虔诚性与凝聚力。道教作为中国的本土宗教，由于缺乏类似佛教中的佛陀、伊斯兰教中的默罕默德、基督教中的耶稣等这类明确的创教者，道教的神灵信仰体系的形成是一个复杂的过程，有着极其复杂的文化背景。从最早产生的天师道来看，其信奉的主神是“太清玄元无上三天无极大道”，简称“太上大道君”，这种信仰主要源于先秦道家思想“道”的概念，所谓“道生一，一生二，二生三，三生无穷”，道成为化生天地万物的本源。天师道信奉的“大道”在民间传布的过程中逐渐与道家思想的代表人物老子相联系，化作所谓的太上老君。到了两晋时期，葛洪在著作中创造了道家至高神“元始天王”，从《枕中书》的记载来看，“元始天王”的原型是民间神话中的“盘古”，有开天辟地之功。到东晋南朝时期，由于道教还未形成统一的教派，分散的道教理论家们创造出众多的道家神灵，比较著名的有元始天尊、灵宝天尊、虚皇天尊、妙行真人、五方帝君、西王母、西城王君等，这些神灵从名字上看，有的来源于中国传统文化、有的来源于各地

---

① 王明：《抱朴子内篇校释》，第 16 页。

② [晋]葛洪撰，胡守为校释：《神仙传校释》，中华书局 2010 年版，序第 1 页。

③ [晋]葛洪撰，胡守为校释：《神仙传校释》，序第 2 页。

区和各民族的神话，它们还不可避免地受到盛行于南朝的佛教影响，如“天尊”的称呼就是源于佛教语汇。

由于道教没有一个像佛教那样秩序井然的统一信仰体系，这使得道教的传播受到限制，且难以形成一个有凝聚力的教派，难以与佛教相抗衡。陶弘景在道教信仰体系的建构方面做了大量工作，他认为在道教信仰的神仙当中，“虽同号真人，真品乃有数；俱目仙人，仙亦有等级千亿。若不精委条领，略识宗源者，犹如野夫出朝廷，见朱衣必令史；句骊入中国，呼一切为参军。岂解士庶之贵贱，辨爵号异同乎”①。为了能够“比类经正，雠校仪服，埒其高卑，区其宫域”②，陶弘景专门梳理了魏晋以来道教诸神纷繁变化的名号，撰写了《真灵位业图》，构建出一个清晰的、秩序井然的道教神灵信仰体系。陶弘景搜罗了道教中的七百多位神灵，对此，任继愈先生做了如下归纳：

> 按从上天至地下的次序，将诸神依此排列为七个阶层；每一阶层有一位主神排在中位，其余诸神则分列于左位、右位、散仙位和女仙位。第一阶是以中位主神“上合虚皇道君应号元始天尊”为首的玉清境三元宫诸天帝道君（共 29 名）；第二阶是以“上清高圣太上玉晨玄皇大道君”为首的上清境诸神（共 104 名）；第三阶是以“太极金阙帝君李宏”（即太平真君）为首的上清太极金阙诸神（84 名）；第四阶是以“太清太上老君”为首的太清境诸神（174 名）；第五阶是以“九宫尚书张奉”为首的诸天曹仙官（36 名）；第六阶是以“右禁郎定录真君茅固”（即中茅君）为首的诸位地仙（共 173 名）；最后，第七阶是以“酆都北阴大帝”为首的阴曹地狱诸鬼官（88 名）。③

以上神仙阶等在中国思想史上都有着一定的开创性意义，对后来的道教思想、文学创作都着深刻影响。陶弘景所建构的神仙体系改变了道教繁杂的多神信仰体系，建构出完整的道教神灵系统，在此系统中，他仿照人间的社会等级，将神仙纳入不同的等级序列，每一等级中都设一

---

① [南朝梁]陶弘景著，王京州校注：《陶弘景集校注》，第 134 页。

② [南朝梁]陶弘景著，王京州校注：《陶弘景集校注》，第 130 页。

③ 任继愈主编：《中国道教史》，第 189 页。

位为首的主神，而在各主神中，又以元始天尊地位最高，这就使得道教向着“一神教”的方向迈进了一步。值得一提的是，在这个道教神仙体系当中，陶弘景吸收了儒家的纲常伦理和等级秩序，是儒道调和的一个重要体现。

二、修仙理论的建立

葛洪在论证了仙人的存在之后，为了强化道教对信众的吸引力，提出成仙并非可望而不可即，虽然现实中有很多追求长生而失败的例子，比如秦皇汉武，其虽追求长生，但却常常贪权嗜欲，沉溺于酒色财气中，不能保持淡泊宁静、无欲无求的心态，这与仙道要求人们仁爱万物、寂静无为恰恰相悖。因此，葛洪称秦皇汉武“徒有好仙之名，而无修道之实，所知浅事，不能悉行。要妙深秘，又不得闻。又不得有道之士，为合成仙药以与之，不得长生，无所怪也”[①]。可见，能修炼成仙者并不一定拥有现实的权势，而是要有坚定的求道之心，即“夫求长生，修至道，诀在于志，不在于富贵也。苟非其人，则高位厚货，乃所以为重累耳。何者？学仙之法，欲得恬愉澹泊，涤除嗜欲，内视反听，尸居无心”[②]。葛洪本人对权势和富贵就抱有一种轻视的态度，他受到老庄思想影响，强调做人要知足，他隐居乡里、拒绝出仕，还曾多次遁入深山之中修行、炼丹。他的这种理论和实践不仅推动了道教发展，也极大丰富了中国的“隐逸”文化。

葛洪认为：“学道当阶浅以涉深，由易以及难，志诚坚果，无所不济，疑则无功。”[③]立修仙之志只是修仙的第一步，下一步就是如何修炼？在这方面，道教理论家各显神通，提出各种各样的修炼理论。张道陵从《道德经》中悟出“精”、“气”、“神”是修炼的根本，普通人精气饱满方能身体康健、寿命悠长。他针对修炼提出了一套方法，首先要内心平静，学会控制情绪，不要出现大喜大悲的极端情绪，能够清心寡欲、心平气

① 王明：《抱朴子内篇校释》，第 18 页。
② 王明：《抱朴子内篇校释》，第 17 页。
③ 王明：《抱朴子内篇校释》，第 123 页。

和地面对生活；其次要学会养气、行气，气血要饱满通畅，这就不仅需要行气的方法，还要勤学苦练，坚持不懈；最后，还要注意寻求适宜修炼的时间和地点。可见，张道陵的修炼方法实际上是一种训练，不仅练气养身，还要守一养神，总体上来看是一套有益于人身心的养生之法，包括辟谷、导引、行气等，修炼的成功与否主要靠个人的意志和天分。张道陵提出的这一套修炼方法后来逐渐完善，发展出了所谓的内丹术。但在葛洪那里，修炼的方法却不仅仅是简单的养生、修炼了，他认为张道陵的行气之术只是“小道”，仅能助人延年益寿，“不得仙也”。葛洪所信奉的丹鼎派最重视服食金丹，“道家之所至秘而重者，莫过乎长生之方”[①]。因此，修仙炼丹的方法属于不传之秘，必有名师口耳密授方可习得。葛洪的《抱朴子》一书中将“师道”抬升到极高的地位，他提出，“夫人生先受精神于天地，后禀气血于父母，然不得明师，告之以度世之道，则无由免死，凿石有馀焰，年命已凋颓矣。由此论之，明师之恩，诚为过于天地，重于父母多矣，可不崇之乎？可不求之乎？”[②]这与儒家所倡导的“天地君亲师”的序列不同，神仙道教所关心的是人之长生不老，因此宗教的信仰要高于世俗的伦理关系。葛洪告诫人们仙道坎坷，成仙是一段长期的修行，既需要修习德行，“欲求仙者，要当以忠孝和顺仁信为本。若德行不修，而但务方术，皆不得长生也”[③]；还需要持之以恒，“积其功勤，蒙霜冒险，栉风沐雨，而躬亲洒扫，契阔劳艺，始见之以信行，终被试以危困，性笃行贞，心无怨贰，乃得升堂以入于室”。大多数人“或有怠厌而中止，或有怨恚而造退，或有诱于荣利，而还修流俗之事，或有败于邪说，而失其淡泊之志，或朝为而夕欲其成，或坐修而立望其效”[④]。可见，在葛洪看来，立大志、求名师、修德行和持之以恒是修炼成仙的几个重要前提。

葛洪认为修仙者需要具备一定的前提与品质，他通过《抱朴子》内篇正式构建了一套完整的仙道理论，为成仙提供了可能的方法。葛洪

① 王明：《抱朴子内篇校释》，第 252 页。
② 王明：《抱朴子内篇校释》，第 255 页。
③ 王明：《抱朴子内篇校释》，第 47 页。
④ 王明：《抱朴子内篇校释》，第 239 页。

搜集、对比了以往神仙方术的理论、方法,他认为,“夫陶冶造化,莫灵于人。故达其浅者,则能役用万物,得其深者,则能长生久视。知上药之延年,故服其药以求仙。知龟鹤之遐寿,故效其道引以增年。且夫松柏枝叶,与众木则别。龟鹤体貌,与众虫则殊。至于彭老犹是人耳,非异类而寿独长者,由于得道,非自然也”①。在此,葛洪告诉人们神仙非天生,可后天修炼而成,他提出最可行的成仙之法——服食金丹,即“若夫仙人,以药物养身,以术数延命,使内疾不生,外患不入,虽久视不死,而旧身不改,苟有其道,无以为难也”②。从中,我们可以看到,长生之法关键在于保“内”守“外”,注重保养形体,葛洪也指出,“夫有因无而生焉,形须神而立焉。有者,无之宫也。形者,神之宅也。故譬之于堤,堤坏则水不留矣。方之于烛,烛糜则火不居矣。身劳则神散,气竭则命终”③。肉体与精神的保养是能否长生的关键,那么,如何才能保养肉体和精神呢?除服食金丹外,葛洪吸收众家理论之所长,并论述其养生之方,指出行气、房中术、体育运动、饮食等都对肉身的保养具有功效。关于养神,葛洪则从《老子》《庄子》及魏晋玄学中汲取思想资源,强调“无为”、“坐忘”、“守一”等方法来修炼精神。

陶弘景既是一位有创造性思想的道教徒,还是著名的中医学家。他在中医学方面的著作颇丰,如前文提到的《本草经集注》《陶氏效验方》《补阙肘后百一方》《名医别录》《药总诀》《养性延命录》等。其中,《养性延命录》是他在道教养生方面的集大成之作,该书内容丰富,不仅搜集了先秦到魏晋以来所有的养生经验,而且汇集了他自己对养生的种种见解,包括饮食、服气疗病、按摩导引、房中术等。我们可从陶弘景的养生思想中看到其修道理论,陶弘景将修道与养生联系起来,他认为“道与生相守,生与道相保”,强调“为道者慎勿失生”,④养生与修道的统一对增强道教的吸引力大有裨益,原因在于:养生是日常生活中人人都可以追求和实现的,具有实在性和操作性,而“问道求仙”则显得虚无缥

① 王明:《抱朴子内篇校释》,第 46 页。
② 王明:《抱朴子内篇校释》,第 14 页。
③ 王明:《抱朴子内篇校释》,第 110 页。
④ [宋]张君房纂,蒋立生校注:《云笈七签》,华夏出版社 1996 年版,第 179 页。

缈，将养生作为修道的重要组成部分，不仅可以使修道落到实处，而且还能满足人们对身体健康、延年益寿的渴求。陶弘景强调养生主要在于个人的努力，而不在于天命。古人敬天顺命，认为人的生老病死是天命所定，陶弘景则认为养生主要靠个人的毅力及正确的养生方法，他提出，“若能游心虚静，息虑无为，服元气于子后，时导引于闲室，摄养无亏，兼饵良药，则百年耆寿，是常分也”[①]。即保持心灵的虚静、平和，再加上正常的生活保养，长生之道就不再是可望而不可即的梦想。陶弘景总结了许多具体的养生方法与原则，如饮食健康、生活起居、呼吸导气、房事养生等。[②] 这些养生理论是道教理论中最有价值的一个方面，它们是道教的宝贵财富，也奠定了中国人养生理论的基础，这也是道教之所以可以传承千年、长盛不衰的重要原因之一。

第三节　重构儒道、佛道之间的关系

从汉末到魏晋南北朝，儒、佛、道三教的相互激荡成为中国思想史上的常态，官方支持的儒家意识形态与本土的道教、西域传来的佛教，三者之间的关系十分微妙。如何处理和平衡儒道、佛道之间的关系，就成了葛洪、陶弘景等道教思想家的重要课题，在处理三教关系中，道教思想自身又得到完善和发展。

一、葛洪对儒道关系的重建

自汉武帝“罢黜百家，独尊儒术”以来，儒家思想在政治、社会中一直占据主导地位。魏晋以后，虽然玄学之风大兴，儒家理论在创造性上有所式微，但总体来看，在各阶层的社会政治生活中起主导作用的仍然是儒家思想。葛洪在道教理论的建构过程中，对儒、道关系进行了深入

① [南朝梁]陶弘景著，王京州校注：《陶弘景集校注》，第 135 页。
② 参见盖建民：《陶弘景〈养性延命录〉医学养生思想探微》，《江西中医学院学报》2003 年第 2 期。

思考与重新定位。

葛洪对儒、道关系的论述分为两个方面，一方面，为了破除儒家在社会意识形态领域中的“独霸”局面，他在“道”的层面上肯定道家理论的优越性，提出“道本儒末”的儒道关系论：

> 道者，儒之本也；儒者，道之末也。先以为阴阳之术，众於忌讳，使人拘畏；而儒者博而寡要，劳而少功；墨者俭而难遵，不可遍循；法者严而少恩，伤破仁义。唯道家之教，使人精神专一，动合无形，包儒墨之善，总名法之要，与时迁移，应物变化，指约而易明，事少而功多，务在全大宗之朴，守真正之源者也。①

葛洪“道本儒末”主张承袭了司马谈在《论六家要旨》中的论点，在强调道家总揽众家之长、与时变化的优点的同时，葛洪还借先秦道家思想资源对儒家展开批判，他说：

> 夫道者，其为也，善自修以成务；其居也，善取人所不争；其治也，善绝祸于未起；其施也，善济物而不德；其动也，善观民以用心；其静也，善居慎而无闷。此所以为百家之君长，仁义之祖宗也……道之衰也，则叔代驰骛而不足焉。夫唯有余，故无为而化美。夫唯不足，故刑严而奸繁。黎庶怨于下，皇灵怒于上。或洪波横流，或亢阳赤地，或山谷易体，或冬雷夏雪，或流血漂橹，积尸筑京，或坑降万计，析骸易子，城愈高而冲愈巧，池愈深而梯愈妙，法令明而盗贼多，盟约数而叛乱甚，犹风波骇而鱼鳖扰于渊，纤罗密而羽禽躁于泽，豺狼众而走兽剧于林，爨火猛而小鲜糜于鼎也。君臣易位者有矣，父子推刃者有矣，然后忠义制名于危国，孝子收誉于败家。疾疫起而巫医贵矣，道德丧而儒墨重矣。由此观之，儒道之先后，可得定矣。②

葛洪认为，道教（实际上是先秦道家）的无为、自修、不争等主张是优于百家，更是主张仁义思想之儒家的“祖宗”。后世因为背离了道教（家）

---

① 王明：《抱朴子内篇校释》，第184页。
② 王明：《抱朴子内篇校释》，第186—188页。

的思想，故而带来一系列社会矛盾、人与自然的矛盾等等。由此，葛洪得出的结论就是应该以“道先儒后”来确定儒道关系。

另一方面，葛洪试图调和儒、道两家。葛洪本人淡泊名利，致力于养生修道，虽然在哲学思想上主张“道本儒末”，但他并不忽视儒家的重要性，相反，他认为真正的“长才”能够兼儒、道而修之，内以养生，外以治国。葛洪认识到在当时的政治、社会环境中，儒家思想仍然是维系社会伦常的重要依赖，道家虽然在理论上陈义甚高，但在现实的国家运作中，道家仍难与儒家比肩。鉴于儒家在现实政治中的强势地位，若道家不与儒家调和互补，势必受到统治阶层的排斥与打击，也不能为下层民众所信奉和接受。为了调和儒道关系，葛洪首先向统治阶层展示黄老之学的治世功用，即“黄帝能治世致太平，而又升仙，则未可谓之后于尧舜也。老子既兼综礼教，而又久视，则未可谓之为减周孔也。故仲尼有窃比之叹，未闻有疵毁之辞，而末世庸民，不得其门，修儒墨而毁道家，何异子孙而骂詈祖考哉？”[①]另外，由于东汉末年起义领袖利用民间道教反对政府，新兴的统治阶层对道教的传布持有警惕和怀疑的态度。为了消弭统治者对道教的戒惧心理，葛洪对神仙道教与民间道教进行了区分，他将那些危害政权统治的民间道教头领蔑称为“邪道”、“妖道”、“妖伪”等，并揭露和严厉抨击这些人借助道教名义所实行的妖邪行为。他说：

> 俗所谓道率皆妖伪，转相诳惑，久而弥甚，既不能修疗病之术，又不能返其大迷，不务药石之救，惟专祝祭之谬，祈祷无已，问卜不倦，巫祝小人，妄说祸祟，疾病危急，唯所不闻，闻辄修为，损费不訾，富室竭其财储，贫人假举倍息，田宅割裂以讫尽，箧柜倒装而无馀……曩者有张角柳根王歆李申之徒，或称千岁，假讬小术，坐在立亡，变形易貌，诳眩黎庶，纠合群愚，进不以延年益寿为务，退不以消灾治病为业，遂以招集奸党，称合逆乱，不纯自伏其辜，或至残灭良人，或欺诱百姓，以规财利，钱帛山积，富逾王公，纵肆奢淫，侈服玉食，妓妾盈室，管弦成列，刺客死士，为其致用，威倾邦君，势凌

① 王明：《抱朴子内篇校释》，第188页。

有司，亡命逋逃，因为窟薮。①

对于民间道教及危害统治秩序的行为，葛洪主张予以镇压，要求政府“峻其法制”、“致之大辟”、“刑之无赦”，以期达到“禁绝”奸邪的目的。这一方面反映了葛洪要求与其他道教宗派划分界限，一方面也反映了他维护当时社会统治秩序的诉求。

神仙道教的传播，不仅要得到统治阶级的支持和信任，其教义也必须能够吸引底层民众。葛洪对修仙长生的可能性与可行性论证虽有一定的吸引力，但对下层民众而言仍是虚无缥缈的，儒家“慎终追远”“尊先敬祖”的孝道观念根深蒂固，如若道家的理论不能迎合儒家观念，势必难以在民间传播。因此，葛洪审时度势，将儒家的一些主张纳入到他的神仙道教体系中去。他提出：

> 欲求仙者，要当以忠孝、和顺、仁信为本。若德行不修，而但务方术，皆不得长生也。行恶事大者，司命夺纪，小过夺算，随所犯轻重，故所夺有多少也。凡人之受命得寿，自有本数，数本多者，则纪算难尽而迟死，若所禀本少，而所犯者多，则纪算速尽而早死。又云，人欲地仙，当立三百善；欲天仙，立千二百善。若有千一百九十九善，而忽复中行一恶，则尽失前善，乃当复更起善数耳。故善不在大，恶不在小也。虽不作恶事，而口及所行之事，及责求布施之报，便复失此一事之善，但不尽失耳。又云，积善事未满，虽服仙药，亦无益也。若不服仙药，并行好事，虽未便得仙，亦可无卒死之祸矣。②

葛洪将儒家倡导的“忠孝”、“和顺”、“仁信”和“积善”作为修道成仙的前提和基础性条件，这就在一定程度上调和了儒、道观念，将修道和人事进行了有机结合，使得道教可以扎根民间社会，“积善之人、必有余庆”的观念起到促人向善的功用，对于纯洁社会风气、维系社会稳定都有积极作用。葛洪作为生活在士庶界限分明时代的士族知识分子，承认修

① 王明：《抱朴子内篇校释》，第172—173页。

② 王明：《抱朴子内篇校释》，第53—54页。

仙问道不是件容易的事情，在主观上不一定有吸引普通下层民众信奉道教的意愿，但是他对神仙道教理论的完善在客观上为魏晋南北朝时期道教在民间的广泛传播奠定了基础。

二、陶弘景对儒佛道关系的调整

佛教自汉代传入中土后，经历了一个缓慢的发展过程，到了魏晋南北朝时期，天下大乱，人民流离失所，佛教得以兴盛起来并赢得了大量的信众。佛教作为异域宗教，其教义在一定程度上与传统的儒家思想及道家思想发生冲突，为了争夺正统地位，佛、道两个主要宗教之间展开了激烈的竞争。二者争论的主题颇多，其中重要的如："夷夏"之争，即道教是华夏本土宗教，而佛教源于异域；华夏文明博大精深，讲究忠孝节义，而佛教文化讲究众生平等，不崇君王，不讲尊卑贵贱；华夏文明强调祖先崇拜，而佛教则不主张祭祀祖宗；华夏文明重血缘传承，而佛教要求信徒六根清净、剃发出家等。儒、道、佛三家间的分歧在两晋南北朝时期引起了一轮又一轮的辩论，在辩论过程中，彼此在攻击对方教义的同时又不断吸收对方合理的成分来丰富自己的观点，因此，到南朝中后期，逐渐出现了三家调和的趋势。

陶弘景是南朝道教的代表人物，在当时佛法盛行的年代，加之当时的统治者梁武帝是中国历史上有名的"崇佛"帝王，陶弘景认为道教若要取得帝王的支持，势必要对佛法有一定的研究。《梁书》《南史》中均有陶弘景与佛教关系的记载，如"曾梦佛授其菩提记云，名为胜力菩萨。乃诣鄮县阿育王塔自誓，受五大戒"[①]。陶弘景要求弟子在其死后"通以大袈裟覆衾蒙首足"[②]，还曾教导弟子对待宗教应该"崇教为善，法无偏执"[③]。陶弘景对佛教的融合与吸收可从魏晋南北朝以来的思想走向来考察，这一时期儒、道、佛的融合是一种大趋势，虽然存在诸多纷争，但各家都难以在理论上将对方彻底驳倒，三教都有大批的拥护者和信徒。

① [唐]李延寿：《南史》卷76《隐逸下·陶弘景》，第1899页。

② [唐]李延寿：《南史》卷76《隐逸下·陶弘景》，第1900页。

③ [南朝梁]陶弘景著，王京州校注：《陶弘景集校注》，上海古籍出版社2009年版，第64页。

经历了早期佛教传播情形的心理不适之后，大部分儒家知识分子和道教理论家开始正视佛教的理论。另外，道教作为民间兴起的宗教，虽然有葛洪、陆修静等士族知识分子在理论上对其进行完善，但总体而言，道教理论略显粗糙、不系统，存在很多漏洞，道教在修炼方式与宗教仪式方面也显得不正规。因此，陶弘景作为上清派茅山宗的创始人，为了道教的生存壮大，不得不自觉地学习佛教理论，力图以彼之长补己之短。

陶弘景利用佛教理论重建道教理论的例证很多，在此略举一例，众所周知，佛教中的一个重要命题是佛性论，即众生是否皆有佛性，这是关乎众生能否成佛的重大问题，东晋时期的高僧竺道生结合中国的实际，提出了“众生皆有佛性”的主张，扩大了佛教的传播与影响范围。陶弘景吸收竺道生的佛性论，创造性地提出众生皆有“道性”的主张，他说道：

> 所论一理者，既是一切众生身中清净道性。道性者，不有不无，真性常在，所以通之为道。道者有而无形，无而有情，变化不测，通于群生，在人之身为神明，所以为心也。所以，教人修心即修道也，教人修道即修心也。道不可见，因生以明之生不可常，用道以守之。生亡则道废，合道则长生也。①

一切众生皆具“道性”，体现在个体身上就是清静澄明的本心，所谓“修道”即是修心。如何修心？在陶弘景看来，修心就是要将后天出现的遮蔽了本心的杂质清除掉，时刻保持本心的清静澄明，这样才能更接近大道。陶弘景提出的“道性”论，很明显的吸收和利用了佛教的思想。

在调和道教和儒家关系方面，陶弘景和葛洪一样，也做出了诸多理论建树，力图使道教得到统治阶层和儒家士大夫的接纳。陶弘景本身就深受儒家影响，在南梁年间的政治舞台上发挥了重要作用，后虽隐居山中，也和政治有千丝万缕的联系，有“山中宰相”的称誉。他在调和儒道方面比葛洪更进一步的是将儒家伦理融入了道教的修炼养生理论当

---

① 陶弘景：《登真隐诀》，转引自钟国发：《陶弘景评传》，南京大学出版社2005年版，第243—244页。

中，主张修道之人也必须服从儒家的纲常伦理，将修德与修道养生密切联系在一起。这样，儒家的道德观念就内化到道教徒日常的修炼当中，也内化到每一个学习道家养生的中国人日常当中，道教在某种程度上也开始发挥儒家的教化功能。这是葛洪和陶弘景对儒道调和及推动道教合法化、官方化所作出的重要贡献。

总体而言，汉末以来的朴素、原始的道教经过葛洪和陶弘景的理论努力得以改造，逐渐形成了新的神仙道教体系，形成了较为完备的宗教基础，为道教树立了合乎社会生活认知的正面形象，“在政治上主动尊王，在文化上敬孔礼佛，并在教理教义与斋醮科仪方面进行了一系列的自我完善，神仙道教摘掉了‘左道’的政治恶名，树立了‘神道’这一全新的社会文化形象”①。

第四节　张道陵、葛洪、陶弘景思想的影响

从现代的视角来看，张道陵、葛洪、陶弘景等人是汉末到南朝时期的道教思想家，他们在道教发生、发展历程上的思想与活动，在后世有着非常久远的影响，也使得江苏成为道教文化的重要阵地。

中国传统讲究“道统”，儒家有儒家的道统，而道家的“道统”则要追溯到被尊称为道教始祖的张道陵。张道陵是道教正一派的始祖，他完善了道教的组织架构，并且将《道德经》《太玄经》《正一经》《太清经》等作为经典，初步奠定了道教的理论基础。张道唛死后也逐渐被神化，成为道教中赫赫有名的神仙，能够斩妖除魔、呼风唤雨。他的孙子张鲁在汉中建立了政教合一的政权，并在天下大势已经明朗的情况下果断地投向曹魏政权，受到曹魏政权的礼遇。同时，张鲁将自己的天师之位传给其子张盛，让其在张道陵活动过的龙虎山开山立派，从此，正一派便以龙虎山为圣地，世代传承。李渊建立唐朝后，尊奉老子为宗，道教遂有幸被立为国教，在政治上超过了当时如日中天的佛教，

① 周德全:《道教与封建王权政治交流研究》，人民出版社 2015 年版，第 54 页。

唐太宗、太平公主、唐玄宗等许多帝王贵胄都与道教密切关联。张道陵的后代由于世袭天师之位，受到李唐皇室的尊奉，到宋代，对道教的崇奉依然如故，宋真宗大中祥符八年，册封第二十四代天师张正随为贞静先生，并免上清观所辖土地的地租，开启了历代天师受帝王封号的历史。蒙古帝王对待宗教持开明态度，成吉思汗对道教颇感兴趣，他在西征途中派人召见全真道士丘处机。元朝建立后，朝廷给予张天师很高的政治地位，册封其“真人”称号，并命令张天师统领江南道教，将龙虎、茅山、阁皂三大符箓教派全部归入正一教，张天师的地位如日中天。明朝建立以后，道教继续得到优待，明太祖、明成祖都对正一派尊崇有加，朱元璋命第四十二代天师张正常掌天下道教事，成为全国不同道教派别的首领。到了清代，清朝统治者信奉喇嘛教与藏传佛教，对道教不甚重视，张天师的地位大不如前，道光年间，皇帝甚至终止了册封天师的仪式，取消了真人称号。但是，正一派在民间仍有很大影响，清朝灭亡后，袁世凯又恢复了天师的真人封号。

葛洪是道教长生派（丹鼎派）的开创者，对后世道教的发展产生了深远影响。他死后不久，其地位上升，与张道陵、张衡、张鲁相当，在道教内部有“葛仙翁”的称号，葛洪的《抱朴子》一书也成为道家经典。[①] 葛洪较早发起对原始道教的改革，自东汉末年以来，起义领袖利用民间道教号召民众反抗政府的压迫。此后，统治者与儒家士大夫阶层对道教的发展传播持一种怀疑与压制的态度，三国时期的曹魏政权和孙吴政权都限制道教发展。在这种严峻的形势下，葛洪担负起实现原始道教向神仙道教转型的任务，他的《抱朴子》内、外篇提出“内以治身，外以为国”的宗教主张，迎合了统治者的需要。《抱朴子》内篇主要是描述神仙方术、养生延命、志怪诡异等事，为道教构建了理论基础，外篇则关乎政治得失、臧否世事，多近儒家修齐治平之道。葛洪的新理论对道教在统治阶级上层的流布产生了深远影响，帝王和士大夫们可以在这个新理论中寻得“修仙长生”与“平治天下”的双重愿望，为道教的传播扩大了基础。同时，道教上清派茅山宗的形成，“标志着自葛洪以来江南士族

① 参见任继愈主编:《中国道教史》，第108页。

道教徒以神仙道教改造旧的天师道团，创立官方化的正统道教的完成”[①]。

葛洪作为道家丹鼎派的代表人物，其炼丹活动虽然没有实现长生不老的目的，但却在一定意义上推动了化学的进步，有学者将其对中国化学领域的贡献归纳为以下几个方面：第一，认识了化学反应的可逆性；第二，认识了一些物质可发生取代反应的现象；第三，认识到一些物质有升华作用；第四，通过炼制黄金和白银发现了许多化学现象。[②] 葛洪的炼丹术虽掺杂了许多糟粕，但是对化学的进步与贡献仍值得肯定。除炼丹等化学领域的贡献外，葛洪在医学方面也有重要影响，他喜好神仙导引之术，其中虽不乏迷信糟粕，但也蕴含丰富的养生道理。他强调养生贵在“养气”，创造完善了“胎息行气法”、“龟咽行气法”和“内视行气法”，并倡导在日常生活中要节制嗜欲、平稳情绪，对饮食、作息都提出一套完整的理论，对中国养生理论的发展做出了重要贡献。同时，他对天花、肺结核、狂犬病的观察与研究都早于西方，其《肘后备急方》在总结前人经验的基础上加入自己对中药的药性、配方和使用见解，为我国中医的发展做出了重要贡献。

除了在道教理论和医药理论方面有重要建树外，葛洪在文学方面也有突出贡献，他认为文体没有贵贱、好坏之分，也不是古人的文章一定盛于今人。文章的多样性是文学兴盛的重要体现。他欣赏先秦诸子的文章，但不一味摹仿、崇拜，而是希望通过学习加以发展、提高。他生活在魏晋时期，但对这一时期的文章风格提出了批判，认为文章过于注重雕饰而缺乏实际内容，由此他强调文章要发挥应有的致用功能。葛洪的文学观受到刘勰等著名文艺评论家的重视，对古代文学发展产生了一定作用。

陶弘景曾发起道教改革运动，使得“以重视经典科醮与神仙养生之术为主要宗旨的道教新派别”大量出现，并成为道教发展的主流。[③] 他阐释了儒、道、释三家劝善惩恶的共通之处，推动了道教的伦理化、官方

① 任继愈主编：《中国道教史》，第 183 页。
② 高兴华、马文熙：《试论葛洪对古代化学和医学的贡献》，《四川大学学报》1979 年第 4 期。
③ 任继愈主编：《中国道教史》，第 4 页。

化，不仅使道教深入到下层民众当中，也更加契合统治阶层的价值观念，使道教真正成为朝野都能接受的本土宗教。他和葛洪一样是我国著名的医药养生大家，他自己身体力行，践行养生之道，留下了大量医学养生的著作，如《服气导引》《断谷秘方》《养性延命录》《道引养生图》等。除医学养生外，陶弘景还创作了大量的文学作品，因其精通老庄玄学与道教理论，所以特别擅长创作玄言诗，此外，他也留下了一些修仙问道的志怪小说，在文学史上也有一定的地位。

张道陵、葛洪、陶弘景等人都是出自今江苏地区的道教思想家，从他们的生平、思想和影响的大致考察可知，江苏是中国道教文化的发源地之一，江苏地区在中国道教思想史上有着独特的地位，特别是茅山道派至今依然在中国道教中有着重要的影响力，这是江苏地区在中国思想版图上重要性的体现。

第四章　六朝至隋唐时期的佛教思想

东汉时期，佛教传入中国并开始在中国传播开来。魏晋南北朝时期，通过与玄学、儒学、道教等本土文化不断交流、互动，佛教逐渐中国化并广泛传播，在佛教的传播过程中，古代江苏地区是一块重要的区域。江苏地区经过孙吴政权的开发，特别是在两晋之际的永嘉之乱，衣冠南渡，中国的经济、文化开始第一次大规模的南移，佛教在这一时期借助玄学有了长足发展，特别是在梁、陈之际，在政权及帝王的推动下，南朝佛教的发展盛极一时，佛寺众多，所谓“南朝四百八十寺，多少楼台烟雨中”。隋唐时期，政治权力的中心虽然又重新回到了黄河流域，但江苏仍然是隋唐佛教发展的重要地区，这里出现了著名佛教宗派，如禅宗牛头派、律宗、天台宗等，代表人物有法融、道宣、鉴真、湛然等。可以说，六朝至隋唐时期，江苏地区也是中国佛教思想的核心区域之一。

第一节　佛教在江苏地区的传播及其代表人物

佛教较早地在今天的江苏地区传播，公元50年前后，佛教已经在江淮地区传播，东汉明帝时期的楚王刘英在彭城（今江苏徐州）就接纳了僧人居住。魏晋南北朝时期，由于南朝的最高统治者大力支持佛教，故而佛教在江苏地区特别是江南吴地得到了广泛的传播和长足的发展。

一、魏晋南北朝时期佛教的传播

关于佛教传入中国的具体时间，学术界一直存在争议。《后汉书》在记述楚王刘英的事迹时，提到了佛教，“英少时好游侠，交通宾客，晚节更喜黄老，学为浮屠斋戒祭祀”。“楚王诵黄老之微言，尚浮屠之仁祠。”①这就说明，最迟到东汉初年的时候，佛教已经在中国有了活动的痕迹。汤用彤先生曾考证汉明帝永平年间遣使求法的传说，他认为“有相当根据，非向壁虚造”②。可见，佛教在两汉之际已经进入中国，当然，这一时期佛教还只是在小范围内传播，时人对佛教与黄老、神仙方术等本土信仰并不能截然区分，佛教为了能更好地传播发展，也乐于依托本土宗教。正如汤用彤先生指出：“汉世佛法初来，道教亦方萌芽，纷歧则势弱，相得则益彰。”③佛道的势力和影响都处在较为弱势的境地，故而尚不能互相攻讦。

佛教由印度传入西域，又从西域进入北方中原地区，到西晋时期，佛教在中原地区已经开始流行起来，《洛阳伽蓝记》中记载洛阳佛寺多达二十四所。魏晋时期佛教的兴盛，一方面得益于玄学之兴，“名士好玄学，重清谈，认佛法玄妙之极，而名僧风度又常领袖群伦也”④。佛教经典“约言析理，发明奇趣”，僧人能“祖尚浮虚，佯狂遁世”，这些都契合了魏晋玄学之风气。⑤ 另一方面得益于当时流行的民间方术，即“佛教入华以来，其始持精灵报应之说，行斋戒祠祀之方，依傍方术之势，以渐深入民间”⑥。玄学与民间方术在佛教的传播过程中，起到了推波助澜的作用。

佛教在江苏地区的流传最早也仍可追溯到楚王刘英，他崇尚浮屠，

---

① [南朝宋]范晔撰，[唐]李贤等注：《后汉书》卷42《光武十王列传》，中华书局1965年版，第1428页。
② 汤用彤：《汉魏两晋南北朝佛教史》，武汉大学出版社2008年版，第22页。
③ 汤用彤：《汉魏两晋南北朝佛教史》，第42页。
④ 汤用彤：《汉魏两晋南北朝佛教史》，第127页。
⑤ 汤用彤：《汉魏两晋南北朝佛教史》，第130页。
⑥ 汤用彤：《汉魏两晋南北朝佛教史》，第129页。

后因罪被贬到彭城（今徐州），由此可推测他率先将佛教引入江苏地区。据《后汉书》记载，东汉末年，“同郡人笮融，聚众数百，往依于谦，谦使督广陵、下邳、彭城运粮。遂断三郡委输，大起浮屠寺。上累金盘，下为重楼，又堂阁周回，可容三千许人，作黄金涂像，衣以锦彩。每浴佛，辄多设饮饭，布席于路，其有就食及观者且万余人”①。这是关于江苏地区乃至全国范围内较早建立佛寺的记载，说明佛教自进入中国后，很快传播到江苏地区。三国时期，北方动荡不安，江南地区得到开发，文化中心开始逐渐南移，佛教逐渐在南方流行开来，吴都建业（南京）成为南方的经济、文化中心，成为佛教传播的重镇。著名僧人支谦、康僧会等到建业翻译佛经、兴建佛寺。《三国志》记载：“綝意弥溢，侮慢民神，遂烧大桥头伍子胥庙，又坏浮屠祠，斩道人。”②到西晋末年，八王之乱，衣冠南渡，著名的僧人竺道生、支道林等也避难江左，佛教在江南开始兴盛，主要得益于江南政权的相对稳定，当时的北方地区处于大分裂、大动荡时期，出现了释道安、鸠摩罗什等著名僧人，他们推动了佛学在北方的兴盛。这些僧人培养出大批弟子，然其受到北方战祸、排佛运动的冲击而不断南渡，这又促进了佛教在南方的盛行。在南下诸僧中，影响较大的当属释道安的弟子释慧远，慧远为山西雁门楼烦人，少年时期服膺儒术，后偶闻道安宣讲《般若经》，遂有所顿悟，摒弃名教，开始跟随道安学习佛法。后北方战乱，慧远随师南下荆襄，在庐山结庐修行，翻译佛经，教授了大批弟子，这些弟子把佛教传播到江左等地，谢灵运曾赞扬道安、慧远师徒广大佛教之功，“昔释安公振玄风于关右，法师嗣沫流于江左。闻风而说，四海同归。尔乃怀仁山林，隐居求志。于是众僧云集，勤修净行，同法餐风，栖迟道门，可谓五百之季，仰绍舍卫之风，庐山之隈，俯传灵鹫之旨，洋洋乎未曾闻也”③。

除了高僧大德的弘法努力，南朝吴地佛教兴盛的另一个重要原因是得到了统治阶层的大力支持，皇帝中崇佛的有宋文帝、梁武帝等人，

① ［南朝宋］范晔撰，［唐］李贤等注：《后汉书》卷七十三《陶谦传》，第2368页。
② ［晋］陈寿：《三国志》卷四十六《孙綝传》，第1449页。
③ 谢灵运：《庐山慧远法师诔》。转引自［晋］慧远：《庐山慧远大师文集》，九州出版社2014年版，第212—213页。

诸王、后妃信佛者更是不可胜数。在历史上，梁武帝是皇帝中“崇佛”力度最大的一位，他继位前笃信道教，但在公元504年，梁武帝召集群臣、百官以及两万僧侣，当众宣布弃道归佛。为了帮助佛教发展，他曾四次舍身入寺为僧，大臣们被迫筹集大量财富捐给寺院，才将梁武帝赎回。南朝佛教在梁武帝时期发展到极盛，除皇帝外，另一个著名的佛教信徒是南齐竟陵王萧子良，他笃信佛教，多次在自己的庄园中举办斋戒法会，将著名的僧人和大臣召集在一起讨论佛法，其中也包括著名的无神论者范缜。为了驳倒范缜，萧子良召集众多僧人、名士与范缜进行大论战。

除帝王与皇族的支持外，作为南朝政权基础的士族门阀对推动佛教的发展也起到重要作用。南朝士族潜心于玄学清谈，其内容与佛理有颇多暗合之处，因此士族对佛法亦多有推崇，而佛学也有意与玄学联系在一起，如冯契先生所言，“东晋、南北朝所盛行的玄学化的佛学即般若学”①。南朝统治阶层对佛教的偏爱与北朝的灭佛，二者形成了鲜明对比。北方地区战乱频繁，大量民众为了躲避战争、徭役及赋税而投身沙门，使得佛教寺庙迅速增加，最盛之时，寺庙数量达到三万余所，僧众两百余万人，佛教势力急剧膨胀。佛教势力的过度发展在政治、经济方面严重威胁到北朝统治者的利益，加之儒、道两家针锋相对，北魏太武帝和北周武帝相继采取行动进行大规模灭佛，灭佛事件对北方佛教的发展造成毁灭性打击。与此同时，南方佛教发展的重点不在佛教组织的壮大，而在佛理的传播，即所谓“南方专精义理，北方偏重行业”②。正是因为南朝佛教偏重于义理，所以南朝佛教与儒、道之间的矛盾多在思想、理论方面，而在政治、军事方面对皇权威胁较少，因此，类似北方残酷的“灭佛”事件在南朝就鲜有发生。

---

① 冯契：《中国古代哲学的逻辑发展》中册，华东师范大学出版社1997年版，第215页。

② 汤用彤：《汉魏两晋南北朝佛教史》，第229页。

二、隋唐时期江苏佛教的发展及其代表人物

隋唐时期，新的大一统王朝再次出现，政治的稳定与经济的恢复带来了文化的繁荣。佛教经过魏晋南北朝时期的传布，已盛行于海内，思想文化界出现儒、释、道鼎足而立的局面，这一时期佛教的盛行主要体现在中国化佛教的创立、佛教经典的大量引入与翻译、佛教宗派的“百花齐放”、佛教发展的规模与速度及佛教对日常生活、文化艺术等方面的影响。可以说，佛教经过隋唐时期的发展、转化，在一定程度上重建了中国人的思想观念，也改变了中国人的生活方式和文化艺术的创作。

隋唐佛教文化的繁荣与鼎盛，得益于佛教中国化的全面推进，也与帝国统治者推行的宽松宗教文化政策相关。这一时期佛教发展的一个重要特点是本土化佛教宗派的建立，此前的魏晋南北朝时期，由于地域差异、信奉经典不同以及与中国本土文化融合的程度不同，佛教曾出现了所谓的“六家七宗”，但这里的“家”与“宗”指秉持不同佛教观点的学派，只是理论上的争论。佛教宗派以寺院经济为依托，有自己独特的教义、教规、修行方式，也有自己的传承世系，代表不同的势力及利益集团。[①] 隋唐时期具有影响力的佛教宗派有禅宗、华严宗、天台宗、律宗、唯识宗、净土宗和密宗等，流行于江苏地区的则有禅宗牛头派及其代表人物法融，律宗及其代表人物道宣、鉴真，天台宗及其代表人物湛然等。

禅宗是佛教中国化的集中代表，传说其创始人为达摩祖师，主张“见性成佛”、“直指本心”，中经慧可、僧璨、道信、弘忍，至六祖慧能始至大成。慧能结合中国本土文化，对佛教加以改造，他指出人人皆有佛性，皆能成佛，人们可以通过“顿悟”成佛，而不需要经历艰苦的修行，同时，他也祛除了宗教当中繁琐的戒律、仪式。正是由于禅宗简易的修行方式及承认人皆能成佛的可能性，满足了各阶层的宗教需求，因此禅宗逐渐成为影响最大的佛教宗派。江苏地区的禅宗牛头派代表中国化禅宗发展的一个重要阶段，它是与弘忍创立的东山法门并列的禅法，是本

① 参见石峻、方立天：《论隋唐佛教宗派的形成》，《哲学研究》1981 年第 8 期。

土文化与达摩禅结合的重要尝试。法融是牛头宗的初祖，俗姓韦，出生于润州延陵(江苏丹阳县延陵镇)一个望族，十九岁时，他已遍览三教经典，通过比对，他认为，“儒道俗文信同糠秕，般若止观实可舟航”①。此后，他剃度进入茅山修行佛法，专心钻研《中论》《百论》《十二门论》及《华严》《涅槃》《大品》《大集》《维摩》《法华》等经，经多年研究，法融开始行走各地，到不同地方同佛教界著名的僧人交流学习。武德七年，唐朝平定了吴越国，鉴于隋末天下大乱，新王朝四处征战，财政捉襟见肘，而此时南方佛教兴盛，耗费大量的社会财富，房玄龄等人商议裁汰寺庙，强迫僧众还俗，法融得知此消息后，只身入京上表反对“排佛”的主张，促使朝廷撤回了裁汰僧侣的决定。

贞观十年(636年)，法融移居牛头山(位于今南京江宁)修行，此山自刘宋时期就建有佛窟寺，该寺中藏有相当数量的三教经典。法融到此地如入宝山，他在寺中潜心阅读、思考，居八年之久。随时间的推移，法融的影响力越来越大，与他同住的僧人有上百人之多。贞观二十一年(647年)，法融开始在幽栖寺主讲《法华经》，六年后，他又被地方官吏邀请讲授《大品般若》《大集经》等。高宗显庆六年，法融受邀前往享有“江南第一寺”之称的建初寺传法，次年圆寂于该寺，享年六十四岁。

律宗是以研究与守持戒律为主的佛教派别，由唐朝初年著名的律学大师道宣建立，其主要依据的佛教经典为汉译的《四分律》。律宗虽然在信众数量和发展规模方面并不突出，但是律宗的理论对其他各家宗派的发展有重要的意义，因佛教及其他任何宗教的发展都离不开特定的仪式、戒律，律宗所强调的戒律恰是佛教徒修行成佛的重要途径和方法。同时，唐代律学体系的建立与完善也标志着中国化的佛教组织戒律、礼仪、轨范的基本形成和确立。

在中国律学体系的建立过程中，最具开创性的代表人物当属道宣。道宣生于隋开皇十六年(596年)，丹徒(今江苏镇江)人(一说浙江长兴人)，俗姓钱，出身于官宦世家，其父钱申曾任南陈吏部尚书。道宣少时聪颖异常，遍览群书，作为南陈政权的遗民，他深感荣华富贵如同过眼

① 普济：《五灯会元》，海南出版社2001年版，第73页。

云烟，遂产生了皈依佛门的念头。十五岁那年，道宣来到长安日严寺学习佛法，后又跟随长安著名的律学大师智首研习律学。自唐高祖武德元年之后的三十多年间，道宣的律学思想逐渐成熟，他开始撰写著作，其代表性著作有《四分律删繁补阙行事钞》《四分律删补随机羯磨疏》《四分律拾毗尼义钞》《比丘含注戒本疏》《比丘尼钞》《章服仪》《正行忏悔仪》《净心观戒仪》《关中创立戒坛图经》《释迦方志》《集古今佛道论衡》《广弘明集》《续高僧传》等，这些著作内容丰富，具有很强的学术性和资料性，是研究中国佛教史的重要资料，同时也为中国律学奠定了基础。贞观十九年(645 年)，玄奘从印度求法归来带回大批佛经，唐太宗诏令著名的佛教大师参与译经，因道宣佛法精深，也得以参与到译经活动中。唐高宗乾封二年 667 年十月，道宣病逝于长安西明寺，享年七十二岁。

道宣之后，江苏地区最著名的律宗大师是鉴真，他出生于唐睿宗垂拱四年(688 年)，广陵江阳(今江苏扬州)人，俗姓淳于。鉴真的父亲是一位虔诚的佛教居士，鉴真三岁时就被带到扬州大云寺接受佛法熏陶，鉴真十四岁那年，在父亲的支持下在大云寺出家为僧，后适逢律宗著名大师道岸来扬州弘法，遂从道岸受菩萨戒。由于鉴真深思好学，深得道岸的赞许，遂得以跟随道岸北上长安、洛阳。此次北上之行，对鉴真产生了巨大影响，不仅开阔了视野，还有机会到佛教中心跟随高僧大德学习佛法，他也因此更加深入地了解了律宗、天台宗之理论。六年后，学有所成的鉴真回到扬州开始弘扬律宗佛法，并讲解《四分律》《四分律钞》等经典，除了弘扬律法外，鉴真还在江淮一代为僧众授戒，根据史料记载，江淮地区接受鉴真传戒的人数多达四万余人，由此可见，鉴真在当时中国佛教界的声望可谓盛极一时。

鉴真的伟大之处不仅在于佛教方面的精深造诣，更在于他六渡日本将佛法传播到异域的坚定决心与信念。隋唐时期，中日交流日渐频繁，日本曾多次派使来华，学习和吸收中国文化。中国化的佛教作为隋唐时期中国文化中最耀眼的部分，受到日本朝野的重视，日本政府派众多僧侣来华“取经”、学习，与此同时，中国也派僧人前往日本传法，但因交通不便，两国僧人往来规模有限，日本也非常希望能够延请中国高僧来日弘法。在此情形下，为将律宗传到日本，鉴真毅然放下他在国内享有的声望和待遇，不顾政府与佛教界人士的反对，先后六次东渡，历经千辛万险，前五次都告失败，第六次终于成功，于天宝十二年(753 年)抵达日本。鉴真东渡对当时的日本产生了深远影响，不仅给日本带去完善的中国化佛法，还将中国的建筑、艺术、医学、经学等知识介绍到日本，鉴真成为中日交流史上一座丰碑。到日本后十年，鉴真及其弟子致力于在日本传播律学，日本律宗也得以真正建立。公元 763 年，鉴真圆寂于日本奈良的唐招提寺，享年七十六岁。

天台宗形成于隋朝初年，是最早的中国化佛教宗派，其思想、教义自称发源于印度著名的大成佛教论师龙树，但实际上从北齐僧人慧文那里开始逐步形成发展，中经慧思，到隋代智顗集其大成，创立了天台宗。天台宗集合了南北朝时期南北各家义学，“将整体的佛教教义作为归纳与分类的对象，全方位地加以分析研究，洋溢着综合所有佛法以观的圆熟精神”①。天台宗的理论集南北佛教之大成，并得到隋代文帝、炀帝两代皇帝的支持，在南方地区广泛传播开来。隋朝短命而亡，天台宗失去了政治上的依靠，加之禅宗、华严宗、净土宗等中国化教派的相继崛起，天台宗就显得积弱不振，湛然的出现扭转了天台宗没落的颓势，他担负起复兴天台宗的重任。

湛然出生于唐睿宗景云二年(711 年)，常州晋陵荆溪(今江苏宜兴)人。湛然年少时通读儒家经典，成年后开始云游四方，途经盛行天台宗的浙东地区，为天台宗教义所吸引，开始学习天台宗理论。此后，因机缘拜入天台八祖玄朗门下，系统学习天台佛法。在玄朗门下，湛然悉心研读佛法二十余年，其在佛法上的悟性为玄朗所看重，玄朗遂将天台宗之理论精髓悉数传授于他。天宝七年 748 年，湛然正式皈依佛门，剃度出家，他在玄朗圆寂后自觉担负起振兴天台宗的重任，他曾言：“今之人或荡于空，或胶于有，自病病他，道用不振，将欲取正，舍余谁归?”②在这种“舍我其谁”的豪迈气势指引下，湛然四处宣讲天台佛法并且积极著述，其主要著作有

① 尹继佐、周山主编，夏金华著：《中国学术思潮史》卷四《佛学思潮》，上海社会科学院出版社 2006 年版，第 90 页。

② [南朝梁]慧皎等撰：《高僧传合集》，上海古籍出版社 1991 年版，第 414—415 页。

《法华文句记》《法华玄义释签》《金刚碑》《摩诃止观辅行传弘决》《维摩经疏记》《法华经大意》《始终心要》等数十部。湛然晚年迁天台山国清寺弘法，唐德宗建中三年(782年)圆寂，享年七十一岁。在湛然的努力下，天台宗出现中兴，其影响从南方逐渐扩展到北方地区。

第二节　法融、道宣、湛然的佛教思想

如上所述，佛教自传入以来，在江苏地区得到了传播、发展，著名的寺庙、宗派、高僧大德不断涌现，为中国传统佛教文化乃至中国文化的发展、传播做出了卓越的贡献，源出于江苏地区的佛教思想家的思想也成为中国化佛教思想的重要组成部分。

一、法融的禅学思想

魏晋南北朝以来，因受南北不同学风的影响，南北地区的佛教也具有不同的特点。南方佛学受玄学影响，偏重义理，较为重视佛教中的哲理，对儒、释、道三教兼收并蓄，形成“六家七宗”为主的义学；北方佛学则更重视佛教的宗教特点，重视信仰，主张通过修行达到成佛的目的，因此，北方以禅修为重。梁启超先生曾对南北方佛教思想的差异做过总结，他说：“南方尚理解，北方重迷信。南方为社会思潮，北方为帝王势力。故其结果也，南方自由研究，北方专制盲从。南方深造，北方普及。”[①]但南北异同只是笼统概括了南北朝时期佛教的大致特点，具体来看，禅学在江南地区也有所发展，特别是著名僧人如康僧会、支谦、支道林、竺法义等都兼修禅学。隋唐时期，随着佛教各宗派的建立，禅宗崛起并逐渐压倒其他各派，成为影响力最大的佛教派别，受地域影响，禅宗分为以神秀为主的北禅宗及以慧能为主的南宗禅，而江南地区则产生了具有自身特点的牛头禅。

① 梁启超：《梁启超佛学文选》，武汉大学出版社2011年版，第9页。

法融是牛头宗的创建者，也是江苏地区禅宗的代表人物，据载，法融精通“三论”与般若学，是一个定慧双修的僧人。他对魏晋以来的玄学思想也十分熟悉，因此，他的佛学思想带有浓厚的南方地域色彩。法融的作品流传下来的不多，现存的有《心铭》和《绝观论》。法融佛法的一个特点就是“融”，即对佛经以及佛、道能够融会贯通。在佛法中国化方面，法融深受老庄思想的影响，他所说的逍遥放任、无心合道、坐忘成真等都暗合老庄、玄学。具体而言，他将道家的“道”观念与佛教的“空”相联系，利用道家思想来阐释“道”，又通过中国文化来解释佛教之“空”，一方面沟通了中、印文化，另一方面，也便于中国普通信众理解佛教。法融认为：“大道冲虚，幽微寂寞，不可以心会，不可以言诠。”①即“道”就是“空”，它既不能用心去体认，也不能用言语诠释，一旦成为“可道”之“道”，就不是真正的“道”。然凡人不理解“道”之本质，喜欢用凡俗之心去体悟“道”，这就必然被世间的假象所遮蔽，即佛教所谓“无明”；圣人则能看破世间一切虚妄，因此对万事万物没有妄见和分别之心。何谓“空”？在佛教经典中，对“空”的讨论最为集中的当属《金刚经》，其基本要义就是“一切有为法，如梦幻泡影，如露亦如电，应作如是观”②，强调修行要破除对物质世界中“我相”、“人相”、“众生相”、“寿者相”③等现象的执念，认识到“凡所有相皆是虚妄”④，从而肯定“性空”。在法融看来，虚空是“道”的本质，他深受“性空”学说与“八不”缘起说的影响，提出对“空”的理解，认为“假名毕竟空。亦无毕竟空。若身心本无。佛道亦本无。一切法亦本无。本无亦本无。若知本无亦假名。假名佛道。佛道非天生。亦不从地出。直是空心性。照世间如日”⑤世间一切诸法皆是空，人们对世间现象的理解也都是虚妄之见，如同在梦中，梦醒之后，便会发现一切皆空。因此，正确的修行方法应“一切莫作，明寂自现”⑥。法融指出，禅不是通过不断的修炼得来的，必须摒弃世间幻像的影响，保持“无心”、“心净”，消除一切妄念，

---

① 蓝吉富：《禅宗全书》(影印本)，北京图书馆出版社 2004 年版，第 87 页。
② 赖永海主编，陈秋平译注：《金刚经·心经》，中华书局 2010 年版，第 112 页。
③ 赖永海主编，陈秋平译注：《金刚经·心经》，第 23 页。
④ 赖永海主编，陈秋平译注：《金刚经·心经》，第 30 页。
⑤《大正一切经刊行会·大正新修大藏经》，新文丰出版有限公司 1996 年版，第 681 页。
⑥ 法融：《心铭》，转引自冯学成：《明月藏鹭》，南方日报出版社 2014 年版，第 312 页。

达到以心合道的境界方能顿悟得道。

法融在佛法上的融会贯通还体现在他对佛教不同经典的包容上。这和他学佛的经历有关，他曾潜心于山林佛寺之间二十年，专著读经、抄经，对于许多佛教经典都有涉猎，造就了他见多识广、佛法融通的特点。前文提到江南僧人受魏晋玄学影响、注重玄理，但法融看到玄理精深的佛法只适合那些有一定学理修养的人，对于普通大众则影响甚少，所以法融在江南各地主张《大集经》，吸引了大批信众。《大集经》中有众多的鬼神禁忌和民间法术符咒，历来受到江南地区僧人的轻视。法融不顾江南僧众的反对，将《大集经》传播到江南地区，扩大了佛法在江南社会的影响。

法融对佛教中的佛性问题也做了回应。在佛教思想中，只有具佛性之人方可通过修炼（或者"顿悟"等方式）成佛，因此，佛性是普遍存在于众身，抑或只存在于一部分人身上？这是佛教思想家需要回答的一个重要问题。大乘佛教经典《法华经》，在三国时期就被译介到中国，其中就有"我深敬汝等，不敢轻慢，所以者何？汝等皆行菩萨道，当得作佛"①。南北朝时期的竺道生认为"众生皆有佛性"，隋朝三论宗著名大师吉藏认为，不仅众生具有佛性，而且没有生命的草木瓦石亦有佛性。法融年轻时便熟读三论宗典籍，他深受吉藏"佛性论"影响，也认为有情众生与无情之物皆具佛性，但他解释这一观点的依据不同于吉藏等人，他是用更为"中国化"的理论和思维方式来解释佛性遍在的问题。他的理论基础建立在"道"和"虚空"之上。"道"无所不在、无所不包，它不仅在有生命的物上，也蕴含在无生命之物上，既然万物有"道"，那么，万物也就具有了成佛的根性，草木等无情之物亦是如此，这就是法融的"无情有性"论。

法融阐释了"道"、"空"与佛性的观点后，也论述了他的修行方法。佛教最初以小乘佛学的宗教形态传入中国，十分重视宗教的修炼仪式，强调打坐、默念等参悟方法。魏晋南北朝之后，佛教开始与中国文化结合，逐渐改变纯宗教式的修炼方式，注重对佛法的理解与证悟以求得解脱。法融在这方面有许多创见，提出了新的修行理论，如无心合道，强调看破世间虚妄，舍弃分别之心，力争做到"物来而名，事至而应。无也计较，有预

① 赖永海主编，王彬译注：《法华经》，中华书局 2010 年版，第 432 页。

算之缘”①。还提倡空色一如，即要将作为万法诸相的“色”与诸法性空的“道”结合起来。“道”散布于万法诸物之中，但众生求道不可一蹴而就，需要在对万事万物的体认中理解“道”。为实现修心和体道的目的，还需要做到绝观忘守，具体指“去来坐立，一切莫执。决定无方，谁为出入。无合无散，不迟不疾。明寂自然，不可言及。心无异心，不断贪淫。性空自离，任运浮沉。非清非浊，非浅非深。本来非古，见在非今。见在无住，见在本心。本来不存，本来即今。菩提本有，不须用守。烦恼本无，不须用除。灵知自照，万法归如。无归无受，绝观忘守”②。法融这种无修无证、纯任自然的修炼法门对于后来的禅宗发展产生了重要影响，与禅宗六祖慧能提倡的“直指本心”、“明心见性”的禅法还是存在差异的，慧能将修行的重点放在“本心”之上，强调以心悟道。而牛头宗强调凡事随缘，无需用心去体悟，即所谓的无心合道，佛性天然具在，顺着天然的本性，则行起坐卧皆可看做佛法妙道。可以说，法融和牛头宗的禅法深刻影响了唐宋时期禅宗的发展走向。

法融和牛头宗作为禅宗的一支，虽然在声望和影响方面没有以慧能为首的祖师禅大，但是正是由于法融不拘一家、融会贯通的特点使得牛头宗成为与祖师禅互为补益的重要派别。我们知道，佛教进入中国之后，就开始了中国化的历程，禅宗之所以是中国化佛教的成功典型，就是因为其吸收了中国传统的儒、道传统，法融及牛头禅的思想正是在中国传统儒道传统基础上融会贯通所形成的独特佛教思想流派。

二、道宣的律学思想

道宣因其对律学的弘扬与精深研究，被公认为南山律宗的始祖，他一生著述、翻译了大量著作，其著作蕴含了丰富的思想。鉴于中国佛教不重视戒律的情形，道宣大力宣扬戒律在佛教修行中的作用。在道宣看来，戒是成佛的根本，“欲见佛性证大涅槃，必须深心修持净戒”③，不守戒律

① 蓝吉富：《大藏经补编》，华宇出版社 1985 年版，第 701 页。

②《大正一切经刊行会・大正新修大藏经》（四十八卷），新文丰出版有限公司 1996 年版，第 458 页。

③［唐］道宣撰：《四分律删繁补阙行事钞》，《大正藏》（第 40 册），第 5 页。

则一切的修行方式都是无本之木、无源之水，终究只是一场空。道宣对戒的具体作用进行了详细论述，他认为“戒如捉贼，定如缚贼，慧如杀贼。三行次第贤圣行之”①。戒、定、慧是成佛的重要途径，三者是循序渐进的过程，因戒得定、因定开慧。具体而言，“以人，则形服异世；法，则轨用有仪；住，既与俗不同；杂行，条然自别。由世随相有，法逐相成，便能纲维不堕于地”②。戒律如同俗世中的法律，约束佛教徒的言行举止，防止罪恶发生。道宣认为对戒法的修持需要从内外两个方面用功，在外在方面需要佛家弟子做到“师徒相摄”，即“互相敦遇财法两济”③，特别强调师傅要能够传授“善法”，并且监督纠正弟子的行为。对于师徒间的关系，道宣吸收了传统儒家的一些师道观念，认为弟子事师要做到五点：“一当敬难之。二当念其恩。三所有言教随之。四思念不厌。五从后称誉之。”师傅教授弟子也应做到如下五点：“一当令疾知。二令胜他人弟子。三令知己不忘。四有疑悉解。五欲令智慧胜师。”④只有师徒之间能够达到父子关系那样的“相敬重相瞻视”，才能使戒法更好地传授与遵行。道宣的著述中建议对触犯戒法程度不同应给予相应的惩罚，情有可原者，如“脱误而犯，情过可通。量时而用，不必诃止”。必须施以惩戒者，则据其情形给予不同惩戒，“一我今诃责汝，汝去。二莫入我房。三莫为我作使。四莫至我所。五不与汝语”⑤。

道宣同时也认识到仅仅从外在约束是不够的，“恶既已离，事须修善，必以策勤三业，修习戒行，有善起护，名之曰作。持如前解。所以先后者，论云：戒相止，行相作。又云恶止善作，义之次第”⑥。僧人在受戒时，戒法像种子一样植根于人的内心里，不仅可以制止恶性，还能培养善行，教人行善。因此，道宣将戒律分为两个部分，一是止持戒，一是作持戒；前者止恶，后者行善。

道宣强调了戒律的重要性与作用，同时系统地论证了戒体论。道宣

① [唐]道宣撰：《四分律删繁补阙行事钞》，《大正藏》（第40册），第50页。
② 转引自华方田，张风雷等编：《中国佛教宗派理论》（下），河北省佛学院2001年版，第189页。
③ [唐]道宣撰：《四分律删繁补阙行事钞》，《大正藏》（第40册），第30页。
④ [唐]道宣撰：《四分律删繁补阙行事钞》，《大正藏》（第40册），第30页。
⑤ [唐]道宣撰：《四分律删繁补阙行事钞》，《大正藏》（第40册），第33页。
⑥ [唐]道宣撰：《四分律删繁补阙行事钞》，《大正藏》（第40册），第91页。

将“戒”分为四科，即所谓戒法、戒体、戒行、戒相，[1]四科之中戒体尤为重要。他对“戒体”的描述为：

明戒体者，若依通论，明其所发之业体。今就正显直陈能领之心相，谓法界尘沙二谛等法，以已要期施造方便，善净心器必不为恶，测思明慧，冥会前法，以此要期之心与彼妙法相应，于彼法上有缘起之义，领纳在心名为戒体。[2]

简而言之，“戒体”就是受戒者将戒法、戒律纳入自己心中，在无形中支配、规范自己行为的意志。道宣之所以认为“戒体”是律法体系中最重要的部分，是因为戒法为一套僵化的规范，“应发心作虚空器量身方得受法界善法”[3]，“必豫长养此心使随人成就，乃可秉圣法”[4]，即戒法能否在僧侣的日常生活中发生作用，取决于领受戒法的僧人是否有决心与意志持守戒法，即戒法能否在僧侣心中发生作用形成戒体。“戒体”又分为两种，一种是“作戒”，一种是“无作戒”，“作戒”更多表现在形式上，指僧人通过一定的仪式让律师为其授戒的过程；“无作戒”则指形式上的仪式结束后，戒法在受戒人心中落地生根，形成一种心理意念，这也是戒体真正的形成。[5]

道宣“戒体论”的新颖之处在于他提出了一切唯心、万法唯识的主张，即心识在“戒体”发挥止恶扬善作用中所起的决定性作用。道宣强调“心识”的重要作用，把性修养引入律学，对唐代以后佛教徒的修行方式产生了深远影响。[6]

道宣对律学的另一重要功绩还在于他能融汇大、小乘佛学。《四分律》作为道宣律学体系的依据，本是小乘佛教所传律典，道宣为将其纳入大乘佛学体系，兼收并蓄，吸收其他佛教宗派的理论，特别是他受唯识宗理论的影响与启发，依照大乘佛教的宗旨重新解释了《四分律》，他指出，大、小乘戒法并没有不可逾越的鸿沟，虽形式、重点不同，但目的殊途同

---

① [唐]道宣撰：《四分律删繁补阙行事钞》，《大正藏》(第40册)，第4页。
② [唐]道宣撰：《四分律删繁补阙行事钞》，《大正藏》(第40册)，第4页。
③ [唐]道宣撰：《四分律删繁补阙行事钞》，《大正藏》(第40册)，第29页。
④ [唐]道宣撰：《四分律删繁补阙行事钞》，《大正藏》(第40册)，第4页。
⑤ [唐]道宣撰：《四分律删繁补阙行事钞》，《大正藏》(第40册)，第51—52页。
⑥ 参见杨曾文：《隋唐佛教史》，中国社会科学出版社2014年版，第322—324页。

归，就是要成圣成佛，因此，可以将小乘教派中的戒法当做作大乘佛教的戒律基础，同时，以大乘佛教的精神宗旨来加持、升华小乘戒法。道宣融通大、小乘佛教的努力，在理论上取得了一定的成功，他消融了戒法与成佛之间的隔阂，将戒律与修行成佛融为一体，促进律宗在唐代的发展，同时，这一印度佛教戒律中国化的努力，为形成中国化的律学体系做出了重要贡献。

三、湛然的"无情有性"说

天台宗在智𫖮大师建立止观学说体系且得到隋代帝王的支持后，曾一度成为佛教界最有实力的派别，其理论对其他佛教派别与僧尼产生了很大影响。但是随着禅宗的异军突起，以及华严宗、唯识宗等因受唐代帝王庇佑而崛起，加之智𫖮的继承者们在佛教理论上创新不足，天台宗逐渐走向衰微。唐代中期，湛然大师以复兴天台宗为己任，他坚持天台宗"一心三观"、"一念三千"的教旨，极力破除其他宗派的异说以正本清源，《宋高僧传》中赞扬他"大启上法，旁罗万行；尽摄诸相入于无间。即文字以达观，导语默以还源。乃祖述所传章句凡十数万言。心度诸禅，身不逾矩；三学俱炽，群疑日溃"[①]。然而，仅仅宣传前人的理论不能担负起天台复兴的重任，此时的禅宗、华严宗等都已与时俱进，不断更新、发展自己的理论。为了天台宗的发展，湛然必须对天台宗的理论加以推进和创新。

湛然对天台宗理论的最大突破在佛性论方面。佛教自形成以来，或以己身成佛、或以普度众生为目标，但都以有感情、有思维、有意识的"有情"众生为对象，而那些没有感情思维的事物则没有成佛与否的问题。佛教进入中国后，流派纷起，异说竞生，主流如华严宗等承认"有情有佛性"，也有佛教大师如三论宗的吉藏和禅宗牛头派的法融提出了"无情有性"说。湛然也对"无情有性"进行系统阐述，并引起了广泛影响。

湛然的"无情有性"论建立在天台智者大师"一念三千"、"性具善恶"说的基础上。智𫖮认为人心的一念之中含有世间万象，也就是所谓的三

① [宋]赞宁等撰：《宋高僧传》，《大正藏》(第50册)，第739页。

千法，当心执迷时，就被世间的现象所迷惑；当心清醒、了悟之时，三千法仍在心中，但却不能引起人心中的执念，因此，无论人心是迷是悟，三千法都存在不变。三千世界的一切善恶都在凡心一念之中，一念也就具有一切善恶的性相，佛与众生相同的是一念之中皆有善恶，因此，众生也就有了成佛的可能。但是智顗这里的“一念”还是多指代有情众生，并未提及无情之物。如何将类似草木砖石的无情之物也纳入到“佛性”论述当中来，是湛然亟需解决的一个重要问题。湛然做了两个方面的工作来论证一切众生皆有佛性，一是他模糊“有情”与“无情”的分别界限，根据天台宗的观念，世间三千万物都是有“一念”而生，从起始源头来看都是平等的，“谓观一念心。具足无减三千性相百界千如，即此之境即空即假即中”①。因此有情和无情从根本上来都是同出一源，若是“有情有性”，那么与“有情”平等而存在的“无情”亦可推出具有佛性。第二，湛然从佛教“四微”说出发，认为不论是有情的众生或是无情的物体都是为所谓的“四微”所构成，既然构成的基础性“元素”是相同的，那么有情众生所具有的佛性自然也会出现在无情之物上。②

另外，湛然还通过真如佛性来论证其“无情有性”论。“真如”即佛性是大乘佛教的普遍观点，湛然这里将法性、真如、法界、真性都等同于佛性，即他所谓“真如随缘即佛性随缘。佛之一字即法佛也，故法佛与真如体一名异。故佛性论第一云：佛性者，即人法二空所显真如，当知真如即佛性异名”③。“万法是真如，由不变故；真如是万法，由随缘故。子信无情无佛性者，岂非万法无真如耶？故万法之称宁隔于纤尘？真如之体何专于彼我。是则无有无波之水，未有不湿之波，在湿讵间于混澄。为波自分于清浊，虽有清有浊。而一性无殊。”④“真如”是永恒的精神实体，不论世间万象如何纷繁复杂，真如都普遍存在于世间万物中，也就等同于佛性存在于世间万物，因此，无情之物就自然具有了佛性。为了深化其理论，湛然将《大乘起信论》的观点纳入天台宗的止观体系，系统提出十条论点

---

①《天台四教仪》，《大正藏》（第46册），第780页。

② 参见赖永海：《中国佛教通史》（第6卷），江苏人民出版社2010年版，第133—138页。

③［唐］湛然：《金刚錍》，《大正藏》（第46册），第783页。

④［唐］湛然：《金刚錍》，《大正藏》（第46册），第782页。

来论证“无情有性”，即：

> 一者约身：言佛性者，应具三身，不可独云“有应身性”；若具三身，法身许遍，何隔无情？二者从体：三身相即，无暂离时。既许法身，遍一切处，报应未尝离于法身，况法身处，二身常在？故知三身，遍于诸法，何独法身？法身若遍，尚具三身，何独法身？三约事理：从事则分，情与无情，从理则无，情非情别；是故情具，无情亦然！四者约土：从迷情故，分于依正；从理智故，依即是正。如常寂光，即法身土；身土相称，何隔无情？五约教证：教道说有，情与非情；证道说故，不可分二！六约真俗：真故体一，俗分有无；二而不二，思之可知！七约摄属：一切万法，摄属于心；心外无余，岂复甄隔？但云有情，心体皆遍；岂隔草木，独称无情？八者因果：从因从迷，执异成隔；从果从悟，佛性恒同。九者随宜：四句分别，随顺悉檀；说益不同，且分二别。十者随教：三教云无，圆说遍有。①

通过以上十条，湛然对“无情有性”的论证更加完善。前文述及法融论证“无情有性”时主要借助传统中国文化中道家之“道”，而湛然则是通过佛教经典《大乘起信论》中的真如佛性来支撑自己对“无情有性”观点的论证，因此，对佛教徒来说也更具说服力。② 湛然的“无情有性”说不仅继承了传统天台宗的止观理论，而且在理论上更进一步。“通过哲学本体论的论证，把‘性具善恶’说推到极端，从而有助于天台佛教在唐代中叶的复兴。”③“无情有性”论的提出将佛性从有情众生扩展到无情之物，赋予佛性更普遍的特性。湛然因其精深的佛法造诣受到唐玄宗、唐肃宗的重视，他亲自北上弘法，传播天台宗教义，不断扩大天台宗的影响。鉴于其对天台中兴与佛教理论的贡献，后世将湛然尊为“天台九祖”。

---

① [隋]灌顶大师记，智者大师说，[唐]湛然大师注，[明]传灯大师科：《摩诃止观辅行传弘决》，第62页。

② 参见潘桂明：《中国佛教思想史稿》（第2卷）《隋唐五代卷》（下），江苏人民出版社2009年版，第1024—1026页。

③ 参见潘桂明：《中国佛教思想史稿》（第2卷）《隋唐五代卷》（下），第1033页。

第三节 六朝至隋唐时期江苏佛教文化的影响

西晋末年，五胡乱华，天下大乱，衣冠士族和普通百姓为逃离战乱纷纷向南方迁徙，出现了中国历史上第一次经济重心南移。当然，随着"衣冠南渡"的不仅仅是经济，文化的"南渡"使古代江苏地区的文化繁荣起来，尤其佛教在江苏文化的形成与发展中扮演了重要角色，不仅包括对江苏地区寺庙建筑、饮食等物质层面的影响，还为中国士林文化的发展注入了新鲜的血液。

佛教对江苏地区建筑的影响首先体现在佛教寺庙的营建上。南京的建初寺是孙吴时期江东首座寺庙，它是继洛阳白马寺之后中国第二座寺庙，被认作是江南首寺。作为南方最早出现的寺庙，它是江南佛教活动的中心道场之一。明代在建初寺原址上兴建的大报恩寺，成为当时规模最大、规格最高的寺院。栖霞寺位于南京东北方向的栖霞山上，为南梁僧人僧朗在南齐永明七年所建，是弘扬和传播三论宗教义的重要场所。鸡鸣寺是南京另一著名佛教圣地，是梁武帝在公元527年所建。南京灵谷寺始建于梁天监十四年(515年)，移建于明洪武十四年(1381年)，尔后屡有兴废，民国时迁至原寺之龙神殿，遂成今日灵谷寺。自六朝时期开始，南京就在佛寺营建上有着重要的影响力，"都下佛寺五百余所，穷极宏丽。僧尼十余万，资产丰沃"①。延至今日，南京依然是古刹林立、庙宇众多，这和六朝以来的佛教文化传统密切相关。

除南京外，江苏其他地方也深受佛教文化影响，拥有众多具有悠久历史的佛教寺庙，如苏州常熟兴福寺，始建于南齐，名"大慈寺"；苏州寒山寺，南朝萧梁天监年间(502—519年)建成，初名"妙利普明塔院"；扬州大明寺位于江苏省扬州市西北的蜀岗中峰上，始建于南朝刘宋孝武帝大明年间(457 —464年)，是唐代著名高僧鉴真法师弘法之地；常州天宁寺始建于唐永徽年间(650年)，当时金陵牛首山幽栖寺法融，到常州募化斋粮，因这里环境清幽而情有独钟，便在此筑室，开创了天宁寺的基业；镇江

---

① [唐]李延寿:《南史》卷七十《郭祖深传》，中华书局1975年版，第1721页。

金山的江天禅寺，肇建于东晋时期，距今有1600多年历史，最初名为泽心寺，南朝、隋唐朝时称金山寺，后世还在此地演绎了白娘子与许仙的故事；无锡南岳禅寺，位于宜兴市南岳山，始建于齐永明二年（484年），历经唐宋明清之盛，高僧辈出，是南方地区闻名遐迩的禅寺。这些古寺风景优美，且具有深厚的历史文化底蕴，吸引大批的游客和信众，带动了当地旅游经济的发展，且佛教寺庙清幽寂寥的环境及高雅的文化气息给处于急剧转型社会中的个人带来心灵上的慰藉与精神上的熏陶。

佛教总体上给中国传统文化的发展注入了新的要素。两汉以来，中国文化以儒、道两家为主，佛教传入后，思想文化领域儒、释、道三家并存、互相影响。众所周知，两汉经学发展到东汉末年已经走向枯燥、繁琐的章句之学，逐渐失去其生命力，在此情况下，魏晋南北朝、隋唐时期的中国士人"借助印度的思维方式冲出中国思维模式的重重围墙、栅栏，推动中国传统文化的继续前进。正是这种文化和思维方式的差异迫使中国文化在衰落中从新的视角重新审视自己，在文化反思中取长补短，'再造辉煌'"①。佛教对中国文化的影响体现在诸多方面，如哲学、文学等。在哲学方面，主要体现在对魏晋玄学和宋明理学的影响与刺激；文学方面，则体现在对中国诗词、散文、小说、词汇的影响。著名文人王维、柳宗元、白居易、刘禹锡、苏轼等均是佛教居士，他们的诗词、散文不仅文字、意境优美，且蕴含了丰富的佛教哲理，如"南朝四百八十寺，多少楼台烟雨中"、"姑苏城外寒山寺，夜半钟声到客船"等千古流传的诗句都直接描写吴地的佛教景象，引人入胜。

魏晋隋唐之后，佛教文化在江苏继续得到深入发展，成为江苏思想文化发展历程中的重要元素。近代的南京内学院培养了许多高僧大德，享誉海内外。直到今天，江苏仍然在中国佛教文化版图上占据重要地位，无锡、南京、苏州等地的著名佛寺层出不穷，以佛教文化为中心的旅游休闲产业十分兴盛，这在一定意义上来说，也是六朝至隋唐时期江苏地区佛教思想和文化的继承与发展。

① 林伟：《僧肇的"物不迁论论"与文化交流的意义》，《江苏社会科学》2001年第4期。

第五章　胡瑗的教育与理学思想

唐宋转折之际，儒教、佛教、道教思想格局又迎来了新的一次变化。在这次转折中，佛、道思想流行的局面逐渐被儒家思想的复兴之势所取代。北宋初年，儒家群体中，思想家辈出，来自江苏地区的胡瑗也是其中一位。胡瑗(993—1059年)，字翼之，生于泰州海陵(今江苏如皋市)。他是北宋著名理学家、教育家，其代表作有《周易口义》《洪范口义》《春秋口义》《论语说》《松滋县学记》等，大多散佚，思想性著作仅《周易口义》《洪范口义》传世。北宋初年，天下初定，朝廷推行抑武重文的政策，文化开始恢复，义理之学也逐渐兴盛。胡瑗对宋代理学的生成、发展发挥了承上启下的作用，他提出“明体达用之学”，在宋学发展中占有重要地位，与孙复、石介一起被后世尊为“宋初三先生”。胡瑗在宋初学术思想界的重要影响还体现在教育改革方面，他重视教育，积极投身教育实践，培养了大批学生、弟子，为宋代学术的昌明、繁盛奠定了良好基础。宋代理学后来有濂、洛、关、闽之学行于世，江苏地区未能与之争锋，但胡瑗的思想及其教育活动对于理学的发生、发展起到了重要的推进作用，范仲淹、欧阳修、苏轼、蔡襄、米芾、司马光、王安石、朱熹、文天祥等两宋诸贤，纷纷为之作像赞、写墓志、墓表，以志表彰，并誉其为“苏湖领袖”、“东南模范”等。

第一节 生平经历和思想背景

胡瑗生于北宋初年，此时的国家经历了五代十国的动荡，逐渐又恢复安定统一的局面。为了巩固统一的局面，赵宋统治者在政治、经济、文化等许多方面进行了一系列大刀阔斧的改革，这些变革对中国社会产生了极其深刻的影响。近人往往认为赵宋改革在中国历史上影响深远，在文化领域也取得了很高的成就，究其原因，与宋初涌现了一大批儒家士大夫有密切关系，如范仲淹、欧阳修、石介、孙复、王安石、司马光等人，胡瑗也是其中一位。

一、胡瑗的生平经历

胡瑗祖上世居陕西安定堡，所以后人有时称他为“安定先生”，他的祖父胡修已到泰州做官，遂举家迁到江苏。胡瑗的父亲胡讷是一个小官吏，俸禄低微，其为官又比较清廉，因而家境十分贫寒。胡瑗出生后，受家庭的熏陶、教育，加之自身十分聪颖、刻苦，根据《宋元学案》记载，胡瑗七岁就能写文章，十三岁便精通儒家五经，乡邻认为“此子乃伟器，非常儿也”①。二十多岁时，为了磨砺自己的学问，胡瑗北上泰山与孙复、石介等人一起发奋苦读。读书有成后，胡瑗也曾想通过科举取得功名，无奈多次名落孙山，遂投身到教育领域。他痛感隋唐以来科举选才崇尚文辞而不重视经术，舍本逐末，士子醉心于功名利禄而不重德业。为重振儒学，接续道统，胡瑗执教于泰州、苏州、湖州等地区，传经授道，培养了大批人才，欧阳修称：“先生为人师，言行而身化之，使诚明者达，昏愚者励，而顽傲者革。故其为法严而信，为道久而尊。师道废久矣，自明道、景祐以来，学者有师惟先生暨泰山孙明复、石守道三人，而先生之徒最盛，其在湖州之学，弟子去来常数百人，各以其经转相传授。其教学之法最备，行之数年，东

① [清]黄宗羲、[清]全祖望:《宋元学案》，中华书局1986年版，第24页。

南之士莫不以仁义礼乐为学。”[①]从欧阳修的记述可以看出，胡瑗为宋初的儒学复兴做了很大的贡献，特别是对江南一带的士风转变有着深刻的影响。

景祐元年1034年，范仲淹到苏州担任知州，创建苏州郡学，他十分欣赏胡瑗，邀请胡瑗到郡学执教。任教期间，胡瑗将此地作为自己教育改革的试点，推行了新的教规、学规，达到很好的效果，其他地方的学校也纷纷效仿。后因范仲淹举荐，胡瑗以布衣身份奏对崇政殿，被授予试秘书省校书郎。景祐五年，西北地区的党项首领李元昊脱宋自立，建立“西夏”国，这极大地刺激了北宋的统治者，宋仁宗派范仲淹、韩琦等人经略西北，胡瑗为范仲淹征辟，为丹州军事推官，参与军事谋划。但是，宋军因各种原因先后大败，元气大伤。在此情况下，胡瑗虽提出很多关于军事革新的建议，亦无回天之力，适逢其父去世，胡瑗就此离开西北，回乡为父守丧。宋朝对外战争的惨败以及宋军的积弱无力给胡瑗以深重的刺激，经过一段时间的酝酿、思考，胡瑗向皇帝递呈了《武学规矩》，希望改革北宋的军事以加强国家抵御外辱的能力，但是他的意见遭到许多人的非难而未施行。

庆历三年1043年，宋军在对西夏战争中惨败，统治阶层为挽救危机而开始推行新政，史称“庆历新政”。宋代前期“恩荫”制度泛滥，大批通过“恩荫”出身的官僚碌碌无能，当时的科举制度重文辞而轻治术，选举出来的人难堪大用，鉴于此，时任参知政事的范仲淹提出“精贡举、择官长”[②]等主张选拔人才。在这些主张中，当时士大夫能达成共识的是：先通过修建学校培养人才，再通过州县的考核、保举后，让真正的贤能之士得到任用。因此，朝廷扩大太学的规模，在各地方兴建学校，宋仁宗下诏令这些学校的办学方针、方法皆仿照胡瑗在湖州教学时候所创立、施行之法。在推广湖州教学方法的同时，胡瑗以其博学善教之誉被皇帝任命为诸王宫的教授。胡瑗曾经三度致仕，又两次被起用，他本人对朝廷的贡献集中体现在教育方面。《宋史》记载：“瑗既居太学，其徒益众，太学至不能容，取旁官舍处之。礼部所得士，瑗弟子十常居四五，随材高下，喜自修饬，衣服

---

① [宋]欧阳修：《欧阳修全集》，中华书局2001年版，第389页。

② [元]脱脱等撰：《宋史》卷三一四《范仲淹传》，中华书局1977年版，第10273—10274页。

容止，往往相类，人遇之虽不识，皆知其瑗弟子也。嘉祐初，擢太子中允、天章阁侍讲，仍治太学。既而疾不能朝，以太常博士致仕，归老于家。诸生与朝士祖饯东门外，时以为荣。”①胡瑗多年从事教育事业，既得到了士人的广泛认可，也得到了朝廷的重视和嘉誉，由此可见其在宋初儒林中的影响之大。

二、胡瑗的思想背景

汉末以来，儒学式微，玄学与佛学开始在思想文化领域占据越来越重要的地位，尤其隋唐时期，佛、道二教交相辉映，受到统治阶层和下层民众的普遍追捧与欢迎。特别是佛教思想学说给儒家带来了强烈冲击，唐代中后期，大唐帝国已经失去万国来朝、百教并存的气象与胸怀，韩愈等儒家士大夫也致力于重振儒家思想的正统地位，接续古圣先贤的“道统”。韩愈在《原道》中严厉批评佛教，认为佛教主张“弃而君臣，去而父子，禁而相生相养之道，以求其所谓清净寂灭者”②，对儒家的“五伦”形成破坏。同时，他指斥佛教徒只重视自我修炼，对国家的兴衰治乱漠不关心，“欲治其心而外天下国家，灭其天常，子焉而不父其父，臣焉而不君其君，民焉而不事其事”③。韩愈主张接续尧、舜、禹、汤、文、武、周公、孔子、孟子以来的道统，对于佛、道等他认为的异端思想，则提倡“人其人，火其书，庐其居”④，要求严厉禁绝之。韩愈对待佛教的主张虽然略显偏激，但在儒学不彰、儒道晦暗的情形下，韩愈等人以道自任的豪迈气节对晚唐、两宋的儒家士大夫起到表率作用，开启了儒学复兴的新局面。

在儒学复兴与重建的过程中，韩愈作为激进派代表与佛、老针锋相对；以柳宗元、刘禹锡为代表的温和派大力倡导儒学复兴，但对佛教采取包容的态度，他们认为应该汲取佛学中的精粹融入儒学中，以补儒学之不足。相比韩愈，柳、刘二人的主张更为理性，也更符合实际，佛教自东汉传

① [元]脱脱等撰:《宋史》卷四三二《胡瑗传》，第 12837 页。
② [唐]韩愈撰，马其昶校注:《韩昌黎文集校注》，上海古籍出版社 1986 年版，第 16 页。
③ [唐]韩愈撰，马其昶校注:《韩昌黎文集校注》，第 17 页。
④ [唐]韩愈撰，马其昶校注:《韩昌黎文集校注》，第 19 页。

入中国以来，到晚唐已有六七百年的历史，在这漫长的历程中，儒、道、佛三家既斗争又融合，取长补短，已经形成了你中有我、我中有你的局面。佛教经过隋唐时期的大发展，实现中国化，与中国本土思想融汇起来，是中国人思想与智慧的结晶，渗透到中国人日常生活的方方面面，也重塑了中国人的思维方式和思想信念。因此，韩愈想要将佛家思想从儒家思想中完全剥离出去，既不可能，也不现实。此外，从思想上来说，佛教同儒家一样，都力图回答人类生存、发展的共通问题，如生老病死，印度佛教对这些问题的思考与解答，对我们理解人生有所启发，也补充了儒家思想。柳宗元看到了佛、儒的相通之处。他指出："浮图诚有不可斥者，往往与《易》、《论语》合。诚乐之，其于性情奭然不与孔夫子异道……吾之所取者，与《易》、《论语》合，虽圣人复生，不可得而斥也。"①他认为韩愈对佛教的批判过于片面，把现实中的种种乱象都归因于佛教，这是简单化、情绪化的宣泄。刘禹锡也看到了儒、佛之间互补性，他指出："素王立中区之教，懋建大中；慈氏起西方之教，习登正觉。至哉，乾坤定位，而圣人之道参行乎其中。亦犹水火异气，成味也同德，轮辕异象，致远也同功。然则儒以中道御群生，罕言性命，故以世衰而浸息；佛而大悲救诸苦，广启因业，故劫浊而益尊。"②因此，柳、刘二人对待儒、佛关系，主张儒佛相通、援佛入儒。

北宋初年，儒家士大夫们以儒学复兴、接续道统为己任，但他们所采用的方法更接近柳宗元、刘禹锡等人的观念，兼收并蓄，博采众家之长，特别是吸收佛、道两家的思想。纵观宋代几大学术流派，凡能发展壮大的皆因其以开放的态度对待不同学派，如王安石所创的荆公学派在北宋盛极一时，他认为善于读书学习就是为了求理，如若言之有理，即使出自农夫、樵夫这些没有文化的人之口，我们也应虚心听取；如果言之无理，即便是周公、孔子所言，也不该遵从。王安石主张将先秦诸子百家及隋唐以来的佛家思想都"为我所用"，用以发展、壮大儒家思想。苏洵、苏轼父子开创的蜀学深受佛教思想浸染，苏轼早年受父母熏陶，对佛教教义多有了解，

---

① [唐]柳宗元：《柳宗元集》，中华书局1979年版，第673—674页。
② [唐]刘禹锡：《刘禹锡集》，中华书局1990年版，第65—57页。

中年时政治上的失意使其只能在佛理中寻求超脱，据他的弟弟苏辙记载，苏轼因“乌台诗案”被贬之后，“杜门深居，后读释氏书，深悟实相，参之孔、老，博辩无碍，浩然不见其涯也”①。由此可见佛教思想对苏门蜀学的影响。至于北宋周敦颐、张载、二程等人开创的理学宗派，虽标榜自己是纯正的儒家，直接尧、舜、禹、汤、文、武、周公、孔、孟的道统，但其受佛、道思维的影响也是至为深远的。

北宋时期学术思想的另一趋向就是传统章句注疏之学的变革。注疏之学起于汉代，由于战争、文字变迁等原因，先秦时期的经典有的残缺不全，有的晦涩难明，所以汉代出现了许多注释经典的著作，特别是“独尊儒术”之后，儒家经典被捧上神坛，注释经典就成为专门之学。到了魏晋、隋唐时期，学者不仅要注经，而且对前人作的注也要进行解释，于是出现了疏，形成了后人所称的章句注疏之学。对于注疏之学，人们往往从两个方面来看，一方面，有的学者墨守成说，对前人的经传“述而不作”，热衷于章句训诂的琐碎之学，不利于经学的发展；另一方面，注疏之学虽然是对前人所作经传的阐释，但这个阐释也是再创造的过程，带有作者自己的思想和所处时代的特点。到了唐代，孔颖达的《五经正义》颁行，经学取得了一统，士人解经皆依从于《正义》，限制了人们的思想。到了中晚唐时期，学术界开始出现了一股“舍传注而求经”的风气，代表人物有啖助、韩愈、陆淳等人。到了北宋，对传注的怀疑愈发成为一股风气，如孙复就对前人的注疏抱有很大的疑惑，他称“孔子既殁，七十子之徒继往，六经之旨郁而不章也久矣。加以秦火之后，破碎残缺，多所亡散汉魏而下，诸儒纷然四出，争为注解，俾我六经之旨益乱，而学者莫得其门而入。观夫闻见不同，是非各异，骈辞赘语，数千百家不可悉数”②。在孙复看来，后世诸儒的注解不仅难以昌明经义，而且使得六经之要旨益乱。正是通过对传注的怀疑、批判，宋初诸儒开启了儒学的变革，并最终形成儒学新的理论高峰——理学。

① [宋]苏辙：《苏辙集》，中华书局1990年版，第1105页。

② [宋]孙复：《孙明复小集·寄范天章书二》，文渊阁《四库全书》本。转引自徐洪兴：《思想的转型：理学发生过程研究》，上海人民出版社2016版，第73页。

第二节　胡瑗的教育思想

钱穆先生称："宋学最先姿态，是偏重在教育的一种师道运动……既重在教育与师道，于是连带重要的则为书院和学校。"[①]书院和学校虽在前代已经出现，但真正兴盛则肇始于宋代，这得益于科举制度的发展完善，以及士族的衰落和平民阶层的兴起，豪门士族再也没有能力垄断教育权力，平民子弟有能力也有机会获得受教育的权利。宋代学校教育之所以兴盛，除了上述原因外，还与宋初几位儒者的努力分不开，当时的几位教育大师，如胡瑗、孙复、石介等人的人格修养和教育精神也极大地推动了宋代教育的发展。其中，胡瑗对宋代教育发展的贡献极大，他一生从事教育，门人弟子达一千七百余人，其教育成就在中国教育史上也是极为罕见的，钱穆先生更是称之为"近代中国史上第一个伟大的教育家"。[②] 胡瑗除了"有教无类"、推广学校建设之外，还大力改革教育之法，对后世教育发展产生了很大影响。

一、重建师道尊严

韩愈在《师说》中曾感叹"师道之不传也久矣"[③]，欧阳修也悲慨"师道废久矣"[④]。陈寅恪在《隋唐制度渊源略论稿》中曾提及汉代以来学校制度废弛的原因，在他看来，魏晋以后，随着门阀士族的兴起，教育被豪门大族垄断，学术中心移到大家族中，家学取代学校，师教的地位逐渐下降；[⑤]师道废弛的另一个重要原因是汉代以后学风大坏，学者专注于章句注疏，拘泥于文字，对古圣先贤的微言大义、风俗教化、人伦纲常等不能发扬光大。北宋王朝的建立结束了晚唐、五代十国的战乱，要巩固政权，就要改

---

① 钱穆：《宋明理学概述》，九州出版社2011年版，第2页。

② 钱穆：《宋明理学概述》，第3页。

③ [唐]韩愈撰，马其昶校注：《韩昌黎文集校注》，第42页。

④ [宋]欧阳修：《欧阳修全集》，第389页。

⑤ 参见陈寅恪：《隋唐制度渊源略论稿·唐代政治史述论稿》，生活·读书·新知三联书店2001年版，第23页。

变前朝礼崩乐坏、纲常坠地的局面，因此，大兴教化、重振师道尊严成为必要。

胡瑗十分重视学校教育，他认为治理国家的关键在于人才，而人才的培养则要依靠教育，即“职教化者在师儒”①。胡瑗把人才作为治理天下的根本，而人才的培养则要依靠学校与师儒，为此，胡瑗在他所执教的学校开展了一系列教育改革，最重要的就是重新树立师道尊严。

首先，整顿学风、详定学规。范仲淹在苏州时创办了苏州郡学，其主事之人就是胡瑗。胡瑗对学生要求严格，制定了详细的行为规范，这些规范十分严格，学生起初不适应，不能完全地遵守，后范仲淹将自己的儿子范纯仁送到该校受教，在胡瑗的教育下，范纯仁严格遵守学校规定，其他学生也渐渐都能严守之。

其次，以身作则，率先垂范。胡瑗在教育过程中身体力行、言传身教，用自己的行为、品格来感化、教育学生，他在课堂上严格秉持师生间的礼节，即使炎炎夏日，他也穿着教师的公服来学校上课。每逢出席一些正式的场合，胡瑗都遵循儒家的礼仪，从不逾矩。正是这种严于律己的品格，使得胡瑗培养出来的学生身上都带有几分乃师的气质，时人称胡瑗弟子不论贤愚，身上都有一股醇和之气，即使不解其身份，也能从服饰容貌与言谈举止中判断出是胡瑗培养出来的弟子。

第三，关爱学生，重塑师生关系。孔子作为伟大的思想家、教育家，开创了中国教育先河，《论语》一书记录了孔子及其弟子的言行，反映了孔子循循善诱、亦师亦友的教育方式。秦汉以后，随着儒学的官化，老师与弟子的关系发生了很大的变化，汉代确立“家法”和“师法”，弟子严守老师的经说，不敢离经叛道，或随意改动、反对老师的观点。胡瑗不满于师生间这种“僵化”关系，他认为师生间的理想关系应该是“教师视诸生为子弟，诸生敬爱教师如父兄”②。在教育过程中，他不是简单要求学生机械地接受自己的观点，而是注意启发学生独立思考，同时，根据学生的爱好，胡瑗将学生分为“好尚经术者，好谈兵战者，好文艺者，好尚节义者”，“使

① 周德昌主编：《北宋教育论著选》，人民教育出版社1998年版，第65页。

② ［清］黄宗羲、［清］全祖望：《宋元学案》，第24页。

之以类群居讲习”①，相互启发、讨论。如若学生与自己观点不同，他不用教师的权威压制学生，而是通过辩论来解决问题。胡瑗教育学生注重科学的方法，他主张饱食或久坐不起皆不利于身体健康，应安排适当的休息时间，或者进行体育活动。每次考试后，为使学生放松，胡瑗“掌仪率生会于首善堂，合雅乐歌诗，至夜乃散”②。

二、黜声律浮华之词，进“有体有用”之学

唐代科举分明经科与进士科，进士科难度较高，录取人数较少，因此有“三十老明经，五十少进士”之说，唐人皆以中进士为荣。宋代，进士科成为科举考试的唯一科目，并要经过皇帝亲自主持的殿试。其考试内容主要为诗赋，应试者均潜心于文字的对偶排比，所以时常被人讥其浮华轻薄，胡瑗对科举制下形成的浮华之风十分不满，“尤患隋、唐以来，仕进尚文词而遗经业，苟趋禄利”③。客观来看，科举选拔出来的人才无论在数量或质量方面都难以满足国家治理的需要，有鉴于此，胡瑗在庆历年间执教于苏、湖等地时，通过学校贯彻自己的教育理念。他认为“学校为养才之地，所以淑其性情，俾归于道德，明礼义廉耻之习，兴孝弟慈让之行，以备国家异日之用。古者百官得其人，万事得其理，未有不由于斯也”④。他沿袭孔子的教育思想，认为“圣人之道，有体、有用、有文。君臣父子，仁义礼乐，历世不可变者，其体也。诗书史传子集，垂法后世者，其文也。举而措之天下，能润泽斯民，归于皇极者，其用也”⑤。他认为，完整的教育应该包含儒家的纲常伦理，治理国家的方式方法和经史子集等文章之学。在胡瑗看来，魏晋、隋唐以来的“文”不输风采，他强调学校教育应该重在“体”和“用”，即“明体达用”。

为推行“明体达用”之学，胡瑗展开了两方面的工作，一是大力推广

---

① [清]黄宗羲、[清]全祖望：《宋元学案》，第 28 页。

② [清]黄宗羲、[清]全祖望：《宋元学案》，第 28 页。

③ [宋]朱熹：《朱子全书(修订本)》(第 12 册)，上海古籍出版社，安徽教育出版社 2010 年版，第315 页。

④ [清]张廷玉等编：《皇清文颖》(卷首十四)，文渊阁《四库全书》本。

⑤ [清]黄宗羲、[清]全祖望：《宋元学案》，第 25 页。

学校建设。唐、宋之际是从世家大族过渡到平民社会的转型时期，此前，皇帝依靠与门阀士族的联合维护国家统治，而此时，则是要与平民化的“士大夫”共治天下。平民化的“士大夫”的出现离不开学校教育，胡瑗较早认识到这个问题，他认为，“以天下之广，生灵之众，一贤不可独治，故必群贤进于朝廷，则可大行其道，是以圣人设为学校，教育天下之才，然后登之朝廷之上，任之以天下之事，故事无不济，而至于盛大也”①。胡瑗毕生致力于推进学校、学院建设，他先后在吴中、湖州等地和太学执教，为宋初学校教育的发展做出了很大的贡献。二是着力在学校中建立新的教育机制。具体而言，就是在学院中设经义斋和治事斋，“其有学识开通，潜心义训，能辨同异，不乖正道者，入吾经义斋，相与讲求至是，而浮泛剽窃持其偏见者不与焉。农田、水利、会计、边防，事之不可不治者也，明于此者，入吾治事斋，相与究切实用，而拘牵不通与夫俗士功利之谈不与焉”。这种分科学习的方法，实际上就是根据学生的爱好及其禀赋，让其专门从事经义或者具体的事务，“大抵经义重通才，重学理，治事重专家，重实习”②。对不同类别的人才进行分类教学，既可以发挥他们的专长，让他们集中精力研究自己擅长和爱好的科目，又可将长于同一领域的人聚集起来进行充分交流。

不过，分科教学固然好，但也存在一定的问题，在胡瑗看来，“明经所以立本，治事所以达用”。一旦分科，就会出现体、用分离，他对这个问题有很清晰的认识，“本不固则用何由精？而用之所以能达端惟本立，是赖二者虽不可以分而教者”③。在当时的教育背景下，胡瑗也无法从制度上解决该问题，他只能谆谆告诫学子“当各就其性之所近，多士尚体予意穷经者必因经以明事，治事者必因事以求经，体用兼修，本末一贯，而不为空言，则岂惟不负教者谆谆之苦心，将见才成德立济济彬彬，异日立朝廷之上，引经执礼、守正不阿、赞治分猷、天工能亮者，皆吾党之士也”④。分科之学虽不能解决体用合一的问题，但胡瑗提出的“明体达用”之学却有助

① [宋]胡瑗：《周易口义》，吉林出版集团有限责任公司2005年版，第234页。

② 钱穆：《宋明理学概述》，第3页。

③ [清]张廷玉等编：《皇清文颖》卷首十四，文渊阁《四库全书》本。

④ [清]张廷玉等编：《皇清文颖》(卷首十四)，文渊阁《四库全书》本。

于改变当时的学风，且凸出“用”，加深了人们对实学的认识，也有助于提高儒生的“治事”能力。

综上所述，胡瑗通过改造学校教育方式来实践“明体达用”之学，和两汉以来的经学注疏方式形成鲜明对比。胡瑗要求学生把圣贤经书中的教诲和修身、事功联系起来，做到学以致用，突出了人的主体性作用，学生不仅要研读经典，还要将所学的知识有效转化、运用到现实的社会中去。胡瑗不仅在宋代师道的复兴上做出了重要贡献，而且推动了教育建设和改革的步伐。范仲淹、欧阳修等十分推崇胡瑗的教育理念，他们向仁宗皇帝建议“前密州观察推官胡瑗，志穷愤典，力行礼义，见在湖州郡学教授，聚徒百余人。不惟讲论经旨，著撰词业，而常教以孝弟，习以礼法，人人向善，闾里叹伏。此实助陛下之声教，为一代美事，伏望圣慈，特加恩奖，升之太学，可为师法”①。由此，胡瑗的一些教育举措被应用到太学，并为各个地方学院所效仿，对宋代教育发展产生了广泛而深远的影响。

第三节　胡瑗的经学与“治道”思想

宋代经学不再仅仅专注于汉代以来的章句注疏文字，而是将治学重点放在对经典本身的理解，重回经典自身，注重对经书所蕴含的义理进行阐发。自汉武帝“独尊儒术”以来，儒家的许多著作就被奉为经典，“经”逐渐取得了“恒久之至道，不刊之鸿教”(《文心雕龙·宗经》)的神圣地位，后世学者认为经典中蕴含着天地至理与理想治道，这些道理具有超越时空的普遍有效性，可以为后世学习效仿。汉以后的学者以“经”为纲做了大量注疏来解释经典，同时也通过注疏表达自己对政治及社会的看法。隋唐大一统的帝国重新建立后，因各家对经典的解释歧义纷出，孔颖达受命作《五经正义》，统一五经的注释标准，该书成为唐代士子习经及科举考试的统一标准。北宋学者们一方面肯定儒家经典的神圣地位，另一方面也对前人的注疏提出异议，他们认为前人的注疏反映了经典在注解者时代

① 周德昌主编：《北宋教育论著选》，人民教育出版社 1998 年版，第 56—57 页。

的特点，掺入了注解者的个人见解，若要真正理解儒家经典中蕴含的道理，就必须脱离前人的注疏，回到对经典本身的研读。正是在这样的思想背景下，胡瑗开展了其经学研究，他的经学思想和经学上的成就，成为宋学的开端之一。

一、胡瑗的易学思想

胡瑗是北宋初年著名的经学大师，主要研究《易》《尚书》和《春秋》，其中尤以《易》学研究最为著名。他在太学主讲《易》学时，听讲的学生多达一千多人。但胡瑗留传下来的著作不多，其中《周易口义》与《洪范口义》是其学生根据上课内容记录而成，《周易口义》一书最能反映胡瑗治经的方法与思想。胡瑗认为，在儒家经典当中《易》的地位最为特殊，“夫大易之道，尽七九八六之数，写天地水火雷风山泽之象，总阴阳生杀之理，包人事万物之宜，变而必通，终而复始，随时之变，因事制宜，准拟天地之间，则其功不异，是生生相续而不绝也”①。即《易》中不仅蕴含宇宙、自然至理，而且包罗人间万象，周而复始，生生不息。胡瑗通过对《易》经的理解和诠释，开拓了宋代儒学发展的新格局。

在历代《易》学的诠释过程中，出现过象数和义理两个流派。象数派产生于汉代，代表人物是孟喜、京房、郑玄等人，该派认为象与数是《易》的基础，世间万事万物的变化皆可以通过象数表现出来；义理学派则是以抽象、概括的语言对《易》进行诠释的易学研究流派，该派的代表性人物是三国时魏国的王弼。在领会前代《易》学诠释的基础上，胡瑗指出《易》只有“以义理为宗而不参以象数之说”②，如此才能够义理畅通、晓畅明白。《周易口义》以儒家“义理”解释《易》，改变了传统以“象数”解《易》的路径，后人总结易学发展过程时称“王弼尽黜象数，说以老庄。一变而胡瑗、程子，始阐明儒理”③。王弼以前，偏重于从象数角度解释易经，王弼重视从义理角度阐释易经，但因王弼熟谙老庄，因此，他所解《易》带有浓厚的道

① [宋]胡瑗：《周易口义》，第309—310页。

② [宋]胡瑗：《周易口义》，第1页。

③ [清]永瑢等：《四库全书总目提要》，中华书局1965年版，第1页。

家色彩，即“祖尚元虚”。胡瑗继承王弼重义理的特征，但是又剔除了王弼易学中的老庄玄学特点，从儒学角度阐发义理，“归诸人事，故似浅近而醇实”[①]。胡瑗对易学的创造性发展是《易》学发展的一大转折。也可以说，从胡瑗开始，整个经学研究的重心开始发生了新的转向，从重视注疏转为重视义理，从经学转向理学。这也是为什么胡瑗等人被称为“理学先驱”的重要原因。当然，我们也应看到，因易学是由符号与文字系统共同构成的有机整体，对“易”的阐释也天然的具有两个面向，即从象数出发与从义理出发，从这个角度讲，象数与义理不可截然分离。

胡瑗解释易学，目的是通过挖掘儒家经典中的思想资源来应对佛、道二教的冲击，从而重建儒家精神与思想信仰体系。从思想史发展角度看，两汉以后，经学衰落，魏晋时期的玄学与隋唐时期的佛学相继代兴，均成为当时社会上最有朝气与生命力的学问。胡瑗认为，要消解释、道二教的影响，就必须摆脱章句训诂的束缚，重新树立儒家核心价值对个人、家庭及社会的主导作用，他认为，儒家思想中最有价值的是伦理纲常，简言之，即儒家的“五常”：仁、义、礼、智、信。为论证“五常”存在的合理性，胡瑗将乾卦中的“元亨利贞”、宇宙自然中的“四时”、“五行”与“五常”联系起来，即：

> 元者，始也。言天以一元之气始生万物，故于四时为春，于五常为仁。亨者，通也……故于四时为夏，于五常为礼。利者，和也……故于四时为秋，于五常为义。贞者，正也，固也……故于四时为冬，于五常为智。然则此五常不言信者，何也？盖信属于土，土者分王四季。凡人之有仁义礼智，必有信然后能行，故于四者无所配也。[②]

不过，将“五常”与“五行”相联系的传统并不始于胡瑗，最早可追溯到西汉董仲舒的“天人合一”，郑玄对其进一步发挥，胡瑗在前人学说的基础上，排除汉人学说中荒诞不经的迷信成分，将天道与人道沟通起来，让崇高的宇宙价值得以落实到人文价值上，为“五常”的价值信仰找到终极的支撑，

---

① [清]永瑢等：《四库全书总目提要》，中华书局1965年版，第16页。

② [宋]胡瑗：《周易口义》，第4—5页。

为仁义道德的价值理想确立了理论基础。① 同时,胡瑗将宇宙自然的规则秩序与人间的伦常秩序联系起来,另一个重要作用在于让人们认识到可以通过对自然秩序和圣人经典的研究来寻求建构合理人间秩序的方法,这对宋代理学家的理论建构起到了重要的启发作用。

胡瑗在《周易口义》对儒家心性论也有所发挥。自先秦国以来,心性论的问题受到许多学派关注,儒家尤甚,孟子提出"性善论",荀子提出"性恶论",告子则认为性"无善无恶"。秦汉后,儒家虽然取得独尊地位,但对心性的探讨并没有获得最终答案,董仲舒提出"性三品"说,丰富了儒家心性论的内涵。到唐代,韩愈、李翱等人为复兴儒学,对心性论进行了深入探讨,韩愈发展了董仲舒的学说,提出新"性三品"说,其弟子李翱在此基础上创作了《复性书》,该书吸收了佛教思想,对人性、性情关系进行了深入讨论,极大丰富了儒家的心性论思想。胡瑗在继承前人的基础上对心性之学进行了发挥。胡瑗借《周易》中"元"概念,认为它是世间万物产生的根源,由元气化生而出的天地万物,其本性具有"善"的特点,人是天地间万事万物中最具灵性的物种,人之性自然带有"善"的色彩,从这一角度看,胡瑗赞同孟子"性善"的主张。既然人性秉持天地自然之善性,为何会有君子与小人、善与恶之区别呢?胡瑗认为,这是由于不同人所受天地之善性之多寡所决定的,圣人禀受天性全,仁、义、礼、智、信等五常皆备,属于人性至善之人;贤人禀受的天性有所偏重,或厚于礼而薄于信,或厚于仁而薄于智。圣、贤之外,则是人数众多的普通百姓,他们禀受的善性最少,对圣人之道的理解也最为浅薄。由此观之,胡瑗深受韩愈"性三品说"之影响,但他与韩愈的学说之间存在巨大差异,韩愈在《原性》一文中提出性有三品,"上焉者,善焉而已矣;中焉者,可导而上下也;下焉者,恶焉而已矣"②。韩愈强调上品与下品之间不能转化,下品之性不可能通过后天的学习、教化而得到升华,只能通过严厉的刑罚来限制"下品"之人为恶。而在胡瑗看来,与圣、贤相比,普通人只是禀受的善性较少,差距体现在量的多少,而无关乎质之优劣,因此,普通人可以通过后天的教化与本人的

① 参见王洪霞:《胡瑗易学思想研究》,山东大学博士学位论文,2011 年。

② [唐]韩愈撰,马其昶校注:《韩昌黎文集校注》,第 20 页。

努力学习、修养得到提升。

由上我们可以看到，胡瑗的经学研究有两个方面的趋向：一是摆脱了两汉以来经学训诂的限制，不再强调所谓的“家法”和“师法”，摆脱前人注疏的限制，发挥儒者的能动性对儒家经典进行合理阐释，以应对现实中所遇到的问题。当然，在解释经学的过程中，胡瑗等人也不完全脱离文字训诂，还是非常重视经文的考证工作。二是作为对佛教“明心见性”等顿悟主张的回击，胡瑗号召学者要回到儒家经典中来，通过对经典的认真研习来提升人生境界、寻求治国平天下的法门，并回应儒家的经典问题。

二、胡瑗的“治道”思想

宋代政治较为开明，文化环境相对宽松，帝王对士大夫较为尊重，因此，士大夫群体活跃起来，对政治问题的关怀、参与度较高。欧阳修在谈及当时的读书人时称“开口揽时事，论议争煌煌”①；另外，范仲淹认为士人应该“先天下之忧而忧，后天下之乐而乐”；张载的“横渠四句”也教导“为天地立心，为生民立命，为往圣继绝学，为万世开太平”。范仲淹、张载的话语，已经为人们耳熟能详了，成为中国传统文化的重要内容。由此可见，宋代读书人不再局限于做书斋中的学问，他们心忧国家、关怀政治，敢于对国家的大政方针提出自己的见解。同他们一样，胡瑗也颇具“天下苍生唯系念，万家忧乐挂心头”的胸怀与抱负，他对皇帝与士大夫在国家中的地位与作用、国家治理的思想与方针等有自己的见解与看法。

（一）君、臣关系

在君、臣关系问题上，胡瑗首先认为皇帝要有高尚的品德。他认为皇帝应具备圣人的品格，即禀受至正、至公、至明的天地之性，践行仁、义、礼、智、信的完美品格，具体来说：

> 夫圣人中天下而立，正南面而居，拂其已之私邪，去其已之阿党，所行之事，中立而不倚，正行而不邪，以天下为一家，以万民为一

---

① [宋]欧阳修著，李之亮笺注：《欧阳修集编年笺注》，巴蜀书社2007年版，第89页。

情，凡所动作，莫不会合大中之道而行之，此言"旁行而不流"者，盖言圣人非善于一身，以至正之德，上符于天，下合于地，中合于人，无私无枉，无所不契，虽旁行于天下之间，亦无私邪淫过流荡之事，所以然者，盖至公至正而致然也。①

胡瑗要求皇帝具有"中"的品质，不偏不倚，处于一种超然地位，把天下当一家，把万民当做自己的家人来爱护。对"中"的界定，胡瑗解释道："圣人缘人之情，酌中以为通制……又言九五居中履正，所谓节制，得其中，又得其正。得其中则无过与不及之事，得其正则不入于私邪，是中正所为之道，可以通行万世，使天下得尽所以为节制之义也。"②他举例说，国家征收赋税并不是为了敛财或满足帝王一己之私，而是为了宗庙祭祀、供养群臣和军队，这些都是国家不能废弃的大事，从这个角度讲，对老百姓征税是不得已而为之。既然征税不可免，那么该如何征？这就要求统治者坚守"中道"，要酌定百姓家产之厚薄，征收之数既能满足国家的开销，又不致导致百姓贫困。

历代儒家士大夫都对皇帝寄予厚望，因在帝制时代，皇帝拥有至高无上的权力，圣君可兴邦，昏君可亡国。但是，皇帝作为普通个体，他也具有普通人的七情六欲，即使一个品格高尚的君主，在绝对权力的腐蚀下，他也可能逐渐迷失自我走向堕落。胡瑗虽然对皇帝有所期许，但他更加希望士大夫群体能够在宋代政治架构中发挥更大的作用，他强调儒家士人必须有担当精神，"君子所忧者，非忧其一身贫贱，忧其君不尧舜，忧其民不仁寿，故其中心恻然，盖以其道德仁义不见用于上，其泽不能及于天下也"③。胡瑗认为凡人百姓视野狭隘，关注的往往是自己一家一姓之兴衰，而儒家的君子，必须有兼济天下之志，要将儒家的仁义之道、忠恕之德推之天下。北宋初年，范仲淹、欧阳修、胡瑗等要求提振士风，改变唐代以来士风不振的现状，众所周知，先秦诸子百家不仅著书立说，且周游列国推销自己的思想，如孔、孟等人，颇具胸怀天下的气概，但到了魏晋时期，

① [宋]胡瑗：《周易口义》，第 304—305 页。
② 漆侠：《漆侠全集》(第 11 卷)，河北大学出版社 2009 年版，第 416 页。
③ [宋]胡瑗：《周易口义》，第 219 页。

门阀大族崛起，加之玄学与佛学的兴盛，士大夫个体意识觉醒，更关注自身或家族，逐渐丧失“以天下为己任”的胸怀与气质。胡瑗强调儒家的君子担负天下的品质，对宋代士风的提振有积极意义。

胡瑗意识到，在宋代政治体制中，皇帝与士大夫所构成的文官阶层对国家的治理起决定性作用，二者的互动决定国家治理的好坏，因此，胡瑗强调构建一种和谐的“共治”关系，而这种关系的建构最重要的是确定君臣尊卑上下之礼。中晚唐到五代时期，地方节度使拥兵自重，进行事实上的军事割据，最终导致唐朝灭亡，也造成五代十国时天下大乱的分裂局面。宋朝建立后，为防止拥兵自重的军阀叛乱的发生，除在制度上限制官员和地方的权力外，还亟需在思想观念、道德伦理方面确立正常的君、臣地位。胡瑗以天地比附君臣，认为天地之间的常道是天居于上，地居于下，天代表阳刚，地代表阴柔，天为动，地为静；君臣之道须合于天地之道，因此“夫君以刚德居于上，为动，臣以柔道居于下，为静。君出其令，而臣行之，臣纳其善，而君听之，君臣动静，既有常理，则刚柔之分可以断矣”①。可见，胡瑗也继承了先秦儒家以自然秩序类比人间秩序的思路，并以此来维系政治生活中的伦理。

在给君臣关系“正名”后，需要通过具体的原则来建构和谐的君臣关系。具体而言，君要敬臣，如何敬？胡瑗认为，君首先应给予臣优厚的俸禄，让其可以无后顾之忧而为君王服务。其次，君于臣应待之以礼，这样才能使臣子感受到尊重，不致产生怨愤之情。另外，君主对至贤之人应有敬畏之心，有了敬畏之心才不至为所欲为。对于君主的厚待，臣应忠于君，即臣子应该安守本分，不僭越君臣之礼，保证政治秩序的稳定。同时，臣子应帮助君主治理国家，规劝、引导君主行王道，最终实现“致君尧舜上，再使风俗淳”（杜甫：《奉赠韦左丞丈二十二韵》）的理想社会。胡瑗围绕君臣关系所阐发的治理观念，不仅丰富了中国传统的政治治理思想，而且确实对宋初的政治运作产生了现实影响，呼应了宋朝官方所提倡的“立纪纲”、“召和气”的治理理念。

---

① [宋]胡瑗：《周易口义》，第291页。

（二）胡瑗的治国方略

赵宋王朝建立后，对于如何治国及保证国家长治久安的问题，统治阶层展开了探索。胡瑗在这方面也提出很多见解，他继承了传统儒家“民为邦本，本固邦宁”的主张，认为万民百姓是君主仰赖的根本，君主的责任是惠民、养民，即“故凡居上者，当此之时，必先厚于其下。所谓厚下者，盖以仁义之道，务农重本，轻徭薄赋，天下之人，衣食充足，财用丰实，而又安其所居，使各得其所”①。胡瑗的“富民”、“养民”主张继承了先儒传统，但值得注意的是其对待商业的态度，他认为统治者不应该限制商业的发展，工商业对增加国家财用、便利百姓生活有重要意义，因此，政府应该“劝之、教之通商惠工”②。纵观宋代历史，宋人在商业上的成就不仅远远超越了前代，而且远胜于同时代的其他国家，宋代民间生活因商业的繁荣也达到前所未有的丰富程度。

在儒家士大夫心目中，实现人民在物质上的富足还远远不能满足他们对理想社会的期许。因此，继“富民”之后，胡瑗进一步提出了“教民”的主张。他从易经出发，认为天高地卑，人事万物之理皆应符合此一特性，尊卑贵贱的名分界定清楚后，君臣、父子、夫妇、长幼等伦常关系才能有序。要维持纲常秩序，就必须用“礼”节制臣民，“礼”在儒家传统中占有重要地位，周公曾经“制礼作乐”，孔子终身都是礼制的践行者和维护者，还留下众多论礼的言论，如“不学礼、无以立”（《论语·季氏》），“恭而无礼则劳，慎而无礼则葸，勇而无礼则乱，直而无礼则绞”（《论语·泰伯》），“非礼勿视，非礼勿听，非礼勿言，非礼勿动”（《论语·颜渊》）等，《礼记》中对礼的作用更是进行了详细的阐述，如：

> 故朝觐之礼，所以明君臣之义也；聘问之礼，所以使诸侯相尊敬也；丧祭之礼，所以明臣子之恩也；乡饮酒之礼，所以明长幼之序也；昏姻之礼，所以明男女之别也。夫礼，禁乱之所由生，犹坊止水之所自来也。故以旧坊为无所用而坏之者，必有水败；以旧礼为无所用

① ［宋］胡瑗：《周易口义》，第 121 页。
② ［宋］胡瑗：《周易口义》，第 194 页。

而去之者，必有乱患。①

经历了魏晋南北朝的混乱之后，随着儒学地位的下降，礼乐制度对社会纲常的节制作用下降，到唐代，从宫廷到民间时常出现很多败坏纲常伦理的事件。为重建儒家的纲常伦理，稳定社会秩序，胡瑗重新强调礼乐制度的作用，他认为礼乐制度的作用有二：其一，“夫人之情，目之于色，耳之于声，口之于味，鼻之于臭，四体之于安逸，必得礼以节制之，然后所为适中，动作合度，而放僻之心，无自入矣。苟不以礼节制之，则必骄情肆欲，无所不至”②。即人容易沉溺于口腹、耳目之欲，礼制可以将人的欲望限制在合理的范围内，不至于放纵恣肆、无所不为。其二，“上乾为天、为刚，是为君、为父、为夫之道也。下兑为泽、为顺，是为臣、为子、为妇之道也。乾刚在上，是能以尊严临于下也。兑说在下，是能以说顺奉于上也。上下相承，故得君臣、父子、夫妇皆有其节制，则上下之分定，而尊卑之理别，天下之礼行矣”③。即礼是天道秩序在人间的体现，也是维护世俗纲常伦理的重要工具。

胡瑗以礼治国的思想体现了孟子的王道思想，但是，从残酷的政治现实出发，胡瑗深知单纯的王道思想难以维持宋王朝的统治，北宋外有辽、西夏等强国，内有人民此起彼伏的起义抗争，因此，他主张在推行礼乐教化的同时，对不奉教化的顽固分子要以刑规之，“圣人虽有爱民之心，亦不得已乃为刑以治之，于是大则有征伐之具，小则有鞭朴之法，使民皆畏罪而迁善，故以利为刑也”④。即要王霸兼施、刚柔并用，但兵、刑的运用必须有所节制，需在礼乐教化不起作用的情况下才能施行。

胡瑗通过对《易经》的研究、诠释，重新强调、建构了儒家的纲常伦理，对儒学在宋代的复兴产生了重要作用，他作为北宋初期儒学复兴的先行者之一，大力响应士大夫“以天下为己任”的担当精神，对宋代士风的转变起到了一定的作用。胡瑗的一系列治国主张，既是传统儒家王道政治理想的反映，又体现出了强烈的现实意识，兼具理想和现实的意义。

① 李学勤主编：《十三经注疏·礼记正义》(卷14)，北京大学出版社1999年版，第1371—1372页。

② 杨镜如编著：《苏州府学志》(上册)，苏州大学出版社2012年版，第310页。

③ [宋]胡瑗：《周易口义》，第68—69页。

④ [宋]胡瑗：《周易口义》，第5页。

第四节　胡瑗思想的影响

宋代是中国历代王朝中文化发展程度最高的朝代，这不仅得益于宋朝宽松的文化环境和发达的商品经济，也是宋代学校教育发展的结果，而宋代学校发展的重要奠基者之一就是胡瑗，他是中国教育史及经学发展史上不可忽视的重要人物。胡瑗一生致力于教育的开展，并取得了很大成就，他的教育方法与人才培养机制在当时得到了士人们的认可，被推广到太学和地方书院、学校，如前所述，他培养的学生有一千七百人之多，这在中国教育史上实为罕见。除教育上的贡献外，胡瑗在经学研究上也有很大成就，他是汉唐经学向宋明理学转型的一位重要学者，在黄宗羲看来，胡瑗等人复兴儒学推动了宋代理学的产生、发展，即"宋兴八十年，安定胡先生、泰山孙先生、祖徕石先生始以师道明正学，继而濂洛兴矣。故本朝理学虽至伊洛而精，实自三先生而始，故晦庵有'伊川不敢忘三先生'之语"[①]。也有学者认为胡瑗接续的是"周孔之教"，而其后的理学家则继承的是"孔孟之道"，两者之别在于"周孔之教"强调继承周公和孔子政治性的一面，注重从政治角度思考问题，讲究的是修齐治平之道，强调读书人应该关切家国之事，将个人生活的意义与事功紧密联系在一起；而理学家的"孔孟之道"则更强调个体的道德修养和人格养成，将个体的内在修养放在一个更为重要的地位。[②] 但无论胡瑗接续的是周孔之教还是孔孟之道，他对北宋初年儒学复兴做出的贡献不可忽视。

除了在教育和儒学复兴方面的贡献外，胡瑗在文学方面也有不可忽视的贡献。我们知道，文学在唐宋之际出现了一个转向和高峰，所谓"转向"即出现了强调"文以载道"的古文运动，所谓"高峰"是出现了以韩愈、柳宗元等为首的唐宋八大家。胡瑗虽然未能进入"八大家"的行列，但是他的文学理论对于推动古文运动的发展起到至关重要的作用。他继承

① ［清］黄宗羲、［清］全祖望：《宋元学案》，第 73 页。

② 王新春：《胡瑗经学视域下的〈周易〉观》，《周易研究》2009 年第 6 期。

韩愈"文以载道"的主张，认为"道"必须包括"体"、"用"和"文"三个部分，所谓"体"就是三纲五常等儒家伦理，所谓"用"就是能够经世济民的道理、方法，所谓"文"就是蕴含在经典之中的写作技巧与方法。胡瑗的文学观是与其儒学观紧密联系的，都是为了弘扬和光大有体有用之学，对于宋以后的文风产生重要影响。

正是由于胡瑗在教育、儒学和文学等诸多方面的贡献，胡瑗同时代的著名学者就已经给予胡瑗很高的评价。范仲淹对他推崇有加，称他是"孔孟衣钵，苏湖领袖。道学正传，体用善诱。雅饬化风，泽流于后"[①]。所谓"孔孟衣钵"、"道学正传"表彰的是他对儒家"道统"的接续，而"苏湖领袖"、"体用善诱"则称赞他教学有方、引领教育风气之先。王安石称赞胡瑗"天下豪杰魁"。[②] 司马光称胡瑗："经义名家，旁通乐律。苏湖之教，造士有术。束以条格，率以躬行。百世一时，尚怀典型。"[③]除上述赞誉外，胡瑗还享有"东南模范""三吴木铎之鼻祖、百代帝师之功臣"等称号，可见其在士人中的影响力，这种影响力并未因时间的流逝而减少，如近代学者钱穆仍然认为宋学之兴，必然要追溯到胡瑗、孙复等宋初三先生。

胡瑗不仅在士林中享有崇高威望，也受到历代王朝统治者的表彰。北宋神宗作《御题胡安定先生》称赞："先生之道，得孔孟之宗。先生之教，行苏湖之中。师运而尊，如泰山特屹于诸峰。法严而信，如四时迭运于无穷，辟居太学，动四方欣慕不远千里而翕从。召入天章，辅先帝日侍启沃万言而纳忠。经义治事，从适士用。议礼定乐，以迪联躬。敦尚本实，还隆古之淳风。倡明正道，开来学之颛蒙。载瞻载仰，谁不思公？诚斯文之模范，为后世之钦崇！"[④]南宋理宗时，理学大兴，朝廷"诏议胡瑗、孙明复、邵雍、欧阳修、周敦颐、司马光、苏轼、张载、程颢、程颐等十人从祀孔子庙庭，升孔伋十哲"[⑤]。明世宗嘉靖年间再次诏令将胡瑗从祀孔庙，尊称为"先儒胡子"，由此足见胡瑗在儒家师道传统中的重要地位。

---

① 徐建平主编：《胡瑗》，中国文史出版社 2000 年版，第 124 页。

② 徐建平主编：《胡瑗》，第 120 页。

③ 徐建平主编：《胡瑗》，第 126 页。

④ [清]黄宗羲、[清]全祖望：《宋元学案》，第 29 页。

⑤ [元]脱脱等撰：《宋史》卷四十二《理宗二》，第 807 页。

后人为传承胡瑗的精神，也为了旌表胡瑗对宋代学术的贡献，在江苏泰州胡瑗讲学旧址建立了“安定书院”，并在书院旁建造胡公祠以纪念胡瑗。泰州安定书院历史悠久，泰州学派著名学者王艮曾经两次执教于此，清末科举废除后，安定书院正式停办。除泰州安定书院外，在扬州地区，当地士绅为了纪念胡瑗而筹建了一所“安定书院”，并将胡瑗木主置于堂内。康熙下江南时，曾专门驾临安定书院，并亲笔书写“经术造士”匾额，对胡瑗与书院予以高度赞扬。扬州安定书院因位于清代汉学重镇扬州而聚集了大批文人学士，其中较为著名的主事学者有王步青、杭世骏、赵翼、吴鼒等，皖派大师戴震也曾在此执教，学院培养出诸多著名学者，如洪亮吉、孙星衍、段玉裁、汪中、焦循、王念孙、王引之、任大椿等。可见，扬州安定书院不仅是清代学者汇聚交流的学术重镇，而且为扬州学派的兴起与壮大培养了中坚力量。时至今日，作为一代大儒的胡瑗，其身上所展现的师道传统以及“以天下为己任”的担当精神穿越古今、经百世而不衰，在江苏地区的教育和思想史上留下浓墨重彩的一笔。

第六章　王艮与泰州学派的心学思想

在江苏思想史上，广义的理学成就没有濂、洛、关、闽等地区那样出彩，但在宋明理学后期的阳明心学中，江苏思想史上还是出了一位赫赫有名的思想家，那就是泰州人王艮。在阳明心学的后学人物中，王艮及其所创立的泰州学派尤为突出，在中国思想史有着独特地位。王艮(1483—1541 年)，泰州安丰场人(今江苏东台人)，字汝止，号心斋，中晚明阳明学派的中坚人物之一，与王畿一样，他是阳明学风行天下的主要推动者之一。王艮也是明代著名的平民儒者，其所创始的泰州学派是平民儒者的一个思想群体。王艮当过灶丁(烧盐)，经过商，还行过医，其一生没有出仕，从未担任过国家行政职务。黄宗羲在《明儒学案》里称其为“处士”，与传统社会许多儒家学者都曾有入仕经历不同，王艮终其一生只是一介平民，虽晚年有人举荐为官，但他不为所动。王艮继承并发展了王阳明的心学思想，并以其为中心形成了泰州学派，在中晚明思想界颇具影响，是前近代江苏思想版图上的重要人物。

第一节　王艮的生平与思想背景

王艮一生没有做过官，是一位平民思想家。他的学问靠自学而来，后受到王阳明的教诲，终在思想上继承阳明学并自成一家。作为阳明学的重要支脉，王艮思想的背景与明代王学的兴起与传播息息相关。

一、王艮的生平经历

王艮出生于一个贫苦的家庭，他七岁才得以进入私塾接受启蒙教育，不过未持续多久就又因贫困而辍学，只能参加劳动以糊口。明代中后期产生了资本主义商业萌芽，其中犹以山东、江苏等地最为发达，古人虽然以经商为“贱业”，但不可否认，经商是最快捷的致富之路。所谓“穷则变”，王艮虽然没有接受完整的教育，但颇有眼光与进取精神，他往来于山东、江苏两地从事商业活动。王艮吃苦耐劳，通过辛苦经商，其家境逐渐殷实，同时，经商的经历也开阔了他的视野，给他的思想注入不同于传统士大夫的新元素。

传统社会商人地位低下，因此，富裕之后的王艮不甘心自己“四民之末”的地位，他希望在学术上有所成就。传闻在山东经商之时，他曾专门去孔庙拜谒孔子，感叹“夫子亦人也，我亦人也！”颇有向孔子看齐的志向。经过一番思想酝酿，他决定以儒家之道自任，开始自学儒家经典，他记诵儒家四书五经并且随身携带，在经商过程中，凡遇见有学问之人，他都上前请教，以此坚持十年之久。在自学的十年中，王艮养成了自己治学的一些特点：其一，独立思考；其二，勤学好问，因其“师无常师”，每遇疑难问题，他就四处求教；其三，王艮解经主观色彩浓厚，颇有陆九渊“六经注我”之特色。

三十八岁那年，王艮结识了江西人黄文刚，在二人讨论过程中黄文刚发现王艮解经颇有王阳明的特点，王艮听说后兴高采烈地去拜见王阳明。《明儒学案》记载王艮问学王阳明的经历：“始入，先生（指王艮）据上座。辩难久之，稍心折，移其座于侧。论毕，乃叹曰：‘简易直截，艮不及也。’下拜自称弟子。退而绎所闻，间有不合，悔曰：‘吾轻易矣。’明日入见，且告之悔，阳明曰：‘善哉，子之不轻信从也。’先生复上座，辩难久之，始大服，遂为弟子如初。阳明谓门人曰：‘向者吾擒宸濠，一无所动，今却为斯人动矣。’”[①]王艮、王阳明第一次见面论学的过程颇具戏剧性，这也体现了王艮独特的个性。

王艮虽然十分佩服王阳明的哲学思想，但也保持了独立思考的特性，对问题有自己独到的见解，也因此常与王阳明及其门人弟子发生冲突。四十岁时，王艮开始到处讲学，有时虽然打着阳明先生的旗号，其实宣讲兜售自己的理论。史书记载他驾一辆小车，令二仆相随照顾起居，沿途随时宣讲，无论隐士高人抑或市井小民都是他讲学的对象。他讲解的内容不同于程朱，也异于阳明，所以被视为“异端”，在学界和社会引起轰动，“自创蒲轮，招摇道路……冠服言动，不与人同，都人以怪魁目之”[②]。王艮虽然因“狂者”行径受到王阳明斥责，但二人师生关系不曾断裂。在王阳明门下为学期间，王艮提出了“百姓日用即道”与“安身立本”等学说。

嘉靖八年，王阳明去世，是年，四十七岁的王艮开始自己讲学授徒，并由此开创泰州学派。王艮创立的泰州学派是儒学发展史上一个特殊的流派，其主要成员因师承关系而构成一个派别，其成员基本上都没有出仕为官的经历，甚至有些成员连读书人都不是。嵇文甫曾说：“综观泰州派下的人物，都极活跃。前不见古人，后不见来者，直下承担，无一毫躲闪顾虑。说他们怪诞，诚然是怪诞，说他们英伟，也诚然是英伟。”[③]虽然泰州学派的成员较少出仕为官，但他们对儒家精神、儒家传统的继承与发扬一点也不逊于那些有着显赫地位的儒家知识分子。儒家的社会担当意识，很大程度上体现在无论当位与否，是否拥有政治上的名分，都始终不放弃对家国天下的深切关怀，这一点是居于庙堂之高的仕宦儒者和处于江湖之远的平民儒者的共同特征。王艮及其所开创的泰州学派作为平民儒者的一个思想共同体，深刻地体现了平民儒者心系家国天下的政治关怀，他们的政治思想是明代阳明学政治向度在社会政治思想领域重要的体现，在儒学的发展历史上具有独特的地位。

嘉靖十九年，王艮病逝，享年五十八岁。王艮作为一位思想家、教

① [清]黄宗羲：《泰州学案一》，沈芝盈点校：《明儒学案》，中华书局1985年版，第709—710页。
② [清]黄宗羲：《泰州学案一》，沈芝盈点校：《明儒学案》，第710页
③ 嵇文甫：《左派王学》，《嵇文甫文集》（上），第441页。

育家，其思想在明代思想史上具有重要地位，他开办平民教育，重视启发下层民众，对普及教育有积极意义；他的思想经过泰州学派众徒的发展传播，形成晚明时期重要的一场启蒙思潮；同时，他留下了大量语录和著作，如《鳅鳝歌》《复初说》《明哲保身论》《乐学歌》《天理良知说》《孝悌箴》以及《安定书院讲学别言》《格物要旨》《勉仁方》《与南都诸友》《大成学歌》《均分草荡议》《王道论》《答徐子直书》等，既是研究阳明后学的思想资料，也是研究中晚明社会思想的重要文献。

二、王艮的思想背景

王艮的思想来源于王阳明心学，阳明学派的兴起与传播是王艮著书立说的思想背景。在明代中后期，阳明学派的兴起，是一场思想运动、一种社会思潮的兴起，很多人参与了这场思想运动，王艮就是其中之一。阳明学派的兴起，源于王阳明及其后学门徒能够一改明代朱子学的学风，高举人的自我道德理性的旗帜，从理论上重新论证人的内在资源、内在灵明对于生活世界和政治社会的重要意义和根本价值，树立人的道德主体性，这是明代中后期儒学变革的一个潮流。

明代前期的思想界，“此亦一述朱，彼亦一述朱”，朱子学是士子参加科举考试和学术讨论的主要依据。作为朱子学的最主要挑战者，王阳明其实并不否定朱子学中天理的意义和价值，他所主要反对的是从哪里体认天理、认知天理以及如何践行天理。针对朱子学于事事物物上体认“天理”的观点，王阳明则明确提出天理不在外面，而在人心，所谓“心即理”。“心即理”作为明代阳明学挑战程朱理学的哲学宣言和基本口号，用冲决网罗的姿态，强调了人自身能够运用自己的能力来思考世界以及自己在世界中的位置、自身的能量，也抒发了人类心智、灵魂在生活世界的多种可能性。对于朱子学的挑战，是王艮追随其老师王阳明所面临的一个思想处境。

除了对于朱子学的挑战，明代中后期有相当一部分学者对当时的学术风气、士风表示了严重的不满。学风与士风的损害主要和事关晋升之阶的科举考试密切相关，王阳明对科举考试走向虚伪与形式主义，提出了强烈的质疑。科举考试所带来的弊害，程朱理学所导致的道德认知与道德行为的分裂化倾向，在王阳明看来，是明代社会生活走向衰落的根本原因。“理学不明，人心陷溺，是以士习日偷，风教不振。”①“今夫天下之不治，由于士风之衰薄，而士风之衰薄，由于学术之不明。”②对于科举及其带来的弊病的不满，构成了阳明学士人群体的思想背景。

讲学风气的盛行也是王艮时代的一个重要特点。阳明学派多以直接有效的书院会讲方式在中晚明的民间社会传播思想。王阳明认为，书院能弥补当时学校的不足，“书院之设……所以匡翼夫学校之不逮也”③。据时人沈德符记述：“书院之设，昉于宋之金山、徂莱及白鹿洞，本朝旧无额设明例。自武宗朝王新建以良知之学行于江浙两广间，而罗念庵、唐荆川诸公继之，于是东南景附，书院顿盛。虽世宗力禁，而终不能止。”④阳明学派兴起的过程中，书院的发展与阳明学的流传互相促进，一方面书院由于阳明学而不断兴盛，另一方面书院的兴盛又推动阳明学的传播。甚至，阳明学派的会讲，已形成政治权力“禁而不能止”的声势，可见阳明学派及书院在民间社会传播的有效性。而且，在阳明后学看来，讲学关乎世道人心、天下治平之事。邹守益说：“经世悯俗，创书院以新耳目、祓心志，将期上农以徯有秋也。”⑤欧阳德认为：“吾党之士诚知学之不讲，道术不明，其祸尤烈于洪水猛兽。”⑥罗洪先则说的更为严重：“欲用世显功业与吾人求太平，舍讲会更无措手处。一切才智力量，舍讲学更充拓不成。”⑦可见，阳明学派人士是自觉地把民间的讲学事业同政治联系在一起，而这也是他们融入社会、宣传理论的重要途径，王艮也是积极参与阳明学会讲的重要一员。

除书院讲学外，阳明学派多在民间、学人团体中制定乡约、会约、民

---

① [明]王阳明：《年谱三》，吴光、钱明、董平、姚延福编校：《王阳明全集》卷三十五，上海古籍出版社2011年版，第1454页。

② [明]王阳明：《送别省吾林都宪序》，吴光、钱明、董平、姚延福编校：《王阳明全集》卷二十二，第975页。

③ [明]王阳明：《万松书院记》，吴光、钱明、董平、姚延福编校：《王阳明全集》卷七，第282页。

④ [明]沈德符：《万历野获编》卷二十四，中华书局1959年，第608页。

⑤ [明]邹守益：《聚秀楼记》，董平编校整理：《邹守益集》卷六，凤凰出版社2007年版，第372页。

⑥ [明]欧阳德：《集义堂记》，陈永革编校整理：《欧阳德集》卷八，凤凰出版社2007年版，第262页。

⑦ [明]罗洪先：《与刘仁山》，徐儒宗编校整理：《罗洪先集》卷八，凤凰出版社2007年版，第343页。

规，并期望以此作为制度和规范来维持良好秩序。王阳明认为："冠、婚、丧、祭之外，附以乡约，其于民俗亦甚有补。"[①]在民间的社会生活中，通过促成乡民们之间的道德或政治共识，从而实现乡民的自我管理、自我约束、自我惩罚等本是行政机构承担的功能。在具体制定和推行乡约上，除王阳明有《南赣乡约》，其后学也多喜在各地推行乡约，王艮也是其中一位。这些乡约、民规直接进入了乡间的社会生活，不再只是学者之间往复辩论的理论话题了。也就是说，儒者发挥其在日常政治社会中的作用，制定秩序，干预生活，担任民间生活秩序的教导者，王艮之后的泰州后学颜均、何心隐等人甚至流于传教般的热忱中去了。阳明后学特别热衷走向民间，关注日常生活，主要表现在他们倡导简洁理论、主持书院会讲、参与制定乡约等多个方面，通过理论创造和社会活动，将哲学家与社会生活紧密关联起来。在阳明学的发展过程中，哲学家不仅是云端和庙堂、山林里的玄思者，也是理论的传播者、社会教化的承担者以及社会秩序的创制者，王艮深受这种学术风气的影响。

王艮在阳明学流播的思想背景下形成自己的学说，阳明学对抗朱子学、批评科举考试、注重讲学和民间教化的特点，都深刻地影响了王艮的思想。特别是阳明学派的下层路线所呈现的简易直接的理论特质，对王艮及其创立的泰州学派影响深远。一种学说、思想在以政治为主导的社会中，不仅是庙堂和书斋里的法器，更要演化为讲堂、江湖、市井、乡间上的风气，惟有如此，知识分子、哲学家对社会的苦心孤诣才不会仅仅是藏之名山。王艮及其泰州学派的思想努力，正是践行了阳明学"觉民行道"参与社会的思想旨趣。

第二节　政治狂情与政治理想

王艮少年及青年时期，并没有完整和专门的求学经历，也无参加科举考试的体验，但由于经商的原因，常常往来山东孔庙，在商贾途中，王

① [明]王阳明：《寄邹谦之》二，吴光、钱明、董平、姚延福编校：《王阳明全集》卷六，第225页。

艮随身携带《孝经》《大学》《论语》等儒学经典，独自领悟儒学思想奥义，黄宗羲曾这样描述王艮的成学历程："先生虽不得专攻于学，然默默参究，以经证悟，以悟释经，历有年所，人莫能窥其际也。"①读经悟道和往来孔庙可算作一位平民的儒学体验，这样的儒学经历使得王艮确立了任道成圣的理想，投身王阳明门下后，历数年之久，也终于成了有所建树的儒家哲学家。

一、"万物一体"的理想

作为一位儒家的坚定信仰者，王艮同先儒一样渴盼在现实社会中实现儒家的理想政治秩序，具体而言，就是王阳明学派一贯倡导的"万物一体"之理想。在"万物一体"理想的激励下，王艮以成为重建秩序的圣人为其人生追求，《年谱》记载：

> 先生一夕梦天坠压身，万人奔号求救。先生独奋臂托天而起，见日月列宿失序，又手自整布如故。万人欢舞拜谢。醒则汗溢如雨，顿觉心体洞彻，万物一体宇宙在我之念益真切不容已。②

王艮的这个梦做得狂妄，在梦里他不仅拯救了人类生活，还重整了宇宙秩序，不能不说令人惊骇。王艮早年的这一梦境是否真实，我们不得而知，究其实，王艮及其年谱的记载者，实则想用这种神秘体验来说明其"以天下为己任"的个人理想，而这种梦境与体验，虽听来狂妄骇人，但实际上说明了儒者担负天下的意识。王氏弟子为其所作年谱上记载的"万物一体宇宙在我"之念，应是王艮本人长期以来念兹在兹的话头，确可以认作是王艮的真切感受，说明王艮自年轻时起就有担负天下的意识自觉。《语录》曾记载王艮："隐居以求其志，求万物一体之志也。"③人虽在野，但王艮的政治关怀却与那些身居朝堂的官员无二，他对家国命运的关怀或更甚之。

---

① [清]黄宗羲：《泰州学案一》，沈芝盈点校：《明儒学案》卷三十二，第709页。
② [明]王艮：《年谱》，[清]袁承业编刻：《明儒王心斋先生遗集》卷三，第1页。
③ [明]王艮：《语录》，[清]袁承业编刻：《明儒王心斋先生遗集》卷一，第8页。

王艮和他的老师王阳明一样，常常用万物一体来表达济世利民、心怀天下的情怀和志向，但在万物一体的具体理解上，王艮比王阳明更进一步。王阳明将万物一体作为一种理想的秩序及为实现此秩序的一种拯救精神，而王艮则直接将万物一体和其自身的社会责任联系在一起，将万物一体的理想具体化为个人抱负，这比阳明学说更加具体化，也更多了一份狂者气息。王艮以万物为一体的心志，将“以天地万物为一体”的理想秩序理解为“他人的幸福生活是自己生活幸福的前提”。他者的不安即是自己的不安，他者的困顿也是自己的困顿，他从命运共同体的角度理解自己与世界的关系，并将安顿他人作为自己的理想，类似于佛教中讲的“地狱不空，誓不成佛”。王艮主张他者的“不获其所”就是自己的“不获其所”，同宗教一样，表现了一种狂热的救世情怀。

在王艮的理想中，人人君子、比屋可封、天地位而万物育，也就是说社会成员在德性上是完美的，都是道德君子，社会生活富足，社会秩序安定，这同样也是儒家典型的理想政治社会。王艮还追随先儒，强调把“为天地立心、为生民立命”作为儒者的社会担当，他自己慨然以此二者自任，将拯救世道人心、建设理想社会作为自己的使命。为了表现这种狂热的救世情怀，王艮专门著《鳅鳝赋》一文：

> 道人闲行于市，偶见肆前育鳝一缸，覆压缠绕，奄奄然若死之状。忽见一鳅，从中而出，或上或下，或左或右，或前或后，周流不息，变动不居，若神龙然。其鳝因鳅得以转身通气而有生意。是转鳝之身，通鳝之气，存鳝之生者，皆鳅之功也。虽然，亦鳅之乐也，非专为悯此鳝而然，亦非为望此鳝之报而然，自率其性而已耳。于是道人有感，喟然叹曰：“吾与同类并育于天地之间，得非若鳅鳝之同育于此缸乎？吾闻大丈夫以天地万物为一体，为天地立心，为生民立命，几不在兹乎？”遂思整车束装，慨然有周流四方之志。少顷，忽见风云雷雨交作，其鳅乘势跃入天河，投于大海，悠然而逝，纵横自在，快乐无边。回视樊笼之鳝，思将有以救之，奋身化龙，复作雷雨，倾满鳝缸，于是缠绕覆压者，皆欣欣然有生意。俟其苏醒精神，同归于长江大海矣。道人欣然就车而行，或谓道人曰：“将入樊笼乎？”曰：“否。吾岂匏瓜也哉？焉能系而不食。”“将高飞远举

> 乎?”曰:“否。吾非斯人之徒与而谁与?”“然则如之何?”曰:“虽不离于物,亦不囿于物也。”因诗以示之曰:“一旦春来不自由,遍行天下壮皇州。有朝物化天人和,麟凤归来尧舜秋。”①

在这篇短文中,王艮以寓言的方式表达了政治理想和人生志向。道人和鳅实际上可以看做他自身的双重比喻,换句话说,王艮自己既是道人,也是缸中之鳅。从道人的角度言,他是在观察社会,看到社会一片“奄奄若死”之状,在这样的状况下,他忽然有一种搅动生气的异类者出现来拯救社会。道人从中得到启发,这一搅动生气者的异类,正是儒家的天地万物为一体精神的担当者,他们在拯救自身的同时也在拯救命运共同体的成员。从这个观察出发,道人立志要周流四方,试图要以“不离于物、不囿于物”的态度去拯救濒死的社会,并从中获得自己的精神自由。从鳅而言,鳅与鳝不是同类,但混居一缸之内,变成了命运共同体。与鳝的濒死无争相比,鳅不满于现状,努力地周流不息、变动不居,最终不仅实现了自救,还拯救了整个缸中之鳝。特别是在鳅自身已经获得投于大海的自由、快乐之后,没有做一个“自了汉”,而是“思将与有救之”,怀着一种拯救世界的精神和情怀,凭借一己之力拯救了一缸之鳝,使得他们恢复生意、苏醒精神,共同获得拯救与逍遥。后世鲁迅在《呐喊》自序中描述的通过大声喊叫“惊醒”人们,使得他们毅然起来毁坏困人的铁屋从而实现救赎,就有点类似于王艮的缸中之鳅拯救满缸之鳝的意味。另外,在王艮看来,鳅本来是自适天性而搅动鳝缸,搅动生气是鳅的一种自然本能,其最初出发点并不是为了拯救缸鳝,也不是为了获得鳝的回报,只是天性如此而已。孟子曾讲“孺子入井”的故事,人去救掉入水里的儿童,既不是为了邀誉于乡里,也不是为了施恩图报,仅仅是发动和体现自己与生俱来的恻隐本能而已。这种天然的本能,使得善性善行具有了必然性的色彩,正如“天地万物一体”具有必然性一样。但是,王艮并没有停留于此,而是进一步将鳅的行为从自然变成自觉,因为鳅在自身获得自由以后会反过来自觉地去拯救缸中之鳝,这就从本能变成了一种有意识的自觉行为。正如冯友兰先生所讲

① [明]王艮:《鳅鳝赋》,[清]袁承业编刻:《明儒王心斋先生遗集》卷四,第10页。

的“四个境界”，在这里，鳅也从自然境界、功利境界达到了道德境界，并进而实现了“同归于长江大海”“悠然而逝，纵横自在，快乐无边”的天地境界。王艮以道人与鳅自况，一方面表现了要像鳅一样在“天地万物为一体”的自然本能进化为意识自觉，从自救到救人，展现了儒家的成己、成物的道德情怀；另一方面，道人的出现就是将这种自然现象、生活场景上升到思想和理论层面，从而影响更多的人投入到自救、救人和成己、成物的社会改造运动中。可见，王艮既将自己视为道德救世的践行者，又视为理论抽象的观察者。同时，在这篇文章中，王艮用隐喻的方式表达政治理想同时，也表达了个人志向。就政治理想而言，王艮认为，社会不能死气沉沉，应该呈现出生动自由的局面，而这种局面需要具有救世本能和救世意愿的人出现。就个人志向而言，王艮认为自己应该就是那位具有救世本能和救世意愿的人物，生活在万物之中，但又不被万物所拘泥，类似于《庄子》所言“物物而不物于物，则胡可得而累邪”(《庄子·山木》)，与万物同在又不限于万物。具体到王艮的理想，那就是既能拯救万民于水火之中，同时又能实现自己的逍遥自由，文中最后的诗更是表现了王艮的个人志向，显现出一介狂者气象。

二、狂热的救世情结

王艮从“万物一体”的理想出发，演化出一种狂热的救世情结，所“救”之世的理想状态，具体表现应该如何？在他心目中，理想的秩序有现实的载体，而三代政治就是这一理想秩序的载体，王艮曾在《王道论》一文中明确指出他所期望的政治就是“三代之治”，他说：

> 《书》曰：“刑期于无刑，此王道也。”夫所谓王道者，存天理、遏人欲而已矣。天理者，父子有亲，君臣有义，夫妇有别，长幼有序，朋友有信是也。人欲者，不孝不弟，不睦不姻，不任不恤，造言乱民是也。存天理，则人欲自遏，天理必见。是故尧舜在位，比屋可封；周公辅政，刑措不用，是其验也……所谓人心和洽，又在教之有方，而教之有方，唐虞三代备矣。昔者尧舜在上，忧民之逸居无教而近

于禽兽也，使契为司徒，教以人伦三代之学，皆所以明人伦也。[①]

由于儒家根深蒂固的“往后看”这一历史观的存在，儒者多不能脱出“三代之治”的秩序理想。即便是王阳明那样具有思想解放意识的哲学家，也将“三代之治”作为理想的政治秩序与政治制度。王艮和绝大多数儒家一样，认为所谓的王道政治是最好的政治，这种政治的理论特征就是“存天理，灭人欲”，按照儒家伦理秩序安排生活，而大行王道的政治就是三代政治，尧舜周公等所代表的三代政治就是王道政治最具体的体现，在这种政治下，人人得其安顿，儒家伦理秩序大行其道，刑罚失去其用武之地，因为没有人会触犯刑罚。王艮将三代政治作为“历史上”和“期待中”的理想政治，所谓“历史上”，就是他认为三代之治在历史上真实的存在过；所谓“期待中”，就是他期望盛况再现，当下社会和三代社会一样臻于至治，这和王阳明的政治理想如出一辙。在《王道论》中，王艮提出了一系列政治设想，最终的目的也是为了实现“三代之治”，他认为：

古者田有定制，民有定业，均节不忒而上下有经，故民志一而风俗淳，众皆归农，而冗食游民无所容于世……先德行而后文艺，明伦之教也。又为比闾族党州乡之法以联属之，使之相亲、相睦、相爱、相劝，以同归于善。夫养之有道而民生遂，而教之有方而民行兴，率此道也，以往而悠久不变，则仁渐义磨，沦肤浃髓，道德可一，风俗可同，刑措不用，而三代之治可几矣。[②]

王艮认为“三代之治”有两个显著特点：一是使民有所养；一是使民有所教。“有所养”依靠的是农耕、均田，“有所教”依靠的是德行为先、六艺为末，用仁义之道来教化人心，使得社会上道德统一、风俗端正。如同大多数传统儒者一样，王艮期待着想像中的三代政治重现。所以，他所设计的“养民”、“教民”计划，是希望重建一套“道德一、风俗同”的一体秩序，而这个秩序的载体，在王艮看来，就是理想中的三代社会，这和王

---

① [明]王艮：《王道论》，[清]袁承业编刻：《明儒王心斋先生遗集》卷二，第17—18页。

② [明]王艮：《王道论》，[清]袁承业编刻：《明儒王心斋先生遗集》卷二，第18页。

阳明在“拔本塞源论”里设计的“一家之亲”、“一体之仁”在本质上是一致的。对“三代之治”的向往，其实也意味着对当时政治的不满，作为一个平民儒者，王艮的这种“出位之思”，也体现了他在政治思想上的狂情。

可以说，“万物一体”的观念深刻地影响了王艮，他认为“万物一体”的理想秩序才是政治社会的合理秩序。从“万物一体”的观念出发，王艮产生了一种狂热的政治理想和救世情绪，认为担当世界是其自己的道义使命和政治责任。在这种情绪鼓动下，王艮做出了一些即使当时也被人们视作奇怪的举动，所谓“冠服言动，不如人同”[①]，比如按照古礼自制小蒲车招摇道路、周流天下，再比如做《鳅鳝赋》这样充满政治隐喻的文章等等。王艮的“出位之思”，使得他所考虑的都是家国天下、政治秩序等政治问题，他成为一代狂儒，这种“狂情”也遭到王阳明的批评，“阳明以先生意气太高，行事太奇，痛加裁抑”[②]。对政治的狂情，使得王艮经常设想理想的政治究竟如何，但是他也跳不出传统儒家的窠臼，因此，就具体的政治制度而言，王艮也同传统儒者一样，认为“三代之治”是最好的政治制度。这种理想虽有迂阔之处，但其中对于好的政治的期盼，体现了一个平民儒者对于政治理想的狂热追求。

第三节　治世与治身

为了维护道义理想，孔子、孟子曾经倡导“杀身成仁”、“舍生取义”，主张在特定的时候为了维护道义而舍弃个体的生命。孔、孟的这种主张长期以来为儒家学者所推崇，认为肉体生命的客观存在要让位于精神生命的抽象性存在的观念，为人们广泛信奉。与上述观念相对，王艮提出了一种重视肉体生命的主张，显得十分独特。具体来说，王艮在如何实现理想政治的问题上，强调政治实践主体的肉体生命的客观存在

① [清]黄宗羲:《泰州学案一》，沈芝盈点校:《明儒学案》卷三十二，第710页。
② [清]黄宗羲:《泰州学案一》，沈芝盈点校:《明儒学案》卷三十二，第710页。

性对于政治的重要意义。从注重政治实践主体的现实存在出发，王艮尤其重视人的感性生命，在政治哲学层面强调以身为本，认为治身是政治事务的根本，可以说是化治世的问题为治身的问题，与王阳明的“化治世为治心”的思路相比，又向个体与自我层面大大推进了一步。

一、淮南格物说

王艮从孟子所言的“天下之本在国，国之本在家，家之本在身”（《孟子·离娄上》）以及《大学》里的“自天子以至于庶人，壹是以修身为本”这些儒家经典思想中得到启发，又从王阳明注重主体性的立场出发，推出“以身为本”的政治哲学观念，这就是著名的“淮南格物说”。王艮说：

> 止至善者，安身也。安身者，立天下之大本也。本治而末治，正己而物正也，大人之学也。是故身也者，天地万物之本也，天地万物末也。知身之为本，是以明明德而亲民也。身未安本不立也，本乱而末治者否矣。本既不治，末愈乱也。故《易》曰：身安而天下国家可保也。不知安身，则明明德亲民却不曾立得天下国家的本，是故不能主宰天地，斡旋造化。①

《大学》里说“止与至善”，又说“知止而后能安”，结合“壹是皆以修身为本”，据此，王艮将“止于至善”理解为“安身”，将“修身”改造为“安身”。王艮的这种转化，把“身体”或者人的肉身存在置于非常重要的位置。“修身”包含着淬炼个体品德的意思，主要偏向于修养精神生命并在日常生活中体现出来的意味，而“安身”虽依然包含精神修炼的意思，但在王艮的视野里，更多的具有保全肉身、安顿肉身的意思。在《明哲保身论》里，王艮这样说道：

> “明哲”者，“良知”也。“明哲保身”者，“良知”“良能”也。所谓“不虑而知”，“不学而能”者也，人皆有之，圣人与我同也。知保身

① ［明］王艮：《答问补遗》，［清］袁承业编刻：《明儒王心斋先生遗集》卷一，第15页。

者，则必爱身如宝。能爱身，则不敢不爱人。能爱人，则人必爱我，人爱我，则吾身保矣。能爱人，则不敢恶人。不恶人，则人不恶我。人不恶我，则吾身保矣。能爱身者，则必敬身如宝。能敬身者，则不敢不敬人，能敬人，则人必敬我。人敬我，则吾身保矣。能敬身，则不敢慢人，不慢人，则人不慢我。人不慢我，则吾身保矣。此仁也，万物一体之道也。以之齐家，则能爱一家矣。能爱一家，则一家者必爱我矣。一家者爱我，则吾身保矣。吾身保，然后能保一家矣。以之治国，则能爱一国矣。能爱一国，则一国者必爱我。一国者必爱我，则吾身保矣。吾身保，然后能保一国矣。以之平天下，则能爱天下矣。能爱天下，则天下有血气者，莫不尊亲。莫不尊亲，则吾身保矣。吾身保，然后能保天下矣。①

《诗经》中说："既明且哲，以保其身，夙夜匪懈，以事一人。"（《诗经·大雅·烝民》）在宋明儒家重视的四书中，《中庸》里也曾引用此句，"是故居上不骄，为下不被。国有道，其言足以兴；国无道，其默足以容。诗曰：'既明且哲，以保其身。'其此之谓与"。王艮从这些儒家经典中得到启发，认为保全肉身既是人皆有之的先天本能，也具有崇高的精神性意义。从治国的角度来看，这里的"身"，指的是政治实践主体的客观存在。王艮强调，个人的感性存在，即"身"，应是天地万物之在、明德亲民之事的根本，故而主宰天地斡旋造化要从安身处下手，"身安而天下国家可保"。这就将"安身"这一个体自保行为列为政治生活的首义了，是政治活动的前提，将家国天下的政治事务与个体之"在"紧紧地联系在一起，这也就是王艮所谓的"知得身是天下国家之本，则以天地万物依于己，不以己依于天地万物"②。在王艮看来，天下国家所代表的政治共同体不是个体存在的依据，反而共同体的存在要有赖于个体的存在。不仅如此，个人的存在还是衡量家国天下政治事务的标准，所谓"吾身犹矩，天下国家犹方。天下国家不方，还是吾身不方"③。正因为王艮将

① ［明］王艮：《答问补遗》，［清］袁承业编刻：《明儒王心斋先生遗集》卷一，第 20 页。
② ［清］黄宗羲：《泰州学案一》，沈芝盈点校：《明儒学案》卷三十二，第 713 页。
③ ［明］王艮：《语录》，［清］袁承业编刻：《明儒王心斋先生遗集》卷一，第 10 页。

安身看作政治事务的根本、依据、标准，所以他一再表示，要实现儒家“家齐、国治、天下平”的政治秩序，一切要从安身出发，“安身以安家而家齐，安身以安国而国治，安身以安天下而天下治”①。若不知安身而从事政治事务，就失去了正当性，“不知安身，便去干天下国家事，是之为失本”②。显然，王艮认为个体的保全是共同体治理的前提。王艮认为，如果人们期望自己得到保全，那么也必定保全他人，因为保全自己和保全他人是互为因果的，如果人与人之间是互害的关系，那最终谁也得不到保全。保全自己进而互相保全，在王艮看来，也体现了“万物一体”的原则，每个人都渴望得到保全，“人同此心，心同此理”。人与人之间的互相保全，可以拓展到家、国乃至天下的治理中，以保全自身的意识去保全家国天下，因为只有家国天下得以保全，自己才能得到保全。个体与家国天下的关系，如同个体与个体之间的互相保全关系，也是互为因果的。这样看来，追求自我的个体保全，不再是一件不道德的事，而是合乎治理逻辑的一种思想。

二、化治世为治身

“淮南格物说”强调了个体自我保全的重要性。王艮认为，从个体的自我保全出发，既能实现人与人之间的和睦关系，也能实现家国天下的良性治理。王艮的这套“以身为本”的政治哲学观念，以个体的客观存在为政治事务的根本，强调个体的存在对于外在政治共同体的特殊意义，将政治事务的正当性与否的标准归结为是否能保全个体的存在，较之王阳明在政治事务上的“以心为本”，王艮确乎有所推进和改变。王阳明将政治事务奠基于个体良知，具有道德意味，也就是国家天下的事务系于个体道德的发挥与否，化治世为治心，高扬道德精神、道德情感、道德意志对于现实政治事务的决定性作用，归根结底，仍然属于传统道德范畴的一种政治哲学。而王艮则更进一步地将治世问题转化为

---

① [清]黄宗羲:《泰州学案一》，沈芝盈点校:《明儒学案》卷三十二，第712页。
② [清]黄宗羲:《泰州学案一》，沈芝盈点校:《明儒学案》卷三十二，第712页。

保身问题，将个体的安危、安顿与否和国家天下的治理联系起来，更多地从个体的肉身保全出发，来理解个体与公共政治的关系，而对于抽象精神层面的精神修炼则一定程度上采取了回避态度。在重视个体存在与感受层面，王艮比王阳明更加彻底，而且更加注重个人感受及个人利益。当然，对肉体生命的过分看重，在具体的政治事务中是否会成为临难苟免的托辞，则是另外一个问题了。

应该说，王艮以身为本的政治观，突出了个体感性生命和日常世俗生活对于政治事务的意义，使得政治事务不仅仅流于一种只关注家国天下的宏大叙事，而忽视政治个体存在的价值，重视个体肉体生命对于政治的意义，这对传统儒家政治哲学话语有所补充。在儒家政治哲学传统里，家国天下的意义一直高于个体价值，个体只是依附于家国天下的附属物，在家国天下意义的"重压"下，个体的生命生活几乎不被重视，个体必须做到"苟利国家，生死以之"。在这里，王艮将个体存在与家国天下在政治空间里的次序颠倒过来，将个体存在置于家国天下之前，首先认为个体存在得以保全，然后家国天下才能得以治平，而不是相反，这也正如王艮一再强调的"吾身不保，又何以保天下国家哉"①"吾身不保，又何以保君父哉"②。王艮反复突出"安身"问题，其所彰显的主要意义，在于强调人的存在是政治事务的根本和良好政治秩序的源头，政治活动的目的是为了创造更好的人类生活，因此，人的存在特别是个体的肉身存在具有重要意义，这在重视精神生命的儒学话语体系里显得较为独特。就此而言，我们可以用"安身"是一切良好秩序得以实现的必要前提来看待王艮的政治哲学观念。若从在政治事务中主体自身的意义角度来看，王艮的"身本论"和王阳明的"心本论"都是在强调政治生活中"主体性"的意义，两种学说同质异构，遥相呼应。不同之处在于，王艮将王阳明"心本政治"的玄虚落到了实处，使得心学的个体性落实在具体的生命存在上，当然，王艮的"身本论"却也不及阳明的"心本论"深沉。"心本论"重视个体心性良知的意义，具有强调自我意志的倾

① [清]黄宗羲:《泰州学案一》，沈芝盈点校:《明儒学案》卷三十二，第715页。
② [清]黄宗羲:《泰州学案一》，沈芝盈点校:《明儒学案》卷三十二，第716页。

向，而“身本论”较多的落实在自我肉体的存在，对精神道德层面的意义有所淡化，一方面改变了儒家的精神话语体系，另一方面也可能会为道德投机主义者预留了推脱道德义务的借口。从这个角度看，王艮的“身本论”较之王阳明“心本论”，其深刻性有所欠缺。然而，王艮的“身本政治”恰是从王阳明“心本政治”中发挥出来的，所以黄宗羲曾在一定意义上对王艮有所回护，他在评论王艮“安身”之说有言道：“然所谓安身者，亦是安其心耳，非区区保此形骸之为安也。”①黄宗羲认为王艮还是在坚持王阳明的心学传统，而不是仅仅强调肉身的意义。身心关系是传统哲学的一个重要论题，身心二元、身心分离的话题对于传统哲学家来说，应该都不陌生，王艮在心学话语体系中超拔出来专门强调“身”，不得不说是刻意为之，因而，不能简单地说“安身”就是“安心”。黄宗羲的评论可以看做是黄宗羲因王艮“保身论”过于脱离儒家传统而作出的辩护之言，不过也确实点出了王艮之学出于阳明的实质所在，也点出了王艮和阳明在理论上的具体分歧所在。

传统儒家在讨论政治和道德问题时，往往刻意忽略个体肉身等感性存在的意义，而一味片面强调“杀身成仁”“舍生取义”或者“饿死事小，失节事大”，用高调的道德理想主义来弱化个体肉身对于政治、道德事务的意义。王艮则对此做出了大胆突破，提出“安身”“保身”的范畴，并以此作为政治事务的根本，把治世的问题转化为个体的治身问题，更加强调个体生命的感受性。“心”“良知”对于一般百姓，特别是很多没有文化的人来说过于抽象，因而，从“安身”“保身”的角度来理解社会政治生活，可能更易于为下层群众接受。在这个意义上，王艮的“身本政治”论更贴近普通民众的世俗感性生活，更容易为关切日常生活的“愚夫愚妇”所接受，也代表着儒学向平民化发展的一个向度，是儒学思想的一个转向。

---

① [清]黄宗羲：《泰州学案一》，沈芝盈点校：《明儒学案》卷三十二，第710页。

第四节　师道与教化

作为“处士”的平民王艮，因为没有政治资源可以利用，实现学术理想和政治理想的主要途径是讲学和教化。虽然王艮没有出仕为官，但是他和其他王阳明学派的成员一样，特别重视教化之道。王艮开创的泰州学派尤其重视民间讲学，重视把儒家的师道与对普通民众的政治教化联系在一起。

一、大成师道

王艮批评当时的科举考试只重视通过文辞取士，而不是以道德仁义及其践履的情况来取士，他认为这违背了儒家的教化之道。对此，他在阐述其基本政治主张的《王道论》里有大段论述：

> 后世以来，非不知道德仁义为美，亦非不知以道德仁义为教，而所以取士者，不专以道德仁义而先于文艺之末。故上有好者，下必有甚者矣。故当时之士，自幼至老，浩瀚于词章，汩没于记诵，无昼无夜，专以文艺为务。盖不如此，则不足以应朝廷之选而登天子之堂，以荣父母，以建功业，光祖宗而荫子孙矣。方其中式者，虽田夫、野叟、儿童、走卒皆钦敬。故学校之外，虽王官、国都、府郡之贤士大夫，皆文艺之是贵，而莫知孝弟、忠信、礼义、廉耻之学，而况于穷乡下邑、愚夫愚妇又安知所以为学哉！所以饱食暖衣，逸无居教而近于禽兽，以至伤风败俗，轻生灭伦，贼君弃父，无所不至。而冒犯五刑，诛之不胜其诛，刑之无日而已。岂非古所谓不教而杀罔民者哉！呜呼！言至于此，可不痛心！今欲变通之，惟在重师儒之官，选天下之道德仁义之士以为学校之师。其教之也，必先德行而后文艺，废月书季考之繁，复饮射读法之制，取之法科贡之典。祖宗旧制虽不可废，当于科贡之外，别设一科，与科贡并行，如汉之贤良、方正、孝廉，我太祖人才之类，不拘成数，务得真才。其宾兴之典，当重于科贡。果有真才而位列，亦出进士之右。其科贡之中，

苟文优而行劣者必在所黜，行优而文虽劣者亦在所取，精神意思惟以德行为主。使天下之人晓然，知德行为重，文艺为轻。如此，则士皆争自刮磨砥砺，以趋于道德仁义之域，而宾兴可行矣。[1]

王艮认为，正是因为科考取士的导向，使得人们狂热追求形式意义上的文辞，而对道德仁义有所疏忽。人们只看到科考入仕的荣耀和利益，而罔顾实质性的道德生活。这样的风气，造成了人们拒斥道德教化，沉溺于表面的记诵词章，以致于道德沦丧、刑罚备至。如何改变这一局面？王艮提出师儒教化的解决方案。他认为，要高度重视师儒之教，通过具有道德仁义精神的师儒来推行教化，淡化文艺之教，重视道德之教，改变简单从文辞取士的做法，恢复古代的举贤良方正的德行选举法，恢复古礼中教人之法，引导天下人崇尚德行、德性，真正落实儒家的教化之道，以此改善社会政治生活中的风气。

为此，王艮力倡“大成师道”说，并以此来说明一个儒者应该如何发挥自身在政治社会中的作用，换句话说，王艮试图在回答真正的儒者应该如何用自身所承载的“圣人之教”来影响现实或未来的政治，而不是以文辞等知识技术性来获得一时之誉。为了让“孝悌、忠信、礼义、廉耻之学”压倒文辞之学成为人们的追求，有必要发挥儒者的师道作用。

所谓“师道”，指的是教化之道，在古典政治话语系统中，君和师在民众政治生活中同样重要，而以君和师为主体所蕴涵的君道和师道也是互相对应，保证政治生活和政治秩序得以为继，所以师道在中国古典政治哲学中具有十分重要的地位。在儒家理想中，尧舜禹汤、文武周公代表理想的君道，有德有位，“儒者之道”能够在现实政治生活中得以落实，但是周公之后，儒者没有了“位”，故而只能讲“儒者之教”，其代表者就变成了没有权位的孔子、孟子。“儒家之教”的推行者因为“有德无位”，故而往往很难落实“儒家之道”[2]，只能靠一代代的儒者传递“儒家

---

① (明)王艮:《王道论》,(清)袁承业编刻:《明儒王心斋先生遗集》卷二,第 19—20 页。

② 朱熹曾说:“千五百年来,正坐如此,所以只是架漏牵补,过了时日。其间虽或不无小康,而尧、舜、三王、周公、孔子所传之道,未尝一日得行于天地之间也。”(宋)朱熹:《晦庵先生朱文公文集》卷三十六,朱杰人、严佐之、刘永翔主编:《朱子全书(修订本)》(第 21 册),上海古籍出版社、安徽教育出版社 2010 年版,第 1583 页。

之道”，以俟来者。因此，在中国古典儒家政治哲学里，师道还代表着“道统”的承传和不绝如缕，指代着儒者的圣人之教，与儒家价值的传递休戚相关，关涉政治合理性。道统的承续，需要师道的维持，也就是道统要通过圣人之教的传递者——“师儒”来永续保持下去。在这种关系中，师道保证道统的确立，促进政治的合理性。师道的挺立，具体说来，就是以圣人之教教化天下，从而确保政治社会的良好生活因为人人受到教化而得以实现。受到教化的人便会增多，家国天下从而也得以平治。从这个意义上讲，师道、儒者之统的确立对于政治社会至关重要。在一个共同体里确立师道，就是确立传递圣人之教的这部分共同体成员意志的权威性，从而凭借这种权威去教导主导政治事务的成员（如君主），使之按照圣人之教从事政治事务，所谓“得君行道”。师道作为圣人之教，作为儒者之统，对于政治社会的延续具有不可替代的作用。朝代可以更迭，但文明社会的精神、价值不会因朝代的更迭而有所变化，这样，文明的赓续才有希望，这正是师道的意义所在，正是因为认识到师道在政治中的重要意义，所以儒家学者十分重视师道。王艮大力强调“师道”，其意图和意义大致也可以用上述语言表达。

二、讲学和教化

作为一个具有远大政治理想的平民儒者，当然王艮的政治理想不是其个人入仕的政治理想，而是对政治社会承担责任的理想。如何为政治社会承担责任，王艮的道路是以师道自任，他经常以“出则必为帝者师，处则必为天下万世师”的话语来表明自己的志向。那么，为什么学者要“为师”？师道对于政治社会的意义何在？王艮的回答是：

> 学也者，学为人师也。学不足以为人师，皆苟道也。故必以修身为本，然后师道立。身在一家，必修身立本，以为一家之法，是为一家之师矣；身在一国，必修身立本，以为一国之法，是为一国之师矣；身在天下，必修身立本，以为天下之法，是为天下之师矣。是故出不为帝者师，是漫然苟出，反累其身，则失其本矣；处不为天下万世师，是独善其身，而不讲明此学于天下，则遗其本矣。皆非也，皆

小成矣。[1]

可见，强烈的担当意识，使得王艮希望成为别人效法的对象和教化的承担者，而师道能满足王艮的这一理想。王艮所倡导的师道就是要求学者学为人师，然后其言行为共同体成员效法，成为一定的共同体的"师"。在王艮看来，师道绝非传递知识那么简单，而是要传递政治理念，否则就是"苟出"，是"小成"。而他要宣扬的则是"大成师道"，即能对"帝者"(政治人)"天下"(政治社会)产生巨大政治影响的师道。从某种意义上讲，这其实既是一种"得君行道"，也是一种"觉民行道"。"得君行道"就是成为帝王师，通过确立师道，教化君主，借君主的政治资源推行圣人之教。"觉民行道"就是成为天下师，教化天下万民，过市井启发愚蒙，在普通老百姓中间宣传、落实圣人之教。"得君行道"和"觉民行道"在王艮这里，都统一于"大成师道"。对于王艮来说，注重师道，落实到行动中就是要讲学。王艮和王阳明及其他后学一样，十分重视讲学对于政治社会的教化意义。王阳明去世后，王艮回到家乡泰州讲学不辍，"开门授徒，远近皆至。同门开会讲者，必请先生主席"[2]。王艮在其家乡积极开展讲学活动，试图以道德教化参与社会建设。钱穆先生说："泰州心斋讲堂，则实近于讲会。盖渐次脱离书院性质，而近于社会演讲。"[3]王艮讲学的直接后果就是形成了一个以其本人为宗主的泰州学派，这一学派在晚明社会和思想界影响巨大，参与者多为社会上的平民阶层，在一定范围内实现了其"师道"理想。王艮及泰州学派的主要成员在民间讲学，向普通人群宣讲他们所理解的儒家之道以及阳明心学，期望以讲会鼓动的形式，让人们重视道德生活、推动乡村伦理建设，以此来实现他们"大成师道"的理想。

王艮的"大成师道"学说，即是强调作为道统传承者的儒者应该积极用所传承的圣人之教来教化社会，儒者不仅仅是知识的传递者、科考的参与者，更为重要的是以道德教化参与政治，要有教化君主、教化万

① [清]黄宗羲：《泰州学案一》，沈芝盈点校《明儒学案》卷三十二，第715页。
② [清]黄宗羲：《泰州学案一》，沈芝盈点校《明儒学案》卷三十二，第710页。
③ 钱穆：《国史大纲》(下册)，台湾商务印书馆(中国)1985年版，第612页。

民的政治担当意识，从而通过道德教化来实现理想的社会。进而言之，王艮的师道问题其实也是儒者以何种姿态面对政治社会的问题。王艮提供的思路是：儒者不能仅仅满足于用自己的知识技能去获得一官半职，而应该具有救世意识，这个救世意识要求儒者把传递“儒家之道”的教化工作放在首要位置，要么教化君主，要么教化万民，只有推行以德性、德行为中心的教化工作，儒者才真正落实了自己“师儒”的社会责任，这就是“大成师道”，而非知识技能型的“小成”。对王艮自己而言，虽然他终其一生都只是一个普通的平民知识分子，但王艮强调“为帝者师、为万世师”的担当意识却一直非常强烈，这也是对儒者入世精神的一种诠释和再现，儒者不能满足于仕禄之学。正是类似于王艮这样的儒者担当意识，历代儒者才会津津乐道于儒家内圣外王的情怀。

王艮“大成师道”说所表现的救世、入世精神，一方面，学为人师、承担教化之责，这是和孔孟以来儒家“治平天下”的政治关怀一脉相承的，孔、孟周游天下、教育弟子，以及后儒的著述讲学，也总是或明或显的体现着为政治社会立功、立言、立德的救世情结。另一方面，王艮对自己和儒者都期许太高，过高的看重了师儒教化的意义，从这个方面来看，虽然先儒也强调通过教化实现政治关怀，但较之平民儒者王艮来说，先儒的政治关怀更加含蓄，而王艮的“为帝者师、万世师”则以张皇狂妄为人所瞩目，其中表现出来的“救世”情怀也比先儒来得更加直接和露骨，更是极度发挥了阳明学派中的狂者精神。

第五节　王艮思想的影响

王艮的狂者精神、平民色彩还影响了以他为中心的泰州学派。泰州学派是指王艮及其门人组成的一个学术共同体，是阳明学派的分支，其主要成员除王艮外，有徐樾、王襞、颜钧、何心隐、管志道、罗汝芳、周汝登、李贽等。泰州学派的成员多是民间人士，如王艮、王襞、颜钧、何心隐均从未出仕；罗汝芳、李贽虽曾出仕，但后来都主动致仕；《明儒学案》里记载，朱恕、韩贞、夏廷美等人分别是樵夫、陶匠和田夫。泰州学派的大部分成员无官无职但却热衷心学、胸怀天下，这与中国古典时代的思想家多为王朝官吏的历史很不相同。在中国传统思想史上，思想家多为官吏，有一定的公共职责，而泰州学派成员从身份上讲较少有公共职责，但是他们却热心地从事公共事务和公共讲学活动。另外，在泰州学派中，心学思想的传播与传承完全超离士大夫阶层而走向民间与田野，通过市井启发愚蒙，脱离官方教育体系进行社会教化活动，在这个意义上，可以说，泰州学派是一个彻底的民间思想流派。

泰州学派人员的独特构成，使得这一学派的思想在一定程度上反映了平民的诉求，这一诉求反映在政治思想上，就是所谓的“平民政治”观念。王艮等人从未入仕的经历，使得他们更加容易从平民的角度来思考和发挥王阳明的思想。如前所述，王艮就曾把王阳明的“治心”发展到“安身”“保身”，更加看重普通百姓的现实感受性。王艮及泰州学派强调“百姓日用即是道”，王艮曾说：“愚夫愚妇与知能行，便是道。”[①]他还提出，“百姓日用条理处，即是圣人之条理处”[②]。王艮的这些观点，将普通百姓的日常生活感受上升到抽象的“道”的层面，并认为这就是圣人所追求的“道”。王艮重视普通百姓日常生活的意义，积极参加民间社会的道德建设活动，体现了平民政治的色彩。关于王艮泰州学派的民间特质，张怀承教授曾指出：“（泰州学派）他们没有像王畿那样调良知的精神本体性，把良知说得更加抽象玄妙，而是基本上抛开良知说，把本体更加现实化，凸显其个体性，提出以现实人身为基的道德学说。王畿的学说思辨性强，只能被士大夫阶层接受。而泰州学派的学说贴近生活，大众化和世俗化，普及到平民阶层。这种差异表明，泰州学派的学说并不是阳明学理论简单的逻辑发展，而是现实社会平民阶层道德要求的理论概括与总结。”[③]诚如所言，泰州学派在理论上对阳明学派的思想推进不大，但在阳明学的传播与实践上却有莫大贡献。季芳桐指出：“用现在的语言来讲，泰州学派的主要工作是一种‘应用性’工作，而不是一种‘理论性’的工作。这种‘应用性’的工作，首先需要的

---

① [明]王艮：《语录》，[清]袁承业编刻：《明儒王心斋先生遗集》卷一，第 2 页。
② [明]王艮：《语录》，[清]袁承业编刻：《明儒王心斋先生遗集》卷一，第 4 页。
③ 张怀承：《略论泰州学派对王学的改造与背离》，《船山学刊》1994 年第 1 期。

是将儒家理论通俗化。”[①]我们认为，一种理论，只有为一般民众所接受，而非仅仅是知识精英的谈资，才能产生巨大的现实力量，泰州学派在这一点上做得十分成功。知识精英们倾向于从义理层面去阐释和发挥儒家的精妙内涵，而泰州学派的追求则要踏实得多，他们怀着人人可以成圣人的自信和自尊，挺直腰杆，积极投入社会政治和世俗活动之中，在百姓日用之道中追寻真正的自由，实现自我的人生价值，并以此去匡正世道人心。王艮说："圣人之道，无异于百姓日用。凡有异者，皆是异端。”[②]这种观点，具有“祛魅”的意义，也就是将神秘、玄虚、普通百姓不能够理解的圣人之道，解释成为人们日用常行中的生活准则，履行了这些基本的生活准则，就是在履行圣人之道。这样，圣人不在彼岸，就在人们的日常生活追求当中。王艮的这种平民主张无疑是有积极意义的，儒家的思想观念可以与日常生活贯通起来，成为日常生活的具体指导，如果与百姓的日常生活经验相抵触，那么儒家的思想观念将无法流传下来。

总体来看，王艮的平民政治思想，以万物一体为政治理想，表现了强烈的救世热情。就身份而言，王艮是平民；就理想而言，王艮有担负宇宙、拯救社会的热情。王艮的这种热情，既体现了儒家一脉相承的入世情怀，也表现了王艮作为平民儒者没有身份束缚而呈现出来的不羁。另外，王艮提出的“以身为本”的政治观念突破了王阳明乃至传统儒家精神意志至上的道德政治观，强调个体安危、个体安顿在政治生活中的重要地位，这也凸显出王艮作为平民儒者，更加注重普通百姓的生活感受，从百姓的直观感受角度去解释政治生活。王艮的教化活动也与他的平民政治思想密切相关，他主张儒者要有政治担当意识，即使不能出仕，儒者也不能逃避政治责任。当然，对王艮来说，这一政治责任是通过教化活动体现出来的。儒者要弘扬“大成师道”，出处皆为人师，上至君主，下至愚夫愚妇，儒者都要承担教化的责任，通过道德教化活动改善社会，恢复三代之治，实现儒家的王道乐土。以王艮为代表的泰州学

① 季芳桐：《泰州学派新论》，巴蜀书社2005年版，第13页。

② ［明］王艮：《语录》，沈芝盈点校《王心斋先生遗集》卷一，第11页。

派，极大地发挥了王阳明学说，对阳明学为普罗大众所接受起了非常重要的作用。正如嵇文甫先生所说："王学的自由解放精神，王学的狂者精神，到泰州学派才发挥尽致。"①

王艮及泰州学派人物大多是平民，他们在儒学发展史上是一个特殊的群体。作为平民，他们在阳明心学"觉民行道"气质的影响和鼓舞下，自觉地参与到儒家思想探究和民间讲学劝善的活动中，或成为思想家，或成为社会活动家，为儒家思想深入民众中去，起到了重要作用，也鼓舞后世很多平民参与到儒学的理论与实践活动中。王艮及泰州学派发起的"平民儒学"运动，其影响不仅是在中晚明社会，而且也成了近代中国的乡村建设运动乃至现代的乡村儒学活动的重要思想资源，具有重要的思想史意义。

① 嵇文甫：《左派王学》，《嵇文甫文集》(上)，第429页。

第七章　顾炎武的实学思想

明清以降，江苏地区在中国思想文化版图上越发重要，出现了一批又一批的思想大家，甚至在一定意义上引领了中国思想的风气，顾炎武就是这批思想家中的先驱人物。顾炎武（1613—1682 年），原名顾绛，字忠清，后改名为炎武，字宁人，世称亭林先生，明朝南直隶苏州府昆山（今江苏省昆山市）人。顾炎武是中国历史上著名的史学家、文学家、经学家和音韵学家，其代表作有《日知录》《天下郡国利病书》《肇域志》《亭林诗文集》《音学五书》《韵补正》《诗本音》《古音表》《唐韵正》《音论》《金石文字记》等。顾炎武在中国学术思想史上有许多开创性贡献，被誉为清代朴学的“开山之祖”[1]，与王夫之、黄宗羲并称为明末清初三大儒，是明清之际最有影响力的思想家之一。另外，在顾炎武的时代，近代意义上的江苏省于清康熙六年（1667 年）正式建省，此后的有清一代，涌现了一大批江苏籍贯的思想家，从这个角度看，顾炎武算是第一批正式意义上“江苏省籍”思想家的代表性人物。

---

① 梁启超：《中国近三百年学术史》，江苏人民出版社 2015 年版，第 51 页。

第一节　顾炎武的生平和思想背景

顾炎武是江南世家子弟，其祖上历代进士，在明朝显赫一时。明清鼎革之际，士大夫感受到天崩地解式的变革，不仅日常生活被这一变革打乱，思想上更是受到巨大的刺激，顾炎武正是在这样的变局中成长并开始其思想创造。

一、顾炎武的生平经历

顾炎武出生于官僚世家，他的高祖父、曾祖父和祖父分别是正德、嘉靖和万历年间的进士。顾炎武出生后就被祖父顾绍芳过继给了其弟顾绍芾为孙，为其早卒的儿子顾同吉延续香火。[1] 作为嗣祖父，顾绍芾对顾炎武的成长产生了重要影响。顾绍芾虽然在科举上无所建树，但他十分有才华和见识，“绍芾天才俊逸，工诗古文，奇奥秀拔……尤善书法”[2]。顾绍芾与当时著名学者袁宏道、董其昌等人都有往来。在科举失利、仕途不顺的情况下，顾绍芾投入到研究经世致用之学中，他“取全史所记朝章、国典、地形、兵法、盐铁、户口，悉标识之，以备采择，尤注心节义之行，详举其事，以奖励末俗”[3]。顾绍芾对“实学”的关注，极大影响了顾炎武成年后的学术取向。

在顾炎武的教育方面，顾绍芾要求他不要局限于四书五经，而是要旁观博览、广泛涉猎《左传》《国语》《史记》《资治通鉴》等书。鉴于当时明王朝处在大厦将倾、烽烟四起的风雨飘摇之际，顾绍芾还教授顾炎武军事方面的科目，如《孙子》《吴子》等先秦经典兵法，[4]并且要求顾炎武多关注时局，他亲自为顾炎武手录有关时政的“邸报”，希望其有朝一日

① 参见周可真：《顾炎武年谱》，苏州大学出版社1998年版，第13—15页。
② [清]张穆等撰，黄坤等编：《顾炎武年谱》(外七种)，上海古籍出版社2012年版，第3页。
③ [清]张穆等撰，黄坤等编：《顾炎武年谱》(外七种)，第109页。
④ [清]张穆等撰，黄坤等编：《顾炎武年谱》(外七种)。

能够在政治上有所作为。① 为了开阔顾炎武的视野，顾绍芾不仅让他读万卷书，而且带他行万里路，祖孙二人的足迹先后到过广西、江苏、山东等地。② 正是在嗣祖父的倾力培养之下，顾炎武养成了超于常人的宽博学问和视野，这为他将来把学问做“大”，打下了坚实的基础。

除了嗣祖父之外，顾炎武的嗣母王氏对顾炎武也产生了重要影响。王氏是顾炎武嗣父顾同吉的未婚妻，受礼教影响，她毅然决定为死去的未婚夫守节。王氏出生于名门望族，自幼受到良好的教育。丈夫早逝，她把生活的全部热情和希望寄托在顾炎武身上，王氏不仅将学问传授给顾炎武，而且经常向他讲述一些忠臣、烈女的事迹，使得忠、孝等正统思想深深扎根于顾炎武的心中。③ 同时，她也以身作则，为亡夫终身守节，为婆婆断指治病，为故国绝食而亡。王氏死前，教导顾炎武说：“我虽妇人，身受国恩，与国俱亡，义也。汝无为异国臣子，无负世世国恩，无忘先祖遗训，则吾可以瞑于地下。”④这种为故国殉节的慨然之气，和当时许多望风而降的士大夫形成鲜明对比。正是在母亲的言传身教下，顾炎武持守民族大义，后半生都在为推翻清朝、兴复故国而不懈奔波。

顾炎武的一生，大致可以分为三个时期。第一时期，是从他出生到明朝灭亡前的一段时间，这是顾炎武一生中较为安定的时期，他的主要活动是读书和交游。因优渥的家世环境，他受到了很好的教育。十四岁时，他就以优异的成绩取得了生员（秀才）资格，开始以士人的身份参加江南士大夫们的交游活动。顾炎武青少年时正是阉党肆虐之时，各地的读书人受到东林书院的影响，纷纷加入结社活动。顾炎武在嗣祖父的引导下十分关心时政，十七岁时就加入了有“小东林”之称的复社。创建复社的张溥、张采等人，以“世教衰，士子不通经术，但剽耳绘目，几幸弋获于有司，登明堂不能致君，长郡邑不知泽民……兴复古学，将使

① 参见周可真：《顾炎武年谱》，第 32—33 页。

② 参见[清]张穆等撰，黄坤等编：《顾炎武年谱》（外七种），第 4 页。

③ 参见周可真：《顾炎武年谱》，第 27 页。

④ [清]顾炎武：《顾亭林诗文集》，中华书局 1959 年版，第 165 页。

异日者务为有用”[1]相标榜，力图通过复社活动振作士风，革新政治。顾炎武在参与复社活动中结识了归庄、方以智、陈子龙、吴其沆等当时的风流才俊，他们在一起或吟诗作赋，或针砭时弊，共同度过了一段安逸的时光。在此期间，陈子龙领衔主编了《皇明经世文编》，参与者多是复社和几社成员。该书总结了明朝立国以来两百多年的经验，内容涉及兵饷、马政、边防、边情、灾荒、农事、火器、水利、海运、漕运、财政、盐法、刑法、钱法、税法、科举等各个方面。该书对顾炎武产生了很大影响。在科举受挫的情况下，顾炎武效仿自己的嗣祖父，专心研究经世致用的“实学”。顾炎武曾谈及研究经世之学的原因和过程，“崇祯己卯，秋闱被摈，退而读书。感四国之多虞，耻经生之寡术，于是历览二十一史以及天下郡县志书、一代名公文集及章奏文册之类，有得即录，共成四十余帙。一为舆地之记，一为利病之书”[2]。总体来看，三十二岁前，顾炎武在读书和交游结社中度过。此间，在嗣祖父和朋友的影响下，顾炎武的学术研究重点开始转向经世致用之学。

1644年，李自成的农民军占领北京，崇祯皇帝自杀以殉社稷，明朝灭亡。此后，清军抓住时机入关，李自成迅速败亡。明清易代在电光火石之间完成，南京的明朝大臣仓促拥立福王继位，改元弘光。弘光小朝廷为了抵御清军南下，令地方官举荐贤才，昆山县令推荐顾炎武出仕，被任命为兵部司务。[3] 顾炎武就此开始了人生的第二个阶段，即江南抗清时期。顾炎武上任前做了周详的准备，在《军制论》《形势论》《钱法论》等文章中提出了许多应急之法，无奈南明小朝廷为马士英等人控制，顾炎武报国无门，不得任用。就在南明君臣争权夺利之时，清朝大军迅速南下，旬月之间，先后攻陷扬州、镇江、南京，南明小朝廷灭亡。平民大众与腐败的南明小朝廷形成鲜明对比，他们不甘做亡国奴，不惧敌人的屠杀，奋起反抗。顾炎武的好朋友归庄、吴其沆等人在昆山起事反清。顾炎武遂加入昆山的反清队伍之中，无奈义军势单力薄，很快就被清军打败，昆山吏民惨遭杀戮，好友吴其沆殉难，顾炎武与归庄侥幸

---

① 吴伟业：《复社纪事》，上海书店1982年版，第157—158页。
② [清]顾炎武：《顾亭林诗文集》，第131页。
③ [清]张穆等撰，黄坤等编：《顾炎武年谱》(外七种)，第16页。

逃脱。不久，清军攻陷常熟，顾炎武嗣母王氏绝食十五日而死，死前留下遗言让顾炎武终身不仕清朝。在此后的两年中，顾炎武转战各地，过着漂泊不定的生活，虽有心报国，但南方建立的几个小朝廷都腐朽无能，很快就被清朝消灭。轰轰烈烈的江南抗清斗争被镇压下去，顾炎武的反清活动也转移到地下，开始了颠沛流离的生活。

抗清斗争失败后，顾炎武开启了第三个阶段的人生，初期仍坚持在江南一带活动，因为这一时期南方还有一批反清武装。福建、台湾有郑成功的军队，广西、云南、四川等地还有永历政权。顾炎武在江南地区秘密联系反清志士，支持郑成功等人的北伐。但随着清朝统治的巩固，郑成功等人的北伐相继失败，永历小朝廷也被消灭，北伐日渐无望。而此时顾炎武在江南的活动越来越受到限制，他被迫离开家乡，北行去寻求复国的希望。在漫长的旅途中，他一方面结交抗清的志士，一方面致力于研究学问，拜访各地的著名学者，如傅山、李颙、朱彝尊等人。面对日渐巩固的清朝政权，顾炎武反清活动成功的可能性渺茫，他的朋友、后辈中的许多人在清政府的笼络下开始出仕为官，顾炎武对此“不反对亦不反感”，在一定程度上表示了赞同。[①] 但是，他本人依然拒绝与清政府合作，面对清朝给予的高官厚禄，他严词拒绝，“七十老翁何所求？正欠一死。若必相逼，则以身殉之矣！”[②]晚年的顾炎武也逐渐认识到自己在政治上已经没有可能有所作为了，但又不愿意就此沉沦，开始把主要精力放到了学术研究方面。[③] 康熙二十一年（1682 年），年届七十的顾炎武在山西曲沃骑马失足坠地，第二天就与世长辞，他的弟弟顾严和嗣子顾衍生将他运回老家昆山安葬。[④] 至此，漂泊半生的顾炎武终于魂归故里，走完了艰难曲折的一生。

① 参见周可真：《顾炎武年谱》，第 389 页。

② ［明］顾炎武：《顾亭林诗文集》，第 98 页。

③ 参见周可真：《顾炎武年谱》，第 417 页。

④ ［清］张穆等撰，黄坤等编：《顾炎武年谱》（外七种），第 85—86 页。

二、顾炎武的时代及思想背景

顾炎武生活在明末清初的动荡时代，政治和经济领域都出现了许多新特点。明代晚期，政治上内忧外患。先看“内忧”方面，朱元璋建立明朝之后，废除了宰相制度，进一步加强了皇权。皇权的集中要求皇帝本人要有过人的精力和能力来处理帝国大大小小的事务，但在明朝二百多年的历史中，恰恰出现的是有为君主不多的局面。既然掌握无限权力的皇帝不能很好地运用权力，国家的运作就要依靠皇帝周围的人。从中国历史上看，能够帮助皇帝代行权力的人不外乎四种，即后妃、外戚、宦官和权臣。明代，由于后妃受到宋以后日益严格的“礼教”约束，对皇权难以起到主导性作用，所以依附于后妃的外戚也难成气候。因此，明朝的政治生态中，产生重大影响的是宦官和权臣。明代的“权臣”和历史上的权臣如霍光、曹操、司马懿等人还是有很大差异的，最大的区别在于是否真正拥有权力。明代“权臣”没有了宰相的头衔和权力，只能依附于皇权，皇帝随时可以收回大臣代行的权力，如严嵩、严世蕃父子。在宦官方面，虽然明太祖严禁宦官干政，无奈明代却成为宦官之祸最为严重的朝代，著名的宦官有英宗朝的王振、武宗朝的刘瑾和熹宗朝的魏忠贤等人。宦官的权力体现在“出使、专征、监军、分镇、刺臣民隐事诸大权”①。若皇帝不理朝政，宦官还“掌印掌理内外章奏及御前勘合。秉笔，随堂掌章奏文书，照阁票批朱”②。由于种种原因，宦官滥用掌握的权力，造成社会动荡、民怨沸腾。到明朝晚期，宦官与士大夫之间的党争日趋激烈，严重动摇了明朝的统治根基。

在宦官为祸日烈之时，外患也日益加剧。明朝后期，对明朝构成最主要威胁的是东北地区新兴的满族政权。万历四十四年(1616 年)，建州女真的首领努尔哈赤在统一了大部分女真部族的基础上建立了“大金”政权，三年之后，爆发了萨尔浒之战，明军大败，战略优势转移到后

---

① [清]张廷玉等:《明史》卷三四〇《宦官一》，中华书局 1974 年版，第 7766 页。

② [清]张廷玉等:《明史》卷七十四《职官三》，第 1819 页。

金一方。从此之后，后金开始了对明朝连年不断的进攻。努尔哈赤死后，皇太极继位，于1636年在盛京称帝，改国号为清，形成了和明朝并立的政权。皇太极在位期间，推行改革，发展生产，国力不断增强，先后降服了朝鲜和漠南蒙古，并将明朝的势力赶出了关外，为清朝入关打下了坚实基础。严重的外患不仅没有使明朝内部团结起来，一致对外，反而使得内部矛盾不断激化。明末农民大起义从内部瓦解了明朝的统治，清朝统治集团抓住时机，顺势入关，最终取代明朝统一了全国。

除政治和军事方面，明朝晚期在经济方面也出现了一些显著的变化，商业与手工业开始繁荣、兴盛起来，特别是顾炎武出生的江苏南部地区。苏南地区向来以手工业而著称，苏州纺织业“产兼两邑，而东城为盛，比屋皆工织作，转贸四方”①。手工业繁荣也促进了商业流通，不同地域之间互通有无。传教士利玛窦赞美苏州为“东方的威尼斯”，“经由澳门的大量葡萄牙商品以及其他国家的商品都经过这个河港。商人一年到头和国内其他贸易中心在这里进行大量的贸易，结果是在这个市场上样样东西都没有买不到的”。② 当然，明末工商业繁荣不仅仅局限于苏南地区，如景德镇的瓷器、佛山的冶铁业、徽州地区的造纸业等。工商业经济的发展不仅影响了社会生活层面，而且对明代中后期“新思想”的产生起到了促进作用。

明清鼎革之际，思想界出现了一些带有启蒙色彩的新思潮，如“经世致用”思潮、反君主专制思潮、“工商皆本”的经济思潮等。这些新思潮的出现与当时的时代背景密切相关。首先，异族入关，朝代更替，对当时的知识分子造成猛烈冲击，思想界不断进行反思，形成了对传统思想的批判。其次，专制政权在政治上的残酷压迫和工商业经济发展对自由的呼唤形成了一种张力，导致反专制主义思想和“重商”思想的流行。另外，西方传教士东来带来了西方的一些新知识，开拓了当时知识分子的视野，也促进了新思想的发展。简言之，明末清初之际，由于受

① 嘉靖《吴邑志》卷十四《土产》。转引自王卫平：《中日地方志与江南区域史研究》，苏州大学出版社2014年版，第159页。

② 利玛窦、金尼阁：《利玛窦中国札记》，何高济、王遵仲、李申译，何兆武校，中华书局1983年版，第338页。

工商业发展的推动以及对于传统思想的反思，产生了一系列新兴的思想潮流。

“经世致用”思想的兴起。明朝的猝然灭亡，对以“治国”、“平天下”为追求的士大夫而言，无异于天崩地解、乾坤倒悬。许多有责任心的士大夫开始从文化思想角度进行反思，他们将批判的矛头指向了空谈义理、标榜心性的理学、心学。不管是程朱理学，还是陆王心学，都曾是当时时代精神的体现，为当时政治、经济和社会发展提供了精神资源。但是随着时代的发展，新的社会需求不断产生，原有思想受到新思想的挑战，旧有的思想若不与时俱进，便会衰亡。明中晚期，王阳明所创的“心学”在思想界处于“显学”地位，但在发展过程中不断分化。到了明代后期，很多士大夫陷入王学末流，空谈之风盛行于学术界，导致了晚明学风的空疏，士人空谈心性而忽视社会责任。晚明的另一位大儒刘宗周曾指出：“自文成之后，学者盛谈玄虚，遍天下皆禅学。”[①]面对内忧外患的局面，一批有社会责任感的知识分子挺身而出，力矫时弊，反对空谈义理、性命，提倡经世之学。

明代中后期，较早批判王学末流而提倡“实学”的是东林士人。顾宪成认为王学末流“往往凭虚见而弄精魂，任自然而藐竞业。陵夷至今，议论益玄，习尚益下，高之放诞而不经，卑之顽钝而无耻”[②]。对晚明士人“三三两两，相与讲求性命，切磨德义，念头不在世道上”[③]，他深感不齿。黄尊素也批评有些士大夫“志不在宏济艰难，沾沾自顾，拣择题目以卖声名”[④]，要求转变士林风气。东林士人不仅倡导“经世致用”，而且身体力行，把自己的主张贯彻到办学当中，强调“讲”和“习”密切结合的新学风，主张知识要能够指导实践，服务于现实生活。同时，在实践中要自觉以所学知识为指导，两者相互印证。东林书院提倡“冷风热血，洗涤乾坤”的担当精神，指出不仅要推广学术，而且要学以致用，振

---

① [明]刘汋：《蕺山先生年谱》(卷上)。刘宗周：《刘子全书》(第 6 册)，华文书局 1969 年版，第 3512 页。

②《顾端文公遗书》,《小心斋札记》(卷十一),《续修四库全书》(第 943 册)，上海古籍出版社 1995 年版，第 144 页。

③《顾端文公遗书》,《小心斋札记》(卷十一),《续修四库全书》(第 943 册)，第 185 页。

④《顾端文公遗书》,《小心斋札记》(卷十一),《续修四库全书》(第 943 册)，第 185 页。

作士风，以图改良政治。虽然东林书院在反对以魏忠贤为首的阉党过程中落败，但书院所提倡的“家事、国事、天下事，事事关心”的家国情怀，对后代士人产生了深远影响。除东林学派外，明朝中晚期反对理学和心学末流的学者还有很多，如李贽对理学家们的“假道学”之抨击也极为激烈，他认为理学家们“平居无事，只解打恭作揖，终日匡坐。同于泥塑，以为杂念不起，便是真实大圣大贤人矣。其稍学奸诈者，又搀入良知讲席，以阴博高官。一旦有警，则面面相觑，绝无人色，甚至互相推委，以为能明哲。盖因国家专用此辈，故临时无人可用”①。李贽的评价可谓一针见血，切中时弊。明朝的灭亡正是此语很好的注解，面对外域铁骑和李自成农民军的威胁，官僚士大夫们标榜忠义，罔顾现实情况，既反对议和也反对迁都，更拿不出御敌之策。最终兵败国破，崇祯皇帝也只能自尽殉国了。

反专制主义的“启蒙”思想。明朝建立以后，明太祖加强皇权，专制主义发展到了顶峰。宋代那种士大夫与皇帝共治天下的局面消失了，正如余英时先生在《宋明理学与政治文化》一书中所提到的，宋朝士大夫与帝王“共商国是”成为一种“不成文法”，“士大夫与皇帝‘共治天下’取得了制度性的基础”。宋朝政治环境为士大夫提供了“得君行道”的政治保障。但是明代不同于宋代，士大夫成了明太祖统治的工具，不能有丝毫的反抗。士大夫处境艰难，轻则刑辱，重则被杀戮。因此，“得君行道”一途在明代实难走通，王阳明另辟蹊径，改变以往依靠皇帝来“行道”的路径，径自从社会和普通民众下手，提出“觉民行道”的全新构想，余英时先生认为这一新路径的出现“具有划时代的重大意义”。②

王阳明认为普通民众也有成为圣人的可能，提出“圣人之所以为圣，只是其心纯乎天理，而无人欲之杂”。凡人只要肯努力，“使此心纯乎天理，则亦可为圣人”③。他认为成圣的关键在于“德”而不在“学”，进而提出人人皆可为尧舜的主张，这种主张肯定了人的主体能动性，也是王阳明“觉民行道”的前提条件。王阳明及其弟子对人主体性的强调有

① 张建业主编：《李贽文集》（第一卷），社会科学文献出版社2000年版，第147页。
② 参见余英时：《宋明理学与政治文化》，广西师范大学出版社2006年版，第346—361页。
③ [明]王阳明：《传习录》上，吴光、钱明、董平、姚延福编校：《王阳明全集》卷一，第31—32页。

助于明朝中晚期思想的解放，因此，晚明时期的反君主专制思潮的产生，不能忽视阳明“心学”的贡献。

王门后学中批判专制主义最有力的当属泰州后学的李贽，他在阳明提倡的人人都能为尧舜基础上，提出“天下之人，本与仁者一般，圣人不曾高，众人不曾低”[①]的平等主张，冲击了维护专制统治的等级制度。同时，李贽提倡“至人之治”，强调统治者要能“因其政不易其俗，顺其性不拂其能”，[②]要顺应民心，从民所欲。李贽把普通民众的天性、爱好作为施政的原则，他的“民本”思想相比于孟子以来提倡的“民本”思想更加激进，在孟子那里，人有“先知”和“后知”之分，“天之生此民也，使先知觉后知，使先觉觉后觉也”(《孟子·万章上》)，使得统治阶级可以用“先知”的角色去教化民众。李贽反对“咸以孔子之是非为是非”[③]，这就严重威胁了专制统治的思想根基。李贽的思想被当时的统治者斥为“异端”，其本人也因此而遭到迫害。

明清易代之际，黄宗羲对封建专制制度发起了更为猛烈的批判。他认为人类出现之初，每个人都是自私自利的，之所以后来出现了君主，是因为君主能“不以一己之利为利，而使天下受其利；不以一己之害为害，而使天下释其害”[④]。君主存在的目的是要“以天下为主，君为客”[⑤]，君主辛苦操劳，就是为天下苍生谋福利。但是从三代以后，君民关系倒置，君王为“主”，人民为“客”。天下成为一家一姓之私有，君主“以为天下利害之权皆出于我，我以天下之利尽归于己，以天下之害尽归于人，亦无不可”，并且要把这种特权“传之子孙，受享无穷”。[⑥]黄宗羲将君主作为天下汹汹的根源，认为“天下之大害者，君而已矣！”[⑦]他还进一步认为，把天下作为自家的私产对君主本身也不利，因为这把君王放到了天下人的对立面，“一人之智力，不能胜天下欲得之者之众。远

① 张建业主编：《李贽文集》，社会科学文献出版社2000年版，第19页。
② 张建业主编：《李贽文集》，第82页。
③ 张建业主编：《李贽文集》，第7页。
④ [清]黄宗羲：《明夷待访录》，中华书局2011年版，第6页。
⑤ [清]黄宗羲：《明夷待访录》，第8页。
⑥ [清]黄宗羲：《明夷待访录》，第8页。
⑦ [清]黄宗羲：《明夷待访录》，第8页。

者数世，近者及身，其血肉之崩溃，在其子孙矣”①。君主也要诚惶诚恐每天防备着他人，一不小心就会身死国灭，为天下所笑。鉴于君主专制对君主本人、对天下人都没有好处，他期望有一个“无君”社会，使“人各得自私也，人各得自利也”②。黄宗羲对君主专制的批判具有进步意义，不仅影响了明末清初的大批学人，而且为晚清时期的“革命”人士提供了思想资源。

总体来看，顾炎武处在政治混乱、局势动荡、工商业开始兴起的时代，在思想领域，理学、心学思想渐渐趋于停滞，经世致用思想、反对专制的“启蒙”思潮开始兴起，顾炎武正是在这样的时代和思想背景下进行思想创作的。

第二节　顾炎武“经世致用”的实学思想

明末清初，学术界兴起了“实学”思潮，这种思潮回应了时代的需要，也对清代学术的发展产生了重要影响。张岂之先生认为，这股实学思潮的特点是发扬中国学术实事求是的特点，重视经世致用，不墨守前人之说，在吸收前人学术精华的基础上，积极开辟新的研究领域。③ 从这个角度看，顾炎武倡导经世致用之学，在实地考察的基础上写下了《日知录》《天下郡国利病书》《肇域志》《音学五书》等，都可谓是开启清代“实学”之风的标志性著作。加之他涉猎广博，在诸多领域，如经学、史学、音韵学、文字学、舆地学等方面都有创见，为清代学人开辟了治学的新路径，被尊称为清学“开山始祖”。

一、倡导“经世致用”之学

“经世致用”首先指的是学者应学以致用，关注齐家治国平天下的

① [清]黄宗羲：《明夷待访录》，第 11 页。
② [清]黄宗羲：《明夷待访录》，第 8 页。
③ 张岂之：《儒学・理学・实学・新学》，第 126 页。

现实问题，面对具体的社会矛盾，用所学知识去解决现实的社会问题。“经世致用”精神深植于中国传统文化之中，孔、孟周游列国，希望自己的思想主张能够为诸侯所采纳，建立“天下归仁”的理想社会。中国知识分子的理想是出将入相、治国、平天下，这也充分体现了传统中国读书人的“入世”情结。北宋时期，士大夫倡导“居庙堂之高则忧其民，处江湖之远则忧其君”的忧国忧民情怀。南宋到明，由于政治环境的恶化，读书人为学重心从“治国”、“平天下”转向“修己”，即“以明心见性之空言，代修己治人之实学”[①]。明代末年，政治昏暗、社稷倾覆，给士大夫心灵带来了猛烈冲击，对“经世致用”之学更有了切肤之痛。顾炎武继承儒学的优良传统，极力提倡“经世致用”学风，推动了清代学风的转变。

顾炎武认为“经世致用”之学之所以未能行于天下有多个原因，其一在于国家教育制度。他认为国家教育目标是“收天下之才俊子弟，养之于庠序之中，使之成德达材，明先王之道，通当世之务，出为公卿大夫，与天子分猷共治者也”[②]。而明朝后期之所以腐败无能，重要的原因就是培养不出“通当世之务”的人才。读书人虽然多，但所学多是为了科举的“场屋之文”[③]，培养出来的学生，“求其成文者，数十人不得一，通经知古今，可为天子用者，数千人不得一也”[④]。而且多数读书人志不在为国家服务，只是为了求取功名，以达到“免于编氓之役，不受侵于里胥；齿于衣冠，得于礼见官长，而无笞、捶之辱”[⑤]之目的。因此，顾炎武叹息道：“今之愿为生员者，非必其慕功名也，保身家而已。”[⑥]正因为功名的种种好处，所以暗箱操作、通关系以求功名者“十且七八矣！”[⑦]政府通过此种方式培养出来的生员不仅无助于治理天下，而且还有一部分人横行乡里、无恶不作、祸害苍生，顾炎武列出了他们的五大恶行，即“出入

① [清]顾炎武：《夫子之言性与天道》，黄汝成集释，栾保群、吕宗力校点：《日知录集释》，上海古籍出版社 2006 年版，第 402 页。
② [清]顾炎武：《顾亭林诗文集》，第 21 页。
③ [清]顾炎武：《顾亭林诗文集》，第 21 页。
④ [清]顾炎武：《顾亭林诗文集》，第 21 页。
⑤ [清]顾炎武：《顾亭林诗文集》，第 21 页。
⑥ [清]顾炎武：《顾亭林诗文集》，第 21 页。
⑦ [清]顾炎武：《顾亭林诗文集》，第 21 页。

公门以挠官府之政”；“倚势以武断于乡里”；“与胥史为缘，甚有身自为胥史”；“官府一拂其意，则群起而哄”；“把持官府之阴事，而与之为市”。①

针对国家教育和选官制度的弊端，顾炎武提出三点建议：第一是广开选材之途。“天下之人，无问其生员与否，皆得举而荐之于朝廷，则取士之方，不恃诸生之一途而已也。夫取士以佐人主理国家，而仅出于一涂，未有不弊者也。”②第二是变革科举制度，具体包括如下方面：限制生员名额，“小郡十人，等而上之，大郡四十人而止；小县三人，等而上之，大县二十人而止”③。其中优秀者直接参加礼部进士考试，罢去举人考试这个环节，考中进士后从基层做起，锻炼行政能力；改革科举命题方式和内容，试题要能展现考生能力，如“今若责士子以兼通《九经》，记《通鉴》历代之史，而曰：‘若此者中，不若此者黜。’我以为必好学能文之士喜，而不学无文之士惧也”④。除了经、史方面外，考题还应涉及时政，即要“规切时事”⑤，以考察考生处理现实问题的能力；保证科举的公平性，反对权贵大臣享有科举特权，即“人主设取士之科，以待寒畯，诚不宜使大臣子弟得与其间，以示宠遇之私；而大臣亦不当使其弟子与寒士竞进”⑥。顾炎武认为要从上述几个方面，对科举制度予以改革完善。第三，是要办学校，通过学校来培养人才，强调学校要学习唐代，广开门类，培养各种具有专门知识的人才，以满足国家治理的需要。

在国家制度层面之外，顾炎武认为宋明时期空疏的学风是妨碍经世致用之学流行的另一原因。明代后期，很多士大夫陷入心性之学的末流，谈玄讲禅之风盛行于士林，导致了晚明学风空疏。顾炎武把明朝灭亡的一个重要原因归在士大夫空谈误国。他说：“刘、石乱华，本于清谈之流祸，人人知之，孰知今日之清谈有甚于前代者。昔之清谈谈老、庄，今之清谈谈孔、孟，未得其精而已遗其粗，未究其本而先辞其末。不习六艺之文，不考百王之典，不综当代之务，举夫子论学、论政之大端一

① [清]顾炎武：《顾亭林诗文集》，第 22 页。
② [清]顾炎武：《顾亭林诗文集》，第 24 页。
③ [清]顾炎武：《顾亭林诗文集》，第 24 页。
④ [清]顾炎武：《拟题》，黄汝成集释，栾保群、吕宗力校点：《日知录集释》，第 948—949 页。
⑤ [清]顾炎武：《题切时事》，黄汝成集释，栾保群、吕宗力校点：《日知录集释》，第 949 页。
⑥ [清]顾炎武：《大臣子弟》，黄汝成集释，栾保群、吕宗力校点：《日知录集释》，第 979 页。

切不问，而曰‘一贯’，曰‘无言’，以明心见性之空言，代修己治人之实学。股肱惰而万事荒，爪牙亡而四国乱，神州荡覆，宗社丘墟。”①虽然顾炎武所持“学风误国”的论据值得商榷，但士大夫对于心性之学的极端推崇，对提升他们处理实务能力确实没有多大帮助。无独有偶，与顾炎武同时代的黄宗羲也曾指出：“有明文章事功，皆不及前代，独于理学，前代之所不及也，牛毛茧丝，无不辨晰。”②这说明，明清之际的思想家们对明代后期的空疏学风都有所反省。

除了批判理学末流空谈误国之外，顾炎武还指出理学末流实际上背离了原始儒家的为学宗旨，存在割裂体用、空言心性的毛病。“性也，命也，天也，夫子之所罕言，而今之君子之所恒言也；出处、去就、辞受、取与之辨，孔子、孟子之所恒言，而今之君子所罕言也。”③他批评宋明以来学者喜言性、命、天道，是“陷于禅学而不自知”④，而把孔子等儒家先圣教导的学以致用主张抛诸脑后。为此，顾炎武提出了新的“道器观”，他认为，“形而上者谓之道，形而下者谓之器，非器则道无所寓”⑤。传统的道器之辨，往往讨论的是道器孰为重要的话题，而顾炎武则认为“非器”则道就无法独存，指出器对于道之具体化、现实化的重要性。在他看来，天道和人事并非截然分离，天道只有在自然和人伦日用中才能得以体现，“夫子之教人文行忠信，而性与天道在其中矣”⑥。顾炎武申明了要在日常生活中去体验“性与天道”的主张，主张把抽象的学术思想和国家社会的治乱兴衰结合起来，以所学、所思应对具体的事务。

正是出于对早期儒家学说中经世致用思想的重视，顾炎武提出“重返六经”的学术主张。他认为：“圣人之道，下学上达之力，其行在孝悌忠信；其职在洒扫应对进退；其文在《诗》《书》《三礼》《周易》《春秋》；其用之身，在出处、辞受、取与；其施之天下，在政令、教化、刑法；其所著之书，皆以为拨乱反正，移风易俗，以驯致乎治平之用，而无益者不谈。一

① [清]顾炎武：《夫子之言性与天道》，黄汝成集释，栾保群、吕宗力校点：《日知录集释》，第402页。
② [清]黄宗羲：《明儒学案・发凡》，沈芝盈点校，第710页。
③ [清]顾炎武：《顾亭林诗文集》，第40—41页。
④ [清]顾炎武：《心学》，黄汝成集释，栾保群、吕宗力校点：《日知录集释》，第1048页。
⑤ [清]顾炎武：《顾亭林诗文集》，第40—41页。
⑥ [清]顾炎武：《夫子之言性与天道》，黄汝成集释，栾保群、吕宗力校点：《日知录集释》，第399页。

切诗、赋、铭、颂、赞、诔、序、记之文，皆谓之巧言而不以措笔。其于世儒尽性至命之说，必归之有物有则，五行、五事之常，而不入于空虚之论。仆之所以为学者如此。”[①]顾炎武深入挖掘了先秦儒家经典中蕴含的经世济民思想，认为“六经”不仅是传承儒家正统思想的载体，也是可以拯救时弊的济世之学，而且这种经世致用思想还应该是儒家经典的宗旨和主流。因此，他呼吁“凡文之不关于六经之指、当世之务者，一切不为”[②]。顾炎武力倡经学，希望求道于经，显然是“由其‘道寓于器’的世界观决定的，是其重‘器’而不轻‘道’的表现”。[③] 除了主张通经致用之外，顾炎武尤为重视史学，他认为史书的功能是“鉴往所以训今”，主张古为今用、“引古筹今”[④]，将历史经验和社会现实相结合，通过吸取古人兴衰成败的教训，来为社会现实服务。在顾炎武心中，真正的有用之才就是能够“五经”、“二十一史”和“当世之务”兼而通之。

顾炎武在亡国背景下对明朝学术思想空虚之弊的反思，对于先秦儒家及相关经典的重视，极大地推动了实学、经世致用之学的发展，也开启了清代经学研究的朴学之风，对清代学风的转向起到了有力的引导作用。

二、勇于创新，开朴学之先河

顾炎武在实学思想上的另一重要贡献是开辟并完善了一套新的治学原则和方法，为清代考据学的发展奠定了系统的方法论基础。他本人身体力行，在经学、史学、天文、历法、音韵、金石、文字、舆地、考古、军事等方面都展开了开创性的研究。

顾炎武在给弟子潘次耕的信中申明自己为学的宗旨：“曰博学于文，曰行已有耻。”[⑤]这两句话都出自《论语》，是孔子教导弟子的话。梁

① [清]顾炎武：《顾亭林诗文集》，第 135 页。
② [清]顾炎武：《顾亭林诗文集》，第 91 页。
③ 周可真：《顾炎武哲学思想研究》，当代中国出版社 1999 年版，第 70 页。
④ [清]顾炎武：《顾亭林诗文集》，第 93 页。
⑤ [清]顾炎武：《顾亭林诗文集》，第 41 页。

启超认为“博学于文”强调的是做学问的方法，“行己有耻”是立身做人的方法。[1] 在顾炎武这里，“尊德性”和“道问学”实现了有机的结合，强调必先有“尊德”、“正行”之心，才能够谈学问之事。[2] 晚明以来，士风日下，士大夫有的党附权阉，有的降清，顾炎武对士大夫趋炎附势的行为十分不齿，他认为：“今之所以为学者，为利而已，科举是也。其进于此，而为文辞著书一切可传之事者，为名而已，有明三百年之文人是也。”[3] 在他看来，提振士风要从激发士大夫羞耻之心开始，“士而不先言耻，则为无本之人；非好古而多闻，则为空虚之学。以无本之人，而讲空虚之学，吾见其日从事于圣人而去之弥远也”[4]。他认为，真正的君子之学应该是“非利己而已也，有明道淑人之心，有拨乱反正之事，知天下之势之何以流极而至于此，则思起而有以救之”[5]。因此，可以看出顾炎武为学的目的是“明道淑人”，反对“利己”之学，实际上是不满宋明以来学问思想的“自了汉”，把学问仅仅作为提高个人道德修养和独善其身的手段。[6]

顾炎武针对明代理学家“一皆与之言心言性，舍多学而识，以求一贯之方”[7]以及“而于制度文为一切鄙为末事”[8]的学术风气，提出“博学于文”的主张。顾炎武所谓的“文”有较为广泛的含义，可以指代有关国家治乱兴衰的一切学问，即“以为士当求实学，凡天文、地理、兵农、水土，及一代典章之故不可不熟究”[9]。他认为没有广博的知识便不能轻易下笔著述，因为“读书不多，轻言著述，必误后学”[10]。顾炎武博通经史百家，对政治、经济、军事、舆地、民俗等方面都有深入研究，而这些研究最终的目的是“以明道也，以救世也”[11]。顾炎武自己所树立的为学目的

---

① 梁启超：《中国近三百年学术史》，第 55 页。
② 周可真：《顾炎武哲学思想研究》，第 78 页。
③ [清]顾炎武：《顾亭林诗文集》，第 166 页。
④ [清]顾炎武：《顾亭林诗文集》，第 41 页。
⑤ [清]顾炎武：《顾亭林诗文集》，第 166 页。
⑥ 周可真：《顾炎武哲学思想研究》，第 65 页。
⑦ [清]顾炎武：《顾亭林诗文集》，第 41 页。
⑧ [清]顾炎武：《顾亭林诗文集》，第 32 页。
⑨ [清]顾炎武：《顾亭林诗文集》，第 155 页。
⑩ [清]顾炎武：《顾亭林诗文集》，第 169 页。
⑪ [清]顾炎武：《顾亭林诗文集》，第 98 页。

就决定了他在“博学于文”的同时，要走出书斋，面对现实社会生活。事实上，他一生大部分时光都在颠沛流离中度过，而正是这种经历，让他能够切身考察各地的风俗人情、山川地貌等情况，也使得他能够结识各地的士人，广博自己的见闻。所以，有学者才指出，顾炎武的“学”通常指的是认知交往活动，其基本特点是“依赖于感觉经验和社会交往”①。顾炎武将读书也作为社会交往的一种形式，使得读书从个人的私事上升到一种社会性活动，将个人的知识修养、心性磨练与公共事务结合起来，是践行其经世致用之学的重要方法、途径。②

顾炎武治学秉持“实事求是”的原则，他认为中国历史上流传下来的经书和史书中存在许多谬误，且多是学者有意为之。他认为学者之所以不能秉笔直书，一个重要的原因就是没有保持价值的中立，他们把经史之学当作阐发自己政治立场的工具。这样就使传统学术成为政治的附庸，失去了独立的地位。他反对学者以“正统”观念、主观好恶、门户之见、道德伦理作为学术标准，主张学者在价值中立的前提下，把“实事求是”作为学术研究的最高原则。③

在“实事求是”原则的指导下，顾炎武的每一部著作都体现了他严谨的治学态度，《肇域志》的创作过程是“先取一统志，后取各省府州县志，后取二十一史参互书之。凡阅志书一千余部，本行不尽，则注之旁；旁又不尽，则别为一集曰备录”④。《日知录》的写作更是耗尽了他后半生的精力，他在给友人的信中介绍《日知录》的写作情况说：“自别来一载，早夜诵读，反复寻究，仅得十余条。”⑤经过三十多年精心的打磨、五易其稿，顾炎武仍然认为《日知录》一书还有改进的必要，不能仓促印刷传布。

顾炎武十分注重学术创新，他虽然在学术上主张重返“六经”，但反对在诗文创作上一味摹仿古人。他说，“近代文章之病全在摹仿，即使

① 周可真：《顾炎武哲学思想研究·前言》，第2—3页。
② 周可真：《顾炎武哲学思想研究》，第83页。
③ 参见许苏民：《顾炎武评传》，南京大学出版社2006年版，第327—337页。
④［清］顾炎武：《顾亭林诗文集》，第131页。
⑤［清］顾炎武：《顾亭林诗文集》，第93页。

逼肖古人,已非极诣,况遗其神理而得其皮毛者乎”①。“诗文之所以代变,有不得不变者。一代之文沿袭已久,不容人皆道此语。今且千数百年矣,而犹取古人之陈言一一而摹仿,以是为诗,可乎?故不似则失其所以为诗,似则失其所以为我。”②他认为这种简单的摹仿仅得其形,未得其真意,而且容易使自己的思维被前人所限制,很难有新的创见。顾炎武认为学问就是要发前人所未发,他自己做学问就是发现“古人先我而有者,则遂削之”③。即使是自己通过辛苦研究所得,一旦发现和前人有暗合之处,应立即舍去。他的目标就是要在前人基础上有所推进,要做“古人所未及就,后世之所必不可无”④的学问。

顾炎武依据自己的为学宗旨和原则,在长期的治学过程中,总结出了一套比较科学的治学方法。

第一,强调重视资料的来源。顾炎武认为,治学应该从资料出发,而且最好是一手资料。他十分赞赏孔子“述而不作”的主张,如实地把经典作品传承下来,为后世了解历史提供了可靠资料。他反对后世学者“盗前人之书而为自作者”⑤,认为在使用前人资料时,不要随意篡改,“凡述古人之言,必当引其立言之人。古人又述古人之言,则两引之,不可袭以为己说也”⑥。顾炎武的这种主张接近现代学术规范,即引用资料时必须注明资料的来源,以供他人查证。

第二,重视实地调查。他倡导的经世致用之学最重要方面就是实事求是、讲求实际,他认为,困在书斋里的学问多是与现实脱节的学问。顾炎武游历了大江南北,对各地的山川风俗、生民疾苦都了然于心。他的许多研究、调查都是针对自己观察到的社会现象而发,提出的许多建议也是为解决实际问题服务的。梁启超认为《日知录》“许多资料,非专从纸片上可得”⑦。他的《金石文字记》被认为是清代金石学的重要代表

① [清]顾炎武:《文人模仿之病》,黄汝成集释,栾保群、吕宗力校点:《日知录集释》,第 1097 页。
② [清]顾炎武:《诗体代降》,黄汝成集释,栾保群、吕宗力校点:《日知录集释》,第 1194 页。
③ [清]顾炎武著,黄汝成集释,栾保群、吕宗力校点:《日知录集释》,第 1 页。
④ [清]顾炎武:《著书之难》,黄汝成集释,栾保群、吕宗力校点:《日知录集释》,第 1084 页。
⑤ [清]顾炎武:《顾亭林诗文集》,第 30 页。
⑥ [清]顾炎武:《述古》,黄汝成集释,栾保群、吕宗力校点:《日知录集释》,第 1162 页。
⑦ 梁启超:《中国近三百年学术史》,第 58 页。

作，创作过程殊为不易。他自述："二十年间，周游天下，所至名山、巨镇、祠庙、伽蓝之迹，无不寻求，登危峰，探窈壑，扪落石，履荒榛，伐颓垣，畚朽壤，其可读者，必手自钞录，得一文为前人所未见者，辄喜而不寐。"[①]由此可见，顾炎武的著作是将书上资料和实地考察相结合的产物，以实地考察的结果去印证书籍记载的真伪，澄清了文献记载中的许多谬误。

第三，提倡比较、归纳和演绎的治学方法。顾炎武在论证问题时注重资料的丰富性，他强调得出任何结论都要有坚实的证据作支撑，"无证"和"孤证"都是不足为凭的，必须"语必博证，证必多例"[②]。如前所述，他在创作《肇域志》的过程中，"凡阅志书一千余部"，搜集资料的范围非常广泛；《天下郡国利病书》的撰述也是"历览二十一史以及天下郡县志书，一代名公文集及章奏文册之类"[③]。搜集了足够丰富的资料之后，就要对这些资料进行系统分类归纳，顾炎武将证据分为"本证"与"旁证"，"列本证、旁证二条。本证者，《诗》自相证也；旁证者，采之他书也。二者俱无则宛转以审其音，参伍以谐其韵"。[④] 按顾炎武所说，"本证"就是以《诗》来证《诗》，"旁证"则是引用其他经典或史书的内容来证《诗》。顾炎武在旁征博引、进行归纳总结的基础上，重视科学的演绎，即用归纳出来的规律去指导对个别事物的认识，如在史学领域强调的"引古筹今"，即要用已知之"道"去指导、服务未来的行动。[⑤]

总之，顾炎武在治学过程中总结出来的这些宗旨、原则和方法为清代考据学奠定了方法论基础。正如梁启超先生所说："要而论之，清代许多学术，都由亭林发其端，而后人衍其绪。"[⑥]这也说明了顾炎武在清代学术思想上的开创性地位。

---

① [清]顾炎武：《顾亭林诗文集》，第 29 页。

② 钱穆：《中国近三百年学术史》（上册），九州出版社 2011 年版，第 147 页。

③ [清]顾炎武：《顾亭林诗文集》，第 131 页。

④ [清]顾炎武：《音学五书》，第 35 页。

⑤ 周可真：《顾炎武哲学思想研究》，第 99 页。

⑥ 梁启超：《中国近三百年学术史》，第 61 页。

第三节 顾炎武的“启蒙”思想

顾炎武不仅积极提倡经世致用之学，而且身体力行，他除了积极参与反清复明的活动外，还不断调查、思考和著述。从现代思想的眼光来看，作为一个“通儒”，顾炎武遍览经、史、百家，通过自己几十年的实地考察，把历史和现实结合起来，在政治、经济思想方面，提出了许多具有“启蒙”色彩的思想。

一、顾炎武的反专制主义思想

由于明朝专制主义统治的弊病，思想界出现了一股反专制主义思潮，除前文所述李贽、黄宗羲之外，顾炎武也是这一思潮的重要推动者之一。他非常欣赏黄宗羲所著的《明夷待访录》，认为自己《日知录》的论点“同于先生者十之六七”[①]。他指出，专制主义流毒海内，主要表现在以下几个方面：其一，专制主义是导致国家积弱、覆亡的重要因素。皇帝把天下视为自己的私产，为了防止他人的觊觎，就竭力把兵权、财权和行政权抓到自己手中，对授予朝臣和地方官的暂时性权力还要分割、监督、掣肘，必然导致官员行政效率低下。在这种情况下，“万里之远，皆上所制命，则上诚利矣。百年之忧，一朝之患，皆上所独当，而其害如之何？此外寇所以凭陵而莫御，仇耻所以最甚而莫报也”[②]。他奉劝最高统治者，从表面上看，专制主义虽然对皇帝有好处，天下之利权皆归于帝王，但如遇外患，又有谁愿意替一家一姓之私产、私利而卖命呢？

其二，顾炎武把专制主义作为官僚腐败的根本性原因。君主是腐败分子的带头人。顾炎武认为：“天下之人各怀其家，各私其子，其常情也。”[③]人的自私本性是一种普遍性现象，君主亦有自己的私欲。专制君

---

① [清]顾炎武：《顾亭林诗文集》，第239页。

② [清]顾炎武：《省官》，黄汝成集释，栾保群、吕宗力校点：《日知录集释》，第491页。

③ [清]顾炎武：《顾亭林诗文集》，第14页。

主与常人不同之处在于其可以运用理论上无限的权力来实现一己之私欲。君主贪于上，群臣敛于下，“上行之则下效之，于是钱谷之任，榷课之司，昔人所避而不居，今且攘臂而争之。礼义沦亡，盗窃竞作，苟为后义而先利，不夺不餍”①。正是这种君主专制下的权力无制约的特点，使得贪墨之风甚嚣尘上，毁掉国家治理的根基。明朝晚期正是专制主义发展到顶点，皇帝与各级臣子上行下效，滥用权力，导致了整个官场集体性腐败，最终导致明朝的灭亡。

其三，专制主义摧毁了士大夫的道德防线。顾炎武这一条主要针对明朝所发，中国历代都秉持“刑不上大夫”的基本原则，虽然历代也有许多杀害士人的事件，但总体上都把士大夫作为皇权统治的依靠力量。到明王朝建立之后，明太祖对士大夫的杀戮和羞辱到了肆无忌惮的地步，士大夫毫无尊严可谈。官场上多充斥着一些溜须拍马的小人和宦官，即使出现一些贤能的官员，在明朝的官场文化熏陶之下，也会“无以自奋而同归于庸懦”②。在明朝的官场史上，敢于直谏的大臣轻则免官、重则杖毙，朝堂上得势的多是王振、严嵩、刘瑾、魏忠贤之流，就连稍有作为的张居正也要靠联合大太监冯保，才能执掌大权推行改革措施。

其四，专制主义实行文化专制，禁锢人的思想。顾炎武反对明朝采用的八股制度，认为“八股之害等于焚书，而败坏人材有甚于咸阳之郊所坑者但四百六十余人也”③。明朝将程朱理学所推崇的《五经大全》《四书大全》等列为科举指定教材。顾炎武指出：“自八股行而古学弃，《大全》出而经说亡，十族诛而臣节变，洪武、永乐之间，亦世道升降之一会矣。”④他把学术思想和国家兴衰治乱联系在一起，认为人们思想为八股所禁锢，很难再培养出真才实学之人，国家无贤才，走向衰败也就成为必然。

顾炎武不单是简单的批判专制主义的弊病，而是更勤于思考调查，提出了许多改善意见，除上文所提及的改革选官和教育制度，还有一个

① [清]顾炎武：《言利之臣》，黄汝成集释，栾保群、吕宗力校点：《日知录集释》，第706页。
② [清]顾炎武：《人材》，黄汝成集释，栾保群、吕宗力校点：《日知录集释》，第518页。
③ [清]顾炎武：《拟题》，黄汝成集释，栾保群、吕宗力校点：《日知录集释》，第946页。
④ [清]顾炎武：《书传会选》，黄汝成集释，栾保群、吕宗力校点：《日知录集释》，第1045页。

比较有意义见解是他提出了“以天下之权寄天下之人”[①]的制度改革主张，内容包括提出君民平等、封驳制度等，最有现实意义的是他所提出的地方与中央相互分权的主张。在《郡县论》中，顾炎武把郡县制替代封建制看做是历史发展的必然，但是郡县制经过两千多年的发展弊端日显。“方今郡县之敝已极，而无圣人出焉，尚一一仍其故事，此民生之所以日贫，中国之所以日弱而益趋于乱也。”[②]他把郡县制和封建制进行了一番比较，认为“封建之失，其专在下；郡县之失，其专在上”[③]。即封建制度的弊端在于诸侯专权、不服中央，而郡县制则导致君主专制，天下郡县都成为帝王的私产，“尽四海之内为我郡县犹不足也，人人而疑之，事事而制之，科条文簿日多于一日，而又设之监司，设之督抚，以为如此，守令不得以残害其民矣”[④]。管理地方的官员则都是君主的“代言人”，处处受到君主的监督与制约。对地方没有所有权的官员既无动力，又处处受到君主的掣肘，难以替民兴利。因此，为了矫正郡县制的这一弊端，顾炎武提出要“寓封建之意于郡县之中”，具体就是要“予之以生财治人之权，罢监司之任，设世官之奖，行辟属之法”[⑤]。顾炎武的这些方略主张，当然未必得当，但还是触及了传统政治体制的根本性问题，值得后人反思。

顾炎武提出设立“世官”的建议并非是简单地回到血缘分封制，而是要选拔贤才，“必用千里以内习其风土之人”。官员选拔出来后，要三年一考察，“其初曰试令，三年，称职，为真；又三年，称职，封父母；又三年，称职，玺书劳问；又三年，称职，进阶益禄，任之终身”[⑥]。这样的终身任职之弊端就改变了“流官”的弊端，因为专制政府任命的地方官往往不是本地人，亦非长期任职。这就导致“流官”不熟悉本地情况，难于治理，同时也对地方没有归属感，导致了大批贪官污吏鱼肉地方。而“世

---

① [清]顾炎武：《守令》，黄汝成集释，栾保群、吕宗力校点：《日知录集释》，第541页。
② [清]顾炎武：《顾亭林诗文集》，第12页。
③ [清]顾炎武：《顾亭林诗文集》，第12页。
④ [清]顾炎武：《顾亭林诗文集》，第12页。
⑤ [清]顾炎武：《顾亭林诗文集》，第12页。
⑥ [清]顾炎武：《顾亭林诗文集》，第13页。

官”就是要让地方官终身生活在所治理的地方，“既家于县，则除其本籍”[1]。这样就断绝了地方官作恶的“后路”，但实际上，虽然“世官”可能接受熟人社会里的父老乡亲的监督，但这种制度的弊端也是十分明显，如滋长官场裙带关系的腐败可能，同时也可能使得阶层固化，形成团伙势力长期占据某个地方。

顾炎武认为：“使天下之为县令者，不得迁又不得归，其身与县终，而子孙世世处焉。不职者流，贪以败官者杀。夫居则为县宰，去则为流人，赏则为世官，罚则为斩绞，岂有不勉而为良吏者哉！”[2]顾炎武的“世官”制度设计的基础还是建立在他对人性认识的基础之上，即“天下之人各怀其家，各私其子，其常情也”[3]。顾炎武承认“私利优先”原则，强调“公寓于私”、“义寓于利”，重视个人的正当权益。[4] 这样就把“世官”与治理的地方密切联系在一起，一荣俱荣，则“为子姓，则必爱之而勿伤；为田畴，则必治之而勿弃；为藩垣囷窌，则必缮之而勿损”[5]。每个地方官在私利的驱动下把地方治理得井然有序，天下就太平了，就实现了天下的“大公”。

从上文所述顾炎武的政治见解来看，顾炎武还未能摆脱儒家“复古”观念的影响，这是其思想中的保守面向。但另一方面其“唯物主义这一根本的世界观却决定了他不能闭眼否定社会变化的必然性”[6]，他清楚地看到郡县代替封建是历史大势，而到了他生活的年代，专制主义的弊端也已经积重难返，势必走向衰亡。因此，可以说顾炎武反对君主专制，将权力分散下放的思想闪耀着创造性的光辉，对后世的官制设计提供了许多建设性想法。但由于顾炎武的这种想法从来没有得到实践的检验，其可行性也只能做思想上的逻辑推演。

① [清]顾炎武：《顾亭林诗文集》，第 13 页。
② [清]顾炎武：《顾亭林诗文集》，第 13 页。
③ [清]顾炎武：《顾亭林诗文集》，第 14 页。
④ 周可真：《顾炎武哲学思想研究》，第 125 页。
⑤ [清]顾炎武：《顾亭林诗文集》，第 15 页。
⑥ 周可真：《顾炎武哲学思想研究》，第 50 页。

二、顾炎武的"民生"思想

顾炎武关注政治制度设计，希望从制度建设上来保障"民生"。一方面他批判专制主义，"人君之于天下，不能独治也；独治之而刑繁矣，众治之而刑措矣！"①刑罚繁杂就会扰民，而且便利地方贪官污吏对百姓的剥削。另一方面，由于传统时代技术的限制，国家政治机器难以覆盖到统治地域的方方面面，尤其是广袤的乡村地区。顾炎武建议君主应该因势利导，承认乡村的地方自治，特别是利用地方宗族的力量。"一家之中，父兄治之；一族之间，宗子治之。其有不善之萌，莫不自化于闺门之内。"②普通的矛盾在家族内部化解，内部不能解决，再"归之士师"③。顾炎武关于乡村治理的意见是通过自己在各地实地考察的基础上得来的，专制政府也希望利用宗族势力来稳定地方治安，但免不了还有许多贪官污吏横行地方。顾炎武希望国家在制度上进一步完善乡村的治理机制，真正赋予基层自治的权力，这一思想也具有重要的历史意义。

顾炎武足迹遍布南北各地，对民间疾苦有着深刻的体察，除了要求国家在制度上给予人民"自治"的权力外，他还对具体问题进行实地调研，并根据历史上处理相关问题的经验，提出了许多有建设性的改革意见。《钱粮论》中讲到，顾炎武在漂泊过程中看到许多地方谷贱银贵，而政府强行规定赋税必须征银，导致百姓"岁甚登，谷甚多，而民且相率卖其妻子"④。他认为政府不准百姓从事海外贸易，国内也不鼓励商业发展，导致百姓不能正常贸易，当然就会造成"有谷而无银"⑤的局面。顾炎武对历史上不同朝代的赋税制度分析得出结论，"先王之制赋，必取其地之所有。今若于通都大邑行商麕集之地，虽尽征之以银，而民不告

① [清]顾炎武:《爱百姓故刑罚中》，黄汝成集释，栾保群、吕宗力校点:《日知录集释》，第 366 页。
② [清]顾炎武:《爱百姓故刑罚中》，黄汝成集释，栾保群、吕宗力校点:《日知录集释》，第 366 页。
③ [清]顾炎武:《爱百姓故刑罚中》，黄汝成集释，栾保群、吕宗力校点:《日知录集释》，第 366 页。
④ [清]顾炎武:《顾亭林诗文集》，第 17 页。
⑤ [清]顾炎武:《顾亭林诗文集》，第 17 页。

病，至于遐陬僻壤，舟车不至之处，即以什之三征之而犹不可得"[①]。他认为不同朝代会根据具体情况来征收赋税，有时征收实物、有时钱粮并征，因时制宜，因地制宜，以便民为宗旨。

顾炎武对清代赋税征收中另一个弊端——"火耗"，也有深刻洞察。所谓"火耗"指的是地方把百姓交的碎银熔化重铸以便上交朝廷，在此过程中造成银钱的损耗。这种熔铸的损耗不过百分之一二，地方官吏却以此为聚敛之法，"藉火耗之名，为巧取之术，盖不知起于何年，而此法相传，官重一官，代增一代"[②]。清代有些地方"火耗"甚至比正常赋税还要高。他认为解决"火耗"问题的最好方法就是赋税改征实物钱粮，因为钱粮没有所谓的"火耗"，且"钱重而难运，银轻而易赍；难运，则少取之而以为多，易赍，则多取之而犹以为少"[③]。顾炎武的这种建议有其合理性，但明清以来，由于商品经济的发展，赋税征银成为定例，且即使征收实物，贪官污吏也有办法继续盘剥百姓。不过顾炎武毕竟注意到这个事关民生的大问题，体现了他作为士大夫强烈的社会责任感，清朝到了雍正年间也不得不正视"火耗"问题，并出台了"火耗归公"的政策。

顾炎武不仅善于发现社会政治生活中的具体问题，而且不断思考如何从根本上改善人民的生活条件。明代以前，由于社会生产力的制约，人们普遍把农业看作增加国家财富、提高人们生活水平的最根本手段。但是，明代中后期，由于商品经济的快速发展，给人们观察社会发展问题提供了新的视角。顾炎武首先从道德上肯定了人追求财富的合理性，他认为"民之质矣，日用饮食"[④]，"欲使民兴孝、兴弟，莫急于生财"[⑤]，只有物质生活条件有了保障，人们的道德水平才有提升的可能。这样就打破了人们求"利"的思想包袱，也回击了政府和"道学先生"站在道德角度反对发展工商业经济的主张。

顾炎武敏锐地注意到，天下动荡不安的根源出于贫困，他疾呼"今

① [清]顾炎武：《顾亭林诗文集》，第 18 页。
② [清]顾炎武：《顾亭林诗文集》，第 19 页。
③ [清]顾炎武：《顾亭林诗文集》，第 20 页。
④ [清]顾炎武：《民之质矣日用饮食》，黄汝成集释，栾保群、吕宗力校点：《日知录集释》，第 150 页。
⑤ [清]顾炎武：《未有上好仁而下不好义者也》，黄汝成集释，栾保群、吕宗力校点：《日知录集释》，第 380 页。

天下之患，莫大乎贫”[1]。他把农业、手工业和商业都看作是创造财富的“本业”。他认为：一方面，专制政府不鼓励工商业发展；另一方面统治阶层腐败无能，与民争利，残酷掠夺，严重阻碍了经济的发展。因此他提出三条建议：一是政府整肃吏治，不要对工商业横征暴敛，创造一个良好的经济环境；二是政府退出经济领域，让利于民，藏富于民；三是鼓励民间自由贸易，取消海禁政策。他认为转变之后的政府职能应该保护百姓的人身、财产安全，并设计、完善货币和赋税制度，为经济发展提供制度保障。顾炎武的这些主张反映了当时新兴工商业阶层的利益诉求，带有鲜明的启蒙主义色彩。

第四节 顾炎武思想的影响

顾炎武是明末清初著名的经、史学家、启蒙思想家和音韵学家，在很多领域都有开创性的贡献，对清代学者有着深远影响，章学诚认为顾炎武称得上是清代的“开国儒宗”[2]。梁启超称他：“生平最敬慕亭林先生为人……但我深信他不但是经师，而且是人师。”[3]作为“经师”，顾炎武的学术著述、思想精神影响深远；作为“人师”，顾炎武为后代读书人树立了道德榜样。在国家倾覆的恶劣政治环境下，许多标榜“仁义”、“忠孝”的道学先生纷纷变节，摇身一变，成为新朝的“新贵”。而顾炎武则终生为故国奔走，不仅积极参加反清复明的政治、军事活动，还曾六次去南京凭吊明太祖朱元璋、两次去北京祭拜明成祖朱棣，六次去北京悼念崇祯帝朱由检。他面对士大夫“临财但苟得，不复知廉耻”[4]的现象，顾炎武提倡“行己有耻”，把羞耻之心作为做人的根本。顾炎武自己终身践行“行己有耻”的信条，他虽出生官宦世家，家财殷实，在清朝的统治下，他也可以过上富裕的生活。但他坚信：“保天下者，匹夫之贱与

---

① [清]顾炎武：《郡县论》，唐敬杲选注：《顾炎武文》，崇文书局 2014 年版，第 9 页。

② [清]章学诚：《浙东学术》，叶瑛校注：《文史通义校注》，中华书局 1985 年版，第 523 页。

③ 梁启超：《近三百年中国学术史》，朱维铮校注：《梁启超论清学史二种》，第 155 页。

④ [清]顾炎武：《顾亭林诗文集》，第 348 页。

有责焉耳矣。”[①]为了复国，他背井离乡、过着朝不保夕的生活。面对清廷的威逼利诱，他拒绝合作，表现出了高尚的气节。

除了对故国的忠心之外，他还秉持着“为生民立命，为万世开太平”的崇高理想，强调为民兴利、藏富于民，对专制君主和地方贪官污吏发起了猛烈批判，提出了许多关于政治、经济和社会方面的改革主张。他的这些富有启蒙色彩的主张在清朝专制皇权的压制下很难生根发芽。但到了晚清，面对内忧外患的局面，顾炎武的学说主张开始被致力于改革的学者重新发掘。梁启超认为：“最近三十年思想界之变迁，虽波澜一日比一日壮阔，内容一日比一日复杂，而最初的原动力，我敢用一句话来包举他：残明遗献思想之复活。”[②]梁启超所指的“残明遗献思想”，就是晚明顾炎武等人对专制、八股的批判所表现出来的启蒙思想。近代资产阶级革命派也把顾炎武的学说作为奥援，章太炎用顾炎武的“行己有耻”也倡导革命道德，[③]熊十力曾引用顾炎武《郡县论》中的主张来推进地方自治。[④]

在学术方面，顾炎武要求学者多从修己治人的实学入手，少谈一些明心见性的玄虚之言，学问不仅要修身，而且可以用来齐家、治国、平天下。顾炎武身体力行，引领了新的学术风气，他不仅主张学者要“博学于文”，而且应该到社会中、人群中去，切切实实做一番实际之调查，并多和其他学者进行学术上的交流。他本人走遍大江南北，每次出行都要用骡、马负书数箱，路途中坚持读书，到了陌生地方，他总要考察山川形势、风土人情，和当地人进行交谈，看到、听到和书籍记载相异的，总要探求考证、和书本相参验，直到把问题搞明白为止。这种学习与实践相互结合的做法，为晚明空虚的学风注入了一股清新剂，为清代实学的发展起到了示范性作用。顾炎武虽半生漂泊，居无定所，但在为学方面却一日不肯松懈。潘次耕称道：“精力绝人，无他嗜好，自少至老，未尝一日废书。出必载书数簏自随，旅店少休，披寻搜讨，曾无倦色。有一

① [清]顾炎武：《正始》，黄汝成集释，乐保群、吕宗力校点：《日知录集释》，第 757 页。

② 梁启超：《中国近三百年学术史》，第 30 页。

③ 参见章太炎：《章太炎政论选集》，中华书局 1977 年版，第 319 页。

④ 参见熊十力：《读经示要》，广文书局 1979 年版，第 57 页。

疑义,反复参考,必归于至当。有一独见,援古证今,必畅其说而后止。”[①]应该说,正是这种勤奋好学的精神,顾炎武才能做出许多学术思想成就。

顾炎武在学术领域做出了许多开创性研究,被后世公认为是清代朴学的开山之祖。顾炎武对清代考据学的重要影响主要集中体现在以下两个方面:一是为清代考据学研究指明了方向。顾炎武崇尚“通儒”之学,对经史百家之学进行了分门别类的研究,在经学、史学、文字、考古、音韵等方面都做出了开创性的贡献。清代学者虽然没有顾炎武的“通儒”气象,但在顾炎武开创性研究的基础上,分门别类地对各种学问进行了深入、精密的研究。二是治学方法上的影响。顾炎武为清代考据学奠定了方法论的基础,他所提倡的重视第一手资料、引文需详注出处、不得抄袭、孤证不立、无征不信等方法,都被清代考据学者奉为圭臬。

既是“经师”,又是“人师”,作为道德、文章楷模的顾炎武成为后人心目中的一座高峰,不论是在乾嘉考据的兴盛期,还是在民族危亡的危急关头,顾炎武的人格力量和学术思想总能给后人提供某种程度的帮助。因此,清道光二十一年(1841 年),在车持谦、陶澍等人的推动下,朝廷准许顾炎武入祀先贤祠,并对顾炎武的学术贡献予以公开表彰。自此之后,纪念顾炎武的祠堂如雨后春笋般出现,最早的一座是北京慈仁寺顾祠,后来相继在昆山玉山书院、常熟唐市、苏州相城、南京朝天宫、昆山千灯等地建立了多座纪念场所,这也显现了顾炎武在清代历史上的影响。

顾炎武是明清之际全国范围内的第一流思想家,他的学术、思想成就在中国思想史上有着非常重要的地位。顾炎武是明清之际思想转折时期的人物,他的出现,也喻示着江苏籍的思想家开始正式走向晚近以来中国思想舞台的中心地带。

---

① [清]顾炎武:《潘耒原序》,黄汝成集释,乐保群、吕宗力校点:《日知录集释》,第 1 页。

第八章　惠栋与吴派经学思想

江苏在清代学术思想版图上地位重要，出现了一批以江苏地名命名的学派，如吴派经学、扬州学派、常州学派等，这些学术派别以其核心人物的出生地或者居住地为中心，汇聚了一批学人，在清代思想史上有着重要的影响，同时也为近代以来江苏文化的发展留下了优秀的传统。在这些思想家或者思想派别中，惠栋及吴派经学就是其中较为早期的代表。惠栋(1697—1758年)，字定宇，江苏吴县人(今江苏苏州)，清代著名的经学家、文字学家和思想家。惠栋出身书香门第，历代皆以诗书传家，他自幼聪颖，潜心向学，遍览家中藏书，号称"自经、史、诸子、百家、杂说及释道二藏，靡不穿穴"①。他的代表作有《易汉学》《周易述》《九经古意》《周易本意辨》《郑氏周易注》《松崖文钞》《古文尚书考》《左传补注》《后汉书补注》等。惠栋治学范围极广，不仅深研经史，而且旁涉佛老，尤其精于《易》学。同时，惠栋治学方法注重训诂、考据，对清代汉学发展起到了重要推动作用，被后人尊为吴派经学的创始人，在清代江苏思想史上占有重要地位。

① [清]江藩:《国朝汉学师承记》，中华书局1983年版，第23页。

第一节　惠栋的生平及时代思想背景

苏州是江南经济富庶、文化荟萃之地。春秋时期，吴国兴起，苏州地区开始成为吴文化的发源、孕育之地，吴、越、楚三国之间的争霸角逐，给吴文化注入了多元文化的内涵和活力。大一统王朝建立之后，苏州“历代以为行省，汉教所被，居列郡先声，明文物之盛，甲乎海内”①。到了明清之时，苏州府已经成为中国经济最繁华的地带，据清朝中前期《吴县志》记载：“吾吴虽云一邑，而四方万里海外异域珍奇怪伟希世难得之货，罔不毕集，诚宇宙间一大都会也。”②除了发达的经济之外，苏州还有璀璨、悠久的文化和优美的自然风光，自宋代以来就已经有“上有天堂，下有苏杭”的美誉，明清时代又流行“江南园林甲天下，苏州园林甲江南”的说法。经济的繁荣以及得天独厚的自然、人文景观培育了明清时代苏州高度发达的文化，所谓“人文渊薮，科名之盛，特冠海内”③。惠栋就出生在富庶、繁华与充满人文气息的苏州。

一、惠栋的家世、生平

惠栋在汉学上的成就和地位不仅和苏州的自然人文环境相关，还和他的家庭熏陶息息相关。惠栋出身于书香门第，自称“少承家学，九经注疏，精涉大要。自先曾王父朴庵公以古文训子弟，至栋四世，咸通汉学”④。他的曾祖父惠有声，字朴庵，明代国子监生员，通九经，善诗书。惠栋经常追忆曾祖父的学术成就与影响，在《易汉学自序》中说：“栋曾王父朴庵先生尝闵汉学之不存也，取李氏《易解》所载者参众说而

①《中国地方志集成·江苏府县志辑 7》，江苏古籍出版社 1991 年版，第 7 页。

② 乾隆《吴县志》卷 23《物产》。转引自王日根，陈国灿著：《江南城镇通史：清前期卷》，上海人民出版社 2017 年版，第 27 页。

③《中国地方志集成·江苏府县志辑 7》，第 588 页。

④［清］惠栋：《上制军尹元长先生书》，《清代诗文集汇编》（卷 296），上海古籍出版社 2010 年版，第 55 页。

为之传。”[1]朴庵公对惠栋的学术影响不只局限于《易》学，旁及诸经，如惠家世传《左氏春秋》，到了惠栋时，已经四世相传了。惠栋祖父惠周惕，是康熙三十年的进士，曾做过翰林院的庶吉士，号称“红豆斋主人”。《清史稿》记载：“周惕邃于经学，为文章有楘度，著有《易传》、《春秋三礼问》及《砚豀诗文集》……清二百余年谈汉儒之学者，必以东吴惠氏为首。惠氏三世传经，周惕其创始者也。”[2]惠栋父亲惠士奇，字天牧，又字仲儒，号松崖，又号半农，康熙四十八年进士，选翰林院庶吉士编修，曾两次担任会试同考官，后督学广东，对广东的教育发展繁荣做出了巨大贡献，受其影响，广东学子“争弃兔园册，专事经籍，而通经者愈多，其为文章，郁郁莘莘，比于江浙矣”[3]。他本人撰有《易说》六卷、《春秋说》十五卷、《红豆斋诗文集》《礼说》十四卷等。

惠栋是惠士奇的次子，受家庭的熏陶，他自幼就立志向学，将家中所藏之书悉数诵读，涉猎极广。他的聪慧在当时就为人所称道，其父好友李绂一见奇之，认为惠氏家学后继有人。惠士奇异地为官之时，时常将惠栋带在身旁，以便于督促其学业。惠栋青年时期追随父亲走南闯北的经历，一方面广博了他的视野，另一方面也使得他得以结交不同地方的学者，增长学识。如他追随父亲督学广东之时，结交了青年俊才苏珥、罗天尺、何梦瑶、陈海六等人，他们时常聚在一起讲经论文、切磋学问，在此过程中，惠栋的学术造诣得到了同侪们的认可。惠栋虽然满腹才学，但是却在科举上没有大的成就，只在二十岁左右考取秀才，自此之后就不再致力于科举。究其原因，可从两个方面来解释，其一，惠栋对当时的官场之风气败坏深恶痛绝。惠栋历经康熙、雍正、乾隆三朝，一方面清朝国力逐渐走向顶峰，另一方面盛世之下各种危机日渐严重，特别是官场的腐败黑暗。惠栋随父宦游南北，耳濡目染，对官场的蝇营狗苟、卑鄙腐化的现状知之甚深，特别是一些通过科考而为官的士大夫，以“道学”之虚名自高，但所行之事皆不堪入目，人前人后，判若两人。他批判道：“今之士大夫不如商贾，商贾逐什一之利，犹以信行于俦

① [清]惠栋：《易汉学自序》，《清代诗文集汇编》(卷296)，第50页。
② 赵尔巽等撰：《清史稿》(第43册)，中华书局1977年版，第13178—13179页。
③ 李开：《惠栋评传》，南京大学出版社1997年版，第517页。

类；士大夫趋势利而忘大义，无可信之人矣！”[1]其二，惠栋的学术取向与清代科举相抵牾。惠栋倾心于对汉代经学的考据研究，特别是五经。而科举考试自元以来，多以四书为主，尤其重视朱子所注，即使涉及五经内容也取宋代理学家所注之经义。由此可见，惠栋“愈古愈好”的宗汉主张必定是不合科举之“时宜”的。

在传统社会中，读书人若要飞黄腾达，过上衣食无忧的生活，无非二途，要么是家境殷实、祖宗庇佑，要么是科举扬名，科举之途即利禄之阶。惠栋虽出生于书香世家，祖父、父亲皆有进士功名，但父亲在做官期间，奉命修筑镇江城，因种种原因未能成功，不仅被朝廷罢免，而且耗尽家财。从此时起，惠栋开始了长期的清贫生活。他常年居住在苏州城南的葑门泮环巷，以教书为生，收入微薄，饥寒困苦，甚为寒素，他的两任妻子先后不幸去世。在这样艰难的处境下，惠栋本人颇有颜回“一箪食，一瓢饮，在陋巷，人不堪其忧，回也不改其乐”(《论语·雍也》)的风骨，好学不倦，积极搜集和研究传统典籍，为了求得一册善本，倾囊不惜。他家里没有收藏的书，就到处打探，借来手抄。正是常见累月的积累，惠栋对古籍的研究达到了一个新的高度，“校勘精审，于古书之真伪，了然若辨黑白”[2]。惠栋中年以后潜心于经书，在《易》的研究上尤为用功，为恢复汉《易》的本来面貌做了大量审慎的考据工作。“精研三十年，引申触类，始得贯通其旨，乃撰《周易述》一编，专宗虞仲翔，参以荀、郑诸家之义，约其旨为注，演其说为疏，汉学之绝者千有五百余年，至是而粲然复章矣。”[3]乾隆十五年(1750 年)，下诏令大臣推举“明经行修之士”出来做官，由于晚年的惠栋在士林之间素有盛名，因此先后担任过两江总督的黄廷桂和尹继善共同保举“博通经史，学有渊源”的惠栋出仕为官。[4] 惠栋此时虽有意出来为官，但无奈朝廷最终却未能录用他。此后，惠栋为官之意渐熄，课徒著述，终老于家，享年六十一岁。

---

① [清]惠栋：《士大夫无信》，《九曜斋笔记》卷三，江苏广陵古籍刻印社 1982 年版，第 17 页下。

② [清]江藩：《国朝汉学师承记》，第 23 页。

③ [清]江藩：《国朝汉学师承记》，第 24 页。

④ [清]江藩：《国朝汉学师承记》，第 23 页。

二、惠栋的时代与思想背景

惠栋生活的年代正是清朝从稳定走向繁荣的重要时期。在此之前，清朝虽然名义上统一了全国，但是还面临着内忧外患的局面。康熙帝励精图治，在1681年平定三藩之乱，1683年收复台湾，1689年击败沙俄，签订《尼布楚条约》，1697年平定新疆地区噶尔丹叛乱。至此，清朝大规模的军事战争始告结束，国内开始了长期的和平、发展时期，中国开始进入了传统社会的最后一个盛世。

康雍乾时期，清朝在经济、军事和文化等方面都达到了一个新的高度。在经济上，由于明末以来连年战乱，生灵涂炭，百姓流离失所，土地、田舍皆成丘墟，等到局势逐渐稳定之时，清政府面临着无民可治、无力可耕的局面。面对此种现实，清政府出台了一系列政策，恢复农业生产。康熙亲政以后，首先停止了满洲贵族的圈地政策，并且降低农业税收，鼓励农民垦荒，后来又提出盛世滋丁，永不加赋的主张，加之晚明以来，美洲高产作物番薯和玉米的传入与普及，人口和农业都得到恢复。到了雍正时期，统治者推行摊丁入亩的政策，彻底废除了人头税，减轻了无地或少地农民的负担，放松了对户籍和人身的控制，有利于人口的流动和增加。农业的恢复和人口的增加为手工业和商业的发展奠定了坚实的基础。在手工业方面，最发达的行业有丝织业、棉织业、陶瓷业、制糖业和矿业，所产商品不仅数量多，而且精美异常，行销海内外。正是由于农业的恢复和手工业生产规模的庞大，客观上为商业活动提供了大量商品，不仅促进了城市经济的繁荣，而且产生了如徽商、晋商这种大型商业群体。在军事方面，清朝的军事征伐行动也取得了空前的成就，最直观的表现就是疆域的拓展，到了乾隆时期，彻底平定准噶尔之后，清朝疆域达到空前规模，仅仅次于元代疆域之规模，形成了空前大一统的多民族国家，这是汉、唐以来未曾有过的景象。

在文化思想方面，清政府的政策有一个发展变化的过程。清军刚入关之时，忙于军事征伐，无暇顾及思想、文化领域，但随着军事上的节节胜利，清政府开始推行文化风俗上的变革。顺治二年(1645年)，清军消灭了南明的福王政权，认为统治已经巩固，遂颁布薙发、易服命令，“自今布告之后，京城内外限旬日，直隶各省地方，自部文到日，亦限旬日，尽令雉发……仍存明制，不随本朝制度者，杀无赦”①。这种强制改变汉民族已有文化习俗的做法引起了激烈反抗，“扬州十日”和“嘉定三屠”都是在这种形势下发生的，清朝依靠血腥的军事镇压，暂时将汉人的反抗扑灭了。当然，汉人的抗争也极大震慑了清朝统治者，让他们了解到军事和压迫并不能彻底地压服汉人的反抗，他们开始注重从文化和思想上对汉人进行改造和规训。顺治皇帝认为：“帝王敷治，文教是先，臣子致君，经术为本……今天下渐定，朕将兴文教，崇经术，以开太平。”②到了康熙年间，文化政策逐渐完善、成熟，康熙本人就善于学习，对汉文化有深厚的造诣，他洞悉儒家理论对巩固统治有着重要作用，提出崇经学、正人心、厚风俗的施政主张。清政府“崇儒尚经”的文化政策表现在三个方面：一是恢复了科举取士制度，为读书人开辟正常的社会流通渠道；二是“博学鸿儒”等特科的拔举，用以招揽那些有学问且不愿与清廷合作之人，体现了清廷对汉族社会名流的笼络；三是进行大规模的图书整理工作，出现了一大批高质量且具有学术价值的官修图书，如《古今图书集成》《全唐诗》《朱子全书》《律历渊源》等。还有大量的史学作品，如《明史》《大清会典》《三朝实录》《平定三逆方略》等，不仅质量较高，而且体例完备、材料丰富。

清政府在文化思想方面的政策取得了预期效果。一方面奖掖学术，为学术发展提供了和平的环境。另一方面，通过这些文化政策，消减了满、汉之间的民族隔阂，成功笼络了大批汉族读书人，稳固了自身统治。当然，作为专制政权，它在文化政策方面也有专制暴虐的一面，最为人们所诟病的就是大兴“文字狱”，从思想上禁锢人民。正是滥兴“文字狱”造成学界“万马齐暗”的局面，给士人、士风造成了恶劣影响，正如龚自珍所说“避席畏闻文字狱，著书只为稻粱谋”，士子或钻研八股程式，以猎取功名富贵，或抛开现实与政治，一头扎进故纸堆。清朝文

① 《世祖章皇帝实录》（卷五），中华书局影印：《清实录》（第三册），中华书局1985年版，第60页。

② 《世祖章皇帝实录》（卷九十），中华书局影印：《清实录》（第三册），第712页。

化政策的另一弊端是对儒家学说进行有目的的歪曲，以达到维护统治的目的。如清朝崇奉朱熹的学说，将之塑造成官方意识形态，但是深入剖析来看，清政府将宋明理学中带有理性光辉的哲理思辨剥离出去，“将其归结为僵死的封建伦理道德学说。同时，把朱熹阐发的丰富思想，也仅仅视为约束人们行为的封建道德教条”①。正是这种对传统文化进行阉割的行径，对清代思想界产生了许多不利后果。

正是由于清政府一方面奖掖学术，鼓励学者对传统典籍进行整理、考据，另一方面利用文字狱等文化高压政策压制士人的思想，特别是明末清初兴起的经世思潮。在此种情形之下，清代“汉学”就逐渐兴起并成为清代学术发展的主潮。如梁启超先生所言：“凡在社会秩序安宁，物力丰盛的时候，学问都从分析整理一路发展。乾、嘉间考证学所以特别流行，也不外这种原则罢了……考证古典之学，半由‘文网太密’所逼成。”②这是其兴起的社会、政治原因，但“汉学”的兴起还有一条思想史的演化脉络。钱穆认为：“自乾嘉上溯康雍，以及于明末诸遗老。自诸遗老上溯东林，以及于阳明。更自阳明上溯朱陆，以及北宋之诸儒。求其学术之变迁，而考合之于世事，则承先启后，如绳秩然，自有条贯。”③钱穆先生重视思想的连续性和继承性，他考察了戴震、江永、程瑶田三人的学术背景，认为他们的思想无不受到家乡先贤朱熹的影响，后来的考据大家阮元、凌廷堪、焦循等人又受戴震等人影响，因此学术源流清晰可考，可以说清代汉学和宋明理学有千丝万缕的联系，难以截然分开。梁启超、钱穆对宋学与汉学兴起的观察都是极其深刻的，观点上的不同皆出于观察视角不同，梁启超多看到汉、宋的对立面，他认为“明季道学反动，学风自然要由蹈空而变为核实——由主观的推想而变为客观的考察”④。正是由于明末清初学者身负国仇家恨，开始对晚明空疏学风进行清算，才开始倾向于客观地考察，进而开出了乾嘉考据之学。

① 陈祖武：《清代学术源流》，北京师范大学出版社 2012 年版，第 24 页。
② 梁启超：《梁启超论清学史二种·中国近三百年学术史》，复旦大学出版社 1985 年版，第 112—118 页。
③ 钱穆：《中国近三百年学术史》(上册)，第 21 页。
④ 梁启超：《中国近三百年学术史》，第 19 页。

钱穆先生则是从历史连续角度出发，强调“而汉学诸家之高下浅深，亦往往视其所得于宋学之高下浅深以为判……故不识宋学，即无以识近代也”①。不论学者如何看待考据之学的产生，清代考据学兴起，成为当时学术思想主流的现实情况则是无可否认的。

乾嘉考据学，又名朴学或考证学，主要是对古代典籍进行校勘、整理、辑佚、注疏等。考证学派的学者治学秉持着实事求是、无征不信的原则，研究范围以经学为主，而旁涉史学、小学、天文算学、音韵、典章制度、地理、金石等，按照现代的眼光，具有人文实证主义的特质。由于引证取材多本于两汉，也有“汉学”的称号。考据之学极盛于乾隆、嘉庆两朝，但循其发端，则起于晚明时期。经钱穆先生考证，嘉靖时期苏州学者归有光开始倡导“通经学古”，明末常熟学者钱谦益紧随其后，提出为学要以汉人为宗主的主张。到了明清鼎革之际，学者们痛定思痛，对宋明理学进行深刻反省，其中对考据学发展起到重要影响作用的就是有明末清初“三大儒”之称的顾炎武。顾炎武提出“重返六经”的重要主张，“凡文之不关于六经之指、当世之务者，一切不为”②。顾炎武从“重返六经”出发，提出一套完整的治学方法论，即“读九经自考文始，考文自知音始”③的治经方法。以上所列学者皆出于江苏南部的苏州等地，入清之后，也正是这一地区的学人率先打出“汉学”复兴的口号，一经惠栋、江永、戴震等发轫，可谓是朝野共鸣，八方响应，连乾隆帝都深受影响，鼓励学者投入到经学和实学的研究中，“笃志研经，敦崇实学。庶几经义明而儒术正，儒术正而人才昌”④。正是在朝野的共同推动下，清代的汉学蔚为大观。江藩在《汉学师承记》中描述了考据学全盛时的景象：“盖唯列圣相承，文明于变，尊崇汉儒，不废古训，所以四海九州强学待问者咸沐菁莪之雅化，汲古义之精微。缙绅硕彦，青紫盈朝，缝掖巨儒，弦歌在野，担簦追师，不远千里，讲诵之声，道路不绝，可谓千载一时

① 钱穆：《中国近三百年学术史》(上册)，第1页。
② [清]顾炎武：《顾亭林诗文集》，第91页。
③ [清]顾炎武：《顾亭林诗文集》，第73页。
④《清高宗实录》卷286“乾隆十二年三月丙申”条，中华书局1986年版，第728页。

矣。”[1]可见，在当时的学术界，以考据的方式研究经学可谓蔚然成风。

第二节　惠栋的经学思想

惠栋是古学振兴的先驱，对清代汉学的发展壮大有开创之功。晚清著名的经学大师章太炎先生认为：“（清代学术）其成学著系统者，自乾隆朝始。一自吴，一自皖。吴始惠栋，其学好博而尊闻；皖南始戴震，综形名，任裁断。此其所异也。”[2]梁启超先生也认为：“惠、戴两家中分乾嘉学派。”[3]侯外庐先生认为：“（清代）汉学是始于惠栋，而发展于戴震的。”[4]由此可见，惠、戴二人对清代学术的巨大影响。从年岁来看，惠栋要比戴震年长一辈，在戴震还在求学之时，惠栋已经成为知名学者，江藩说戴震对惠栋曾“执经问难，以师礼事之”[5]，可见惠栋作为清代“汉学”先行者的地位是被广为认可的。在学术上，惠栋对古代经史百家典籍和汉唐旧注无所不通，有“惠九经”的雅号。[6]

一、惠栋“治经”的特点

惠栋被众多学者公认为对清代“汉学”有开创之功，是由于他在经学领域建立了新的治学取向和范式。如前所述，江南学者归有光、钱谦益、顾炎武等人为了矫正晚明儒者治学空疏之弊，率先提出“通经学古”、“以汉人为宗主”、“重返六经的主张”，虽然这些主张在士人当中也有一定的反响，但这批学者并没有严格将经学研究与宋明理学对立起来，也未能成为学术潮流，难以对学界产生重大影响。到了惠栋这里，他正式举起了复兴“汉学”的大旗，不仅要提倡经学，而且明确提出尊崇

① [清]江藩：《国朝汉学师承记》，第 5 页。
② 章太炎：《检论》卷四《清儒》，《章太炎全集》（三），第 473 页。
③ 梁启超：《梁启超论清学史二种·中国近三百年学术史》，第 306 页。
④ 侯外庐：《中国思想通史》（第 1 卷），人民出版社 1957 年版，第 414 页。
⑤ [清]江藩：《国朝汉学师承记》，第 29 页。
⑥ 李开著：《惠栋评传》，第 16 页。

汉代的经学,贬低宋明以来的经学著述。惠栋认为汉代经师去古未远,与圣人生活的时代最接近,能深刻理解先秦经典的真正意义。从惠栋的角度来看,宋儒之学则偏离了圣人之道,大致有三个方面的原因。其一,宋儒距离圣人生活的时代已经很远了,圣人传下的典籍在历史的长河中不断散佚、毁损、遭人篡改,很难完整复原经典的原始面貌,更难以正确理解圣人传道的真实意图。惠栋曾感叹:"《春秋》为杜氏所乱,《尚书》为伪孔氏所乱,《易经》为王氏所乱。"[①]其二,两汉经学之后,中国学术思想史上又产生了两大学术思潮,即魏晋玄学和隋唐佛学,在宋以前的七八百年中,道家思想和佛教教义深刻改变了中国人的思想世界,儒学为了"与时俱进",顺应时代发展的特点,不得不从佛道二教汲取影响,三教在碰撞中融合。在惠栋看来,宋明理学正是受到佛道二教影响并被歪曲的学说,偏离了正统儒学的轨道。其三,宋明儒者治学多强调心性、良知,强调义理之学,表现出一种想要越过汉唐训诂之学而直面经典、直接"孔孟之道"的气势,这种学问具有很大的主观性。正如陆九渊所说的"六经注我",实际上是以六经为工具,去诠释自己的思想。

正是由于宋学上述的几个"缺点",惠栋对宋学持一种反对态度,他要在对宋明理学反动的基础上为"汉学"重新奠基。

首先,惠栋重新确立了"五经"至高无上的地位。宋代以来,理学家们改变了唐以前尊崇"五经"的趋向,把"四书"奉为儒者治学的主要经典,理学家们关注和讨论的主要问题都与《论语》《孟子》《大学》《中庸》紧密相联,如理气、心性、格物、致知、主敬、主静、涵养、知行、已发未发、道心人心、天理人欲等。朱熹提倡:"读书,且从易晓易解处去读。如《大学》《中庸》《语》《孟》四书,道理粲然。人只是不去看。若理会得此四书,何书不可读!何理不可究!何事不可处!"[②]"四书"固然以明白直接的语言教导人们为人、处世、治国之道,但朱熹对"四书"的理解,随着时代发展也逐渐为后学曲解,学者于四书之外,不阅他书,政府亦在科举选才过程中将"四书"以及朱熹的解释定为官方教材,更加造成了学

---

① 徐世昌:《清儒学案》(第1册),中华书局2008年版,第757页。

② 黎靖德编:《朱子语类》(一),中华书局1986年版,第249页。

者束书不观、游谈无根的风气。惠栋力图改变宋后以四书为中心的理学传统，力图建立新的学术范式，他选择《易》经作为自己研究的重点。惠栋认为易之理是理解《中庸》的基础："此仲尼微言也，子思传其家学，著为此书，非明《易》不能通此书也。"①在惠栋这里，汉代的经注比"四书"更为重要，他们更贴近圣人的本意，因此，抬高"五经"的地位，是惠栋复兴汉学的第一步。

其次，惠栋认为了解儒家经典本来面目的前提是恢复汉代经学家的注疏，特别是还原贾逵、马融、郑玄和许慎等人的经学著作。惠栋及其他考据学者的任务是从文字音韵入手，用训诂、校勘、辑佚等方法对古代的字义、器物名号、制度等进行严格考证，最终达到对经典真实面貌的还原与认知。惠栋主张遵循"复古"和"尊汉"的原则，基本全盘继承了汉学，在他的引领之下，"汉学"重光。惠栋张大汉学的举措对于扭转学风具有现实意义，它使得学者从空谈义理转向了对古代典籍的潜心考证。但是惠栋"凡汉皆好"的主张也产生一系列负面影响，如将众多学者引入繁琐的考证、钻入故纸堆中，使学术仅成为一种考订文献的学问，可以说对人的精力和创造力造成了一种浪费。同时，过分的尊崇汉人学说不是实事求是的态度，是一种专制的文化心态，不利于考据学的进一步发展。但惠栋尊崇汉儒注疏的治学取向毕竟为考据学的崛兴奠定了基调，是引领清代汉学发展的一面大旗。

第三，为了梳理清楚汉代经学的发展脉络，惠栋十分强调汉代经学的"师法"和"家法"。关于"师法"和"家法"，皮锡瑞曾指出："前汉重师法，后汉重家法。先有师法，而后能自成一家之言。师法者，溯其源；家法者，衍其流也。"②根据皮锡瑞的见解，"师法"盛于西汉一朝，而"家法"则盛于东汉。西汉是儒学发展的上升期，儒家经典在秦汉之际多是依靠经师硕儒口授传承。到了汉武帝"罢黜百家，独尊儒术"之后，儒学取得了统治地位，五经博士的设立使经学成为利禄之阶，经学的地位通过政治手段而得到大大提升，而政治化的经学就需要学者遵循一定的标

① [清]惠栋：《易大义》(影印本)，大东书局 1935 年版，第 1 页。
② [清]皮锡瑞著，周予同注释：《经学历史》，中华书局 2004 年版，第 136 页。

准，不能凭己意解经，因此要严格“师法”、“家法”。据记载，东汉政府曾下令：“令郡国举明经，年五十以上、七十以上诣太学。自大将军至六百石，皆遣子受业，岁满课试，以高第五人补郎中，次五人太子舍人。又千石、六百石、四府掾属、三署郎、四姓小侯先能通经者，各令随家法，其高第者上名牒，当以次赏进。”①正是由于“师法”和“家法”在汉代被要求严格遵行，所以惠栋认为：“汉有经师，宋无经师。汉儒浅而有本，宋儒深而无本，有师与无师之异，浅者勿轻疑，深者勿轻信，此后学之责也。”②汉代的经师严守“师法”、“家法”，学有所本，通过“家法”和“师法”，可以逐本溯源，探究经学之本意。由此，惠栋总结了汉代经师治经的方法。他说：“汉人通经有家法，故有五经师。训诂之学，皆师所口授，其后乃著竹帛。所以汉经师之说立于学官，与经并行。五经出于屋壁，多古字古言，非经师不能辨。经之义存乎训，识字审音，乃知其义。是故古训不可改也，经师不可废也。”③惠栋所坚持的这种尚家法、遵古训的治学方法，有助于回溯经典的本义、理清汉代经学发展演化源流，同时，也为清代汉学发展树立了一个基本的治学原则。

另外，惠栋对于考据训诂与义理之间的关系也值得深思。梁启超先生在《清代学术概论》中批评惠栋治学原则是“凡古必真，凡汉皆好”，此八字虽然直指惠栋治学的基本倾向，但也不能因此就认为惠栋治学思想是一味的僵化和复古。应该看到，惠栋作为清代考据学倡导者和践行者，是具有严谨治学精神的。他对宋学虽然持反对的态度，但也在一定程度上承认了宋学存在的合理性，他认为宋学虽“无本”，但在义理、思辨方面是有深度的。他曾说：“汉人经术，宋人理学，兼之者乃为大儒。”④戴震年轻时候曾受到惠栋经学的影响，他认为：“松崖先生之为经也，欲学者事于汉经师之故训，以博稽三古典章制度，由是推求理义，确有据依。彼歧故训、理义二之，是故训非以明理义，而故训胡为？理

① [南朝宋]范晔撰，[唐]李贤注：《后汉书》卷九《孝献帝纪》，第 381 页。
② [清]惠栋：《趋庭录》，《九曜斋笔记》(卷 2)，江苏广陵古籍刻印社 1982 年版，第 39 页下。
③ [清]惠栋：《九经古义述首》，《清代诗文集汇编》(卷 296)，第 49 页。
④ [清]惠栋：《汉宋》，《九曜斋笔记》(卷 2)，第 17 页下。

义不存乎典章制度，势必流入异学曲说而不自知，其亦远乎先生之教矣。”[①]戴震认为，惠栋所作的考据训诂工作也为了使得“理义”有更可靠的文献依据，考据训诂可以还原古代经典的本来面目，而最终是要“故训明则古经明，古经明则贤人圣人之理义明，而我心之所同然者，乃因之而明”[②]。戴震关于惠栋思想的推论也暗合惠栋“经之义存乎训”的见解。在惠栋的学术著作中，虽未有纯义理性的著作，但他的经学著述中也能窥见其义理思想，如他认为“《易》之理存乎数，舍数则无以为理。《春秋》之义在事与文，舍事与文，则无以为义”[③]。可见，惠栋的义理思想贯穿在其“汉学”考据之中。

二、惠栋的易学思想

汉代将儒家的诗、书、礼、易、春秋等几部著作列于学官、立为经典，《周易》的地位尤为重要。今天看到的《周易》分为两个部分，即经文和传文，经文包括六十四卦和各卦卦文，每一卦之下又有六爻，相传卦辞是文王所作、爻辞是周公所作。春秋战国时期，出现了许多解释《周易》经文的传文，被称作“十翼”，即所谓“夫子删述，而大宝咸耀，于是《易》张《十翼》”[④]。历代学者多认为是孔子作《易传》，现代经过许多学者考证，《易传》和其他许多经典一样，并非成书于一时和一人之手，而是不同时期学者集体智慧的结晶。汉代易学传播系统比较复杂，官方最早立的五经博士属于田何所传《易》，“田何，字子庄，齐人也。自孔子授《易》，五传至何。及秦禁学，以《易》为卜筮之书，独不禁，故何传之不绝”[⑤]。在传播过程中，《易》分为三，即孟氏《易》、施氏《易》和梁氏《易》，三家在西汉时都被立为博士。孟氏《易》后来传授给焦延寿，焦延寿又传授给京房，遂产生京氏《易》。除了今文系统的易学外，民间还有古文

① [清]戴震：《题惠定宇先生受经图》，《戴震全书》（六），黄山书社 1995 年版，第 505 页。
② [清]戴震：《题惠定宇先生受经图》，《戴震全书》（六），第 505 页。
③ [清]惠栋：《趋庭录》，《九曜斋笔记》（卷 2），第 38 页上。
④ 周振甫著：《文心雕龙今译》，中华书局 1986 年版，第 26 页。
⑤ [晋]皇甫谧著，（清）任渭长、沙英绘，刘晓艺撰文：《高士传》，上海古籍出版社 2014 年版，第 176 页。

系统费直的费氏《易》。东汉以后，古文经学逐渐压倒今文经学，成为占统治地位的学说，古文易学大师辈出，如马融、郑玄、荀爽等，东汉经学大师郑玄所宗的就是费氏《易》。但不论是今文《易》还是古文《易》都是偏重《易》的象数，即注重卦的形象和数字。郑玄博学通达，打破了今、古文经学的界限，郑玄之《易》盛行之后，客观上就造成了西汉三家之易的衰落。但郑玄的《易学》偏重于象数，具有艰深复杂的特点，非聪明博学之人所能习得。所以东汉之后，义理之《易》逐渐兴起，取代了象数易，从而成为易学研究的主流。

在论述胡瑗易学思想时我们曾提到过，义理之《易》的始祖可以追溯到王弼，王弼提出“得象忘言”、“得意忘象”的主张。王弼兼治老庄，所以他的易学思想中掺入了许多老庄色彩，和汉代的象数之“易”差别甚大。到了隋唐时期，孔颖达撰《五经正义》，其中《周易正义》所用正是王弼注。由于《五经正义》是科举考试的官方教材，所以王弼的周易注取代了汉代易学而成为易学领域的权威。义理之《易》在宋代受到许多学者关注，有了进一步发展，程颐作《易传》，提出“有理而后有象，有象而后有数”①，理明则象数随之而明。朱熹把《易经》和《易传》分开论述，提出《易经》是古代卜筮之书，《易传》则是专门解释义理的哲学著作。朱熹在《周易本义》对义理和象数的关系做了论述，他希望在研究《易》的过程中将象数和义理相结合，不赞成王弼那样“得意忘象”的易学研究方法，认为只有以象数为基础，方能说理，不然，事实无证，则理也不能弄明白。当然，总体看来，宋明理学家们还是偏重探讨《易》的义理层面，对象数的重视程度有限。当然，宋代在象数《易》领域取得很大造诣的学者有陈抟、邵雍等人，“陈抟以先天图传种放，放传穆修，穆修传李之才，之才传邵雍”②。陈抟著有《先天图》《易龙图》，邵雍著有《皇极经世书》《观物篇》等，都是从象数研究易学的重要著作。

到了清代，易学研究又出现新的高潮，官方纂修的有《易经通注》《周易折中》和《周易述义》。民间也出现了大批研究易学的学人，其中

---

① [宋]程颢、程颐著:《二程集》，中华书局 1981 年版，第 271 页。

② [元]脱脱等撰:《宋史》卷四三五《胡安国传》，第 12908 页。

的佼佼者当属吴派经学创始人惠栋。惠栋的易学著作众多，主要分三个方面：一是对汉代易学进行系统性整理，代表作品是《易汉学》；二是对宋儒朱熹《周易本义》的辩驳，代表作是《周易本义辨》；三是《周易述》系列，这是惠栋易学研究的最重要部分。[①]《易汉学》主要是阐述汉代易学各流派的基本情况，目的是恢复汉易研究的原本面貌，将汉代易学的体系重新建构起来。这一工作具有很大难度，汉代易学在魏晋之后逐渐散佚，只有极少数的汉《易》材料分散在其他典籍之中，惠栋经过艰难的考证、辑佚工作，基本上还原了汉《易》的基本面貌。他梳理出了汉《易》的源流，认为汉易分三派：一是孟氏易，虞翻之易被归于此派；二是京氏易，郑玄之易归于此派；三是费氏易，荀爽之易为此流派。至此，汉代五大名家的易学家法传承和发展脉络都清晰起来。惠栋简化了汉代《易》学的架构，梳理出了清晰的汉《易》发展脉络。有学者认为惠栋《易汉学》的贡献有五个方面：一是惠栋的易学研究“居清儒之冠，前俦无匹”；二是确立了汉儒的易学作为衡量后世易学研究的标准；三是在考证汉代易学的过程中也吸收二程、朱熹等人研究易学的有益成果，对易学发展史进行了一番梳理；四是通过考据方法基本还原了汉代易学的本来面貌；五是惠栋以科学方法研究易学是对晚明时期西学东渐中科学精神的继承和发扬。[②] 惠栋对自己《易汉学》也较为自得，他自称：“汉人传易，各有源流。余尝撰《汉易学》七卷，其说略备。识得汉易源流，乃可用汉学解经，否则如朱汉上之《易传》，毛西河之《仲氏易》，鲜不为识者所笑。”[③]惠栋认为前辈学人朱震、毛奇龄的《易》学方面研究水平不高，就是因为没有能够梳理清楚汉《易》的真实面貌，而他的《易汉学》一书不仅为清代《易》学研究奠定基础，也是进一步阐发自己易学思想的基础。正是因为惠栋在易学上的卓越成就，江藩曾称赞他道：“导其源，疏其流，于是三圣之《易》昌明于世，岂非千秋复旦哉！”[④]

惠栋在完成对汉《易》的考证与整理之后，开始以此为基础对宋代

① 李开：《惠栋评传》，259页。
② 李开：《惠栋评传》，185页。
③ [清]惠栋：《趋庭录》，《九曜斋笔记》(卷2)，第39页上。
④ [清]江藩：《国朝汉学师承记》，第137页。

以来的易学进行批判，其矛头直指朱熹。针对朱熹所作的《周易本义》，惠栋作《周易本义辨证》以攻其非。惠栋的批驳重点主要集中在两个方面：一是辨河图洛书与《易》的关系；二是认为宋代以来三教合流，宋代易学中掺入了过多的道家因素，如太极图、先天、后天皆为道家概念。河图、洛书的传说十分久远，传说伏羲据此而作八卦，史迹渺茫，无可考证，有据可考的是《易传·系辞上》中记有"河出图，洛出书，圣人则之"之说。到了宋代，相传道士陈抟作有《龙图易》，但是，陈抟没有正式提到河图、洛书的名称。北宋易学家刘牧研究陈抟的《龙图易》，在此基础上作《易数钩隐图》，河图洛书才为世人所熟知。自此，象数派就认为八卦是由河图洛书为基础衍化出来的。朱熹在《周易本义》中明确把"河图"、"洛书"单列出来，置于卷首，将其作为易学纲领，开卷第一义。而惠栋的见解则与朱熹正好相反，惠栋认为"说经无以伪乱真，舍河图洛书先天图，而后可以言易"①。惠栋通过所掌握的大量文献资料，认为宋儒朱熹、刘牧等人所说的河图、洛书是强行附会《易乾凿度》中的九宫图与"大衍之数"。根据京房、郑玄、虞翔等人的说法，《乾凿度》的九宫图无非是利用阴阳、五行之数来解说季节变化，并没有说这就是河图、洛书。由此，刘牧等人依据"大衍之数"和九宫之法而作的河图洛书是穿凿附会，朱熹以此为"纲领"解易是不准确的。惠栋解易完全根据汉代经师的注疏为标准，宋代的易图则被其完全摒弃。惠栋通过对宋代易学研究的批判，去除了宋代易学中的"杂说"和"臆断"的流弊，重新树立和继承了汉代象数易学的家法，为清代易学研究指明了方向。

如果说《易汉学》等著作是对汉代易学的梳理和对宋代易学的批判的话，惠栋的《周易述》一书则是要在此基础上对周易进行阐发和融会贯通。汉代经学的特点是严守"家法"和"师法"，这一方面有利于保持经学的本原面貌，但另一方面也使经学逐渐僵化，失去生命力。同时，各家所传之易，歧义纷出，令学者不知所从。汉代学者已经注意到这个问题，如东汉经学大师贯通今古文经、博采众长、遍注群经，对汉代易学的贯通发展做出了贡献。惠栋为了廓清易学研究的迷雾，在梳理了汉

① [清]惠栋：《趋庭录》，《九曜斋笔记》(卷2)，第39页上。

代各家易学的基础上，对诸家易学进行了对比、分析和归纳。对于有争议的易学问题，他不专主一家，而是在“师法”、“家法”明晰的前提下，对各家说法进行详细的比对，或选取他认为较为准确的，或将各家说法进行融合，在严密考据的基础上，对易学做了一次贯通性的研究和阐释。在《周易述》当中有《易微言》两卷，这是阐明《易》经的微言大义而做出的尝试。由此也可见，惠栋解经的基本目的是通过研究梳理汉代经师注疏来恢复和理解经典的本意，但是其中仍然蕴含了“明道”和追求义理的成分，也体现了惠栋对社会治乱兴衰的思想关注。当然，不论惠栋主观是否想通过经书中的“微言大义”来影响现实政治，对汉代注疏的考证，却必然引起学者对政治的思考。因为汉代经学是与现实的社会政治生活紧密相关的，其中蕴含了汉代儒生治国、平天下的政治思想，这也使得考据学发展到一定程度必然导致对义理的追寻和对现实社会的关注。将对社会现实的关注，贯注于繁琐的经学考证中，这也是惠栋所开创的吴派经学以及其后的常州学派、扬州学派等学术派别的一个特质。

第三节　惠栋的学术影响及与吴派经学的发展

惠栋作为吴派经学的创始人和奠基者，对清代“汉学”的发展起到了重要作用。但对惠栋在学术方面的评价，时人和后人却有不同的见解，我们可以从后人对惠栋的评价中深化对惠栋学术的认识和理解。在惠栋后学当中，清代的考据学者多是肯定惠栋对汉学的贡献，特别是他对汉代经学复兴的奠基之功推崇尤甚。戴震称：“先生之学，直上追汉经师授受，欲坠未坠，埋蕴积久之业，而以授吴之贤俊后学，俾斯事逸而复兴。震自愧学无所就，于前儒大师不能得所专主，是以莫之能窥测先生之涯涘。”[1]另一位乾嘉时期的经史考据大师钱大昕早年曾向惠栋问学，对其学问亦十分推崇。他称：“松崖征君《周易述》，摧陷廓清，独

① [清]戴震:《题惠定宇先生受经图》,《戴震全书》(六),第 504 页。

明绝学，谈汉学者无出其右矣。”[①]钱大昕认为，宋元以来的空疏学风到惠栋这里才得到真正转变。他说：“宋、元以来，说经之书盈屋充栋，高者蔑弃古训，自夸心得，下者剿袭人言，以为己有，儒林之名，徒为空疏藏拙之地。独惠氏世守古学，而先生所得尤深，拟诸汉儒，当在何邵公、服子慎之间，马融、赵岐辈不能及也……汉学之绝者千有五百余年，至是而粲然复章矣。”[②]戴震与钱大昕都是考据学者中与惠栋并驾齐驱的重要人物，学术影响力不在惠栋之下，此二人对惠栋的评价不能看作全是溢美之词。因为惠栋之前的钱谦益、顾炎武等偏向考据的学者并没有明确提出复兴“汉学”的主张，而惠栋是第一个明确举起“汉学”复兴大旗的旗手，为考据学开创了一系列典范性的原则和方法，并且惠栋本人在经学考据方面也取得了很大成就，特别是在易学研究领域贡献尤大。

当然，惠栋在学术研究方面也存在缺陷，当时和后世许多学者都提出了批评。针对惠栋经学方面独推两汉的治学倾向，许多学者提出了批评。焦循称：“近之学者，无端而立一考据之名，群起而趋之。所据者汉儒，而汉儒中所据者，又唯郑康成、许叔重。执一害道，莫此为甚。”[③]王引之说：“惠定宇先生考古虽勤，而识不高，心不细，见异于今者则从之，大都不论是非。所《周礼》丘封之度，颠倒甚矣，他人无此缪也。”[④]梁启超也说：“定宇的见解是，愈古愈好，凡汉人的话都对，凡汉以后人的话都不对。”[⑤]从以上评价看，学者们对治经一味崇信汉人的做法也是不满意的，而从经学发展史的视角观察，历代学者都对经学的考证、注解方面做出了努力，是经学研究的宝贵财富，即便是惠栋着力批判的宋儒，在经学研究方面也有诸多可取之处的。因此，“凡古必真，凡汉皆好”的绝对化治学主张是不可取的。当然，惠栋独崇汉儒的主张有其偏颇之处，但在当时的学术背景下，也有一定的积极意义，如能适应清朝

---

① 陈文和主编：《嘉定钱大昕先生全集》(第 10 册)，《潜研堂文集补编·与王德甫书一》，浙江古籍出版社 1997 年版，第 28 页。

② [清]钱大昕：《惠栋先生传》，《潜研堂文集》，上海古籍出版社 1989 年版，第 698 页。

③ [清]焦廷琥：《先府君事略》，转引自刘师培：《读书随笔》，广陵书社 2016 年版，第 69 页。

④ [清]王引之：《致焦里堂书》，转引自刘师培：《读书随笔》，第 63 页。

⑤ 梁启超：《中国近三百年学术史》，第 177 页。

“文字狱”压制下的学术环境、改变宋代以来空疏的学风、恢复经典的本原面目等。客观地来看，惠栋虽标“凡汉皆好”，但是在实际治学过程中也不是一味地遵循汉儒经说，比如汉儒的谶纬和阴阳灾异思想，惠栋也不赞同。

惠栋在经学领域的一系列开创性贡献，使得后世许多学者将他定义为吴派经学的创始人。苏州地区自古就是学者辈出、人文荟萃之地，特别是明清时期，江南经济发达、书院林立，学术风气极为浓厚。在此种背景之下，惠栋汉学之帜方立，即有大批学者紧随其后，加之乾隆皇帝对吴派青睐有加，并加以提倡支持，遂逐渐形成了清代考据学的一方重镇，即吴派经学。若以地域来定义这个学派的话，吴派的成员多来自清代苏州地区及其附近地区的学者，较为著名的人物有沈彤、江声、余萧客、王鸣盛、钱大昕、洪亮吉、孙星衍、江藩等人。这些学者多以经学起家，旁涉文学、史学、诸子学等，其中有些学者在其他领域的成就甚至超过了经学成就，如王鸣盛在尚书研究方面颇有成就，著有《尚书合案》，但真正让他为后世所铭记的则是他的史学名著《十七史商榷》。

在吴派学者之中，能在经学领域坚守和继承惠栋治学门径与风格的当属江声、余萧客和江藩三人了。江声原为徽州休宁人，常年寓居苏州，中年后师从惠栋，成为吴派经学的重要一员。江声在经学领域的代表性著作当属《尚书集注音疏》，该书在阎若璩、惠栋等人尚书研究的基础上对伪古文尚书进行了进一步考辨，阐发了许多前人所未发的内容，不仅搜集、考订了先儒关于尚书的注解，而且是后人研究《尚书》的重要工具书。梁启超认为诸经之中，于尚书最为难读，文字佶屈聱牙，汉儒关于《尚书》的注疏多已亡佚，后世研究《尚书》没有资料可以凭借，幸得清代考据学人所著的三部著作，“一是江艮庭的《尚书集注音疏》十二卷；一是王西庄的《尚书后案》三十卷；一是孙渊如的《尚书今古文注疏》三十卷”[①]。值得一提的是，这三部研究尚书的重要著作都是吴派经学的重要人物所著，王鸣盛和孙星衍的尚书学研究皆受到江声的影响，同时对江著的不足之处也进行了补充。

① 梁启超：《中国近三百年学术史》，第180页。

吴派经学的另一重要成员是余萧客。余萧客是江苏吴县人，少时即追随惠栋学习，擅长训诂考据，后人认为最得惠栋真传者当属余氏无疑。余萧客喜爱收藏古籍，藏书丰富，其代表作《古经解钩沉》是一本辑佚之书，该书收录了唐以前的诸多经籍注疏。其收录宗旨是："备述先儒名氏爵里及所著义训，其书尚存者不载，或名存而其说不传者亦不载，余则自诸家经解所引，旁及史传类书，凡唐以前之旧说，有片语单词可考者，悉著其目，虽有人名而无书名，有书名而无人名者，亦皆登载。"①该书充分体现了惠栋的治学主张，即学必有根本，这个根本之道就是恢复汉代经注的本原面目。王鸣盛赞扬余萧客："学可谓有本，而其存古之功可谓大矣。后人欲求传注训诂之学者，合注疏及是书求之，足矣！"②余氏此书作为一本专门性的辑佚、训诂之作，充分展现了清代考据学的治学方法，是后人研究汉、唐经学不可忽视的参考性著作。

江藩祖籍为安徽旌德，其祖父移居江苏甘泉(今江苏扬州)，师从江声、余萧客，属于惠栋的再传弟子。江藩主要活动在乾隆中后期和嘉庆年间，这一时期是清代考据学最为鼎盛时期，大师辈出、群星璀璨。江藩作为吴派经学的直系传人，他感到有必要为对"汉学"发展做出重要贡献的前辈学者著书立传，同时也为清代"汉学"的发展作一个系统的总结，因此，就撰写了《国朝汉学师承记》一书。该书主要阐述了清代著名考据学者的学术思想、师承关系，其所述人物，以康熙时期的阎若璩、胡渭为首，主要是乾嘉时期的著名学者，即吴派、皖派学者的师承关系及其与东汉古文经学派的历史学术渊源关系，在最后一卷才将黄宗羲和顾炎武收录进来。黄、顾二人作为明末清初著名的大儒，特别是顾炎武还曾提出"重返六经"的主张，对清代汉学做出了重要贡献，而江藩却将此二人放在卷尾，由此可见江藩的矛盾心情。一方面建构清代"汉学"的发展谱系不能忽视黄、顾二人，另一方面，黄、顾二人属于对汉、宋之学能兼收并蓄之人，并非江藩心目中纯正的"汉学家"。该书一经刊印，就在学界引起争论，褒贬不一，但不可否认的是，此书是后世研究清

① 《四库全书总目提要》卷三三《经部 · 五经总义类 · 古经解钩沉》，第 280 页。
② 王鸣盛：《西庄始存稿》(卷 4)，第 315 页。

代“汉学”必备之参考书。

概而言之，吴派经学的传人继承了惠栋治学的方法、原则和风格，如惠栋崇尚汉儒的经说，把汉代学者的说法看成是理解经典的权威解释。因此，吴派学者十分注重搜罗古代的经典注疏，特别是汉代的作品，这在江声和余萧客等人的著述中都有体现。同时，惠栋对师法和家法的强调也对吴派经学的发展产生了深刻的影响，惠栋之前，汉宋虽有对立，但壁垒还不甚分明，学者多汉宋并举，惠栋之后，家法峻严，汉、宋之间的壁垒森严，发展到极致之后，就产生了种种弊端。当然，我们也要看到，清代之前，宋明学者对汉、唐学问不甚重视，汉唐时期的许多著述逐渐亡佚，正是惠栋等人提出的“六经尊服郑”的信古、崇古观念，使得汉代经注重新引起了学者的重视，可以说是对汉代的学术史进行了一番系统的梳理，同时也对汉代文献的整理和保存做出了重要贡献。而惠栋的后学——吴派学者们不仅在经学领域访求古学，而且将治经的方法原则运用到诸子学和史学领域，取得了很大的成就。

惠栋及其吴派经学是清代学术思想的主流之一，影响甚远，这也反映了自明末清初的顾炎武以来，江苏地区思想家的学术思想逐渐成为全国性影响力的因素，领风气之先，荟一时之萃。

第九章　扬州学派的朴学思想

清代学术以考据学、朴学为标志和特点。清代学术的这一特点在江苏籍思想家身上体现得尤为明显，在惠栋之后，江苏地区涌现了一个又一个经学考据学群体。如前所述，清代考据学的重镇是以惠栋为首的吴派和以戴震为首的皖派，到了乾隆中后期，考据学的影响范围逐渐扩展，江苏扬州地区受到吴、皖两派的影响，出现了一大批著名的考据学家，如焦循、任大椿、汪中、阮元、刘台拱、王念孙、王引之等。他们远宗顾炎武、近承吴、皖，在综合吴、皖两派之优点的基础上，推陈出新，将考据学推进到一个新的高度。同时，扬州学派兴起于清朝由盛转衰的历史时刻，他们改变"汉学"先辈们埋首治经的传统，将经世致用的思想旨趣注入考据的学术工作之中，开启了向近代学术转型的先河，在晚近以来的中国思想史版图上也有着一席之地。

第一节　扬州学派兴起的背景

如上章所言，清王朝完成国家统一之后，中国又一次迎来了一个兴盛的时代，即所谓"康雍乾盛世"。这种"盛世"的气象在很多领域都有展现。在政治上，中国完成了统一，建立起了一个幅员辽阔的大帝国，汉、满、蒙、藏、回等各个民族都成了帝国的组成部分。清朝时的疆域也为后来多民族大一统国家的建立奠定了基础。在经济方面，由于社会稳定，粮食产量不断增加，加上国家在政策方面的鼓励，国家人口有了大幅度的增长，手工业和商业也有了繁荣的气象，清代前期的经济发展也有了世界性的影响力。在文化上，“文字狱”、“八股文”等严密的文化专制政策虽然摧残了士人的文化创造力，但并不能熄灭学者们对文化研究的热情。清代学者另辟蹊径，光大了汉学、考据学的规模。虽然此种学问是一种书斋里的学问，于国计民生没有太大的直接性益处，但从纯学术的视角来说，考据学家所做的工作是对中国几千年的传统文化进行了一次大范围的整理和总结，对中国传统文化的延续做出了重要贡献，他们开创的学术门类、研究方法、务实学风对后世产生了重要影响。

一、扬州学派兴起的时代背景

到了乾隆统治中后期，盛世的表象下掩盖着许多难以化解的矛盾。“治乱兴替”也许是“人治”社会难以避免的怪圈。乾隆皇帝由励精图治走向奢侈腐化，而这也预示着清王朝由兴盛逐渐走向衰败。乾隆统治时期，由于父祖的雄厚积累，社会矛盾没有过度激化，但到嘉庆帝即位之后，各种长期积压的社会矛盾不断爆发。

清朝中后期，官场腐败严重。统治阶级的腐化是从乾隆中期就已经开始，到乾隆后期已经积重难返。如著名的“甘肃冒赈案”，甘肃全省诸多官员共同腐化、欺瞒中央，此案处理人数众多，影响牵连甚广，连乾隆皇帝也惊叹此案为“枉法营私、大小官员通同一气，为从来未有之奇贪异事”[①]。另一著名贪腐案例则是和珅案，和珅在乾隆一朝占据高位20余年，所贪财物达到骇人听闻之地步。嘉庆皇帝即位之后痛感政府官员“全身保位者多，为国除弊者少；苟且塞责者多，直言陈事者少”[②]。虽然嘉庆皇帝本人非常朴素勤勉，对官员严加要求，取得了一定成就，

① 杨怀中标注：《钦定兰州纪略》，宁夏人民出版社1988年版，第273页。
② 章开沅：《清通鉴》（第三册），岳麓书社2000年版，第157页。

但是整体上来说，并未能改变官场风气。

政治上的腐败必然会导致百业凋敝、民不聊生，继而引发大规模民乱。嘉庆、道光年间民变频繁，影响比较大的有川、楚白莲教起义、北京天理教起义、湖南瑶民起义等。其中川、楚白莲教起义影响最大，历时九年，波及四川、湖北、陕西、河南、甘肃等省，是清朝中期规模最大的农民起义。为了扑灭这次起义，清王朝动用了数十万军队，中高级武官战死四百余人，耗费白银两亿余两，国库为之空竭。

在内忧加剧的同时，外部力量也开始注视这个古老的国家。英国自工业革命之后，资本主义经济快速发展，资本家对海外市场的需求日益迫切，英国开始把目光投向拥有世界上三分之一人口的中国。乾隆年间，英国曾经派使团朝见乾隆皇帝，但是由于种种原因，未能建立正常的国家关系，但是英国使团通过在中国的所见所闻，加深了对中国社会的了解。牛津大学法学博士乔治·斯当东回国后著述了《英使谒见乾隆纪实》一书，该书除了介绍使团访华情况外，最主要是介绍在华的所见所闻。在此之前，西方对中国的了解多是通过传教士或者是得自《马可·波罗游记》中记载的知识，西方人对中国这个神秘的国度是充满好奇和敬意的。斯当东的《英使谒见乾隆纪实》一书记载了中国的社会风貌、政治、军事，特别是许多负面的记载，使得西方人转变了对中国人的看法。中国的一些落后风俗，如关于裹脚的记载，斯当东认为“这种人为地把脚弄小，虽然不致使人残废，但总是戕贼人的生机和健康的”。“土耳其和印度妇女比中国妇女更避不见人，但他们并没有裹脚的风气。”①他还愤怒地批评了中国的宦官制度：“在一个国家里，只是疯狂的猜忌心理才想到要戕贼一种性别的主意，使其成为另一种性别的护卫者，并且可以不怀疑，同时也只有无限制滥用权力，才能把这种残酷不人道的主意付诸实施。”②其中还有许多关于清朝地方军事布置的记述，如长城沿线兵站的描述，包括兵力的配备和武器装备状况。对中国的各种传统技术进行了观察，如冶铁、木工、火药、印刷等。在书中他

---

① [英]乔治·斯当东：《英使谒见乾隆纪实》，叶笃义译，商务印书馆1963年版，第217页。

② [英]乔治·斯当东：《英使谒见乾隆纪实》，第401页。

肯定了中国传统技艺的高超，但清楚知道中国在原来领先的领域已经落后西方了。他说："中国人的火器不懂得用强固的金属管子，在这一点上，欧洲人占先了……现在他们虽然模仿欧洲人使用了火器，但他们还是更注意其他方式的战争。"[①]关于武器装备和战争方式，斯当东认为中国人仍停留在前现代阶段。此书在一定意义上改变了西方对中国的固有认知，使他们由崇敬而转向了某种蔑视。

中英两国通过常规的外交渠道不能建立正常的贸易关系。英国方面为了打开中国市场和扭转通商过程中长期的贸易逆差，开始通过东印度公司向中国倾销鸦片。正是通过鸦片贸易，英国不仅改变了贸易中的不利地位，而且使得大量的中国人在肉体和心灵上遭受了创伤。鸦片贸易导致了白银的大量外流，不仅损害了中国民间经济，而且削减了清王朝的国家收入。财政上的困境，使得清王朝决心禁绝鸦片，由此引发了中英鸦片战争。这是一场新兴的工业资本主义强国对传统的农业文明国家的侵略战争，腐朽的清王朝被迫在武力的威胁下开始了近代化的历程。鸦片战争的失败使得中国的国际地位削弱了，英、法、美等国相继强迫清朝签订了不平等条约，沙皇俄国从北部陆地开始蚕食中国的领土。西方对中国社会冲击产生了广泛且深远的影响，它直接促成了经世思潮的发展和壮大。经世致用思想在中国思想史上时有消长，往往当国家衰弱、外患严重时，经世致用的思想就会凸显出来，促使有责任感的人出来保家卫国、扶危救乱，如南宋、明末清初和清朝中晚期，就是经世思想大盛的时期。

二、扬州学派兴起的经济、文化因素

扬州学派代表了清代考据学发展的一个高峰，它的兴起是时代推动的结果，也是时代精神的映照。在这之中，扬州地区的经济和文化因素也是我们探究扬州学派兴起所不能忽视的。扬州建城的历史可以上溯到春秋时期，吴王夫差征调民夫，开凿邗沟，联结了长江和淮河水系，

① [英] 乔治·斯当东：《英使谒见乾隆纪实》，第 392 页。

客观上奠定了扬州的筑城基础。到了三国两晋南北朝时期，中原丧乱，衣冠南渡，江南地区逐渐得到开发。扬州作为南北之间的关键点，经济开始发展。隋朝统一南北之后，随着大运河的修建，南北水系连为一体，扬州的地理位置日益重要。唐代随着经济重心进一步南移，扬州逐渐成为全国最繁华的经济中心之一，当时就流传着“天下之盛，扬为首”和“扬一益二”的说法。宋、元、明、清几代，大运河经过不断的开发、维护，继续发挥着沟通南北的重要作用，到了康乾时期，扬州的经济发展到一个新的高度。当时天下财赋大多仰仗东南地区，而东南地区赋税来源之稳定又依靠漕运、盐政和河工。扬州作为当时东南的第一大都会，地理位置极为重要，史称扬州“襟带淮泗，锁钥吴越，自荆襄而东下，屹为巨镇，漕艘贡篚，岁至京师必于此焉是达。盐策之利，邦赋攸赖”①。在前工业文明时代，由于交通不便，水路交通是最经济快捷的运输方式，扬州作为联通南北的水运中心城市，也是全国漕运和盐政的中心城市，因此，扬州当时的商业发展高度繁荣。商业的发展为文化的繁荣提供了资金的支持，如扬州的藏书楼文汇阁，是乾隆时期“四库一阁”之一，拥有大量的藏书，且还有众多的私人藏书楼。商人士绅还投资建造了大量的书院，清代扬州著名的书院有梅花书院、安定书院、广陵书院、乐仪书院等近三十余所，东南书院之盛，以扬州最为著名，这些书院和藏书楼给扬州地区学子提供了安定的学习环境和丰富的学术资源。同时，晚明以来，随着江南地区商品经济的发展，商人地位不断跃升，士商之间的互动关系频繁，有士人经商，有商人发达之后通过读书科举或赞助后辈子侄读书来取得功名，士商的界限开始松弛。有学者统计，扬州府在整个清代科举史上共出现了 358 名进士，其中在 1646 年到 1840 年间，出身于两淮盐商子弟的进士达到 139 名。② 扬州学者也多有商人背景，如汪中少年时以贩书为生，阮元之母出自盐商之家，还有许多寓居扬州的徽商，如戴震和凌廷堪都是徽商之子。商人由于长期在外经商，和不同阶层打交道，对社会底层都比较同情和理解，眼界较为宽广，

①《扬州府志·序》，中国人民政治协商会议江苏省扬州市委员会文史资料研究委员会编：《扬州文史资料》，第 164 页。

② 参见王振忠：《明清徽商与淮扬社会变迁》，生活·读书·新知三联书店 1996 年版，第 127 页。

思想比较活跃开放，这也造就了扬州学者重经世致用和“融通”的特点。相比于江苏其他商业城市，扬州还有一个独特的优势，它不是区域政治中心，政治控制相对于其他区域政治中心较为宽松，这对扬州文化在清代文化专制下的相对繁荣，也具有一定的促进作用。

除了商业经济繁荣之外，扬州地区浓厚的文化氛围和家学渊源也是扬州学派产生和发展的重要因素。扬州自隋唐以来就是一个重要的文化中心，纵观历代诗词，扬州在文人骚客的作品中出现的频率绝对是名列前茅的，“故人西辞黄鹤楼，烟花三月下扬州”（李白）、“十年一觉扬州梦，赢得青楼薄幸名”（杜牧）、“万艘龙舸绿丝间，载到扬州尽不还”（皮日休）、“人生只合扬州死，禅智山光好墓田”（张祜）、“四十三年，望中犹记，烽火扬州路”（辛弃疾）、“我梦扬州，便想到扬州梦我”（郑板桥）……扬州籍的历史文化名人也有很多，如鉴真、秦观、徐铉、徐锴、刘永澄等人，当然，还有数量众多的寓居文人也对扬州文化产生了深远影响，如西汉儒学大师董仲舒就曾以江都相的身份寓居扬州。有学者认为，考察扬州学派的学术渊源不能仅仅着力于考察其与吴、皖两大学派之间的联系，还要注重从本地文化中寻找扬州学派的学术渊源，如曹宪、李善的《文选》对扬州学者的文学风格产生了很深的影响，徐铉、徐锴兄弟的《说文系传》对扬州学派在文字训诂研究方面的启迪作用也是不可忽视的，明末清初扬州本地学者也对乾嘉时期的扬州学派产生了极大影响。[①]

在传统社会，知识的传播是比较困难的，相比于学堂教育，家学渊源对学者的成长至关重要。乾嘉学者中许多都是出自世代传经的名门望族，如上一章讨论的惠栋家族就是经学世家。家学因素在扬州学派中表现得尤为明显，如高邮王氏父子，其祖上在明代就是以读书为业，教授乡里。王念孙的高祖父和祖父都有功名在身，精研诗书，其父王安国是雍正年间进士，官至巡抚、尚书之职。王念孙为乾隆年间进士，其子王引之是嘉庆年间进士，其孙王寿同是道光年间的进士，一门四进士，代代以诗书传家。另一个世代治经的家族是扬州仪征刘氏，从刘文

① 赵昌智主编：《扬州学派研究论文选》，广陵书社 2013 年版，第 41—48 页。

淇开始治《春秋左氏传》，中经刘毓崧、刘寿曾，最后到刘师培，皆以经学研究闻名于世。扬州地区类似于高邮王氏和仪征刘氏的经学世家众多，较出名的还有兴化任氏和顾氏、江都焦氏、宝应刘氏、甘泉焦氏等，这些家族中走出的许多学者如焦循、任大椿、王氏父子、刘氏叔侄等都是扬州学派的重要人物。有学者曾总结扬州地区家学的一些特点，认为扬州地区的家学持久不衰，人才辈出，且这些家族之间通过联姻等方式互相交流，没有故步自封，能顺应学术潮流的变化。[①]

另外，扬州学派的兴起还离不开其他学派的影响，尤其是吴派和皖派经学的影响。惠栋、戴震等"汉学"大师与扬州有颇深的渊源。时任两淮盐运使的卢见曾颇有诗名，喜好延揽才学之士，家中宾客如云，最著名者当属惠栋、戴震、王昶、沈大成等人。这些学者汇集扬州，倡经复古，使扬州成为乾嘉考据学发展的一个重镇。他们在卢见曾和扬州商人的资助下，在扬州取得了一系列学术成就。其一是刊印朱彝尊的《经义考》，倡导穷经稽古的考据之学；其二是帮助卢见曾刊刻了《雅雨堂藏书》，旌表东汉大儒郑玄，率先举起了"汉学"旗帜；其三则是刊行了惠栋的"汉学"代表作《周易述》。[②] 这三件学术盛事极大推动"汉学"在扬州地区的发展，也深刻影响了扬州学者的治学取向。据记载："是时古学大兴，元和惠氏、休宁戴氏，咸为学者所宗。自江以北，则王念孙为之唱，而君和之，中及刘台拱继之，并才力所诣，各成其学。"[③]

除了"汉学"风气的熏陶外，有些学者和考据学大师有直接或间接的接触交流。如刘台拱和戴震是四库馆同事，任大椿与戴震是论学的好友，凌廷堪以戴震的私淑弟子自任，后阮元又问学于凌廷堪。而王念孙则是戴震的真正弟子，钱大昕在《戴先生震传》中记述了王鸣盛与戴震的关系，"戴先生震，性介特，多与物忤，落落不自得。年三十余，策蹇至京师，困于逆旅……高邮王文肃公安国亦延致先生家塾，令其子念孙师之"[④]。高邮王氏父子的音韵训诂之学就深受戴震影响，其《广雅疏

① 赵昌智主编：《扬州学派研究论文选》，第65—67页。
② 参见陈祖武：《清代学术源流》，北京师范大学出版社2012年版，第184—186页。
③ [清]汪中著，田汉云编：《新编汪中集》，广陵书社2005年版，第480页。
④ [清]钱大昕：《戴先生震传》，赵玉新点校：《戴震文集·附录》，中华书局1980年版，第265页。

证》是一部系统阐释《广雅》的著作。王念孙本人研究音韵、文字、训诂的集大成之作，也是清代语言学研究的重要著作。阮元在《王石臞先生墓志铭》中对其治学经历进行追溯："先生初从东原戴氏受声音、文字、训诂，遂通《尔雅》、《说文》，皆有撰述矣。"另一位扬州籍学者江藩是惠栋的再传弟子，曾师从惠栋的高徒江声、余萧客。据阮元记载："甘泉江君子屏，得师传于红豆惠氏，博闻强记，无所不通，心贯群经，折衷两汉。"[①]江藩所著《国朝汉学师承记》是阐述清代考据学者师承渊源、经学成就的总结性著作。不论是从交游还是从师承角度来观察，扬州学派的重要学者都与吴、皖两派有着密切的联系。

第二节　扬州学派的朴学思想

春秋战国时代的思想界百家争鸣，各种思想层出不穷，墨、法、道、名、纵横等诸家都是和儒家相并列的学派，有些学派在当时的流行程度甚至超过了儒家。到了大一统王朝建立之后，儒家借助政权的力量取得了独尊地位。造成这种情况的原因很多，从儒家角度来看，早期儒家思想具有很强的包容性，吸收其他各家思想的优点，建立了一个统治者青睐的、适合大一统王朝统治模式的思想体系。伴随儒家地位的上升巩固而来的是诸子百家思想的沉沦和湮没，许多思想甚至沦为异端。除了道家思想在不同时期能占据一席之地外，其他各家在"封建时代"基本属于"下九流"的行列之中。诸子沉沦的这种情况直到乾嘉时期才有所转变，考据学的春风由经到史，最终也惠及到湮没千年的诸子学。

一、扬州诸儒与诸子学的再发现

乾隆时期，下诏修《四库全书》，客观上是一次对中国传统学术的系统整理工作，诸子学在湮没了千余年之后，再次被学者发掘整理出来，

① [清]阮元：《国朝汉学师承记序》，邓经元点校：《揅经室集》，中华书局 1993 年版，第 248 页。

汪中就是当时开诸子学研究风气之先的代表性人物。汪中(1745—1794年),字容甫,扬州江都人,他致力于《墨子》《老子》《商子》《荀子》和《晏子春秋》等诸子学研究,其中最为后人所重的是其对《墨子》的重新发现与阐发。

墨家和儒家同为先秦显学。孟子曾言:"杨朱、墨翟之言盈天下,天下之言不归杨,则归墨。"(《孟子·滕文公下》)韩非子也说:"世之显学,儒墨也。儒之所至,孔丘也。墨之所至,墨翟也。"(《韩非子·显学》)墨家提出的"兼爱""非攻""尚贤""节葬""明鬼"等主张都是和儒家观念相抵牾的,遭到儒家学者的猛烈批判。孟子认为"杨朱为我,是无君也。墨氏兼爱,是无父也。无君无父,是禽兽也"(《孟子·滕文公下》)。荀子也称:"墨子蔽于用而不知文,由用谓之道,尽利矣。曲知之人,观于道之一隅而未之能识也,故以为足而饰之,内以自乱,外以惑人,上以蔽下,下以蔽上,此蔽塞之祸也。"(《荀子·解蔽》)加之墨家是一个具有严密组织性的团体,"墨子服役者百八十人,皆可使赴火蹈刃,死不旋踵"①。墨家学派的这些组织性特点,让各诸侯国十分警惕,大一统国家建立后,墨家就成为政府防范和打击的对象,墨家学说也随之湮没无闻。

汪中开始重新发现墨学并进行系统梳理,他汲取乾嘉诸儒所创造的考据方法,从音韵、训诂出发对《墨子》文本进行了注释整理,撰有《墨子表征》和《校陆隐刻本墨子》五十三篇,大多已经散佚,今人只能从孙诒让的《墨子间诂》中所收录的《墨子序》和《墨子后序》来探究汪中的墨学思想。汪中认为,千百年来儒家对墨学的打压和污蔑是不公正的,儒墨两派皆为先秦显学,"在九流之中,惟儒足与之相抗"②。儒墨两家在学术上的论争是再正常不过的了,不应该上升到"对抗"的高度来认识。况且儒家的尊崇地位是汉代之后的事情,在先秦时期,孔子和墨子的政治、社会地位是平等的,即孔子是鲁国的大夫,而墨子是宋国的大夫,二者的争论是正常的学术对话。值得注意的是,汪中将孔子与墨子、儒家

① 刘文典撰,殷光熹点校:《淮南鸿烈集解》,第681页。

② [清]孙诒让:《墨子间诂》,中华书局2001年版,第672页。

与墨子放在平等的位置进行对话，这在当时的环境中可谓是惊世骇俗的，汪中本人也因此获得了一个“名教罪人”的称号。但此举也体现了汪中突破千百年来儒家独尊观念的限制，以平等的眼光观察诸子百家，是学术观念进步的体现。另外，墨子主张“兼爱”并非与儒家的忠孝仁爱截然对立。汪中指出：“彼且以兼爱教天下之为人子者，使以孝其亲，而谓之无父，斯已枉矣。”①即人若有兼爱天下人之心，又如何不会孝顺自己的父母，以此来反驳孟子的指责。除此之外，汪中还运用辩证思维在儒墨两家的对立之中看到了统一。即在礼崩乐坏、天下失序的环境下，二者都提出了自己拯救“时弊”的主张，如墨子针对国家治理昏乱，提倡举贤任能；针对国家贫弱，则提倡节用、节葬；针对国家沉湎喜音，则提倡非乐；针对国家淫僻无礼，则提倡尊天敬鬼；针对诸侯国务夺侵凌，则倡导非攻、兼爱。② 因此，在汪中看来，墨家的思想主张大都是针对“时弊”而发的经世致用的救世之学。

由于汪中在《墨子》研究方面的著作散佚过多，我们今天已经难以尽窥其在《墨子》文本考据方面的贡献了。但是，他将考据学的方法运用到诸子学的考证上，则实实在在地扩大了清代考据学的研究范围和规模，考据学的阵地扩展到经史百家之学。这一方面是汪中个人的学术取向所致，另一方面也是经学考证的狭小领域已经不足以承受乾嘉学者们旺盛的精力和杰出的才智，学者们亟需开拓新的领域，诸子学的重光正好满足了学者的需求。扬州学派之中，除了汪中之外，还有王念孙、王引之父子，也是开晚清诸子学复兴之先河的重要人物。王念孙所撰《读书杂志》八十二卷，该书“凡古义之晦误，历代之妄改，在王念孙笔下，皆旁证博引，一一是正。书出，遂以其原原本本，多可依据，而成一代校勘学名著”③。该书所涉及的诸子著作有《管子》《荀子》《墨子》《韩非子》《庄子》《老子》《吕氏春秋》《晏子春秋》《法言》《楚辞》《淮南子》等十余种，其中，尤以对《墨子》《荀子》和《管子》的校勘，贡献最大。

诸子学的再发现有两个重要影响：一是清代学者利用考据方法对

① [清]汪中，田汉云编：《新编汪中集》，第 410 页。
② [清]汪中，田汉云编：《新编汪中集》，第 409 页。
③ 陈祖武：《清代学术源流》，第 267 页。

诸子文本进行了艰苦卓绝的搜集、整理和考证，使得两千多年来不受重视、有所散佚的诸子百家又重现在世人面前，为晚清之后的诸子学复兴奠定了重要基础；二是诸子学的再发现改变了清代的思想格局。先秦的诸子百家争鸣则是中国历史上的思想大活跃时期，各种不同的思想迭次而出，互相交锋。但自汉代以来，儒家思想“独尊”的情势在一定程度上桎梏了中国人的思想。而“轴心时代”所创造思想的再发现，不啻为清代思想界注入一股清流。不过，我们也要看到汪中等扬州学者复兴诸子学的努力未能完全成功，这是因为儒学仍然占据意识形态的主流，诸子学难以再像先秦时代一样取得和儒学平等对话的社会环境。另外，汪中等人自身也未能突破儒家正统思想的限制，自然不能对诸子学进行全面而深入的研究。但是，总体说来，汪中等扬州学者的成果，为诸子学在晚清的真正复兴打下了坚实的文献基础。

二、扬州学派对“汉学”的总结与批判

扬州学派的多数学者生长于考据学鼎盛的时期，深受其风气影响，在许多方面继承了汉学家们的优良传统，如提倡实事求是的治学原则，注重音韵、训诂、辑佚、校勘、辨伪、整理等考据学法的运用。扬州学派承认和正视考据学的伟大成绩，阮元称赞清代汉学家考据治经的成就。他认为：“我朝小学训诂远迈前代，至乾隆间，惠氏定宇、戴氏东原大明之。”[①]凌廷堪也认为惠栋和戴震首倡“汉学”，为考据学发展奠定基础，有其积极进步的一面，宋明时期养成的喜空谈、好臆断的空疏学风在一定程度上得到了扭转，乾嘉学者“多知崇尚汉学，庶几古训复申，空言渐绌，是固然已”[②]。正是由于惠、戴等学者的推动，考据学在乾嘉时期发展到鼎盛时期，“几乎独占学界势力”[③]，上至帝王，下到商贾，无不以附庸考据之风为荣。但扬州学者更为可贵之处不仅仅在于继承，如果是仅仅继承了吴、皖两派的治学精神与方法，没有新的创见和突破，就很

---

① [清]阮元：《王伯申经义述闻序》，邓经元点校：《揅经室集》，第 120 页。

② [清]凌廷堪：《与胡敬仲书》，王文锦点校：《校礼堂文集》(卷 23)，第 203 页。

③ 梁启超：《中国近三百年学术史》，第 24 页。

难将之称为一个独立的学派,充其量只是其他学派的一个支流。因此,我们认为扬州学派更为可贵之处在于其大胆的批判精神,尤其是这种批判发生在考据学如日中天、千万人"靡然从之"之时。

扬州学派批判"汉学"的矛头主要指向两个方面:一是汉学末流思想僵化;二是存有严重的门户之见。"汉学"之僵化在汉学首倡者惠栋身上就初现端倪,惠栋提出"经之义存乎训"和"凡古必真,凡汉皆好",这种提法在"汉学"发轫之初是有一定的革命意义,但演变到后来就变成了僵化的教条,导致许多学者转宗汉儒遗说,"而汉儒中所据者,又唯郑康成、许叔重"[①]。针对惠栋"凡古必真,凡汉皆好"的观点,焦循提出,"学者言经学则崇汉,言刻本则贵宋。予谓汉学不必不非,宋板不必不误"[②]。而且,焦循认为儒家的宗主是孔子,不是汉代经师,汉代经师虽去古未远,但他们解释的经典也未必全部符合圣人的真意。"学者述孔子而持汉人之言,惟汉是求,而不求其是,于是拘于传注,往往扞格于经文,是所述者汉儒也,非孔子也。"[③]这就明确提出了不以汉人之是非为是非,树立了"实事求是"的治经原则。焦循曾一针见血地指出惠栋治学的不足之处:"东吴惠氏为近代名儒,其《周易述》一书,循最不满之。大约其学拘于汉之经师,而不复穷纠圣人之经,譬之管夷吾,名曰尊周,实奉霸耳。"[④]因此,焦循的易学研究既不完全依据汉代的注疏,也不轻信宋儒的研究,他根据自己在象数方面的研究心得,自创了一套研究《易》经的方法,这是他在易学研究方面超越惠栋的具体体现。

另一位扬州籍学者凌廷堪也注意到了汉学走入极端的现象。"浮慕之者,袭其名而忘其实,得其似而遗其真。读《易》未终,即谓王、韩可废;颂《诗》未竟,即以毛、郑为宗……不明千古学术之源流,而但以讥宋儒为能事。所谓天下不见学术之异,其弊将有不可胜言者。"[⑤]考据学者拘泥于汉代经说就会出现门户习气太重的毛病,不能兼容并蓄、融会贯

① [清]焦廷琥:《先府君事略》,载《焦氏遗书》附录。

② [清]焦循:《雕菰集》(卷 95),中华书局 1985 年版,第 271 页。

③ [清]焦循:《雕菰集》(卷 95),第 175 页。

④ [清]焦循:《与王引之论易书》,转引自陈居渊著:《焦循阮元评传》,南京大学出版社 2006 年版,第 135 页。

⑤ [清]凌廷堪:《与胡敬仲书》,王文锦点校:《校礼堂文集》(卷 23),第 206 页。

通。焦循认为学者治学需要泛观博览，才能汲取众家之长，最忌讳“执一废百”。他在家训中正告后人：“学经者博览众说而自得其性灵，上也；执于一家以和之，以废百家，唯陈言之先入，而不能自出其性灵，下也。”[①]焦循指出了考据学发展中存在的主要问题，考据学家虽然在复原经典方面做出了重大贡献，但是过于拘泥于汉人成说，忽视了汉以后的百家之长，未能以历史的眼光看待学术的继承、发展和演变，故而也就不能在前人的基础上有所推进。

前文提到的扬州学派学者多生活在清代汉学极盛期之后，不仅汉学阵营内部开始自我反思，程朱理学和汉学之间也互相争鸣。在这种学术环境影响之下，扬州学派诸学者开始积极寻求各个学派间的调和之道，焦循主张做人和做学问一样都要奉行“忠恕”之道。他批评学者“自据其所学”，不能看到其他学者或学派的优点，更有甚者，“虽明知其善”，但是为了意气之争和门户之见，则一定要和对方相抗衡。他认为先秦九流二氏、汉魏经师、宋明的朱陆之争，“其始缘于不恕”，因此，他主张做学问应该有着融会贯通的气象，“舍己克己”、“善于人同”。[②] 有鉴于此，扬州学派学者身体力行，纷纷提倡和践行通儒之学，阮元将学者定义为“通儒”和“陋儒”，“陋儒”就是固执于一家之言，不知变通，一心攻读八股词章之学，醉心于功名利禄。而“通儒”则是能“笃信好古，实事求是，汇通前圣微言大义”[③]。根据此定义，扬州众多学者大都可以称得上通儒，焦循、阮元自不必说，学问旁涉内容涉及四书、五经、史学、文学、诗词、戏曲、医学、算学等；焦循在经学研究方面也力争做到“以经文为主，以百家子史、天文、数算、阴阳、五行、六书、七音等为辅，汇而通之，析而辨之，求其训诂，核其制度，明其道义，得圣贤立言之旨，以正立身经世之法”。[④] 前文述及的汪中打通了经学与诸子学的壁垒，开诸子学复兴之先河，亦可称之为通儒。王念孙所著《读书杂志》校勘对象涉及经史百家，其子王引之亦继承其父通儒之风。凌廷堪则“读书破万

---

① [清]焦循：《里堂家训》(下卷)，第3页。

② [清]焦循：《一贯忠恕》，《续修四库全书》(第165册)，第36—37页。

③ [清]阮元：《传经图记》，刘师培：《读书随笔》，广陵书社2016年版，第72页。

④ [清]焦循：《与孙渊如观察论考据著作书》，《雕菰集》(卷十三)，第246页。

卷，肄经邃于士礼，披文摘句，寻例析词，闻着冰释。至于声音、训诂、九章、八线，皆造其极而抉其奥。于史，则无史不习……”①以上诸人皆是扬州学派的中坚人物，他们治学都打通了学科间的界限，突破了前辈汉学家考经的藩篱，大大扩展了考据学的领地，显示出了通儒的气象。

除了打通学术的界限，扬州学派还主张调和“考据”和“义理”的关系。扬州学者看到许多汉学家皓首穷经，只重视恢复经典的本来面目，而忽视了经典的义理价值，走向了与理学末流相反的另一个极端。扬州学派在这方面较为推崇戴震的为学方法，即“故训明则古经明”②的见解。戴震认为：“然病夫《六经》微言，后人以歧趋而失之也。言者辄曰：‘有汉儒经学，有宋儒经学，一主于训诂，一主于义理。’此诚震之大不解也者。夫所谓义理，苟可以舍经而空凭胸臆，将人人凿空得之，奚有于经学之云乎哉？惟空凭胸臆之卒无当于贤人圣人之理义，然后求之古经。求之古经而遗闻垂绝，今古悬隔也，然后求之故训。故训明则古经明，古经明则贤人圣人之理义明，而我心之所同然者，乃因之而明……贤人圣人之理义非它，存乎典章制度者是也……彼歧故训、理义二之，是故训非以明理义，而故训胡为？理义不存乎典章制度，势必流入异学曲说而不自知。”③在戴震这里，如果想要弄明白往圣先贤作品中的义理，必须有正确的方法，即以经籍和典章制度为中介，先将在历史长河中散佚、篡改和意义难明的典籍搜集整理，再通过考据学的方法去还原其本来面目，进而才能达到最终闻道的目的，也即先广为搜集、严为考证、精为义理的研究思路。

由此，戴震强调：“经之至者道也，所以明道者其词也，所以成词者未有能外小学文字者也。由文字以通乎语言，由语言以通乎古圣贤之心志，譬之适堂坛之必循其阶，而不可以躐等。”④作为考据学大师的戴震，受到许多学者的推崇，但在考据之风盛行的情况下，人们只重视他在考证方面的功劳，而忽视他在义理阐释方面所作出的贡献。扬州学

① [清]江藩：《国朝汉学师承记》，中华书局1983年版，第121页。
② [清]戴震：《题惠定宇先生受经图》，《戴震全书》(六)，第505页。
③ [清]戴震：《题惠定宇先生受经图》，《戴震全书》(六)，第505页。
④ [清]戴震：《古经解钩沉序》，《戴震全书》(六)，第377页。

者十分重视戴震的义理学著作，凌廷堪提醒学者不要忽视戴震的义理著作。他称："先生之学，无所不通，而其所由以至道者则有三，曰小学，曰测算，曰典章制度。至于《原善》、《孟子字义疏证》，则古训而明义理，盖先生至道之书也。"[①]焦循认为在"汉学"没有兴起之时，为矫学者空谈之弊，提倡考据之学，意义深远，保存和恢复了古代典籍的本来面目。但是在考据之学已经风行海内之后，学者就要避免走向极端。"古学未兴，道在存其学；古学大兴，道在求其通。前之弊，患乎不学；后之弊，患乎不思。证之以实而运之以虚，庶几学经之道也。"[②]何为运之以"虚"？就是要求学者在证"实"的基础上进一步推究、思考经典文本中蕴含的丰富哲理，将古圣先贤的智慧再现于世间。我们可以看到在焦循这里已经出现了融通汉宋的努力，他将考据和义理统一起来，在已经证"实"的确定文本基础上，发挥自己的主观能动性，参悟和阐发义理。可见，焦循的义理阐发不同于宋儒那种不依托于文本、但求于心、六经注我，甚至引释、道入儒的做法。不过，他与宋儒解经的做法也有一定的相同点，如有学者指出的，焦循认可了宋学在文本解释形势下的主观心理活动的作用，[③]即强调学者的创造性和主观能动性，这也是一切真正的为学致思的普遍性特点。

阮元既是乾嘉后期的一代名儒，也是朝廷的封疆大吏，他在当时的士林之间具有无可比拟的影响力，被认为是"汉学"的大护法。阮元对于清代考据学贡献极大，这里提及阮元主持编纂的几部主要的著作，其一是《十三经注疏》，阮元主持校刻的《十三经注疏》在诸多的"十三经"的注释版本中是最为完善的，总共四百一十六卷，并撰《校勘记》附于诸经卷末，号为善本，是迄今为止最好的版本，是今天研究传统文化不可或缺的宝贵资料。其二是《皇清经解》，全书共一千四百卷，收录了清代七十三位重要学者的一百八十三种重要著作，基本上将清代学术之精华都网罗在内，对清代学术的保存做出了重要贡献。阮元之所以重视汉学家的工作，是因为他把文字、音韵训诂看作入学的门径，门径一旦

① [清]凌廷堪：《戴东原先生事略状》，《校礼堂文集》，第313页。

② [清]焦循：《与刘端临教谕书》，《焦循诗文集》，第248页。

③ 林忠军：《从文本到义理——论焦循经学解释学的转向》，《学术月刊》2015年第8期。

出错，学问也就迷失了方向，哪里能达到为学之目的呢？清代中前期，理学家在朝堂之上占有重要地位，汉、宋之间的争论一直未能平息，阮元作为朝廷重臣，既受到考据学者的影响，也能接触到众多的理学名臣，因此能够相对客观看待汉学和宋学的优缺点。他认为宋代学者的错误正是在于“求道太高，卑视章句，譬犹天际之翔出于丰屋之上，高则高矣，户奥之间，未实窥也”[①]。而汉学家则“但求名物，不论圣道，又若终年寝馈于门庑之间，无复知有堂室矣”[②]。阮元认为，汉、宋学问之优点则在于“两汉名教，得儒经之功；宋明讲学，得师道之益，皆于周孔之道得其分合，未可偏讥而互诮也”[③]。因此，唯有取汉、宋二家之长方能窥其径、登其堂而入其室。

由上大致分析可知，扬州学派的朴学思想，有两个重要的内容：一是重新发现了先秦诸子学，并对诸子学的文献予以搜集、整理、考辨；二是对清代汉学予以了一定的反思，在此基础上强调通儒之学、考据义理并重、汉宋兼采的思想方法。

第三节　扬州学派的学术经世思想

乾隆末年，国事日艰，国家在政治、经济、军事方面都面临着严峻的考验。学术虽有其一定的相对独立性，但也不可能完全脱离社会现实。因此，随着现实情势的变迁，清代“汉学”的鼎盛时期过去了，新的学术风气和趋向也在对考据学的总结和批判中逐渐诞生。扬州学派的学者于此风云变幻之时，倡导学术经世致用，主张学术思想为现实服务。

经世致用是指学者为学应该有裨于家国的治理，是知识分子忧患意识的表现，每当家国天下面临危机之时，经世致用的思想必定盛行一时。乾隆后期，外患初现，内忧渐深，面对社会现实，儒家知识分子的注意力开始从书斋转移到更广阔的天地。如前所述，扬州地区是明清时

---

① [清]阮元：《拟国史儒林传序》，邓经元点校：《揅经室集》，第 37 页。
② [清]阮元：《拟国史儒林传序》，邓经元点校：《揅经室集》，第 37 页。
③ [清]林昌彝：《林昌彝诗文集》，上海世纪出版股份有限公司 2012 年版，第 275 页。

期漕运、盐业的中心，工商业经济十分发达，正是这种商业氛围浓厚的环境赋予了扬州学者开阔的视野和包容的心态，他们不仅在思想观念领域内批判现实的黑暗，而且身体力行，勇于践行经世致用的学术主张。扬州学派学者在继承“汉学”优良传统的基础上，将经世致用的社会变革思想融入自己的考据著作中。

焦循在诸多经学著作中十分崇尚《礼记》，他称《礼记》是“万世之书也”，他的《礼记补疏》是清代三礼考证的代表性著作，这部著作补充了孔颖达《礼记正义》的疏漏，纠正了郑玄注释《礼记》的一些失误。[①] 但是，焦循的目的并不局限于此，他还想通过对《礼记》文本的重新阐释来抒发自己推动社会变革的愿望。他将传统社会最重视的“礼”与“时”联系起来，“礼以时为大”是客观规律和原则，时变则世变，礼也应据“时”而变，以因应时代精神的变化。他提出：“所谓时者，岂一代为一时哉！开国之君，审其时之所宜，而损之益之，以成一代之典章度数，而所以维持此典章度数者，犹必时时变化之，以掖民之偏而息民之诈。”[②]焦循认为“礼”的永恒不变精神就是“时”，因“时”而动、据“时”而变才是礼学能够生生不息的真正动力，而若是将礼僵化成万古不易之至道，则不仅桎梏了礼学的生命力，也不利于通过对“礼”的变革来促进社会的发展。正是由于把握到了“礼”的真义，焦循提出“以礼代理”，希望用礼来规范人际关系，重新建构出和谐的社会秩序。他的这种主张和凌廷堪、阮元等人的见解是一致的，因为“理”是宋儒提出的一个概念，二程兄弟把“理”作为本体，认为“理”是永恒不变的根本法则，天地间的万事万物都是由“理”而生发出来的。朱熹继承二程的观点，也把“理”当做天地万物的主宰，推动万事万物的运动发展，由此，“理”成为宋儒哲学体系最为基本和核心的范畴。但是，理学应用到政治、社会领域却产生了一系列意想不到的后果，发展到后来就出现了天理与人性的二元对立，甚至出现“以理杀人”的极端现象，而忽视了人性中生动活泼的一面。戴震进一步指出“理”背后赤裸裸的权力性压迫关系，“尊者以理责卑，长者

---

① 陈居渊：《焦循阮元评传》，南京大学出版社 2006 年版，第 87 页。

② [清]焦循：《雕菰楼经学九种》，凤凰出版社 2015 年版，第 289 页。

以理责幼，贵者以理责贱，虽失，谓之顺。卑者、幼者、贱者以礼争之，虽得，谓之逆。人死于法，犹有怜之者，死于理，其谁怜之？”①为了改变这种情况，焦循、凌廷堪、阮元等人期望以具体的“礼”代替抽象的“理”，凌廷堪认为“礼”不仅在主观方面有其道德合理性，而且在实践领域尤为重要，要符合“中庸”的原则，切实可行，而“理”虽然在主观上立意甚高，但在实践领域则无所依凭，没有一定之标准。他因此指出，“民彝物则，非有礼以定其中，而但以心于理衡量之，则贤智或过于中，愚不孝或不及乎中，而道终于不明不行矣”②。阮元也认为“理”的主观性太强，要与具体的规范结合起来，“理必附乎礼以行，空言理，则可彼可此之邪说起矣”③。

汪中自幼家贫，是从社会底层成长起来的知识分子，对社会的不公和底层民众的艰辛有着切身体会，他的著述中不仅以考证见长，而且较多的反映、思考和批判社会现实，并试图提出一些解决方案。汪中为学的楷模是顾炎武。他曾自称：“少日问学，实私淑诸顾宁人处士，故尝推六经之旨，以合于世用。及为考古之学，惟实事求是，不尚墨守。”④他继承了顾氏“博学于文”的主张，对于有助于经世治国的学问都进行探究，即“尝有志于用世，而耻为无用之学。故于古今制度沿革、民生利病之事，皆博问而切究之，以待一日之遇，下至百工小道，学一术以自托”⑤。所以，汪中为学的特点就是在尽可能广的范围内实事求是地研究古代学问，但不墨守古人之成规，创造性阐发旧说，以达到辅助革新之目的。汪中的经世致用思想多是从社会现实出发，他看到社会上丧葬之礼铺张浪费、对人力、物力造成极大浪费，就从文字考证出发，重新阐释了“孝”和“礼”的意义，以适应社会发展的需要。他看到妇女在社会和家庭生活中的重要贡献，但在社会地位上却十分低下，就要求提升妇女地位，反对政府表彰贞洁烈女，更反对礼教对妇女的迫害。对社会最底层

① [清]戴震著，何文光整理：《孟子字义疏证》(上)，中华书局1961年版，第10页。
② [清]凌廷堪：《复礼中》，《校礼堂文集》卷四，中华书局1998年版，第29页。
③ [清]阮元：《书东莞陈氏〈学蔀通辨〉后》，《揅经室续集》卷三，上海商务印书馆1935年版。
④ [清]汪中著，田汉云编：《新编汪中集》，第428页。
⑤ [清]汪中著，田汉云编：《新编汪中集》，第442页。

的劳苦大众，他要求政府效法古时的良法美政，建立救助体系，同时鼓励民间富人参与到“慈善”事业中去。汪中对儒家思想和社会的批判是切中时弊的，他力图从中国传统文化当中阐发出一些新的价值，以达到“阐旧邦以辅新命”的目的。

在扬州学派里，既涌现了一些在思想领域倡导经世致用的学者，也出现了一批能“坐而思，起而行”的实践派学者，其中的佼佼者是阮元。阮元少时受到父亲和启蒙老师胡廷森的影响，父亲教育他学以致用，“读书当明体达用，徒钻时艺，无益也”[①]。老师则身体力行，“练习吏事，于政刑诸大端皆具精识……自幼所习闻而默识者为尤多”[②]。虽然阮元对朴学推崇备至，但在他眼中，治学必须有益于解决当下的问题。他对汉学的认可是建立在“致用”的基础之上，即“使不效于今，即合于古，无益也。苟有效于今，即不合于古，无伤也”[③]。阮元通过朴学的一系列方法原则重新阐释了经典的意涵，如他解释孔子的“吾道一以贯之”，从文字、训诂出发，认为“贯”乃“习也”、“事也”，“贯主行事，习亦行事，故时习者，时颂之，时行之也”，“圣人之道，未有不行于事见，而但于语言见者也”。[④] 阮元的可贵之处在于他不仅能倡导，而且能实行，在学以致用观念的推动下，阮元在事功方面也取得了极大成就。他入仕之初受到乾隆皇帝器重，被委以山东学政、浙江学政等要职。学政主管一省教育科举，他兴建了诂经精舍和学海堂等著名书院，对地方人才的培养选拔有重要引导作用。他在选拔士子的过程中践行自己的育才理念，一反注重八股制式的僵化形式，而是突出经义，重在学用结合，网罗了大批人才。[⑤] 在浙江巡抚任上，他整肃吏治、军政，并且平定了为害甚重的海盗。在担任两广总督期间，他提议严禁鸦片，对走私、出售鸦片者予以严惩。同时，他已经注意到英国的威胁，奏请清廷威、德并用，不能一味

---

① [清]阮元：《诰封光禄大夫户部左侍郎显考湘圃府君显妣一品夫人林夫人行状》，邓经元点校：《揅经室集》，第 365 页。

② [清]阮元：《胡西棽先生墓志铭》，邓经元点校：《揅经室集》，第 398 页。

③ [清]阮元：《畴人传》卷 4《蔡邕》，冯立昇、邓亮、张俊峰校注：《畴人传合编校注》，中州古籍出版社 2012 年版，第 60 页。

④ [清]阮元：《论语解》，邓经元点校：《揅经室集》，第 49 页。

⑤ 参见陈居渊：《焦循阮元评传》，第 426 页。

安抚，同时着手加强广东的军事防御，营建炮台，训练水师。在一定意义上，阮元的事功也是扬州学派经世致用思想的具体体现。

从焦循、汪中和阮元等人思想和行动来看，扬州学派的学者在注经、解经的同时，关注现实，注重学以致用，体现了经世致用的思想旨趣。

第四节 扬州学派的影响

扬州学派是清代汉学之重镇，与以惠栋为首的吴派和以戴震为首的皖派成鼎立之势。阮元认为天下学术以江南为最，而江南之地则以安徽、扬州、苏州和常州等几处为学术之中心。三大派虽然都以考据学而著称于世，但亦各有自己的治学特点。张舜徽将三派的特点做了区分："余尝考论清代学术，以为吴学最专，徽学最精，扬州之学最通。无吴、皖之专精，则清学不能盛；无扬州之通学，则清学不能大。"[①]他特别强调扬州之学的"通"，这是清代学术呈现宏达气象的重要原因。扬州学派之"通"体现在两个方面：一是贯通"考据"与"义理"，破除门户积习；二是体现在其研究范围的广博通达。扬州学派不似"汉学"的专精，更像是直接继承了清初大儒顾炎武治学的宏大气象，不仅体现在经学，而且旁涉天文、算学、史学、文学、地理、音韵文字学等领域。

除了"通"之外，扬州学派的另一个特点是学者众多且各有其治学重点和特点。作为考据学之领袖人物，阮元评价扬州诸儒称："若江都汪容甫之博闻强记，高邮王怀祖之公正通达，宝应刘端临之洁净精核，兴化任子田之细密详赡，金坛段若膺之精锐明畅，皆非外间所可及也。大约王为首，段次之，刘次之，汪次之，任次之。此后，则吾辈尚可追步尘躅也。"[②]扬州学派不仅在考据汉学如日中天之时能占据一席之地，即便到了考据学江河日下之时，扬州学派仍然名家辈出，如刘文淇、汪喜

① 张舜徽：《清代扬州学记》，广陵书社2004年版，第2页。
② 刘师培：《跋阮芸台答友人书三通》，《刘申叔遗书》，江苏古籍出版社1997年版，第1972页。

孙、刘毓崧等。后来，如清末民初扬州的刘师培，也是和章太炎齐名的经学大家。名家辈出也预示着扬州学派留下了大量的名著，经学巨著如阮元主持编撰的《经籍籑诂》《十三经注疏》《皇清经解》，总结了清代经学研究的成果，对今天研究经学提供了极大便利，受到了学界普遍重视与好评。

除此之外，扬州诸儒在经学研究上推出了一大批著作，且论题广泛，有学者统计如下：关于《诗经》的有焦循的《毛诗补疏》《陆氏〈草木鸟兽虫鱼疏〉疏》，阮元的《三家诗补遗》等；关于《尚书》的有焦循的《尚书补疏》，成孺的《尚书历谱》《禹贡班义述》，刘毓崧的《尚书旧疏考证》等；关于“三礼”的有阮元的《仪礼石经校勘记》《考工记车制图解》，任大椿的《弁服释例》，焦循的《群经宫室图》《礼记补疏》，刘寿曾的《昏礼重别论对驳义》，凌廷堪的《礼经释例》，朱彬的《礼记训纂》，汪喜孙的《丧服答问纪实》，凌曙的《礼说》等；关于《周易》的有焦循的《易学三书》，成蓉镜的《周易释爻例》，江藩的《周易补疏》，刘毓崧的《周易旧疏考证》等；关于《春秋》的有汪中的《春秋述义》、刘文淇的《春秋左传旧疏考证》《春秋左传旧注疏证》，焦循的《春秋左传补疏》，刘毓崧、刘寿曾续修《春秋左传旧注疏证》等；关于“四书”的有焦循的《论语补疏》《孟子正义》，刘恭冕的《何休注训论语述》，阮元的《论语论仁论》《孟子论仁论》，成孺的《论语论仁释》，刘宝楠的《论语正义》《论语注疏长编》等。[①] 这些著作，既是中国古代学术思想的重要总结，也为今天研究古代学术思想提供了良好的文献基础。

在经学之外，扬州学人对史学的贡献也值得一书。对传统史书进行考订，纠改谬误，影响较大的有钱大昕《二十二史考异》，王懋竑《读书记疑》，任大椿《吴越备史著》，汪中《春秋列国官名异同考》《宋世系表》，刘文淇《南北史注》，孙寿曾《南史校义集平》。扬州学派注重经世致用之学，对历史地理和方志学也倾注了大量心力，如汪中《广陵通典》《秦蚕食地图表》和《金陵地图考》，焦循的《北湖小志》《邗记》《扬州足征录》，刘台拱的《宝应图经》，刘文淇《楚汉诸侯疆域志》《扬州水道记》；学

---

① 赵昌智：《扬州学派对清代学术的贡献》，《扬州文化研究论丛》2013 年第 2 期。

术史方面有：王懋竑的《朱子年谱》、江藩的《国朝汉学师承记》《国朝宋学渊源记》；科技史有阮元的《畴人传》等。[①] 由此可见，扬州学派的考据成就涵括面很广，为后世相关研究提供了非常丰厚的史料。

我们可以看到，扬州学派作为清代最负盛名的考据学派，不仅名家众多，涉猎广泛，为我们留下了丰富的经学、史学等名著，而且扬州学派作为考据学发展到鼎盛时期而出现的学派，它不仅发展了考据学的治学理论和方法，而且从整体上对清代考据学做了很好的总结，是清代江苏思想的重镇。

① 参见祁龙威：《初论扬州学派对史学研究的贡献》，《扬州师院学报》1985 年第 4 期。

第十章　常州学派的今文经学思想

在清代江苏思想版图上，以地区命名的学术思想流派除了吴派、扬州学派之外，还有一支非常重要的常州学派。钱穆先生在《中国近三百年学术史》中称："言晚清学术者，苏州、徽州而外，首及常州。"①常州学派是十八世纪中晚期出现在江苏南部常州地区的一个重要的思想流派，它的代表人物有庄存与、庄述祖、刘逢禄等人，该学派以研究《春秋公羊传》而著称于学界。常州学派的兴起是中、晚清学术界一件令人瞩目的大事，它要复兴的是沉寂了1500余年的西汉今文经学，倡导通经致用、援经释政的思想理念，与清代主流考据学派形成了鲜明的对照。常州学派通经与致用相结合的主张，对晚清的士林风气和政治变革产生了深远影响，不仅扭转了知识分子沉溺考据的习气，也为晚清士人推行的政治改革运动提供了宝贵的思想资源，开启了近代以经学研究参与政治的学术风气。

第一节　常州今文学派的兴起及其背景

和惠栋的吴派相似，常州学派兴起于经济繁荣的江南地区。该派

① 钱穆：《中国近三百年学术史》，第575页。

由庄存与开其端，其侄庄述祖继承其后，到其外孙刘逢禄、宋翔凤予以发扬光大，卓然成为晚清学界中一大著名学派，该学派因其主要成员皆出自常州府，遂被称为常州学派。常州学派治学[①]以春秋公羊学为中心，重视阐发经典的微言大义，将通经与致用结合起来，力图通过经典的阐释来为政治、社会变革提供蓝图。因此，从这个角度来看，常州学派不仅代表了沉寂许久的今文经学的再兴，也是对明末清初儒家经世致用传统的继承和发展。同时，我们要看到常州学者对今文经典的研究不仅仅出于个人学术偏好，还有着深刻的历史和思想背景。

一、常州学派兴起的背景

常州学派的兴起有着深刻的政治、社会背景。首先，随着清朝的统一，国家逐渐稳定下来，中国进入了最后一个“封建”盛世。政治的稳定有助于学术的发展，特别是以康熙、乾隆为代表的清代诸帝，本身都有着深厚的汉学功底，对文化的发展也十分重视，如康、乾时期政府投入大量人力、物力编撰了《古今图书集成》和《四库全书》两部大型的丛书。同时，作为异族入主中原，为了消弭汉族士大夫的反抗意识，清廷除了利用“文字狱”等手段制造恐怖氛围之外，还使用较为温和的手段大力笼络士大夫，如鼓励他们埋首书本、整理经典，无暇讨论一些诸如“夷夏之辨”的思想话题。常州学派的兴起，得益于清朝中晚期文化高压政策开始松弛。清朝经过一百多年的统治之后，到了乾隆中后期，统治已经完全稳固下来，汉人的反抗意识已经逐渐消沉，清王朝的正统性、合法性已经逐渐树立起来。所以，统治者逐渐放松了对文化的压制，一个突出表现就是乾隆后期“文字狱”数量的急剧减少。钱穆就看到，“嘉道以还，清势日陵替，坚冰乍解，根蘖重萌，士大夫乃稍稍发舒为政论焉”[②]。梁启超也说：“政府钳制的威权也陵替了，所以思想渐渐解放，对于政治

① 常州学派内部比较复杂，包含今文经学、汉学考据学和阳湖文派等，但常州学派最有价值和影响力的方面则是以春秋公羊为代表的今文经学派。

② 钱穆：《中国近三百年学术史》，第586页。

及社会的批评也就渐渐起来了。”①正是在这种稍微宽松起来的政治环境下，埋首考据、不闻世事的学风在一定程度上有所改变，常州学派这种主张将学术与政治、社会改革相关联的主张才有出现和发展的可能。

其次，乾嘉年间，清朝暴露出来了一系列的政治、社会危机，如何回应新出现的危机？是清朝士大夫亟需解决的难题。而他们可以选择、利用的资源却十分匮乏，既没有西方的民主法治，也没有轴心时代的百家争鸣，他们的可选项只有传统的儒家思想。而清代盛行的考据之学偏重于对儒家典籍的梳理、考证，在思想上却没有形成突出的成就，且由于“文字狱”的存在更不敢涉及政治和社会问题。宋明理学思想由于明朝的灭亡而受到广泛的抨击，因此，宋学也没有受到学者的青睐而成为扶危济困的救世良方。排除了考据学与宋学之后，沉寂千年的儒家今文经学开始逐渐浮出水面，受到学者的重视。我们知道，今文经学在汉武帝尊崇儒学之后，逐渐与政治活动相结合，一方面经学内容成为官方政治政策的理论依据，例如“春秋决狱”，就是将春秋经作为司法判断的依据，还有许多关于礼制的制度创建，都来源于儒家经典；另一方面，在经学政治化的过程中，今文经学形成了批判和引领政治发展的知识传统。因此，到了清代中晚期，随着一系列政治、社会危机的浮现，今文经学批判和引领政治的功能就得到凸显，受到学者的青睐也就成为必然，如艾尔曼就认为，常州今文经学运动的兴起的政治内涵就是庄存与以学术的方式与和珅之间的政治斗争。②

第三，常州学派的兴起还得益于江南地区繁荣的经济以及由此而形成的浓厚文化氛围。如前反复申述，三国时期，江南地区就开始逐渐被开发，经历了永嘉之乱、安史之乱和靖康之乱后，经济、文化重心南移到了江南地区。而在江南这一片区域内，尤以江苏南部地区最为富庶。到了清代，江苏南部地区成了考据学的中心，与此地经济文化环境有着一定的关系，考据学的几大重要流派都在这里衍生、发展壮大。江苏南部地区的考据学，特别是吴派经学，对汉学内容的研究以及重视家法和

---

① 梁启超：《中国近三百年学术史》，第 26 页。

② [美]艾尔曼：《经学、政治和宗族——中华帝国晚期常州今文学派研究》，赵刚译，江苏人民出版社 1998 年版，第 78 页。

师承的观念，都对常州学派影响极大。在扬州地区兴起的扬州学派，由于与庄存与、庄述祖、刘逢禄等人大致处于同一时代，且地域相近，其学术间的相互交流也十分频繁，这对于常州学派的治学理念、治学方法产生了深刻影响。

另外，常州学派与清代其他学派相比，还有一个突出的特点，就是家族和血缘因素。在传统社会中，一个人成就的大小在很大方面取决于其家庭出身，在学问方面更是如此。在两汉魏晋时期，随着儒家经学的发展，逐渐形成了一批以经书传家的士族门阀，他们垄断学术，将作为公器的学术变为私家之学，一些著名的学者都有士族门阀的家族背景。隋唐之后，科举制确立，贫民子弟也有了读书入仕的可能，但相比之下，家学渊源仍然对一个人的学术发展起着至关重要的作用，明清时期就逐渐出现了一些拥有家族传递背景的学术派别。而常州学派就是其中最突出的一个典型，其重要人物庄存与、庄述祖、庄绶甲、刘逢禄、宋翔凤等人就具有血缘关系或者姻亲关系。庄氏家族在常州地区具有巨大的文化影响力。据统计，庄氏家族在有清一代出了九十名举人和二十九名进士，其家族的教育水平和学术影响力由此可见一斑。[1] 有学者认为："常州学派之所以能在后世成为一个思想统一、凝聚力极强的经学团体，和庄氏家族的家学是密不可分的。一定意义上来说，庄氏家学就是联结常州学派思想学术的血缘纽带，不论来自何处，只要接受了庄氏家族的家学教育，都可称得上是庄存与的学术直系后代。"[2]的确，常州学派的学术传承正如同他们的血脉相续一样，是代际相传的，庄存与传授给侄子庄述祖，庄述祖又传给他的外甥刘逢禄、宋翔凤，这种根植于血缘而非师徒之间的传承关系对常州学派的形成和发展也产生了重要影响。

① [美]艾尔曼：《经学、政治和宗族——中华帝国晚期常州今文学派研究》，第 37 页。

② 邵鹏宇：《学缘、血缘与地缘——以常州学派为中心的学术史、家族史与地域史的考察》，华东师范大学博士学位论文，2015 年。

二、常州学派的代表人物及其生平

庄存与，生于清康熙五十八年(1719年)，字方耕，晚号养恬，江苏武进人。常州的庄氏家族是明清两代以进士辈出而闻名的家族，在庄存于之前，他的玄祖庄廷臣是明万历年间的进士，曾官至浙江右布政使。庄存与的父亲庄柱是雍正年间的进士，庄柱的兄弟庄楷、庄敦厚分别是康熙、雍正年间的进士。在庄存与之后，他的弟弟庄培因是乾隆十九年的状元，与其同科的还有王鸣盛、纪昀等人。庄培因的儿子庄述祖、外孙宋翔凤以及庄存与的儿子庄绶甲、外孙刘逢禄也都是进士出身。可见，常州庄氏是以举业而闻名的学术世家。庄存与幼时就在父亲和族人的教导下进行学术训练。据记载："存与幼传山西阎若璩之学，尤长于《书》，而擅于别择，立论平允。"①"幼禀庭训，习朱子《小学》《近思录》。长益沈潜经义，诵诗读书，惟以知人论世为准。"②从庄存与少时读书学习来看，他同时受到了考据学和宋学的训练，这对他以后的治学路径产生了重要影响。

二十六岁那年，庄存与在会试中高中榜眼，他的文章学识深得乾隆帝称许，认为他经学功底深厚，可备顾问，因此授翰林院编修，入南书房行走。他先后出任湖北乡试的正、副主考官、提督湖南学政、直隶学政、礼部侍郎、内阁学士等官职。他为官期间清正廉洁，对清政府的腐化忧心忡忡，晚年和珅柄权，吏治愈加腐败，他与和珅之间矛盾重重。乾隆五十一年(1786年)，六十八岁的庄存与告老还乡，晚年的庄存与潜心学术、培养族人，当刘逢禄随母入谒之时，庄存与大喜过望，称赞"此外孙必能传吾学"③。乾隆五十三年(1788年)七月，庄存与无疾而终，享年七十岁。他生前由于治学游离于主流学术之外，且著作多未刊行于

---

① 王其淦、吴康寿、汤成烈:《武进阳湖县志》卷二十三，第574页。

② 闵尔昌:《碑传集补》卷三《礼部侍郎庄公小传》,《碑传集合集》，上海书店出版社1988年版，第3081页。

③ [清]刘承宽:《先府君行述》,《刘礼部集》附，道光十年刻本。

世，因此，声名不显于当世，“学术并不为时人认同”[1]。直到数十年后，常州今文学派壮大之后，他的学问才为士人所熟知。他一生撰著众多，主要有《彖传论》《彖象论》《系辞传论》《八卦观象篇》《卦气解》《尚书既见》《四书说》《毛诗说》《春秋正辞》《春秋举例》《春秋要旨》等。

庄存与去世后，最能在学问上继承他的是其侄子庄述祖。庄述祖，生于乾隆十五年（1750 年），字葆琛，号珍艺，学者称珍艺先生，江苏武进人。因其父庄培因早逝，庄存与承担了抚养和教育庄述祖的责任。因其侄子的聪慧，加之对弟弟的思念，庄存与全力培养侄子，而庄述祖也不负众望，于乾隆四十五年（1780 年）考中进士，后任山东乐昌知县，调任潍县，迁曹州府桃园同知。由于庄存与和当时权臣和珅之间的矛盾，庄述祖在仕途上处处遭到刁难、排挤，在痛感仕途无望的情形下，他愤然辞官，专心于学问。在治学方面，他传承了庄存与的治学方法和理念，以治公羊学为主，兼采今、古文经学，为当时学者所推重。庄述祖之后，最能继承庄氏之学的是被称为“可以为师，可以为友”的刘逢禄和宋翔凤。[2]

刘逢禄，生于乾隆四十一年（1776 年），字申受，一字申甫，号思误居士，江苏武进人。刘逢禄出身的家族很显赫，他的父系家族刘氏家族在当地也是诗书传家的望族，其祖父曾官至大学士，母系家族就是常州赫赫有名的庄氏家族，外祖父则是常州学派的创始人庄存与。刘逢禄在很小的时候就受到良好的教育，庄存与认为他是继承自己学问的不二人选，舅舅庄述祖也评价他的学问可以和自己“亦师亦友”。嘉庆十九年（1814 年），刘逢禄延续家族的荣光，也高中进士，官至礼部主事。此后，刘逢禄长期在礼部任职，因善于“以经义决遗事”而为人称道，发扬了今文经学“微言大义”的精神去解决来往现实难题，从而使今文经学在政治活动中的作用得以显现。他的经学研究接着清儒孔广森对于何休公羊学的研究而来，但是在学术方法上兼采乾嘉汉学的考证方法。刘逢禄的主要著作有《春秋公羊经何氏示例》《春秋论上下篇》《尚书今

① 曾亦、郭晓东：《春秋公羊学史》中册，华东师范大学出版社 2017 年版，第 862 页。

② 钱仪吉：《碑传集》卷一〇八《庄先生述祖行状》，第 3109 页。

古文集解》《左氏春秋考证》等。

宋翔凤，生于乾隆四十四年（1779 年），字虞庭，一字于庭，江苏长洲（今苏州）人。宋翔凤的母亲是庄述祖之妹，因此，宋翔凤在青少年时期得以在庄氏家族接受教育，深受庄氏学风的熏染，庄述祖也认为他得到了公羊学的真传，认为"宋甥可友"。他是嘉庆年间的举人，后在地方历任学正、知县、知府等职。宋翔凤在学术方面的贡献主要在于他将阐释"微言大义"的范围从公羊传扩展到其他儒家经典，如《论语》等，并力图对儒家的政治思想体系进行新的建构，对后来的康、梁等人产生了影响。他的主要著作有《论语郑注》《大学古义说》《孟子赵注补正》《孟子刘熙注》《四书释地辨证》《卦气解》《尚书说》《尚书谱》《过庭录》《论语发微》《经问》《朴学斋札记》等。其中《过庭录》一书，是其考据学的代表作，反映出其考据和义理并宗的思想。

在清代中后期稍微宽松的政治环境下，面对现实的社会政治问题，江南地区的士大夫们承续汉代今文经学的传统，以公羊学解释儒家经典的方式来表达思想。以常州庄氏及其姻亲为核心成员的常州学派，正是在这样的时代背景下出现的一支经学学派。

第二节　常州学派的治学取向与方法

常州学派继承公羊学传统，其治学指向于社会现实，期望通过经典研究参与到政治生活，也就是着力发挥经典的"经世致用"的功效。经学有着丰富而复杂的传统，出现了延续千年的纷争，如汉宋之争、今古文之争等，面对这种思想传统，常州学派采取了融会贯通的治学态度。

一、倡导经世致用学风

儒家学说的一个突出特点就是具有强烈的"入世"色彩，中国的士大夫在儒家文化的熏陶之下，胸中多蕴含着"齐家、治国、平天下"的伟大理想。历代儒者秉承着"修己安人、修己以安百姓""忧以天下、乐以天下”“家事国事天下事、事事关心”“天下兴亡、匹夫有责”的担当精神，积极地以自己的知识、思想参与到经邦济世、康济群生的社会政治事业中去。明清两代的专制主义虽然在一定程度上影响了士大夫经世济民的担当精神，“著书全为稻粱谋”，但是儒家关注现实、参与现实的淑世情怀，却是不能完全泯灭的。

常州地区自明代以来就是以经世之风而著称于世，这里是东林党人活动最为频繁的地区，黄宗羲的《东林学案》记载的十七人之中，常州地区的就有十二位。东林党人在苏南各地结社、讲学，褒贬人物，评议时政，对国家的大政方针提出建议，积极反映民间的诉求。作为常州地区的名门望族，庄氏家族对于声势浩大的东林运动不可能没有反应。庄存与的玄祖庄廷臣，晚年还积极参加反对为权臣魏忠贤立生祠的运动，同时他也是复社运动的支持者和参与者，积极抵抗清朝入侵，这种令人引以为傲的担当精神影响了像庄存与这样一代又一代的庄氏族人。当然，庄存与的经世思想不仅来源于家族的传统，也受到清代思想家颜元、李塨学说的影响。为了培养自己的经世能力，庄存与积极投身实学研究，对于天文历法、典章算术、医学地理、水利工程等都有涉猎，这些实学研究对于庄存与的科举和仕途之路都有影响。清代的科举除了要擅长做八股文之外，还有策论的解答，策论中就涉及对现实问题的解决，如漕运、河道、吏治等政府关注的现实问题，庄存与和他的族人能够中举，也得益于家族对经世之学的重视。

庄存与认为：“有志于治者，由其说，通其变，举而措之，如视诸掌，非徒经生讲解之资而已也。治经者，知读书所以致用，必有观其会通而不泥于迹者，庶几六经之在天壤，不为佔毕记诵之所荒，不为迂僻胶固之所窜也夫！”①庄存与深明“致用”的重要性，因此，他强调读书要能会通、通变，不可拘泥、固执。庄存与的经世思想主要是通过阐释《春秋》经来凸显的，他认定《春秋》并非是用来记事的史书，而是孔子用来表达自己治国理政思想的正典。他说：“《春秋》以辞成象，以象垂法，示天下

---

① [清]李兆洛：《养一斋文集》卷二《庄方耕先生周官记序》。邹进先：《龚自珍论稿》，黑龙江人民出版社 2013 年版，第 179 页。

后世以圣心之极。观其辞必以圣人之心存之，史不能究，游、夏不能主，是故善说《春秋》者，止诸至圣之法而已矣。”①在庄存与这里，经世思想的目的是维护清朝统治秩序的稳定，因此，他强调三纲五常在政治社会中的作用，强调君臣、父子、夫妇都要各安其位，各司其职。现实中的种种乱象就是由于君不君、臣不臣、父不父、子不子所导致的，因此，需要将儒家经典中这些“天道”“大义”发挥出来，以此来引导政治、社会恢复到正常的轨道。所以，从这个层面上看，庄存与的经世思想仍然是在传统经典里打转，试图从经典中找到拯救时弊的良方。虽然如此，庄存与利用经学大力阐发经世思想的治学取向乃是开时代风气之先，在考据之学走向穷途之际，为学者另辟一途辙。

庄存与的外孙刘逢禄和宋翔凤生活在嘉道年间，这一时期社会矛盾更加尖锐，加之刘、宋两人在仕途上的失意，所以他们对国家出现的种种乱象极为不满，极力希望通过变革来改变现状。因此，他们的经世思想比他们的外祖父庄存与更加进步和激烈。他们尖锐地指出：“欲攘蛮夷，先正诸夏；欲正诸夏，先正京师；欲正京师，先正大夫。”②这里的“京师”、“大夫”指代的就是清朝最高统治者和满朝文武官员。他们不认为简单地按照古代经典中的指示来做就能改变国家面临的困难，与之相反的是，他们更愿意通过对经典进行解释来表达自己的政治变革主张。刘逢禄和宋翔凤都是具有变革理念的学者，刘逢禄的经学思想中充斥着“变易”思想，他特别重视《公羊传》中“张三世”的说法，秉持由衰乱到升平，最终达到太平的历史变易观。因此，对于清朝所表现出的种种衰颓之象，他与时俱进、因时应变，希望通过改革来振衰起敝，恢复清王朝统治的太平局面。作为青少年时期一起在庄氏家族学习的伙伴，宋翔凤在认同和发展刘逢禄变易观基础上，又从经典之中得出了一套对后世影响很大的理论，即“孔子素王改制说”。在儒家话语体系里，只有王者才能改制，先秦时期，王纲不振，天下大乱，儒家为了推行自己的政治理想，认为孔子是“有德无位”的素王，担负起“改制”之责。秦汉

① [清]庄存与、孔广森撰：《春秋正辞春秋公羊经传通义》，上海古籍出版社 2014 年版，第 49 页。

② [清]刘逢禄：《春秋公羊何氏释例》，转引自姜林祥：《中国儒学史・近代卷》，广东教育出版社 1998 年版，第 59 页。

大一统王朝建立之后，皇权得到加强，为了不被统治者所猜忌，儒家士大夫不再提孔子“素王改制”之说。到了晚清，宋翔凤是最先出来大谈孔子“素王”的人，他的这套理论在康有为那里被发展到极致，并在晚清引发了一场声势浩大的政治改革风潮。

由上可知，常州今文经学派的经世思想在晚清发挥了重要的思想影响，它深刻改变了清代学者的治学取向。清代汉学家埋首考据，注重的是对经典原貌的复原，所力图阐释的也是圣人之道。但今文经学强调经世致用，经典的考据不是主要目的，而是更关注如何利用经典来解决当下的现实问题，经典只是达成致用的工具。而一旦成为工具，其神圣的光环就会日益暗淡，所以到了晚清最后几十年，在内忧外患的冲击下，经典在今文学家手中逐渐沦为“改革”和“致用”的工具，影响巨大的康有为《孔子改制考》《新学伪经考》正是这一发展趋向下的时代产物。

二、汉、宋兼采，今、古文并用的治学理念

常州今文学派兴起于清代中后期，这一时期是考据学发展的鼎盛时期，且常州学派位于考据学的中心地带，受到吴派、皖派和扬州学派的深刻影响。常州学派诸位学者也深受考据之风影响，且经受过严格的考据学训练。可以看出常州学派并非传统所说的今文经学，其学术研究虽然继承汉代今文学派强调“微言大义”的特点，但在具体治学过程中也仍然具有清代朴学的特点，依然重视和强调考据的方法与原则。从一定意义上来讲，庄存与也许不是一个纯正的今文经学者，他强调对春秋公羊学中微言大义式的解读，不赞同考据学者埋首治经的治学方法。阮元称他：“于六经皆能阐抉奥旨，不专为汉宋笺注之学，而独得先圣微言大义于语言文字之外。”[①]现代学者也认为庄存与对于考据之学甚为轻视：“在庄氏看来，当时被视为学问之大端的考据训诂、古籍辨伪之学，不过是肤末之学、浅近之术。”[②]然而，从他的治学实践看，他的治

① 钱穆：《中国近三百年学术史》，第575页。

② 曾亦、郭晓东：《春秋公羊学史》中册，第863页。

学方法也体现出今、古文并重的倾向。《春秋》三传中的穀梁、公羊二传属于今文经学，左传则属古文经学，《毛诗》《古文尚书》《逸礼》《周官经》等也皆属古文经。庄存与以研究《春秋公羊传》而著称于世，但是他的著述汇中，也有诸如《周官说》《周官记》《毛诗说》等研究古文经的作品。并且在注解公羊传的过程中，庄存与还大量引用古文经的内容来补充今文经之不足。章太炎就评价说："庄存与虽讲今文，然亦讲《周礼》，而且还要讲伪古文《尚书》，刘逢禄亦讲《书序》，不尽今文也。"①可见，庄存与并不是完全严守某一个学术传统来进行学术研究，而是具有兼收并蓄的倾向。

庄述祖深受家学渊源影响，也以治春秋公羊而扬名当世，但他对汉学、宋学和今古文之学有着更为系统、客观的认识。庄述祖自幼就受到严格的考据学训练，有着扎实的考据学功底。他认为只有具备扎实的小学功底，才能正确理解前人撰述的经典。庄述祖对清代汉学和宋学的优劣有着深刻认识，他认为宋学的兴起，矫正了汉代章句之学的弊端，关注性命义理，自有其重要意义。但是，宋儒的不足之处在于其说经类多凭臆，对于典章制度、名物象数置之不理，所以，宋儒对经典的理解言之无据，多有谬误。清代汉学致力于矫正宋儒之弊，却又陷入另一个极端，沉溺于稽古考文，而忽视义理的重要性。庄述祖还认为今、古文各有侧重，古文经详于典章训诂，今文经则偏重于微言大义，二者不可偏废，但对于《春秋》来说，公羊传更能把握其主旨。因此，他主张利用考据学的方法以及汉学家打下的文献基础来光大公羊学的研究，即将今文经学变为"公羊学和今文经的训诂考据研究的综合体"②。他自己也进行了大量的考据工作，形成了《毛诗考证》《校逸周书》《说文古籀疏证》等一批考据学的成果。

常州学派发展到宋翔凤、刘逢禄时，其治学方法就已经开始破除门户之见，走向融会贯通之路了。刘逢禄在治学兴趣方面继承的是外祖父庄存与，重视研究《易经》和《春秋》，好讲微言大义。在治学方法上，

---

① 章太炎、刘师培著，罗志田导读，许亮工编校：《中国近三百年学术史论》，上海古籍出版社 2006 年版，第 35 页。

② [美]艾尔曼：《经学、政治和宗族——中华帝国晚期常州今文学派研究》，第 37 页。

他则受到汉学中吴派经学和皖派经学的影响，所以钱穆先生称，“申受论学主家法，此苏州惠氏之风也；主条例，则徽州戴氏之说；又主微言大义，拨乱反正，则承其外家之传绪”[①]。刘逢禄主治公羊学，主张用春秋大义贯通群经，即他认为不仅研究公羊传应该重视“微言大义”，还应将这种经典诠释的方式方法应用到儒家其他经典中去，在他对《论语》的研究过程中，认为“《论语》总六经之大义，阐《春秋》之微言”。在这方面，宋翔凤和刘逢禄达成了统一认识，也认为“孔子受命作《春秋》，其微言备于《论语》”[②]。宋翔凤认为微言遍布于孔子的“六经”之中，后人需要做的就是去理解和体会其中的“微言大义”。宋翔凤晚年还十分推崇两宋道学，将程、朱二人与董仲舒并尊，极力破除汉、宋门户之见。

大致而言，常州学派诸学者的治学方法有一脉相承之处，但是具体到个人身上则有所差异。有学者指出，他们治公羊之时有两种偏向，“其一，是偏重考证学的公羊学路向，考证性、封闭性、学术性是其主要特征。其二，是偏向义理的公羊学路向，开放性，经世性，讲求义理是其显著特点”[③]。应该说，这个判断是恰当的，公羊学的两种路向在常州学派人物上都有所体现。从上面我们对庄存与、庄述祖、刘逢禄和宋翔凤的分析来看，庄存与治学偏重于义理一路，庄述祖则偏重于考据，刘逢禄和宋翔凤则两者中和，义理与考据兼通，他们显示了常州学派在经学上融会贯通的方法取向。

第三节 常州学派的《春秋公羊传》研究

在众多的经学研究流派中，常州学派主要是以研究《春秋公羊传》著称的学派。当然，常州学派学人众多，研究的对象也十分丰富，不仅仅局限于公羊学研究，也不局限在今文经学领域。但是，常州学派最引人注意且最具特色的研究是在春秋公羊学领域，对公羊传的研究不仅

① 钱穆：《中国近三百年学术史》，第580页。
② [清]宋翔凤：《论语说义》(一)，《皇清经解续编》(卷三八九)，第1页。
③ 张岂之：《中国思想学说史·明清卷》(下)，广西师范大学出版社2007年版，第691页。

体现了他们的学术旨趣，而且蕴含了他们对政治、社会发展的种种观点。

今文经学成为官方承认的经典之后，就成为儒家士大夫用来阐发自己政治理念的依据，但是，《春秋》虽然被称为经典，事实上也只是记录了春秋时代的历史，因此要把《春秋》和公羊、穀梁作为自己施政的依据，就必须发挥其中的微言大义。何为“微言大义”？皮锡瑞解释道：“《春秋》有大义、有微言。所谓大义者，讨诛乱贼以戒后世是也；所谓微言者，改立法治，以致太平是也。”①“大义”代表天地间的公理，而“微言”则是具体治国的理念方法，“大义”是显而易见、人所共知的，而“微言”则是隐藏于《春秋》之中，需要后世之人自己发掘理解。但公羊学到东汉后，就伴随今文经学的没落而一蹶不振。

到了清代，随着考据学的兴起，学者一改宋明时期的学风，强调回归原典，《公羊传》作为两汉时期诠释《春秋》的重要经典，为学者所重视也就是自然之事了。清代对公羊学的研究起于庄存与，他认为《春秋》在诸经之中有重要地位，不仅记事，更是一部传“道”之书，而他认为这个“道”就是“举往以明来也”，②即通过对历史过往的考察来为后世之鉴。他把《公羊传》看成解释《春秋》的重要著作，认为春秋三传之中，“《公羊》奥且明矣，不可不学；《穀梁》、《左邱》眊乎瞽哉”③。“《左氏》详于事而《春秋》重义不重事，《左氏》不言例而《春秋》有例无违例。”④庄氏认为《左传》多重于对春秋史实的描述，但是不能全面的揭示《春秋》作为大经大法所蕴含的深刻内涵，而《公羊传》则能发明圣人之真意，特别注重通过“微言大义”来发挥经典的“褒贬”功用。

庄存与作为乾隆时期的高官，他对儒学经典中“微言大义”的阐发是着眼于维护君主专制以及稳定社会秩序的。他对皇权的合理性进行了阐释，认为“天下不可一日无王者，此谓之天道”⑤。孔子作《春秋》就

---

① [清]皮锡瑞：《经学通论》，中华书局 1954 年版，第 1 页。

② [清]庄存与、[清]孔广森撰：《春秋正辞》卷一《察五行祥异》，郭晓东、陆建松、邹辉杰点校，上海古籍出版社 2014 年版，第 20 页。

③ [清]庄存与、[清]孔广森撰：《春秋正辞》卷 7《诸夏辞第五》，第 133 页。

④ [清]刘逢禄：《春秋论上》，上海古籍出版社 1995 年版，第 18 页。

⑤ [清]庄存与、[清]孔广森撰：《春秋正辞》卷八《外辞第六》，第 163 页。

是因为子弑父、臣弑君，大道不彰，因此孔子要通过《春秋》告知世人要服从天道，维护君主权威，具体而言，就是要遵循三纲五常，即“天下之理，莫大乎三纲，君为臣纲，君以易知，臣以简能；父为子纲，作述之谓也；夫为妻纲，天子之与后、日之与月、天之与地也、父之与母也。成位乎其中者，男正位乎外，女正位乎内，其惟文王乎！”①“三纲”所构建的是一个君臣、父子、夫妇各安其位的伦理秩序，只有所有人都遵循“三纲”，社会秩序才能保持稳定。同时，他还有意识地利用公羊学来警告皇帝注意现实政治中存在的危险，如他反对乾隆帝穷兵黩武，就利用春秋经典中的“微言大义”称：“兵，争之末，战，兵之末，一蹶不振，更事知之，其事好还，识古觉焉。圣人之心不宁，惟是仁而已矣。仁为让本，以仁去利；让为礼本，以让去争；礼为国本，以礼去兵。苟不务仁，不能去利去兵，无益亡之道也。”②庄存与力图通过对经典中微言大义的阐述来发扬“褒贬”时政的功能，是以隐晦的方式对专制君主进行了批评，传承了汉代公羊学以解读经典的方式参与政治的传统。

庄存与对于沉寂已久的公羊学再发现做出了重要贡献，虽然其对公羊学深入阐释方面还有不足，但其开创之功则不可磨灭，龚自珍称赞他“以学术自任，开天下知古今之故，百年一人而已矣”。③ 庄存与的后辈庄述祖、庄绶甲和宋翔凤等人都继承其衣钵，大力推动公羊学研究，对提升《公羊传》在经学研究中的地位起到重要作用。他们之中在公羊学领域中较有创见的是宋翔凤，他认为《春秋》的地位之所以在唐、宋之后逐渐式微，是由于学者研究偏差导致，特别是过于强调“凡例”。这样不仅导致《春秋》研究走向琐碎无章，而且不利于学者对“大义”的把握。宋翔凤对《春秋》的批评，实质上也反映了他对清代汉学忽视“义理”、沉溺于考据的不满。宋翔凤在阐发“大义”之时，非常重视联系现实政治和社会中出现的种种阴暗面，将理想的政治理想和社会治理图景与现

① [清]庄存与：《系辞传论》，《续修四库全书》影印上海图书馆藏清道光庄绶甲宝研堂刻味经斋遗书本，第22册，第636页。

② [清]庄存与、[清]孔广森撰：《春秋正辞》卷九《禁暴辞第七》，第171页。

③ [清]龚自珍：《资政大夫礼部侍郎武进庄公神道碑铭》，《龚自珍全集》，上海人民出版社1975年版，第141页。

实相对比，以此来推动社会的变革。

庄存与虽然开启了清代公羊学研究的大门，被梁启超称为今文学启蒙大师。但真正光大其门楣，使公羊学成为学界研究重点的则是其外孙刘逢禄，曾亦、郭晓东所著《春秋公羊学史》称其为“清《公羊》学之大宗”①。和庄存与一样，刘逢禄看中《春秋》在五经中的地位。他说：“《春秋》者，五经之管钥也。先汉师儒略皆亡阙，惟诗毛氏、礼郑氏、易虞氏有义例可说。而拨乱反正，莫近《春秋》。”②在阐释《春秋》的三传之中，他特别尊崇董仲舒、何休二人，他说道：“董何之言，受命如响。然则求观圣人之志，七十子之所传，舍是奚适焉？”③他认为从西汉的董仲舒到东汉的何休所建立的今文学统续，才是真正的继承了孔子衣钵。“传《春秋》者，言人人殊，惟公羊氏五传……大儒董生，下帏三年，讲明而达其用，而学大兴。”后来古文经学兴起，今文经学开始走下坡路，直到何休出现。“寻董、胡之绪，补颜之缺，断陈元、范升之讼，针明、赤之疾，研精覃思，十有七年，密若禽、墨之守御，义胜桓、文之节制。《五经》之师，罕能及之。”④正是有这样的认识，刘逢禄治经所依的家法、条例多是承继东汉的今文经师何休，其著作《公羊何氏解诂笺》《春秋公羊经何氏释例》《穀梁废疾申何》《发墨守评》《箴膏肓评》等，都是继承、发挥了何休的观点。他论著的新颖之处在于运用了考据学的方法对前人的公羊学研究进行分类，所以梁启超在《清代学术概论》中，称赞刘逢禄的公羊学研究有条贯、有断制，在清人的著述中，实为最有价值的创作。⑤

刘逢禄认为，要阐释《春秋》的“微言大义”，必须先明“三科九旨”的意义，这是理解圣人“微言大义”的基础。他称：“无三科九旨则无《公羊》，无《公羊》则无《春秋》，尚奚微言之与有？”⑥何谓“三科九旨”？这是春秋公羊学阐发微言大义的体制和旨意的一种指称。一般有两种说法。一是东汉何休所说：“三科九旨者，新周、故宋，以《春秋》当新王，此

① 曾亦、郭晓东：《春秋公羊学史》下册第“十三章”标题。

② [清]刘逢禄撰，曾亦点校：《春秋公羊经何氏释例》，上海古籍出版社 2013 年版，第 4 页。

③ 钱穆：《中国近三百年学术史》，第 579 页。

④ [清]刘逢禄撰，曾亦点校：《春秋公羊经何氏释例》，第 3 页。

⑤ 梁启超：《清代学术概论》，中华书局 2016 年版，第 114 页。

⑥ [清]刘逢禄：《刘礼部集》卷三《春秋论》(下)，光绪十八年重刻本，第 19—20 页。

一科三旨也，所见异辞，所闻异辞，所传闻又异辞，二科六旨也：内其国而外诸夏，内诸夏而外夷狄，是三科九旨也。”①另一是东汉宋衷所注：“三科者：一曰张三世，二曰存三统，三曰异外内，是三科也；九旨者，一曰时，二曰月，三曰日，四曰王，五曰天王，六曰天子，七曰讥，八曰贬，九曰绝。”在后者之中，“三世”指夏商周三代，“三统”是指代三代所代表的统续，即夏为人统，殷为地统，周为天统，记述的详略程度则以时、日、月等时间长度来体现。而经典中的远近亲疏则是根据称谓来体现，春秋笔法的轻重则是由讥、贬、绝的程度高低来体认。无论哪种说法，都是要阐发经典里的微言大义。刘逢禄继承今文学家的家法，通过考据，将《春秋公羊传》中的记载进行了系统的整理，使得“三科九旨”之义粲然明晰。

刘逢禄通过对春秋义理和“春秋大义”的阐释，为经典的解释提供了知识基础。此后，常州学派的学者开始以公羊义理来阐释儒家经典，而且注重发扬经学的政治价值。② 可以看到，在刘逢禄传承公羊学的过程中已经蕴含了渐进的变革思想，他认为孔子作《春秋》是为了保存周代的礼乐秩序，希望能够重建西周那个秩序井然的太平之世。但是太平之世的构建并不一定要完全拘泥于周代制度，而是能够与时变通。他强调春秋“大一统”，就是希望君主能够行王道、施仁政，强调“正名”就是希望建构合理的政治、社会秩序。由此可见，后世康有为的变法改革理论在刘逢禄的著作中已经开始出现端倪、有所萌芽了。可以说，《春秋》公羊学经过常州学派庄存与、庄述祖、宋翔凤和刘逢禄的传承发展，已经成为带有体系性的完整学说。有学者认为，它不仅成为能够和清代汉学相并行的学术思潮，而且适应了时代需求，为后来的龚自珍、魏源、廖平、康有为等人所附会利用，引领一时之政治、学术风潮。③ 应该说，常州学派的今文经学能够在考据学兴盛的清代学术中独树一帜，是与其思想所体现的时代性有着密切关系的。

① 李学勤主编：《春秋公羊传注疏》，北京大学出版社 1999 年版，第 5 页。
② 参见张岂之：《中国思想学说史・明清卷》（下），第 691 页。
③ 参见黄开国：《刘逢禄〈公羊〉学的意义》，《哲学研究》2008 年第 2 期。

第四节　常州学派的影响

常州学派今文经学的出现打破了考据学在清代“独尊”的局面，为经学发展开辟了另一新局面。钱穆认为，“考据既陷绝境，一时无大智承其弊而导之变，彷徨回惑之际”①，常州学派乘弊而起，“其始则为公羊，又转而为今文，而常州之学，乃足以掩挟晚清百年来之风气而震荡摇撼之”②。庄、刘等人敏锐地看到政治与社会所面临的种种危机，考据之风虽然在治学方面有种种优点，但不利于士风之振作，特别是在国家危急存亡之秋，考据学对此将束手无策。他们认为在诸多经典中公羊学最能适应社会变革的需求，有利于经世思想的发挥。庄、刘等常州学者为公羊学奠基之后，研究今文经学之风气很快风行海内，对晚清学术和政治社会改革思想等方面都产生了重要影响，主要表现在如下几个方面：

第一，由常州地区开始的今文经学热潮波及四方，影响了同时期大批学人。如浙江仁和（今杭州）的龚自珍就深受常州学派影响，他年轻时曾经在家学中受教于庄绶甲，与常州学派渊源深厚，后其入京赶考，得以问学于刘逢禄，对春秋公羊学有了更为清晰的认知。龚自珍极为推崇刘逢禄，曾作诗称：“昨日相逢刘礼部，高言大句快无加。从君烧尽虫鱼学，甘作东京卖饼家。”③同样，对于常州学派的宋翔凤，龚自珍也十分敬仰，以诗赞誉其“万人丛中一握手，使我衣袖三年香”④。由此足见，龚自珍对常州学派诸人及其思想的仰慕之情。另一位受常州学派影响的著名人物是被誉为近代“开眼看世界”的第一人魏源。1814 年，魏源随父入京，追随当时在京的刘逢禄研习春秋公羊学，正是这段渊源使他能够了解常州学派和其他“汉学”流派的优劣，认为清代汉学沉溺于音韵训诂，禁锢了天下人的聪明智慧，是无用之学，而宋学则是空谈心性、

① 钱穆：《中国近三百年学术史》，第 577 页。
② 钱穆：《中国近三百年学术史》，第 577 页。
③ ［清］龚自珍：《杂诗》，《龚自珍全集》，第 441 页。
④ ［清］龚自珍：《投宋于庭》，《龚自珍全集》，第 462 页。

礼义，于国家治理没有贡献。因此，他选择以今文经学为研究志业，希望通过对今文经学的再阐释去达成自己经世济民的理想。除了上述龚自珍、魏源二人外，晚清今文经学的代表性人物，如皮锡瑞、王闿运、廖平、康有为等人，在一定意义上也可看做是常州今文经学的承继者，可以说，清代的今文学家或出自常州学派，或与其有师承关系，或深受其影响。

第二，常州学派和较早的吴派经学、皖派经学以及扬州学派相比，最大的不同之处在于其影响已经溢出学术领域之外，对中国近代社会的变革产生了深层次的影响。从学术层面和政治层面来看，晚清以来的今文学家非常重视发挥经学的政治批判功能，这可以说是春秋公羊学的一个基本功能，因为在西汉时期兴起的春秋公羊学需要直面的一个问题就是如何在大一统的局面下建立王道政治。而在晚清"三千年未有之大变局"时刻，知识分子同样面临着新的政治抉择。在龚自珍和魏源那里，新时代的图景还隐藏于迷雾深处，他们对未来的走向还没有清晰的把握，他们在阐释经学过程中所展现出来的政治倾向主要是猛烈批判眼前这个腐朽的"旧世界"，但是他们对建设"新世界"的方案却还是传统经书中的那一套理论和方案。到了清末，康有为承袭了龚自珍、魏源的思想，并运用公羊学说中的经世之学，推动维新变法，虽然维新变法以失败告终，但其对中国近代社会的新陈代谢有着至关重要的影响。

第三，常州今文学派具有思想启蒙的意义。今文经学延续了顾炎武等人的启蒙思想，顾炎武等人希望回复到六经之中去寻找新的思想资源。清代考据学者继承了顾炎武的复古主张，通过文字训诂对古代的名物、制度进行考察还原，想还原六经之本来面目，并进一步探寻三代圣人之治道。问题在于考据学者不仅没有达到目的，反而陷入繁琐、复杂的考据之中，迷失了自己的"初心"。最终，清代汉学家的"复古"之路进入了死胡同，不再有思想上的创见，而明末清初的思想"启蒙"理想由常州今文学派来继承和发展。今文经学的复兴不是简单的复古，而是激发了一种新的学术潮流，是对官方支持的考据学和理学的某种反抗，在这个意义上，常州学派的今文经学可以看作是一种带有启蒙意义的新思潮。今文经学虽然表面上有着保守的色彩，但是如果深入考察其学术思想的渊源脉络，就能发现其思想解放与激进的一面，这是思想史上值得关注的现象。

另外，今文经学的兴起对于西学的传播也起到一定的推动作用。在晚清西学不断传入的时代背景下，今文经学强调经世致用、推崇“变易”和“趋新”的观念，客观上也促进了晚清西学在中国的传播，在一定程度上推进了传统中国社会向现代文明的转型。

常州学派的今文经学，既是清代朴学的重要一支，也是清代中后期学术思想转型的重要环节，是中国传统思想向现代思想转折的一个表征。这也说明，在传统思想向现代思想转折的过程中，江苏地区的思想家参与其中，并起到了重要的作用。

第十一章　冯桂芬、王韬和薛福成的“新学”思想

中国历史上的几次“衣冠南渡”之后，江苏地区越来越成为中国文化意义上的人文荟萃之地。近代以来，特别是鸦片战争之后，由于处在通江滨海的开放性地理位置，这里也是最早受到“欧风美雨”影响的区域之一。在社会开始出现大转型、大变革的时期，江苏涌现了一批既具有良好的传统文化学养又具有新的视野和经历的思想家，冯桂芬、薛福成和王韬就是其中的杰出代表。他们都是在学术风气浓厚的环境下成长起来的，具有很好的传统文化功底。他们在青年时期都看到中国内忧外患、百弊丛生的艰难处境，所以，他们也继承了“经世致用”之学，立志刷新政治、振兴国家。同时，由于他们所处的时代，中西交往更加频繁、紧密，使得他们对西方文化又都有一定程度的了解。因此，他们需要面对前人所未能面对的时代难题，即如何看待传统与现代、中国与西方，并在此基础上提出新的思想。在近代“三千年未有之变局”的背景下，他们的思想既有对中国传统精华的继承，又体现他们不断探索、吸收西学的结果，具有鲜明的时代色彩。这不仅在咸丰、同治和光绪时期的思想界产生了巨大影响，指导了洋务运动的开展，而且为后来清晚期的变法与改良运动做了铺垫。

第一节　时代背景与人物生平

清朝建立之后，吸取了明朝灭亡的教训，革除了前代的诸多弊政，加之清代中前期的君主多能励精图治，中国专制社会出现了又一次盛世。但由于专制制度的固有缺陷，清朝也未能走出兴衰治乱的怪圈。乾隆帝晚年好大喜功、贪图享乐，任用了和珅等一批贪官污吏，中央吏治败坏，地方腐败成风。吏治的腐败严重动摇了清王朝的统治根基。嘉庆、道光二帝虽然勤于政事，但由于未能对制度缺陷进行根本性改革，小修小补改良难以阻挡清朝走向衰落的步伐。

内忧未解，外患又兴，英、法等资本主义强国开始觊觎中国的市场。早在乾隆和嘉庆年间，英国就分别派遣了马戛尔尼使团和阿美士德使团访华，但是由于清朝统治者的盲目自大、闭关自守，未能以和平方式打开中西交往的局面。随着英国完成工业革命，其国力有了突飞猛进的增长，面对日益衰落的清帝国，于 1840 年发动了第一次鸦片战争。战争中，清政府屡战屡败，最后签订了丧权辱国的《南京条约》。其他列强也趁火打劫，在英国之后，纷纷逼迫清政府订立了一系列不平等条约。

外患与内忧总是交互影响，清王朝内部矛盾的尖锐使得它无法全力应付外患，而外部势力的压迫又进一步使内部矛盾逐渐激化并尖锐起来。1853 年，震惊中外的太平天国运动爆发，太平军以燎原之势，迅速占领了长江流域的富庶地区，建立了和清王朝对峙的政权。但在胜利面前，太平军领导层发生分化，在其内部发生了争权夺利的斗争，极大削弱了太平军的实力。最终，太平天国被清廷扑灭。但是，太平天国起义给清王朝以沉重一击。在太平天国爆发之后，英、法借机发动了第二次鸦片战争，清朝无力抵抗，以极为屈辱的方式和英、法、俄等国签订了又一轮丧权辱国的条约。

在抵抗西方侵略和镇压太平天国运动的过程当中，一批有识之士不仅看到了中国的衰落，而且见识到了西方先进的文化技术。他们认识到中国正面对一个几千年未曾出现的大变局，而在这个变局中，中国不再是高高在上的天朝上国，它需要学习、改变和成长。这些有识之士在镇压太平天国运动中也掌握了一定的实权，如清朝权贵奕䜣和文祥，地方实权派人物曾国藩、李鸿章、左宗棠等人，在他们的幕府中汇集了许多有识之士，如薛福成、郑观应、冯桂芬、盛宣怀等人。这些有识之士在一起共同推动了清朝“中兴”的洋务运动。最终，洋务运动以甲午战争的失败而宣告破产，但回顾洋务运动的始末，这并不是一场简单的以“自强”、“求富”为目的兴办军事、工业企业的运动。洋务运动也是一场思想“启蒙”运动，在面对顽固派的阻挠和刁难以及西方文化的侵袭，洋务派的理论家们也在思考和回应如何处理传统和“现代”的问题。洋务运动理论家们继承了林则徐、魏源留下的遗产，为国家的前途和命运不懈探索，提出了许多更进步的思想主张，这些思想不仅推动了洋务运动向前发展，而且他们倡导的“新学”产生了广泛影响。可以说正是由于“新学”前期的铺垫，才有了后来声势浩大的维新变法运动。

如前所述，江苏南部是晚清时期经济和文化最繁荣的地区之一。经济自不待言，全国赋税皆仰仗东南；文化上，这里是乾嘉考据的重要学派——吴派和扬州学派的发源地，也是晚清今文经学常州学派的发生地，出现了众多著名学者，如惠栋、钱大昕、段玉裁、王鸣盛、江藩、王念孙、王引之、阮元、庄存与、庄述祖、宋翔凤和刘逢禄等，在思想史上称得上是“群星璀璨”。在如此浓厚的学术氛围之下，面对传统文化和西方文化，出现了一批倡导“新学”的思想家，这其中就有对“新学”发展做出了重要贡献的冯桂芬、王韬、薛福成三人。

一、冯桂芬的家世和生平

冯桂芬(1809—1874 年)，出生在江苏苏州新桥巷的一个商人家庭。冯桂芬的父亲冯智懋年少辍学，开始外出经商，由于他重情义、讲诚信，受到了时人的赞赏。冯桂芬的母亲谢氏勤俭持家，对冯桂芬的成长产生了重要影响。冯桂芬是家中第三子，两个哥哥不幸早年夭折，父母对他寄予了厚望，督促他走上了科举之路。冯桂芬也没有辜负父母的期望，在读书方面表现出极高的天赋，十八岁的时候就中了秀才，进入苏州正谊书院学习。正是在书院中，他受到时任江苏巡抚的林则徐赏识，而林则徐的经世致用的思想也对青年冯桂芬产生了重要影响。

在科举方面，冯桂芬顺利通过了童试和乡试，取得了秀才和举人的功名。对传统读书人来说，这些成就已经算得上光宗耀祖了。冯桂芬本人对此也十分满意和兴奋，他信心满满的认为自己的科考之路会一帆风顺。但是，不幸的是他连续三次会试失利，耗费了十年的青春时光。直到第四次会试，他才高中榜眼。这一年冯桂芬三十一岁，相对于大多数读书人，他无疑是幸运的。冯桂芬中了进士之后，被授予翰林院编修，开始了他的仕途生涯。

冯桂芬在翰林院为官十年之久，这是一段相对闲适的京官生活。由于性格比较淡泊，冯桂芬并没有到处结交权贵、投机钻营，而是多和一些正直的文人士大夫相往来，如姚莹、张穆、陈庆镛等人，因此，他在仕途上并无多大的升迁。但是，他这一时期在京师得以结交当时的许多名士，开阔了视野，特别是受林则徐、姚莹、张穆等人的经世思想影响较深，对他以后的思想产生了深远影响。咸丰帝即位后，力图刷新吏治，积极访求贤才，冯桂芬得到大学士潘士恩的推荐，正欲有所作为之时，他的父亲不幸去世，按照传统礼制，需要守三年之孝。由于回乡守制，冯桂芬因此失去了这一施展抱负的良机。

就在冯桂芬为父守制之时，太平天国运动爆发了。冯桂芬作为朝廷官员和地方名流，遂担负起苏州地区的团练和捐税要务。由于太平军势大，苏州也被太平军占领，冯桂芬先是隐居山中，后又到上海避难。在上海期间，冯桂芬完成了《校邠庐抗议》一书，此书是其思想的集大成之作。冯桂芬的才华学识得到了朝廷重臣曾国藩和李鸿章的重视，他们纷纷邀请冯桂芬进入自己的幕府。冯桂芬此时已经年过五十，身体大不如前，但是他为了推进江南地区的赋税减免工作，毅然选择进入李鸿章的幕府。冯桂芬在李鸿章幕府做了几件重要的事情，如筹办了广方言馆、推动江南减赋和借师剿灭太平军等。

太平军被剿灭之后，冯桂芬回到了苏州老家，他虽然不断被李鸿章等人保荐，朝廷也希望他能出来做官，不断提出给他加官晋爵，但是冯桂芬无意再出来做官。他对战争给江南地区带来的毁灭性打击深感痛心，积极联合当地绅士，为恢复苏州的元气作努力。他晚年主要从事的活动有：重修苏州府学、修建苏州试院、主讲正谊书院、修忠烈祠、编撰《苏州府志》等。[①] 冯桂芬晚年身体状况不好，又为地方事务不断操劳，同治十三年（1874 年），冯桂芬去世，享年六十六岁。

二、王韬的家世和生平

王韬（1828—1897 年），出生于江苏苏州的甫里镇（今苏州吴中区角直镇）。他的祖上是明代昆山的大族，由于明朝末年战乱四起，王氏一族未能幸免于难，仅王韬的始祖王必宪免于兵灾。清朝建立后，王氏一族继续在昆山繁衍生息，子孙"并读书习儒业，有声庠序间"[②]。但因王韬高祖父早卒，家产被歹人所觊觎，遂举家迁往甫里。他的祖父王科进是一个会经商的人，"笃厚慎默，见义勇赴，乡里称善人"[③]。但是，到了他的父亲王昌桂时，家道开始中落，以开办私塾、教授学生为生。

王韬出生后早慧，少年时就能遍读群经，旁涉诸史，展现出异于常人的天赋，家人也对于他寄予厚望。1845 年，十七岁的王韬到昆山参加童子试，他不负众望，中了秀才。但是，在之后的乡试中，王韬却名落孙山。这让胸怀大志但内心敏感、脆弱的王韬难以接受，他开始自暴自弃，变成了一个自怨自艾的落榜文人。父亲的去世使得王韬的人生发生了转变，作为家中长子，他必须担负起家族的重担。因此，他做出了人生的一个重大决定，要去开埠不久的上海谋生计。在上海，他应传教士麦都思之邀到墨海书馆工作，主要负责翻译工作。正是在书馆的工作，使得王韬可以接触到大量的西方知识。他对西方的"技艺"产生了浓厚的兴趣，翻译了《格致新学提纲》《西国天学源流》《重学浅说》《光学图说》等科技类书籍。

在上海这个华洋共处之地，王韬的思想渐渐开始发生变化，他不仅认识到西方科学技术的重要作用，而且渐渐改变了对西方人的排斥心

---

① 参见熊月之：《冯桂芬评传》，南京大学出版社 2011 年版，第 161—165 页。
② [清]王韬著，楚流等选注：《弢园文录外编》，辽宁人民出版社 1994 年版，第 406 页。
③ [清]王韬著，楚流等选注：《弢园文录外编》，第 406 页。

理，开始以公正、理性的角度看待西方文明。太平天国运动的爆发使得王韬的命运又一次发生重要转折。王韬作为一个传统的士人，心中一直怀有治国、平天下的远大抱负，在国家危难之时，他积极为清政府出谋划策，希望能博得清朝统治者的青睐。但是王韬的苦心谋划没有得到预想的回报。对清政府心灰意冷的王韬转而想投靠太平军，他以"黄畹"的名义上书太平军将领刘肇钧，提出了一系列"破敌"良策，可惜也未能被采用。不久，王韬"通敌"事泄，清廷严令追捕，王韬在英国公使和领事的保护下逃亡香港。

1862 年 10 月，王韬在英国人的帮助下来到香港，在英华书院继续从事翻译工作。他受理雅各之聘，将中国的传统经典译介到西方，在西方引起了轰动。理雅各对王韬的学识十分欣赏，在回国之际，理雅各邀请王韬去西方一游。此时的王韬受困于香港，正处于苦闷之际，便欣然应允理雅各的邀请。王韬此行从香港出发、经马六甲海峡、印度洋、红海，到埃及的亚历山大港转船，经地中海到意大利、法国，终点则是英国。在旅途当中，他见到了英、法等国对亚非地区的殖民掠夺，感触颇深，对中国的国际处境深感忧虑。英法两国此时已经完成了第一次工业革命，是当时世界上最强大的两个国家，王韬在两国的游历开拓了他的眼界，对西方文明有了较为深入的了解。他不仅注意西方的物质文明，而且将目光投向英国的各种制度，并对此报以欣赏和肯定的态度。在英国的两年多时间里，王韬不仅继续翻译各种中国经典，而且到处演讲，将东方文化介绍给西方。

1870 年，王韬回到香港。他在西方看到报纸作为传播媒介，对开启民智和改良政治有重要作用，于 1874 年主持和创办了《循环日报》，该报以发表政论和传播西学为宗旨。王韬作为该报的主笔，发表了大量的政论文章，他的文章中包含了对国家命运的忧患意识，并开始对封建专制统治进行猛烈批判，提出了革新政治和发展资本主义工商业的主张。1884 年，在友人的斡旋之下，王韬得到清政府的"宽赦"，被允许可以返回内地，并被上海格致书院聘为山长。晚年的王韬仍然为国家的富强而笔耕不辍，虽然他的主张未能得到清廷的重视，但他的思想却深刻影响了晚清维新派和革命派。1897 年，一代思想家王韬去世，享年七十岁。

三、薛福成的家世与生平

薛福成(1838—1894 年),出生于江苏无锡的一个知识分子家庭。他的家世并不显赫,虽然世代以读书为业,但曾祖父薛世琛连秀才功名也未能考取,祖父薛锦堂则到秀才止步。到了父亲薛湘时,科举之途则稍有转机,考中道光二十五年(1845 年)的进士,出任镇江府学教授。薛福成的母亲顾氏也出生于书香世家,因此对子女的教育也极为重视。和传统社会绝大多数士子一样,薛福成幼时就在父母的督促之下苦读圣贤之书,渴望有朝一日能举业有成、光耀门楣。

就在薛福成发奋苦读之时,时代的巨变已经临近,苏南地区就处在时代变化的最前沿。先是鸦片战争的爆发,中国战败,继而,席卷南北的太平天国运动开始,长江中下游地区成为战争拉锯的地区。身处无锡、镇江的薛福成不可能不受到影响和波及。现实中的种种使他对儒家经典产生疑惑,他开始“慨然欲为经世之学,以备国家一日之用,乃屏弃一切而专力于是”[①]。虽然立下了经世报国的志向,但是少年人总是幻想金榜题名,特别是看到兄长中了举人之后,薛福成歆羡之余也忍不住踏上了科考之路。幸运的是,他很顺利地考上了秀才,展示了他在传统学问方面的功底和能力。

就在兄弟几人科场得意之时,不幸降临到了薛家,他的父亲由于积劳成疾,不幸去世,家乡无锡亦被太平军占领,他和母亲被迫到江苏北部躲避战火。在此期间,薛福成娶妻生子,过了一段相对平静的生活,但是面对国家的积弱不振,薛福成心中充满了传统士大夫经国济世的宏愿。而给薛福成提供机会的人正是晚清中兴名臣曾国藩,在镇压太平天国运动的过程中,曾国藩的幕府中延揽了众多人才,他们在曾国藩的举荐下纷纷出将入相,最出名的就是李鸿章、左宗棠、丁日昌等人。1865 年,曾国藩奉命北上剿捻,沿途发布招贤令,薛福成抓住时机,上

① 马忠文、任青编:《中国近代思想家文库——薛福成卷》,中国人民大学出版社 2014 年版,第 10 页。

书曾国藩，洋洋洒洒万余言，将自己多年来深思熟虑的经世之策全部抒发出来。曾国藩十分欣赏薛福成的才华，当即将其延揽入幕府，给他提供了一个施展抱负的平台。在曾国藩的赏识和重用之下，薛福成得以参与一些军务、政务的决策与处理，这对一个年轻人来说是十分难得的历练，而且曾国藩的幕府人才济济，薛福成在这里可以和其他人接触、交流，见识和能力都得到了快速提升，为他日后的政治生活打下坚实的基础。到曾国藩去世之时，薛福成已经在曾国藩的幕府中工作了七年之久，虽然得到了曾国藩、李鸿章和丁宝桢等人的重视，但是朝廷并没有把这个“年轻”的幕僚破格提拔。薛福成只好隐居在苏州，潜心著述。正是在隐居的过程中，他才得以对国家的事务进行系统的思考，让自己的思想得到进一步完善和提升。

就在薛福成为国家的前途忧虑之时，从政报国的机会出现了。同治帝驾崩，年幼的光绪皇帝继位，两宫皇太后面对内忧外患的局面，发布懿旨，鼓励大小臣工上书建言献策。薛福成抓住时机，上书朝廷，倡言内政外交中的种种问题，并提出解决之道。《应召陈言书》通过山东巡抚丁宝桢转呈朝廷，立即引起两宫及诸大臣的重视。薛福成的名声在士林当中被广泛传扬，也引起了正在办理洋务的北洋大臣李鸿章的重视，李鸿章立即将其延揽到自己的幕府中，协助自己办理洋务。薛福成也认为李鸿章是能挽救时弊的“中兴名臣”，因此竭尽全力为其出谋划策、处理政务。经过在曾国藩幕府中的历练，薛福成已经能独当一面，协助李鸿章处理许多军国大事，如处理“马嘉理案”、反对英人赫德窃取海防大权、挫败日本借“壬午兵变”吞并朝鲜的图谋等。

薛福成在处理洋务方面表现出的精明干练引起了清政府的重视。1884 年，中法战争爆发，薛福成受命于危难之际，出任宁绍道台，到浙江沿海一带抵御法国的侵略。面对船坚炮利、武器精良的法国侵略军，薛福成坚决抵抗，积极备战。他一方面要制定正确的抵抗战略，另一方面又要协调清军各派系之间的矛盾，这对一直在幕府中出谋划策的薛福成来说是一个艰巨的挑战。薛福成没有辜负朝廷的期望，他在浙东地区筹划军务、严密布防，取得了镇海保卫战的大捷。正是薛福成在中法战争中的杰出表现，清政府开始对他委以重任。1888 年，清政府授予他湖南按察使一职，薛福成正式步入正三品省级大员的序列。正当薛福成准备进京面圣谢恩之时，朝廷因人事调动，改任他为出使英法诸国的钦差大臣。在晚清，出使外国的差事并非美差，许多高级官僚不论出于内心偏见，还是从仕途角度考虑，都千方百计地避免和洋人打交道。而薛福成则欣然接受，一方面他在曾国藩和李鸿章的幕府中多次处理和洋人的交涉，对洋务比较熟悉。另一方面，薛福成作为晚清著名的政治家、思想家，他非常希望能够了解西方富强之源，而出使西欧各国则为他提供了机会。

光绪十六年（1890 年），薛福成正式以出使英、法、意、比四国钦差大臣的头衔，启程前往欧洲各国。在欧洲，他向各国君主呈交国书，受到了周到的招待。他积极履行作为外交使臣的职责，一方面把他在西方的见闻报告给国内，并根据自己的经验，提出许多意见，供政府参考，如建议清政府修改外交礼节以适应对外交往、开放海禁等。另一方面，他为了中国的权益与西方列强反复交涉，成功地维护了国家利益，如在海外建立领事馆以保护海外侨胞的利益、就国内教案问题和西方据理力争以防止外国借机出兵、进行滇缅边界谈判以捍卫祖国领土安全。一国外交的成败与否和该国的综合国力及国际地位息息相关，清朝末年，中国国事衰微，且清朝中央政府弊政百出、积重难返，不能给外交工作以有力支持。薛福成以一己之力独撑危局，既要折冲樽俎、为国谋利，又要费尽心力地应付国内顽固势力的掣肘。但就是在这样艰难的环境之下，薛福成还是完成了自己作为出使大臣的任务，保障了中国的外交权益。1894 年，薛福成出使四国的任期结束，载誉归国。但他由于长期劳累，加之归国途中的颠簸，不幸逝世于上海，享年五十七岁。

第二节　冯桂芬、王韬、薛福成的“求变”思想

鸦片战争之后，中国被卷入世界舞台，帝国主义的倾轧与专制主义的腐败，使得原本就走向衰败的清王朝更趋艰难。面对险恶处境，一部

分士大夫忧心忡忡，力求振作，如林则徐、魏源等人倡导经世致用之学，主张国人要“睁眼看世界”。但更多的官僚士大夫则是仍然抱持天朝上国的观念，将西方列强目之为“夷狄”，对西方威胁视而不见。太平天国运动和第二次鸦片战争之后，清朝统治者认识到如果不在一定程度上进行变革，可能会导致更大的危机。但是变革的阻力很大，顽固派坚持“祖宗之法不可变”，反对变法，把向西方学习蔑称为“用夷变夏”，妄图用根深蒂固的夷夏大防来抵挡西潮冲击。冯桂芬、王韬、薛福成作为当时杰出的思想家，他们意识到世界发展的大势，提倡变法，为洋务运动的开展进行思想动员与理论辩护。

一、冯桂芬的变法思想

西方的侵略深深震动了当时的有识之士，1860 年，清朝在第二次鸦片战争中战败，冯桂芬称之为“有天地开辟以来未有之奇愤”①。但是在激愤之后，随着东西交往的深入，冯桂芬开始对世界形势有了一定的认知。特别是西方地理知识的传播，使得部分传统士大夫的时空观发生了翻天覆地的转变，原来的天圆地方、禹贡九州的认知被逐次颠覆，冯桂芬从西方的地图中得之环球之内，“不下百国”，其中更有英、法、美等诸强国。冯桂芬因此清醒地认识到与西方列强共存的局面是不可避免的，“贼可灭，夷不可灭也”②。中国如何处理与“夷人”的关系，已经成为朝廷要处理的首要问题。因此，面对列强的步步紧逼，他一直在追问：“彼何以小而强，我何以大而弱？”③经过长期的思索，他总结了四条原因，即“人无弃才不如夷，地无遗利不如夷，君民不隔不如夷，名实必符不如夷”④。面对四“不如”，冯桂芬认为只有进行变法，“采西学议”，舍此则无强国之途。面对顽固派对变法的阻挠，冯桂芬为了打破祖宗之法不能变的固化思维，对“法”进行了重新阐释，提出判断“法”好坏的

---

① [清]冯桂芬：《校邠庐抗议》，上海书店出版社 2002 年版，第 48 页。
② [清]冯桂芬：《校邠庐抗议》，第 52 页。
③ [清]冯桂芬：《校邠庐抗议》，第 49 页。
④ [清]冯桂芬：《校邠庐抗议》，第 49 页。

标准是“善”与“不善”，“法苟不善，虽古先吾斥之；法苟善，虽蛮貘吾师之”[①]。冯桂芬所说的“善”就是指有利于国家富强的制度，反之就是“不善”，换言之，判断制度的标准从是否由祖宗制定变成是否有利于国家的富强。为此，他提出变法的两条原则：一是“法后王”，以时代的变化为依据，因为“为其近己而俗变相类，议卑而易行也”[②]。二是“鉴诸国”，以其他国家为参照，即要向西方国家学习发展的经验。这一提法在当时是具有革命性意义的，因为在几千年历史上，只有其他民族向中原国家学习，而没有向外族学习的传统，中外之间始终横亘着“华夷之辨”的防线，而冯桂芬明确提出西方各国与中国并存于世，并且“相类”[③]，这就开始打破了中国人“天朝上国”和“华夷大防”的心理防线。因此，冯氏的变法思想在当时是有进步意义的，特别是他提出变法要以是否能促进国家富强为标准，这不仅十分务实，而且驳斥了顽固派那种冥顽不灵的守旧主张。

冯桂芬在变法图强上提出了一些具有进步意义的观念，但是，对于其变法思想的局限性也要有清醒的认识。冯桂芬深受儒家文化影响，对传统的纲常名教是深信不疑的，所以他还提出变法要“以中国之伦常名教为原本”[④]。他虽洞察人才对国家富强的重要作用，但他却不能认识到纲常名教对人的束缚。冯桂芬所重视的人才是一小撮统治精英，对于普通的芸芸众生，则未充分意识到发挥他们创造性和积极性的重要作用。另外，冯桂芬对西学的认识也有局限性，他所谓的“诸国富强之术”[⑤]，更多的是集中于语言文字和器物层面，对于西方富强的根本原因还是缺乏清醒认识。虽然，冯桂芬的思想存在一定的局限性，但不可否认的是他提出的“中体西用”思路，确实对推动洋务运动的发展起到了重要的指导作用。

---

① [清]冯桂芬：《校邠庐抗议》，第 75 页。
② [清]冯桂芬：《校邠庐抗议》，第 57 页。
③ [清]冯桂芬：《校邠庐抗议》，第 57 页。
④ [清]冯桂芬：《校邠庐抗议》，第 57 页。
⑤ [清]冯桂芬：《校邠庐抗议》，第 57 页。

二、王韬的变法思想

相较于冯桂芬，王韬的变法思想则更加进步。一方面，王韬并无官职在身，并不属于统治阶层的一员，他更多的是以对现有制度批判者的身份出现。另一方面，王韬一生大部分时间在华、洋杂处的上海、香港两地生活，为西方人从事翻译工作，加之又曾长期游历英、法等国，对西方文化的了解远胜冯桂芬。所以，王韬的变法思想更激烈，也更具批判性和前瞻性。

王韬也认为晚清中国面临的最大挑战来自于外部，应对西方才是中国的"当务之急"。① 为了在万国并争之世生存，中国就必须变法求强。为了减少变革的阻力，王韬在历史中来寻求变法的根据，他认为中国历史就是一部"变"的历史，大的变革有周秦之变、唐宋变革，到了晚清则又是一大变。可以看到，在重大历史变革的关头，中国人绝非抱残守缺的民族，商鞅、吴起、王安石等著名的变革者自不待言，甚至儒家的圣人孔子也不是墨守成规之人，他对前人的制度也是有所"损益"的，"惟求不悖于古而宜乎今而已"②。所以，王韬抨击晚清顽固派"明于既往而昧于将来"③，沉溺于既往的过去，看不清未来历史发展的大趋势。"今观中国之所长者无他，曰因循也，苟且也，蒙蔽也，粉饰也，贪罔也，虚骄也；喜贡谀而恶直言，好货财而彼此交征利。其有深思熟虑矫然出众者，则必摈不见用。苟以一变之说进，其不哗然逐之者几希。"④通过对中、西对比，王韬认为中国如要富强，"非一变不为功"⑤。同时，为了打破根深蒂固的华夷之辨的心理，王韬作了《华夷辨》一文，认为以地域来区分华夷是错误的，华夷差异的根本不在"地之内外"，而在于"礼之有无"，⑥如果有礼，则夷人可以为华，如果无礼则华人将变为夷。实际

---

① [清]王韬著，朱维铮编：《弢园文新编》，生活·读书·新知三联书店 1998 年版，第 192 页。
② [清]王韬著，楚流等选注：《弢园文录外编》，第 19 页。
③ [清]王韬著，楚流等选注：《弢园文录外编》，第 21 页。
④ [清]王韬著，朱维铮编：《弢园文新编》，第 16—17 页。
⑤ [清]王韬著，朱维铮编：《弢园文新编》，第 23 页。
⑥ [清]王韬著，朱维铮编：《弢园文新编》，第 148 页。

上,“礼”在这里可以理解成“文明”,传统的华夷之辨是文明与野蛮的差别,如果“夷狄”也是文明的,那么就不存在华夷之间的差别了。王韬的这种以文化高低来区分华夷的观念历史上早已有之,但是清朝以少数民族而取得政权,对于华夷关系一向比较敏感,王韬再次提出并强调从文明程度上来区分华夷,就是为了打破当时中国人盲目自大的心理,从而接受西方、向西方学习。而且他认为凭借中国人的聪明才智,只要肯学习,必定能够和西方诸强国并驾齐驱,中国是“不患彼西人之日来,而但患我中国之自域”①。

在确定了非“变”不可后,王韬的变法主张有两点是远超于前人的。一是变法的全面性和彻底性,他大胆提出了要“一切以西法行之”②,即要全方位学习西方;二是要从根本上进行变革,不要表面化的改革。“当立其本而不徒整顿乎末,当根乎内而不徒恢张于外,当规于大而不徒驰骛乎小。”③他的这个主张是对洋务派所作所为的批评,认为洋务派学习西方“尚袭皮毛,有其名而丧其时”④。王韬的变法思想已经超越了“中体西用”的范畴,他把洋务运动中“练士兵、整边防、讲火器、制舟舰”视为“末”,而把“中国之政治”看作是“本”。按照这一思想,洋务派的所作所为则是舍本逐末,自然难以取得成功。王韬认为在西方富强过程中起到决定性作用的恰恰是西方国家在制度上的伟大革新,才使得“泰西诸邦国小而民聚,其民心齐而志固,同仇敌忾,素蓄于中。在其国内,各事其事,各业其业,雍雍然其气静谧而专一,故国易以治。夫岂徒恃乎器艺技巧、繁术小慧,遂足以收效也哉?”⑤在考察了西方的君主制、民主制和君主立宪制之后,他极力推崇英国的君主立宪制,认为“惟君民共治,上下相通,民隐得以上达,君惠亦得以下逮”⑥。他甚至认为君主立宪最似于“三代之治”。可见,王韬的这些思想深受西方近代以来政治思想的影响。

① [清]王韬著,朱维铮编:《弢园文新编》,第 102 页。
② [清]王韬著,朱维铮编:《弢园文新编》,第 16 页。
③ [清]王韬著,朱维铮编:《弢园文新编》,第 26 页
④ [清]王韬著,朱维铮编:《弢园文新编》,第 26 页。
⑤ [清]王韬著,朱维铮编:《弢园文新编》,第 28 页。
⑥ [清]王韬著,朱维铮编:《弢园文新编》,第 35 页。

王韬的变法思想较之冯桂芬则前进了一大步，其对世界大势之把握十分精准。他预言："天时人事，皆由西北以至东南，故水必以轮舟，陆必以火车，捷必以电线，然后全地球可合为一家，中国一变之道，盖有不得不然者焉。不信吾言，请验诸百年之后。"①王韬的预言到今天已经被事实所证明，世界正是在科技的推动下逐步走向全球化。而在当时，王韬把变法上升到顺应世界大势的高度，有力地推动了晚清的变法思想的传播和变法运动的开展。

三、薛福成的变法思想

薛福成是晚清著名的思想家、政治家，他有丰富的从政经验，曾在曾国藩和李鸿章的幕府中参与机要，对当时政治的运作及存在的弊端非常清楚。加之他曾作为出使西欧的大臣，从事外交活动多年，对西方文化也有深入了解。他主张变法的原因也主要是看到中国在应对西方冲击时面临的种种危机："今欲以柔道应之，则启侮而意有难厌。以刚道应之，则召衅而力有难支。以旧法应之，则违时而势有所穷。以新法应之，则异地而俗有所隔。"②薛福成从事外交事务，与列强长期交涉应对，他深感"交涉之事日繁一日，应付之机日难一日，诚不知何所底止矣"③。他深知只有变法图强才是解决所有外交危机的根本之道，即所谓"惟是通变方能持久"④，正是有着这样的思想认识，他在支持晚清变法方面十分积极。

但作为一个深知清朝官场规则的人，薛福成的变法主张并不激进，反而十分中庸和务实，他既提出了一套确切、合理的变法理论，也能兼顾清政府的可接受程度。薛福成看到人的本性偏好是安全、稳定和对未来可预期，多不喜欢变动，特别是巨变。而中国的政治、社会结构已稳定运行了两千余年，士农工商各阶层都在儒家体系指导下找到和适

---

① [清]王韬著，楚流等选注：《弢园文录外编》，第 60 页。

② [清]薛福成著，丁凤麟、王欣之编：《薛福成选集》，上海人民出版社 1987 年版，第 501 页。

③ [清]薛福成著，丁凤麟、王欣之编：《薛福成选集》，第 501 页。

④ [清]薛福成著，丁凤麟、王欣之编：《薛福成选集》，第 501 页。

应了自己的位置。因此，要推行改革，势必面临强大的反对声音，一方面，社会中的既得利益群体会反对变法，变法势必会触动他们的特权。另一方面，即使处于不利地位的中下层的普通群众也未必想要变法，传统文化习俗对他们具有强大的约束力，他们已经习惯于现有生活，变法存在很大的未知性，他们也不知道变法能否给他们带来实际的好处。面对强大的反对力量，薛福成指出，变法不是人们的主观愿望，而是客观事势推动的，天道世事都是在不断地变化之中，“所以变者，非好变也，时势为之也……天道数百年小变，数千年大变……世变小，则治世法因之小变；世变大，则治世法因之大变……华夷隔绝之天下，一变为中外联属之天下”①。他举日本和泰国的例子来说明，“今之立国，不能不讲西法者，亦宇宙之大势使然也”②。顺应大势的国家才能生存，而盲目自大、闭关自守者则日渐衰落，沦为列强宰割的对象。薛福成认为，中国若要免除沦为殖民地的危机，则“商政矿物宜筹也，不变则彼富而我贫；考工制器宜精也，不变则彼巧而我拙；火轮、舟车、电报宜兴也，不变则彼捷而我迟；约章之利病，使才之优绌，兵制阵法之变化宜讲也，不变则彼协而我孤，彼坚而我脆”③。从多个方面，薛福成都强调了变法的重要性。

面对保守势力所祭出的“夷夏之防”的大旗，薛福成认为西法“乃天地间公共之理，非西人所得而私也”。④ 薛福成把学问、思想当成天下之公器，具有普遍性价值，非一国一家所能长期占有。为了破除学习西方压力，同时增强民族自豪感，他认为西方的许多技艺未尝不是从中国所习得的。这样我们就可以正大光明、心安理得地学习西方。而且薛福成还指出中国人是智力超群的族群，只要虚心学习，“又安知数千年后，华人不因西人之学，再辟造化之灵机，俾西人色然以惊?”⑤薛福成对于学术技艺的相互交流持积极的态度，中国的造纸术、火药、印刷术等发

① 马忠文、任青编:《中国近代思想家文库——薛福成卷》，第 184 页。
② [清]薛福成:《出使英法意比四国日记》，第 170 页。
③ [清]薛福成:《出使英法意比四国日记》，第 185 页。
④ [清]薛福成著，丁凤麟、王欣之编:《薛福成选集》，第 298—299 页。
⑤ 马忠文、任青编:《中国近代思想家文库——薛福成卷》，第 228 页。

明通过古代丝绸之路传到西方，对西方发展历程有重要影响，如今西方的发明创造可以强大中国，我们同样可以学习、效仿。应该说，这是对于思想、学术、技艺之普遍性的认知，而不是拘泥于民族国家立场的偏见来看待，在这一点上，薛福成的见识是超越时人的。

四、冯、王、薛对科举制度的反思与变革

国家的强弱与人才选拔息息相关，历代国家危亡时，人们都容易对人才选拔制度进行反思。科举制度自隋唐以来，已经实行了一千多年，作为重要的人才选拔和流通渠道，科举制的重要意义自不待言。但明清之后，科举制走向了极端，僵化的科举制度使得士人成为经典记诵的工具，禁锢了士人思想，也泯灭了人的创造活力。冯桂芬、王韬和薛福成都曾在科举的道路上拼搏过，他们看到只有极少数人历经磨难、高中进士，多数人则时运不济、名落孙山。从情感上来说，他们三人可以说对科举又爱又恨；从理智上分析，他们都认为僵化的科举制度必须改革。

冯桂芬应该算是科举的受益者，他三十一岁就中了榜眼，但是他在参加科举的过程中也认识到科举存在许多弊端。他认为科举取士“嘉、道以降，渐不如前。至近二三十年来遂若探筹然，极工不必得，极拙不必失，缪种流传，非一朝夕之故，断不可复以之取士”①。他看到科举制度提供公平的竞争机会，大家不论富贵，可以同台竞技，不论考试的形式是经义、诗赋还是策论，都是为了把聪明的人从芸芸众生中选拔出来。但到了嘉、道年间，科举制度选拔出来的官员良莠不齐，他认为是由于考试题目太容易，因此要提高科举考试的难度。他说：“所试之事太易，则聪明智巧之高下不甚可辨……盖难则能否可以自知，中材以下有度德量力之心，不能不知难而退，而觊幸之人少矣；难则工拙可以众著，中材以上有实至名归之效，益愿其因难见巧，而奋勉之人多矣。且也多一攻苦之时，即少一荒嬉游冶之时；多一键户之人，即少一营求奔

① 熊月之编：《中国近代思想家文库——冯桂芬卷》，第311页。

竞之人。文风振焉，士习亦端焉，而司衡校者，优劣易以识别。”[①]冯桂芬曾四次去京城参加会试，看到了士子参加考试的艰辛与不易，“聚粮治装，间关跋涉数千里，经时逾年，劳费十倍，其苦益甚焉”，这种情况在士子中普遍存在，既“有害于士”，又“无利于国”。[②] 因此，他主张会试应和乡试一样，让本省之人在省会就地参加会试，高中之后，再行进京参加殿试。冯桂芬看到科举取士的局限性，认为应该继承和借鉴古代举才之法，恢复举荐制度，以拓宽选才的渠道。冯桂芬对科举制的批判，还主要集中在形式上的小修小补，盖因他生活的时代科举虽为时人所非议，但其弊端并不为大部分人所认知，且无新的取才途径可资利用。另外，冯桂芬作为科举的受益者，对科举抱有理解和同情也可以理解。但是，对于科场失利的王韬而言，他对科举制的批判则更加猛烈且命中要害。

王韬内心十分热衷于科举功名，但在科举考试上没有什么建树，可谓是屡考屡败。长期的失败让他开始对科举制度进行反思，他认为，“科举所试者时文耳，非内圣外王之学也，非治国经野之道也，非强兵富民之略也。率天下之人才而出于无用者，正坐此耳……败坏人才，斫丧人才，使天下无真才”[③]。基于这样的认识，王韬主张对科举制进行改革，并提出具体举措的建议，“宜于制科之外，别设专科，以通达政体者为先，晓畅机务者为次。即以制科言之，二场之经题宜以实学，二场之策题宜以实务，与首场并重，庶几明体达用，本末兼赅，此寓变通于转移之中，实以渐挽其风气而裁成鼓励之”[④]。这种建议体现了他“废时文而以实学”[⑤]的主张，即要引导士人研究有用之学，如钱粮、兵刑等有益于国家治理的学问。同时，科举之外，他主张有选才之权者，应该随时随地留心访求，发现人才就应该屈尊延揽，收为国用。在选才之外，王韬还十分重视人才的培养，他建议由国家出资，在每郡、每州和每邑设立

① 熊月之编：《中国近代思想家文库——冯桂芬卷》，第 312 页。
② 熊月之编：《中国近代思想家文库——冯桂芬卷》，第 314 页。
③ [清]王韬著，楚流等选注：《弢园文录外编》，第 13 页。
④ [清]王韬著，楚流等选注：《弢园文录外编》，第 27 页。
⑤ [清]王韬著，楚流等选注：《弢园文录外编》，第 16 页。

文武学堂，作为国家储才的基地。[①] 王韬所建议的学校并非传统的以培养科举人才为目标的书院，而更类似于西方分科教学的近代学校，以教授实学为主。

同传统时代的读书人一样，薛福成青少年时也曾热衷于科举功名，但是他生活的时代国家动荡不安、积弱不振，薛福成在国家危急存亡之时敏锐地意识到科举取才"至今日而穷矣"[②]，科举制度"驱天下数十百万操觚之士，敝精惫神于制艺之中，不研经术，不考史事，辩性理之微言，则惊为河汉，讲经世之要务，则诧若望洋"[③]。他疾呼："为今之计，其必取之以征辟，而试之以策论乎。黜浮靡，崇实学，奖荐贤，去一切防闲，破累朝积习。"[④]他主张，对科举考试的内容与形式能罢则罢、能变则变，"以策论、掌故、律令，代制艺、律赋、试帖，以糊名易书代小楷，以责公卿保荐贤才、重其赏罚，代大臣之阅卷"[⑤]。可见，薛福成对于改革科举制度的弊病有着充分的认识，对于改革科举制度也充满了期待。

冯、王、薛三人都曾热衷于科场举业，但也都对科举之弊洞若观火。他们的共通之处在于他们为了弥补科举取才的不足，都从中国传统的选官制度汲取营养，推崇荐举制度，拓展选才之途。不同之处在于，王韬和薛福成对待科举的态度更为激烈，他们都认识到科举制度行之日久，不可能猝然之间废除，所以他们主张对该制度进行较大变动，以推动实学的发展。王韬甚至主张在合适的时候废除科举制，以学校取而代之，在学校教授"艺学，即舆图格致天算律例也"[⑥]。他的这些建议在维新变法过程中得到一定程度的践行。

① [清]王韬著，楚流等选注：《弢园文录外编》，第 51 页。
② 马忠文、任青编：《中国近代思想家文库——薛福成卷》，第 4 页。
③ 马忠文、任青编：《中国近代思想家文库——薛福成卷》，第 3 页。
④ 马忠文、任青编：《中国近代思想家文库——薛福成卷》，第 4 页。
⑤ 马忠文、任青编：《中国近代思想家文库——薛福成卷》，第 8 页。
⑥ [清]王韬著，楚流等选注：《弢园文录外编》，第 57 页。

第三节　冯、王、薛的政治、经济思想

清代中后期，政治上因循守旧，官员们的腐败日甚一日，西方列强的倾轧也越来越强，清政府面临空前的危机。嘉庆、道光二帝虽然锐意进取，可无奈传统的革新政治的办法似乎已经难以挽救清政府的政治危机。西方势力的入侵一方面加重了清朝的政治危机，但另一方面也带来了改革的机遇。同样，清朝的学术思想一方面走到了考据学的极致，另外一方面也出现了新的转机，冯桂芬、王韬、薛福成等人的新学思想就是从传统经世思想向维新思想的过渡。冯桂芬和薛福成是晚清著名的政治家，王韬虽然没有从政经验，但是多年来一直关心政治，写下了众多的政论文章。他们三人通过对晚清政治、经济制度的观察，提出了批判和改良的意见，推动了晚清的思想变化，也为后人理解晚清的政治、经济格局提供了重要的参考，是晚清"新学"的重要表现。

一、冯、王、薛的政治思想

冯桂芬的政治变革思想主要记录在他的《校邠庐抗议》一书中。他的这些思想除了出自一腔忧国忧民的爱国热情，也是他"读书十年，在外涉猎于艰难情伪者三十年"[①]的思考、总结。他最主要关注于官僚体系的改革，在《公黜陟议》中，他把官员的考核之权赋之于"公论"，即"取才、取德、取千百人之公论者如此"[②]。这就是要使官吏黜陟升迁之权从原来的"由上而下"改为"由下而上"，使官员注重为民办事，而不是一味阿谀奉承上级官员、对上负责，这些观点直到今天也依然有着极其重要的意义。在《汰冗员议》一文中，他认为清朝官员一是数量过多，二是大官太多。他看到这些人无所事事、鱼肉百姓，空耗国家财政，因此建议清政府从中央到地方要将冗员大加裁撤。对于最严重的腐败问题，冯

① [清]冯桂芬：《校邠庐抗议·自序》，第1—2页。

② 熊月之编：《中国近代思想家文库——冯桂芬卷》，第259页。

桂芬提出给官员们增加俸禄，并加大对违法官员的惩治力度。冯桂芬对地方官制十分重视，他受顾炎武“寓封建于郡县”主张的影响，认为官员回避制度危害地方，流官“酿民生无情之害，开胥吏无穷之利”①。因此，在《复乡职议》中，冯桂芬强调注意加强基层治理，施行基层自治，“满百家公举一副董，满千家公举一正董，里中人各以片楮书姓名保举一人，交公所汇核，择其得举最多者用之，皆以诸生以下为限，不为官，不立署，不设仪仗，以本地土神祠为公所”②。这些由基层居民选出来的正董、副董三年改易一次，主要负责民间争讼、缉捕、征收等日常事务，“无事而行保甲”、“有事而行团练”。③ 冯桂芬希望加强地方自治力量的权力，发挥乡绅在地方自治中的作用，以制约中央派往地方的官吏，从而达到保护地方民众的利益。我们可以看到冯桂芬的政治改革思想的养分还是主要从历史经验中归纳而来，如高薪养廉、裁撤冗员、精简行政事务等，都不同程度地受到顾炎武等经世致用思想的影响。当然，在西学东渐的形势下，活跃于苏南与上海的冯桂芬也不可避免地接触到一些西方思想，他的《校颁庐抗议》一书就蕴含了许多西方元素，将近代西方与中国政治运作的现实情况相结合，提出如基层选举、官员考核等主张，体现了西方近代民主政治的部分因素。

当然，对冯桂芬的政治思想也不应做过高的估计，如前所述，冯氏还是坚持以中国的伦常名教为原本，学习西方的重点仍然集中在西方的轮船枪炮等器物层面。可以说，冯桂芬的思想并未超越传统经世之学的范围，正如他在《校邠庐抗议》自序中所说该书要以“不畔于三代圣人之法为宗旨”④，而杂家、夷说和私议都是圣人之法的补充。但是冯氏温和的政治改良主义观点在一定程度上适应了时代的变化，迎合了晚清改革者的喜好，不论是奕䜣、李鸿章为首的洋务派，还是康有为、梁启超等维新派人士，抑或是主持新政的张之洞等人，都与冯桂芬的政治改革主张有合拍之处。

① [清]冯桂芬：《校邠庐抗议》，第 6 页。

② [清]冯桂芬：《校邠庐抗议》，第 12 页。

③ [清]冯桂芬：《校邠庐抗议》，第 13 页。

④ [清]冯桂芬：《校邠庐抗议》，第 2 页。

薛福成较冯桂芬小了二十岁，他亲身参与了洋务运动的筹办，对清朝的政治多有建言和谋划。在1865年，他就向曾国藩递交了《上曾候相书》，提出了养人才、广垦田、兴屯政、治捻寇、澄吏治、厚民生、筹海防和挽时变八条改革建议，体现了他早期的政治思想。十年之后，他经过在曾国藩幕府中的历练，给清政府上了《应诏陈言疏》，系统地阐述了他的政治思想。他提出了治平六策："曰养贤才、肃吏治、恤民隐、筹漕运、练军实、裕财用。"[①]这些改革建议多是针对当时的弊政而提出的中肯、可行之法，其中的很多见解和冯桂芬相似，这也说明晚清"新学"人物思想上的相近性。后来，薛福成有机会成为出使西欧的大臣，可以近距离接触和观察到西方政治制度和思想。他认为："西洋各邦立国规模，以议院为最良。然如美国则民权过重，法国则叫嚣之气过重，其斟酌适中者，惟英、德两国之制颇称尽善。"[②]他推崇英国式的君主立宪制度，但他也十分务实地清楚清政府不会让君主大权旁落，君主立宪制在中国不大可能实现。薛福成把自己在西方的见闻如实记录下来，流传到国内之后，使人们看到世界上还有其他类型的政治制度存在，为中国的改革提供了新的、可供参考的解决方案。

冯桂芬和薛福成作为晚清官僚士大夫阶层的重要成员，虽然敏感地意识到西方的言论自由、平等、民主等观念的重要意义，但他们也深知政府对此是万分抵触的。因此，在他们的政治思想中，对西方的制度和观念的倡导还是"犹抱琵琶半遮面"。而王韬的政治思想在三人当中是最激进的，他不在官僚体制内部，受到官僚体制的约束较少，所以他的政治思想更加具有革命性。他认为清政府在政治方面所要革除的弊端太多，如清仕途、裁冗员、安置旗民、废河工、撤厘金等，百弊不除，百利难兴。但是，他看到清政府对于这些弊端的处理，不是束手无策，就是治标不治本。他为了找到使国家富强的根本之术，从古、今、中、外几个方面汲取经验，跳出了传统政治思想的窠臼。王韬的政治思想最强调"重民"思想，他继承了中国传统思想中"民为邦本、本固邦宁"的民本

---

① 马忠文、任青编：《中国近代思想家文库——薛福成卷》，第48页。

② 马忠文、任青编：《中国近代思想家文库——薛福成卷》，第380页。

观念。他认为只有"必先使上下之情不形扞格，呼吁必闻，忧戚与共，然后弊无不革，利无不兴"①。即要除弊兴利，必先下情上达、君民一体。但这种情况在传统的体制下不可能达到君民一体的效果。他从西欧国家的发展中看到："凡其骎骎日盛，财用充足，兵力雄强者，类皆君民一心。无论政治大小，悉经议院妥酌，然后举行，故内则无苛虐残酷之为，外则有捍卫保持之谊。"②王韬和薛福成一样，在欧洲众多政体中，最倾心于英国式君主立宪政体，"苟得君主于上，而民主于下，则上下之交固，君民之分亲矣，内可以无乱外可以无侮，而国本有若苞桑磐石焉"③。他看到英国政治的优点是上下可以互相沟通、相互制衡，这样君主和臣民之间才能消除隔阂，团结一心，取得良好的政治治理效果。王韬的思想对维新派的康有为、梁启超以及后来革命派的孙中山等人都产生了影响，在一定意义上，为近代政治变革提供了思想上的前瞻。

二、冯、王、薛的经济思想

在中国传统社会中，由于生产力水平不高，工商业的发展水平和受重视程度都不高。特别是明、清两代，政府对工商业的管理更加严格，如"海禁"政策的施行，不仅不利于国际交流，而且限制了国内工商业经济的发展。而同时代的西方，经历了文艺复兴和宗教改革之后，人们的思想得到解放，经济活力涌现，加之国家的"重商"政策，工商业日渐繁荣。在强有力的经济支持下，西方的政治、军事面貌焕然一新，开始了在世界范围内争夺殖民地。中国作为当时人口最多的国家，成为西方国家眼中的超级市场，他们用武力打开中国大门，倾销商品、掠夺资源。在此种情势下，经济问题开始成为晚清思想家们关注的重点。

冯桂芬对经济的关注集中在农业和商业方面。在农业方面，中国作为当时人口最多的国家，粮食问题依然是主要问题，加上当时吏治腐

① [清]王韬著，楚流等选注：《弢园文录外编》，第96页。
② [清]王韬著，楚流等选注：《弢园文录外编》，第97页。
③ [清]王韬著，楚流等选注：《弢园文录外编》，第36页。

败，许多人仍然过着衣不蔽体、食不果腹的生活。他在《校邠庐抗议》中，提出均赋税、稽旱潦、兴水利、改河道、劝树桑等提议，都是针对当时愈发严重的农业问题。在商业方面，他认为应该禁绝鸦片，发展采矿、制茶等行业，对关税、漕运和盐务进行改革。太平天国运动结束之后，冯桂芬积极推动了江南的漕运改革和赋税改革，对江南地区的经济恢复起到了重要作用。有学者认为，他的这些思想中蕴含近代资本主义经济思想的某些因素，如用市场来调节经济运行、运用行政手段进行赋役改革，运用先进技术来发展生产等。①

王韬的经济思想可以分两期来看，在去欧美游历之前，他对西方的工商业持怀疑态度，认为西方商人工于心计、桀骜不驯，性格“外刚狠而内阴鸷”②。因此，他反对与西方人进行贸易，并且仍然秉持着中国传统的“重农抑商”的观点。在王韬的西欧之行中，他看到大英帝国在欧亚非的贸易盛况，“民间贸易转输，远至万里以外，以贱征贵，以贵征贱，取利于异邦，而纳税于本国，国富兵强，率由此乎”③。由此，王韬开始把商业发展作为富国强兵和提振民生的重要途径，为此，他提出要发展矿业、纺织业、造船业和铁路运输业。他还主张：“中国与泰西列国通商，不但当恃商力，必如西国兵力商力二者并用，则方无意外之虞。”④王韬看到了19世纪国家间贸易的本质，就是以枪炮先打开别国的大门，然后再以商业占领这个国家的市场，因此，在这种国际体系下，商业的扩张必须以武力为后盾。因此，王韬建议国家应该发展军事、设立领事馆，为本国商人提供必要的保护。同时，王韬还敏锐地意识到整个世界已经通过电报、铁路、轮船联系在一起，使得“六合为一国，四海为一家”⑤。王韬认为，这是数千年未有的情况，必将导致经济上的全球化，中国不要惧怕这种形势，而应大胆进行改革，发展中国的工商业，与外国进行贸易。为了和国外进行贸易，中国国内的经济制度必须进行改

① 熊月之：《冯桂芬评传》，第244页。
② [美]柯文著，雷颐、罗检秋译：《在传统与现代性之间——王韬与晚清改革》，江苏人民出版社1998年版，第211页。
③ [清]王韬著，楚流等选注：《弢园文录外编》，第159页。
④ [清]王韬著，朱维铮编：《弢园文新编》，第74页。
⑤ [清]王韬著，朱维铮编：《弢园文新编》，第74页。

革，王韬建议废除阻碍商业的厘金制度，设立专门的商务机构，鼓励工商业发展，为工商业提供指导和支持。这样一来，国家就从原来抑制商业发展的角色转型到为工商业服务的角色。王韬是中国最早一批看清世界经济前景的思想家，他的经济思想已经跳出了传统封建经济思想的窠臼，他是鼓吹发展资本主义工商业的先驱者。

薛福成出使西欧虽比王韬晚了二十年，但是途中见闻，令他得出了和王韬相似的结论，即“香港、新加坡等埠，五六十年前皆荒岛也。洋人借经营商务，辟荒岛为巨埠，而英人犹善能事，以英人于商务最精也”①。相比于欧洲强国“以工商立国”的状况，中国则又是另一番景象“夫商为中国四民之殿”②。为此，他希望政府能够重视商业、商人，用繁荣商业也引领教育、农业和工业的前进，“盖有商，则士可行其所学而学益精，农可通其所植而植益盛，工可售其所作而作益勤”③。他也知道要扭转根深蒂固的轻商、贱商观念非一朝一夕所能达成，所以他不断地考察英、法、美等资本主义国家商业的发展经验，将其记录并传播到国内，希望自己的主张能够引起更多有识之士的重视。他和王韬一样，都已经走出了传统农业社会的经济发展模式，努力在中国为新兴的工商业时代开辟道路。虽然他们没有亲身促成工商经济在中国的发展壮大，但他们的经济思想代表了转型时代的一缕曙光，开启了中国资本主义经济思想的先河。

冯桂芬、王韬、薛福成等人的政治经济思想，是晚清政治经济格局发生巨变下的产物，顺应了时代的呼声。在中国传统政治经济思想难以破解晚清社会的难题时，冯、王、薛等传统士大夫阶层中的新式人物逐渐反思中国传统，开始学习西方的政治经济思想来分析中国的问题。他们的思想探索，展现了中国近代思想的艰难转折历程。

---

① [清]薛福成著，丁凤麟、王欣之编：《薛福成选集》，第 297 页。

② [清]薛福成：《出使英法义比四国日记》，岳麓书社 1985 年版，第 82 页。

③ [清]薛福成：《出使英法义比四国日记》，第 82 页。

第四节　薛福成和王韬的外交思想

蒋廷黻先生曾言，19 世纪以前中国人没有外交意识，“那时中国不知道有外交，只知道‘剿夷与抚夷’”[①]。传统社会里，中国人认为没有联络外国的必要，对于异域政权不是剿灭就是安抚，近代意义上的“外交”几乎无从谈起。鸦片战争之后，中国从东亚之中国走向世界之中国，被迫开始融入西方构建的国际关系体系中去，这个过程是漫长和痛苦的。在乾隆时期，英国曾经派遣使节朝见乾隆帝，希望能够开展正常的中英贸易，但是中国以天朝上国自居，拒绝了英国的请求，中国失去了与英国建立正常外交关系的有利时机。第一次鸦片战争后，中国虽然战败，但是中英之间并没有建立正式的外交关系，中国仍然拒绝西方使节进驻北京。英法发动了第二次鸦片战争后，清政府再也不能阻止西方向北京派驻公使。1861 年设立的总理衙门是中国第一个常设外交性质的机构，也标志着清朝开始从传统宗藩体制向近代外交的转变。在“三千年未有之变局”中，中国的外交实践如何开展，尚无先例可寻，薛福成等人总结了自己从事洋务的实践，学习引介了许多西方外交的原则和经验，为近代中国外交活动的开展和外交思想的丰富奠定了坚实基础。

一、外交以实力为基础

鸦片战争之后的百年，是中国积贫积弱的百年，也是中国外交史上屈辱的百年。不论我们的外交家多么优秀、外交技术如何高超，虚弱的中国在国际关系中只能占据弱势地位，深刻地品尝了“弱国无外交”的况味。冯桂芬认为“今国家以夷务为第一要政，而剿贼次之”[②]，即在万国交通的时代，外交成为国家的当务之急。他也深知从事外交的基础在于国家的强弱，他说：“不自强而有事，危道也；不自强而无事，幸也，

① 蒋廷黻撰，沈渭滨导读：《中国近代史》，上海古籍出版社 2011 年版，第 6 页。

② [清]冯桂芬：《校邠庐抗议》，第 52 页。

而不能久幸也。”[①]作为中国第一代外交家的薛福成对冯桂芬的外交见解深表赞同，他在出使西方之后，得出的第一条外交经验就是“大抵外交之道，与内治息息相通”[②]。即如果一国内政清明、国力强盛，则能营造良好的外交环境。薛福成出任使节是中法战争之后，作为老牌强国的法国并未能战胜中国，使中国的国际地位发生了变化，英、法两国“多有联络中国之意”[③]，即英法两国想联络中国以增加自己在亚洲竞争的筹码。薛福成建议中央政府借中法战争的影响，“遇有交涉事件，可以相机度势，默转潜移，稍裨大局”[④]。他本人就趁所谓“同治中兴”之机，给中国争取到在新加坡、仰光设立领事馆，并解决了中缅界务争端。由此看来，中国的外交权益若要得到保障，在国内都要“修内政、鼓人才、饬边防、整海军、审洋情、联与国……此数者，无论诸国有事与否，皆我一日不可缓之事”[⑤]。薛福成认为在中国还没有强大之前，处理外交事务应该“以和为体，以作可战之势为用”，即在战、和之间要以追求和平为最终目标，战争是达成和平的重要手段，在对外交涉中要灵活运用战争、议和两种方法，不能走极端，“一意欲战，则将使彼不能转圜”[⑥]，而若遇有交涉就屈意求和，则“彼窥见我之情实，益肆要求，无所底止。一国得志而诸国效尤矣”[⑦]。薛福成所提的这种“和”“战”策略是适应当时中国的国际地位的，但是我们看到在晚清外交史上，中国往往在战与和上处于两难之地，顾此失彼。这固然是由于统治阶层的懦弱无能，但根本原因还是中国的国家实力弱小，孱弱的国力难以为复杂的外交博弈提供有力支撑。

---

① 熊月之编：《中国近代思想家文库——冯桂芬卷》，第 330—331 页。
② 马忠文、任青编：《中国近代思想家文库——薛福成卷》，第 236 页。
③ 马忠文、任青编：《中国近代思想家文库——薛福成卷》，第 235 页。
④ [清]薛福成著，丁凤麟、王欣之编：《薛福成选集》，第 313 页。
⑤ 马忠文、任青编：《中国近代思想家文库——薛福成卷》，第 270 页。
⑥ [清]薛福成著，丁凤麟、王欣之编：《薛福成选集》，第 167 页。
⑦ [清]薛福成著，丁凤麟、王欣之编：《薛福成选集》，第 167 页。

二、遵守国际法和国际惯例

中国从闭关锁国的状态进入世界舞台是历史大势。作为长期游离于国际体系的弱国，与其游离于国际法则和惯例之外，不如主动遵守国际法。薛福成看到西方在国际交往中多依据《万国公法》，“仍隐隐以强弱为衡，颇有名实之不同”。强国行动虽不完全受到国际法约束，但在诸国众目睽睽之下，“虽稍自克以俯循乎公法，其取盈于公法之外者已不少矣”①。弱国虽然想利用国际法来保护自身权益，无奈“人不以公法待之，虽能自奋以仰企乎公法，其受损于公法之外者，已无穷矣”②。薛福成虽然敏锐地意识到国际法在维护国际正义中的不足之处，但是他还是坚定地主张中国要加入国际公法。因为公法毕竟以明文的方式规定了成员国的权利、义务，维护表面的公平正义，中国若不加入，则“公法内应享之权利，阙然无与……公法外所受之害，中国无不受之……曷若以公法为依归，尚不受无穷之害”③。他现实地认识到在国力不逮的情况下，加入国际公法，中国即便仍然受害，但还或可受到道义上的支持。

除了建议中国遵守国际法之外，薛福成还建议政府在外交活动中要遵循一定的外交原则和礼节。他在到达西欧之后，受到热情而周到的接待，“凡各国使臣初到一国驻扎之时，其君主无不接见，慰劳数语以示优待，使臣鞠躬而退，并不言及公事，此西国之通例也”④。西方政府官员在礼节方面颇为周全，但一旦关涉国家利益，就表现出公事公办的态度，毫不徇私。由此，他总结出一条外交原则“交际之礼节，务为周到；交涉之事件，不稍通融”⑤。而反观当时的清政府，在礼仪方面则寸土必争、寸步不让，因为外交使节不愿意按照中国的礼节觐见皇帝，咸

① [清]薛福成著，丁凤麟、王欣之编：《薛福成选集》，第 414 页。
② [清]薛福成著，丁凤麟、王欣之编：《薛福成选集》，第 414 页。
③ [清]薛福成著，丁凤麟、王欣之编：《薛福成选集》，第 414—415 页。
④ [清]薛福成著，丁凤麟、王欣之编：《薛福成选集》，第 310 页。
⑤ [清]薛福成著，丁凤麟、王欣之编：《薛福成选集》，第 310 页。

丰皇帝在第二次鸦片战争之后，迟迟不愿意返京，就是为了避免接见外国使节。清政府宁可接受苛刻的条约，也力图避免出现“失礼”的情况。薛福成认为：“夫靳虚礼而受实损，非计之得也……可于召见各使臣之先，敕下总理衙门，告以如愿行中礼，或愿行西礼，各听其便。如是，则彼虽自行西礼，仍于体制无损。”①薛福成的建议反映了中国失去了传统“中央之国”的地位，它必须改变自己的某些制度去适应西方主导下的国际体系。当然，这种改变一定程度符合国际交往的平等理念，有利于改善中国的国际形象。光绪皇帝后来接受了薛福成的建议，以国际通行惯例接受了西方使臣的“觐见”，取得了良好的国际反响，这也表明中国在外交事务上的一个进步。

三、善于把握国际形势

虽然王韬和薛福成都把“自强”作为立足国际社会之根本，但是面对列强环伺的局面，中国又不能力行变法，国势难以骤增。中国外交面临着艰难的局面，“近欲以柔道应之，则启侮而意有难餍；以刚道应之，则召衅而力有难支；以旧法应之，则违时而势有所穷；以新法应之，则异地而俗有所隔。交涉之事，日繁一日，应付之机，日难一日，诚不知何所底止矣”②。面对此危局，薛福成提出作为弱国的中国应该重视外交，特别是“使才”的选择，因为“使才”是政府的耳目手足，没有好的外交人才，政府就难以了解国际大势，也就难以做出正确的决定。他提出让重臣、大将出任公使，这样“使职与将相并重”③，一是大使的职位提升，二来大使可以有更宏观的视角，统筹协调国内、国外事务。

薛福成和王韬重视“使才”的一个重要原因就是希望中国能出现张仪、苏秦这样的“纵横家”，在各国之间纵横捭阖。鸦片战争以来，英、法、德、俄、美等列强相继兴起，在世界范围内争夺利益，他们之间既有勾结，又有矛盾。中国作为一个弱国，必须关注国际形势，运用灵活、审

---

① [清]薛福成著，丁凤麟、王欣之编：《薛福成选集》，第310页。
② [清]薛福成著，丁凤麟、王欣之编：《薛福成选集》，第501页。
③ [清]薛福成著，丁凤麟、王欣之编：《薛福成选集》，第503页。

慎的外交方针。如在中亚地区，英、俄两国展开了激烈的角逐，鉴于俄国对我国新疆领土的觊觎，薛福成建议中国可以利用英国的支持，维护在新疆地区的领土安全。在列强之中，薛福成尤其注意俄国的威胁，他断定“夫俄不有事于天下则已，俄若有事于天下，东则中国当其冲”①。王韬也是有国际视野的外交理论家，他也注意到自德国统一以后，欧洲的政治版图已经形成和巩固，各大国之间实力相当，出现了暂时的均势，不会轻易用兵。王韬断定“此乃欧洲之福而非他国之福”②，欧洲列强纷纷在其他地方争夺势力，如瓜分非洲、在中国划分势力范围等。王韬和薛福成一样，都认为俄国是对中国威胁最大的国家，他判定俄国同英国争夺印度失利后，必定转而侵略我国的新疆和西藏等地，政府宜多加关注。

四、维护合法的外交权益

晚清外交容易走入两个极端。一个是自高自大，视西人为夷狄；一个是谄媚自卑，畏西人如虎豹。这两个极端都不利于中国外交的开展。王韬认为：“洋务亦易明耳，不外乎以情喻之，以理折之而已。事有可行则许之，事不可行则明告之，务期于必信必速，毋卑毋亢。”③他批评鸦片战争以来，许多朝廷大员不明世界大势，办理洋务时沿用传统的羁縻之策，“苟徒以委屈周旋，逢迎接纳，以为弥缝之至道，羁縻之长策，则吾未见其可也”④。在近代外交发端之时，薛福成作为出使西欧的大臣，充分展现了不卑不亢，以理服人，为维护中国的外交权益做出了贡献。

薛福成在出使过程中，看到中国人在海外受到欺压，求助无门，他感到十分愤慨，便筹划如何才能维护海外华人的权益。他借鉴西方国家的一贯做法，即通过外交手段，在侨民较为集中的地区设立领事馆，行使保护侨民的任务。但是他的这一主张受到国内、国外势力的双重

---

① [清]薛福成：《出使英法义比四国日记》，第 338 页。

② [清]王韬著，楚流等选注：《弢园文录外编》，第 144 页。

③ [清]王韬著，楚流等选注：《弢园文录外编》，第 89 页。

④ [清]王韬著，楚流等选注：《弢园文录外编》，第 89 页。

阻挠，国内顽固势力昧于国际形势，对外交事务设立重重障碍。列强又不希望在本国势力范围内给予中国领事权益，对薛福成的要求百般阻挠。薛福成不畏艰难，“援照公法及各国常例，声明中国可派领事官分驻英国属境”①。即以国际法和国际贸易中的通行惯例为依据，不断地与列强进行交涉，在他的努力下，中国终于获得了在新加坡、仰光等地建立领事馆的权利。

王韬对于中国在海外设立领事馆的看法稍异于薛福成。他认为：“领事则在保卫商贾，护持贸易，有事则据公法和约为办理，或有不行，则禀陈己国使臣，或转请之外部大臣，以俟裁决。”②但是他认为中国即使在国外设立了领事馆，也难以行使保护侨民和商业的作用。他举了很多例子来说明中国领事难以发挥作用，最根本的原因在于中国没有武力作为后盾来保卫自己的海外权益。他感慨道：“呜呼！立国以自强为先，在乎己者能有恃以无恐，而其余自无不举矣。”③王韬在国际关系方面秉持现实主义的态度，对于积贫积弱的中国能否维护华人的海外权益是持否定态度的。但作为中国人，虽然洞悉弱国无外交的道理，他还是绞尽脑汁，力图尽可能地保护中国的海外权益，他主张在公使、领事的选才上要极其慎重，“使臣固当熟谙和约，详稔公法，审时度势，察机观变，以忠信笃敬，上结主知”④。即王韬想利用个人的魅力来折服外国，尽可能地为国家争取外交权益。王韬和薛福成主张外交必立足于国力的见解十分高明，也暗合国际政治的实质，纵览鸦片战争以来中国外交发展的历史，可以看到，没有强大的国力作为后盾，中国的权益很少能得到保障。但也必须承认，近代外交史上，中国出现了许多像薛福成一样的爱国外交家，在极其艰难的环境下，为维护中国的外交权益而不懈奋斗。

---

① [清]薛福成著，丁凤麟、王欣之编：《薛福成选集》，第584页。
② [清]王韬著，楚流等选注：《弢园文录外编》，第84页。
③ [清]王韬著，楚流等选注：《弢园文录外编》，第78页。
④ [清]王韬著，楚流等选注：《弢园文录外编》，第85页。

第五节 冯桂芬、王韬和薛福成的思想影响

鸦片战争之后，中国日益卷入由西方主导的世界体系，中国再也难以关上大门继续天朝上国的迷梦。在外力的压迫之下，国内的矛盾也逐渐激化，太平天国运动、捻军起义、回民之乱，导致中国陷入内忧外患交织的局面。冯桂芬、王韬和薛福成这一代人所面对的正是数千年未有之变局的大时代，国内矛盾和国际矛盾尖锐地交织在一起。面对国家所遭遇的深重灾难和危机，他们作为这一时代的佼佼者，需要思考和正视中国与西方、传统与现代之间的关系，为中国的“痼疾”开出一剂有效的药方。

他们的思想直接承接老一辈思想家如林则徐、魏源、张穆、姚莹等人的“经世思想”，努力将前辈们提出的“睁眼看世界”和“师夷长技以制夷”的思想进一步深化并付诸实践。他们的格局和视野在很大程度上超越了他们的前辈，逐渐从“中国中心”的格局和观念中摆脱出来，把中国放到世界体系中加以审视，这就极大改变了他们思考问题的格局和方式。冯桂芬是提倡“新学”的先行者，也是洋务运动的理论先驱，较早提出了向西方学习的主张，并提出了一套完整的变革主张，内容涉及政治、经济、军事、教育、社会和外交各个方面。而且他的变革主张都是他在多年的政治实践中总结出来的，针对的都是当时亟需改革的弊政，很有针对性和可行性。他注重教育，在上海设立了广方言馆，从事翻译和教学工作，为洋务运动培养出了大批可用之才。他在《校邠庐抗议》一书中论述他的变法求强思想，该书引发了很大反响。其中，他提出的“以中国之伦常名教为原本，辅以诸国富强之术”[①]，既是洋务运动的指导思想，也是他对调和中西文化的一次尝试，对近代思想产生了重要影响。可以说，冯桂芬是鸦片战争以来最重要的思想家之一，其后的思想家如王韬、郑观应、薛福成等人都在某种程度上继承发展了冯桂芬的变革主张。

① [清]冯桂芬:《校邠庐抗议》，第 57 页。

王韬是继冯桂芬之后又一位重要的思想家，科举的失败、人生的不得意、政治的腐败和民生的疾苦等多重因素，使得他对旧制度充满了批判精神。加之他中年之后有机会到西欧游历生活，对西方的政治、经济、文化有深刻的理解，大大提升了他的知识结构和理论水平，这就使得他对中国旧制度的批判广度和深度达到一个很高的水平，超越了同时期的许多思想家。当然，一个思想家的伟大之处不仅在于他对旧世界的鞭挞，还在于他对新世界的合理建构。他不仅大胆越出传统专制体制的束缚，而且突破了洋务派“中体西用”的论调，将学习西方从“器物”的层面推进到制度层面。同时，王韬还是中国自主办报第一人，他创办的《循环日报》在宣传西方资产阶级民主思想、鼓吹发展资本主义工商业方面起到了重要作用。可以说王韬对资本主义政治、经济思想的引介起到了至关重要的作用，不愧为中国近代资本主义理论建构的先驱者。王韬也是最早正式提出“变法”思想的人，他早在1875年就发表了《变法维新》上中下三篇，倡导变法自强。同时，王韬的思想还影响到了同时代的日本，他的变法文章以及他译介的西方书籍如《普法战纪》等受到日本维新派的重视，他应日本维新志士的邀请，游历日本，写下了《扶桑游记》一书，向中国人介绍了日本的情况。

薛福成是一位有丰富经验的洋务派政治家，他长期在曾国藩和李鸿章的幕府中从事洋务活动，是一位有着实际经验且充满历练的改革者。他晚年又曾担任出使西欧的钦差大臣，是一位杰出的外交家。在出使西欧的过程中，他访问了欧洲许多国家，对欧洲的政治、经济、文化、军事、法律、教育、财税等各方面都进行详细地考察，写出了《出使四国日记》一书，是晚清中国人了解西欧不可或缺的重要资料。作为外交使节，他加深了对国际外交的了解，通过外交努力，他为清政府争得了许多正当权益，为近代中国外交做出了重要贡献。正是由于具备丰富的政治、外交经验，使得他在政治思想、经济思想、军事思想和外交思想领域都有所创见。他的思想可以说是前承林、魏，后启康、梁。他通过对资本主义国家的考察，对早期改良派关注的问题进行了认真思考，许多主张代表了早期资产阶级的利益要求。他作为中国早期著名的外交家，不仅很好地维护了中国的权益，而且为中国外交思想的发展奠定了坚实基础。他的《筹洋刍议》和冯桂芬的《校邠庐抗议》、王韬的《自强诸论》、郑观应的《盛世危言》等书都是近代中国思想史上不可忽视的重要著作。

当然，任何人的思想都不可能完全跳出时代的局限，也不可能完全摆脱传统的束缚。冯桂芬、王韬和薛福成作为鸦片战争后最具有时代眼光的几位思想家，他们的思想虽然体现了时代的脉搏，但也有一定的局限性。他们批判传统，但又不能摆脱对传统的种种依恋。他们学习西方，可是他们由于没有系统地接受过西方文化的教育，对西方的了解多停留在表面，难以有透彻的理解。他们身上所表现出的局限性和矛盾性是这个时代先进知识分子所共有的特点。但要肯定的是他们为中国从传统向近代的思想转型迈出了坚实的一步，不管是康、梁为首的改良派，还是孙中山为首的革命派，他们都是站在前辈思想家的肩膀上来继续推进时代的风潮。

作为江苏思想史上的“新学”三杰，冯桂芬、王韬、薛福成是近代江苏对于中国思想的贡献，也展现了在清代朴学向新学的过渡中，江苏思想人物依然占据着重要的位置。

第十二章　刘师培的经学思想

晚清以降，中国社会发生了天翻地覆的变化，传统的经学也出现了新的变化和发展，在这个转变的环节中，江苏籍思想家刘师培是一位重要的承上启下式的人物。刘师培（1884—1919 年），字申叔，号左盦（庵），江苏仪征人，也是清代扬州学派发生地的后学人物。作为清末民初著名的经学家，他的家族以世代研究《左传》而名扬海内，他自幼聪慧，少承家学。同时，在西学东渐的背景下，刘师培接受了许多西方的理论和方法，并且将之运用到经学研究中来，在经学领域取得了许多新成果。虽然天不假年，寿命短促，但刘师培一生治学勤勉，涉猎广泛，著述多达上百种，代表作有《中国民约精义》《国学发微》《经学教科书》《中国历史教科书》等。除了在经学学术方面有杰出成就外，刘师培积极参加各种政治活动，是早期资产阶级"反清""排满"的革命健将，也是江苏近代思想史上的佼佼者，为资产阶级启蒙思想的壮大做出了贡献，后虽在政治立场上多有反复，但其学术思想一直为后人称道。

第一节　刘师培的生平和思想背景

刘师培是晚清民国之际著名的经学大师，与章太炎齐名。在其短暂的一生中能取得很高的学术成就，除了自身的天赋才华之外，也和他良好的家学背景密切相关。

一、刘师培的生平经历

刘师培的曾祖父刘文淇生于乾隆五十四年(1789 年),其经学造诣深厚,生平致力于《春秋左氏传》的研究,代表作《左传旧注疏证》耗费了他四十年的光阴。“上稽先秦诸子,下考唐以前史书,旁及杂家笔记、文集,皆取为证佐,期于实事求是,俾《左氏》之大义,炳然著明。”[①]刘师培的祖父刘毓崧生于嘉庆二十三年(1818 年),自小就随父亲治经,并继承了刘文淇治《左传》的传统,完成了《春秋左氏传大义》二卷。刘毓崧曾参与曾国藩幕府,主持金陵书局,受到曾国藩的器重,参与校刻《船山遗书》,并著《王船山年谱》二卷。道光二十五年(1845 年),刘师培的父亲刘贵曾出生,刘贵曾佐父兄治《左传》,并作有《左传历谱》。刘贵曾勤于治学,白天忙于家事,晚上倾心学术,“夕裁书牍,兼事校雠,漏三下乃休,历十五年如一日。尝训不孝曰,古语有言,流水不腐,户枢不蠹,养身之要,是在勤矣”[②]。

刘师培祖上数代皆潜心于经典考证,尤以治《春秋左氏传》而闻名于当世。加之他的家族世代生活在扬州地区,该区域是清代中国学术发展的一个重镇,形成了著名的扬州学派。如前所述,扬州学派在经学、小学、校勘学等方面成就突出,出现了焦循、汪中、阮元、王念孙、王引之等著名学者,他们讲究贯通群经,而且追求经学与诸子学及史学的融汇,且重视经世致用。刘师培家族作为扬州地区的书香世家,受到扬州学派影响,刘师培本人就十分崇拜扬州学派的重要人物汪中。在这种学术氛围浓厚的环境熏陶下,刘师培少承先业,在经学研究方面取得了很大成绩。

刘师培于光绪十年(1884 年)出生在江苏扬州城的清溪旧屋。其出生之时,其父已近四十,相对当时人的寿命而言,几乎算是老年得子。

---

① 陈奇:《刘师培年谱长编》,贵州人民出版社 2007 年版,第 3 页。

② 陈奇:《刘师培年谱长编》,第 10 页。

所以，其父对其寄予厚望，取名为师培，字申叔，寓意是希望他能学习西汉时期著名的鲁《诗》开创者申培公，在学业上取得一番成就。刘师培亦不负期望，从小就显示出非凡的才华，八岁时就开始学习《周易》，他的叔父说他“过目成诵，刁为诗文，有如宿构”①。他的堂弟刘师颖称赞他：“治学奋勤，儿时偶阅《书》疏，背诵一字不遗，年未十二，已毕五经。当夫志学之岁，笃嗜《左氏春秋》。研经而外，并及子史。”②刘师培的天赋和勤奋使得他在学问方面突飞猛进，十八岁中秀才，十九岁就中举人。二十岁的刘师培北上开封，参加会试，不中。作为青年士子，刘师培并不一味埋首书卷当中，他对国家的命运也有深深的忧虑，如他在北上参加会试之前，就写文章劝告扬州父老要多留心国事，倡导教育救国，希望家乡父老能鼓励留学、多办学校。普及教育也是刘师培重要的思想主张，他还是较早提出推行白话文的学者之一。

1903年6月，刘师培前往上海，并结识了蔡元培、章太炎和陈独秀等人，通过和这些人的交游，他的思想发生了转变，从原先的“排满”转而投身资产阶级革命。为了表明自己的志向，他将姓名改作光汉，意为光复汉族。在上海的这段时间内，刘师培一方面和章太炎等人切磋学问，另一方面，积极结识革命派人物，并在报纸上发表反满言论。后来《苏报》案爆发，章太炎、邹容入狱，刘师培返回扬州。就在这一年，刘师培撰写了《中国民约精义》一书，该书效法法国卢梭的《社会契约论》，以中国的历史、典籍为基础，论述天赋人权、主权在民、社会契约、民主共和等观念，暗合中国先哲的某些思想主张，以此来反击保守派的顽固不化。同年秋天，刘师培与何震结婚，婚后即将自己的妻子送入上海的爱国女校，接受男女平等和革命教育。刘师培则在上海创办报纸并撰写文章，这一时期的主要著作有《中国民族志》《攘书》等，宣扬“排满”论、种族论、进化论，为革命派进行舆论宣传。

1905年，刘师培和邓实、黄节等人发起了国学保存会，并以“发明国学，保存国粹”为宗旨，创办了机关刊物《国粹学报》。刘师培在该报

---

① 刘师培：《刘申叔遗书》，江苏古籍出版社1997年版，第16页。

② 刘师培：《刘申叔遗书》，第2407页。

发表了众多文章，如《论古学出于史官》《周末学术史序》《国学发微》《独左札记》等。1905 年 8 月，同盟会在日本东京成立，刘师培旋即加入。在此期间，刘师培先后在安徽公学和国学讲习会担任讲师，并运用西方编写体例撰写了《伦理教科书》《经学教科书》《中国文学教科书》《中国历史教科书》《中国地理教科书》，对近代教科书编写产生了较大影响。1907 年，刘师培因参加刺杀团、同盟会等反清组织，受到清廷的通缉，遂于该年 2 月携妻赴日。刘师培在日本受到好友章太炎的热情接待，在章太炎的引荐下认识了孙中山、黄兴、汪精卫、胡汉民等同盟会首脑。在日本期间，刘师培一方面坚持学术研究，积极为《国粹学报》《民报》撰稿；另一方面，他积极参加各种结社活动，结交友人。当时的日本大量翻译、引进西方的各种书籍，西方的各种思想在日本泛滥、流行，刘师培结识了许多信奉无政府主义的学者，并在他们的影响下转而信奉无政府主义，并和妻子创办了《天义》《衡报》等报刊，宣扬男女、种族、政治、经济革命并行。

就在刘师培流亡日本前后，革命派在国内制造了一系列暴动和暗杀事件，震动清廷高层，他们除了大力镇压之外，也开始使用收买的手段来对付革命党人。恰逢此时同盟会内部纷争四起，刘师培亦参与其中，与章太炎等革命党人发生矛盾，加之妻、弟劝诱，刘师培成为晚清地方大员端方的幕僚。1911 年，辛亥革命爆发，刘师培为起义军队拘捕，幸得旧友章太炎、蔡元培、陈独秀等人出手相救，才幸免于难。获释之后的刘师培先在四川国学院任教，因为在学界素有盛名，后在阎锡山的推荐下，袁世凯将其聘为总统府内史，后兼参议院参政，并参与清史的编撰。1915 年，袁世凯筹划称帝，刘师培和杨度等人联名发表《筹安会宣言》，鼓吹帝制，为袁造势。袁世凯复辟帝制不得人心，很快就以失败告终，刘师培等人被列为复辟帝制的罪魁祸首，后政府以爱惜人才为名，将刘师培、严复等人宽赦。

刘师培在政治上多有反复，幸得他在学术领域久负盛名，且结交了许多挚友，才能屡次化险为夷。袁世凯复辟失败之后，出来帮助他的又是好友章太炎、陈独秀和蔡元培等人。时任北大校长的蔡元培聘刘师培到北大中国文学系任教，自此，刘师培潜心教学、著述，不久就因为肺病而去世，时年三十六岁。

二、刘师培的思想背景

刘师培出生于1884年，这一年中、法两国爆发了一场战争，中国“不败”而败，两国签订了《中法新约》，中国丧失了对越南等东南亚国家的宗主权，法国则逐渐把越南、柬埔寨等国变为自己的殖民地。客观上看，此战中国虽然丧失了许多权益，但迎战老牌强国法国，中国也取得了镇南关大捷和台湾保卫战的胜利，这些胜利提升了中国的国际地位。但是，纵观当时的世界形势，中法战争折射出了国际政治发展的新趋向。在此前的十数年间，世界格局发生了新的变化，美国发生了南北战争，德国完成了统一，这两个新兴的强国在完成了内部整合之后，主导了第二次工业革命。第二次工业革命极大地推进了英、法、德、美等国生产力的发展，为了争夺原料产地和市场，新、老强国之间在世界范围内进行争夺，掀起了瓜分世界的狂潮。与此同时，日本经过明治维新以后，也一步步强大起来，并将矛头直指东亚邻居朝鲜和中国。对中国来说，其所处的国际环境更加险恶了，不仅要应对欧美强国的步步紧逼，还要面对东亚新兴强国日本的挑战。

1884年之后的十年间，中、日两国在东亚展开角逐，两国国内分别开展了洋务运动和明治维新，都是为了吸收西方先进的文化。中国的洋务运动侧重于引进西方的“器物”，即要“师夷长技以制夷”。而日本的明治维新则是一场全方位的改革运动，在政治、经济、军事、社会生活等各个方面都进行了深入变革。经过改革，日本成为亚洲第一个步入工业化的国家。1894年的甲午战争是对两国改革成果的检验，北洋海军战败，宣告清政府推行洋务运动的失败，也预示着中国将进入一个更加艰难的时代。

1894年的甲午战争不仅关乎国运，而且对晚清思想界也产生了极大的震荡。甲午之前的知识分子多为中国传统的思想所主导，顽固派自不必多言，推崇传统到无以复加的地步，将西方事物皆斥为奇技淫巧，加以排斥。洋务派较之顽固派开明许多，对待西方文明较为客观，引进了许多西方先进的技术，在“自强”、“求富”的口号下，创办了一些近代企业，一定程度上增强了国力。但洋务派的中坚力量是奕䜣、曾国藩、李鸿章、张之洞等人，这些人不是清朝贵族，就是旧的科举教育培养出来的状元、进士，他们把“中体西用”作为洋务派的指导思想，因此，在现实的改革进程中，他们只能在器物层面进行有限的改革，对制度、文化等领域则建树甚少。当然，在士大夫中间也出现了一批对中西文化有深入了解的杰出人物，如郭嵩焘、薛福成、王韬、严复等。但这些人物是统治阶层中的中下层官僚，对改革的话语权不多，相反，由于思想中的“激进”成分，他们也受到顽固派和洋务派的排挤和迫害。

甲午中日战争的失败不仅深深影响了国家的命运，而且对当时的思想界产生了猛烈冲击。在知识分子的思想中，“传统”与“西学”的天平开始发生倾斜，主要体现在人们开始从重视技术的“器物”层面深入到探究“西学”的制度和文化层面。知识分子开始从先前被动受到“西学”影响转为主动学习、探求“西学”。在此种情势之下，传统认为的“道之大原出于天，天不变，道亦不变”[①]的观念受到了猛烈冲击，许多有识之士对延续两千多年的统治模式开始产生怀疑，这种怀疑不同于以往朝代所出现的“异端”思想，它所质疑的是整个君主专制治理模式的合法性，具有颠覆性意义。这种怀疑普遍产生在19世纪末的中国知识分子当中，其理论深度也是历代“异端”思想所难以企及的，它“不仅怀疑统治秩序的功能有效性，而且怀疑其道德合理性”[②]。

正是这种怀疑普遍而深入的发展，人们认为如果想改变中国积贫积弱的现实，就必须对传统的统治秩序进行改造。在此基础上，出现了改良和革命两种思想和派别。1894年之后，两派知识分子在思想理论上进行了激烈地交锋。改良派的代表人物主要以康有为、梁启超、张謇等人为代表，革命派的代表人物是孙中山、黄兴、章太炎等人。双方都通过报纸来宣传自己的主张，改良派创办了《清议报》《新民丛报》等报

① [汉]班固：《汉书》卷五十六《董仲舒传》，第2519页。
② [美]张灏：《危机中的中国知识分子——寻求秩序与意义（1890—1911）》，中央编译出版社2016年版，第6页。

刊，革命派则以《民报》为喉舌。双方争论的焦点集中在三个方面：其一，要不要以革命的方式推翻清政府？其二，要不要除君权、兴民权，建立资产阶级共和国；其三，是否需要推翻传统封建土地制度，实施“平均地权”。通过这两派的论战，许多敏感问题都被公开而广泛地讨论，在很大程度上开启了民智，具有思想启蒙的意义。

促进改良和革命思潮发展壮大的一个重要因素是帝国主义列强的步步紧逼，现存的政治力量无力与之抗衡，亟需变革。士大夫和新兴的知识分子是改良和革命的引导者。为了替改良和革命作正当性辩护，他们需要找到丰富的思想资源作依据。这些思想资源来源于两个方面：一是西学，君主立宪、主权、民主、自由、平等、共和国、进化等制度和观念都是改良和革命派手中的思想武器；二是从中国文化传统中汲取思想资源。中国盛行祖先崇拜，对老祖宗传下来的知识和经验十分重视，反对变革的人强调祖宗之法不可变，而主张变革的人也力图从传统中找到变革的依据。这就促成了晚清时期思想界出现的新潮流，即诸子学的复兴和今文经学的流行。当然，诸子学和今文经学的复兴在清朝中叶就已经开始，如常州学派的庄存与、庄述祖、庄绶甲、刘逢禄等人，研究《春秋公羊传》，推动了经世致用学风的发展。但是诸子学和今文经学的真正流行则是19世纪末期，它们成为引导政治秩序变革的思想源泉。刘师培的经学思想就是在这样的社会和思想背景下产生的。

第二节　刘师培的经学思想

刘师培祖上数代皆以研究《春秋左氏传》而著称，刘师培受到家学渊源的影响，治学多以古文经学为宗。但他对待今文经学的态度却十分复杂，其中不仅因为家学渊源的影响，还涉及政治方面的因素。在这个意义上，刘师培的经学思想既是对传统经学思想的继承，也是新的历史时期经学思想的新开展。

一、刘师培的今、古文经学观

刘师培撰文对康有为所倡导的今文经学做了有针对性的批判，这些批判多发生于改良派和革命派进行激烈论战之时，也是刘师培政治思想转向激烈革命时期。因此，他对今文经的批判带有浓厚的政治色彩。改良派以康有为的今文经学理论为基础，主张渐进式的改革，反对革命派暴力推翻清政府的主张，刘师培作为革命派的理论健将之一，以自己最擅长的经学为武器，对今文经学发起了有针对性的批判。

首先，今文学派尊孔子为后世制法的"素王"，康有为遂把孔子立为改革的"教主"。针对这个问题，刘师培认为自古以来，改制之权，均操于君主之手，臣子变法若无君主全力支持，势难成功，即"非天子，不议礼，不制度，不考文"(《礼记·中庸》)。孔子作为宋国贵族的后代，反对僭越和破坏周礼的行为，他抨击鲁国贵族季氏"八佾舞于庭，是可忍也，孰不可忍也"(《论语·为政》)。由此，孔子自己又怎么可能僭越天子的权威去为后世制法呢？至于孔子"素王"一说，刘师培指斥"实则素王之说，出于纬书，纬书取邹衍五德之论，以为孔子继周，故有素王之说。实则儒家不言五行，焉有所谓五德之说？奚必袭《公羊》家素王新法之词乎？"[①]总之，刘师培把孔子看作"从周制而兼考古制者也"[②]，绝非是康有为所指的"素王"和"教主"。

其次，今文经学家认为六经皆为孔子所作，康有为利用今文经学的这个主张，宣称孔子为了改制而创作了六经。刘师培则认为"六艺者，又皆古圣王之旧典也"[③]，孔子只是述而不作，把六艺折中、整理出来，作为自己授课的教材。刘师培套用西方的学科制度来解释六经："易经者，哲理之讲义也。诗经者，唱歌之课本也。书经者，国文之课本也。春秋者，本国近事史之课本也。礼经者，伦理、心理之讲义及课本也。

① 刘师培:《刘申叔遗书》，第 1724 页。
② 刘师培:《刘申叔遗书》，第 1394 页。
③ 刘师培:《刘申叔遗书》，第 477 页

乐经者，唱歌之课本及体操之模范也。”[①]这样，刘师培将六经从神圣的位置上放到教化所依据的文本意义上，这就对康有为改良的理论基础给予了批判。

另外，刘师培批判了康有为的“三世说”。“三世说”是《春秋公羊传》所主张的一种历史哲学，即社会历史的发展是沿着据乱世、升平世、太平世的过程。康有为将之和《礼记·礼运》篇中的“小康”、“大同”理想及西方的进化论糅合在一起，创造出了“三世说”的理论，即人类社会是不断进化的，即沿着据乱、升平、太平三个步骤，反映到现实的政治进程中就是从君主专制到君主立宪，最终到达民主共和。在康有为的理论中，这“三世”是不能跳跃式前进的，需要循序渐进方能达到，这就支持了改良派的渐进改良的主张，希望中国走上君主立宪的道路，反对激烈的暴力革命。刘师培为了驳斥康有为的“三世说”，就必须对康有为立论所依据的《春秋公羊经》等今文经学进行批判。康有为为了抬高今文经的地位，极力贬低古文经，认为古文经是西汉末年刘歆所伪造。刘师培则反驳了康有为的观点，认为“六经之所记者，事也。舍事则无以为经，然记事之最详者，莫若古文之经。如周官经、左氏传是也”[②]。即古文经的记载更接近六经之原意，况且，早在刘歆之前的西汉初年，就有很多人在治古文经学，他举例汉初叔孙通为汉高祖制定朝仪之时，就采用《左传》的说法，“天子至尊无敌，故无亲迎之礼”，而不采用《公羊传》的说法，即“自天子至庶人皆亲迎”，此例可证“西汉之初，学者非不治左氏也”。[③] 刘师培在文章中还举出很多例子证明《周官》《毛诗》等书在汉初多已流行，何来刘歆伪造一说？刘师培通过大量文献和史实考证，打破了康有为的古文经伪造的说法，不仅为古文经正名，而且也说明经学领域内并非今文经学一家独大。那么，附会《公羊传》而得出的“三世说”也就不是神圣不可侵犯的真理了，改良派所宣扬的必须经过君主立宪才能过渡到民主共和的观点不攻自破。

当然，排除政治因素的干扰，从学术角度论，刘师培所追求的是今、

① 刘师培：《刘申叔遗书》，第477—478页。
② 刘师培：《刘申叔遗书》，第1374页。
③ 刘师培：《刘申叔遗书》，第1382页。

古文的汇通。他认为:“今文家言多以经术饰吏治,又详于礼制,喜言灾异、五行。古文家言详于训诂,穷声音文字之原,各有偏长,不可诬也。”[①]他所反对的是康有为等人为了变法而歪曲今文经学,伪造孔子托古改制的假象。刘师培对今、古文经学的差异持较为开放、通融的态度,并没有那种狭隘的门户之见。他在《汉代古文学辩诬》一文中,努力弥合今、古文之间的争端,提出“汉代以前无今、古文之分”,“今古文之分仅以文字不同之故”等论点。[②]

刘师培的好友南桂馨在为《刘申叔遗书》作序时,记述刘师培早年笃信古文经学,后来流落四川,结识了今文经学家廖平,遂对今文师说“多宽假之辞”[③]。南桂馨进一步分析认为刘师培兼综今文并非仅仅受到廖平的影响,实则与其家学深受扬州学派影响密切相关,扬州学派中“主古文者有之,主今文者有之”,刘师培的曾祖父刘文淇少年时就曾受经于其舅舅,即今文经学家凌曙,今、古文学者之间“彼此推挹,各自成其述作”[④],体现了扬州学派贯通群经,追求经学与诸子学及史学相互融汇的特点。刘师培早年之所以排斥今文经学,多受其革命的政治立场所影响。1905 年前后,改良派和革命派进行了大规模的论战,作为力倡革命的刘师培来说,为了驳斥康有为及其依据的今文经学,不得已才力攻今文。刘师培后期摆脱政治束缚,专攻学问时,则多倡通融之言。客观来看,儒学之所以在中国具有旺盛的生命力,就是因为儒学内部存在着互相竞争的学派,先有孟、荀,次有今、古文,后有汉、宋。两派之间相互竞争,一派由盛转衰,则另一派起而代之,互相汲取对方的长处,不断完善自己,生生不息,不断为儒学的发展注入新的动力。

二、刘师培的“夷夏观”

刘师培出生在扬州地区,清军入关后,大举南进,实施了“扬州十

① 刘师培:《刘师培讲经学》,凤凰出版社 2008 年版,第 5 页。

② 刘师培:《刘申叔遗书》,第 1374—1378 页。

③ 刘师培:《刘申叔遗书》,第 32 页。

④ 刘师培:《刘申叔遗书》,第 32 页。

日”等大规模的屠杀，在当地人的内心中留下了难以遗忘的阴影和仇恨的种子。刘师培的“排满”思想的萌发亦必受此影响。另外其祖父刘毓崧曾参与整理王夫之的文集，深受王夫之反满思想的影响，这也深深地影响了刘师培。他在《攘书》中写道：“船山先生有言，夷狄之于中国，厥类均也。中国不自畛绝夷，则地维裂矣！大哉言乎，可谓识华夏之别矣。”[①]刘师培的“夷夏观”还受到了传统经学和西方进化论的影响，主张严格“华夏之界”，反对“以夷变夏”。他详细解释了《春秋公羊传》中“进夷狄于中国”的意涵，认为文明有先后，华夏与夷狄的分别在于其文明进化程度，“文明愈进，则野蛮种族愈不能常保共生存”[②]。“进夷狄于中国”就是要“用夏变夷”，把先进的文明推广到野蛮民族中间去，即“使无礼仪者化为有礼仪耳”，如“箕子化韩、太伯适吴、文翁导蜀”。[③] 刘师培认为这就是天下一家的大同之旨。反之则不可，野蛮文明不能压服、统治先进文明。对于儒家士大夫引《春秋》之文为少数民族统治中原作辩护，刘师培斥之为“不知礼”[④]。对于南北朝时期的“五胡乱华”，他斥之为“以夷乱华，以贱渎贵，罄东海之波不足以流其恶”[⑤]。他认为历代少数民族入主中原，虽然“华夏之称未改，而华夏之实已非”[⑥]，中国在满族的长期统治之下，已经沦为“新夷狄”。

刘师培的“夷夏观”带有浓厚的“华夏文明优越论”色彩，他在《中国民族志》《古政原始论》和《攘书》等著作中，用西方的学术方法考察汉民族的历史，主张汉族西来说，力图说明中国人与西方人是同种同源。同时，他极力宣扬本民族的历史优越感，要求仿“西国纪年之例，以皇帝降生为纪年”[⑦]。“黄帝者，汉族之黄帝也，以之纪年，可以发汉民族之感觉”[⑧]，即希望用汉民族的辉煌历史来激发汉人的民族自豪感，唤醒汉人的民族意识推动反满革命。刘师培的民族思想深受西方的社会达尔文

① 刘师培：《刘申叔遗书》，第 632 页。
② 刘师培：《刘申叔遗书》，第 631 页。
③ 刘师培：《刘申叔遗书》，第 632 页。
④ 刘师培：《刘申叔遗书》，第 637 页。
⑤ 刘师培：《刘申叔遗书》，第 636 页。
⑥ 刘师培：《刘申叔遗书》，第 632 页。
⑦ 刘师培：《刘申叔遗书》，第 635 页。
⑧ 刘师培：《刘申叔遗书》，第 1662 页。

主义影响，近代西方国家就是打着“教化”野蛮文明的旗号到处侵略扩张，为自己的侵略行为寻找道德支点。刘师培只看到了华夏文明的优越性，却完全忽视了“夷狄”文明的特殊性，没有看到少数民族文化对中华文明的贡献。刘师培这种“非我族类，仇敌视之”[①]的激进种族观是服务于他的“排满”事业的。虽然，此种激进主义观念最容易激起汉族人民的民族和文化自豪感，可以动员汉人参加反清斗争。但是，此种带有民族歧视色彩的观点，不利于团结中国境内的各族人民共同反对清朝贵族的专制统治以及西方帝国主义的侵略，相较于孙中山所提倡的“五族共和”论，刘师培的“夷夏观”就显狭隘了。

三、刘师培对传统经学思想的批判

在中国传统文化中，经学占有重要的地位，它不仅关涉学术，而且关涉政治、社会生活等各方面，既是学术思想，也是政治思想，具有崇高的位置。刘勰在《文心雕龙·宗经》篇中说：“经也者，恒久之至道，不刊之鸿教也。故象天地，效鬼神，参物序，制人纪，洞性灵之奥区，极文章之骨髓者也。”[②]可见，经学即使在玄学盛行的魏晋时代也具有至高无上的地位，并且一直延续到清朝末年。刘师培作为经学大师，对经学有极深的造诣，但他摆脱了古人对六经的盲目崇拜性，并没有把经学捧上神坛，而是更为平实地给经学的作用进行了定位。他认为：“夫六经浩博，虽不合于教科，然观于嘉言懿行，有助于修身。考究政治典章，有资于读史。治文学者，可以审文体之变迁。治地理者，可以识方舆之沿革。”[③]因此，他认为六经仍然具有很大的价值，不能偏废。但是，不可否认六经中蕴含的许多思想是为传统的专制统治服务的，不对经学中的糟粕进行批判，就不能祛除国人头脑中的枷锁，也难以推动革命的前进。

刘师培对经学思想批判的矛头集中在维护君权、父权和夫权的“三

① 刘师培：《刘申叔遗书》，第636页。
② 周振甫：《文心雕龙今译》，中华书局1986年版，第26页。
③ 刘师培：《刘申叔遗书》，第2073页。

纲”上。他认为秦汉大一统专制王朝建立之前，并没有什么“三纲”之说，而是提倡“五伦”，认为君臣、父子、夫妇、兄弟和朋友之前互相负有义务和责任。刘师培认为：“五伦者，乃对待之名词，非为君者、为父者、为夫者当立于绝对之地位也。”①他旁征博引，考证先哲言论，“晏子对齐候谓：君仁臣忠，父慈子孝，夫和妻柔，为礼之善物。孔子对景公亦曰：君君臣臣，父父子子。大学曰：为人君，止于仁。为人臣，止于敬。为人子，止于孝。为人父，止于慈”②。刘师培认为先秦人对“五伦”的看法蕴含着平等的精神，特别是在《春秋》经中，对于那些无道昏君的批判，肯定了人们“弑君”的合理性。

对于“三纲”的形成与发展，刘师培进行了考证和推论。他认为三纲之说本于纬书，最早出现于董仲舒的《春秋繁露》一书中，后东汉著名经学大师马融以“三纲”来解释论语。自此之后，纲常名分之说日盛，平等之精义渐衰，刘师培批判“三纲”的流行是“舍理论势，以势为理，舍是非而论顺逆”③。对于“三纲”所维护的君权，刘师培认为君主并非天生就高高在上，享有特权，之所以产生君主，是因为先民在群居过程中容易发生争端，需要一个“能断曲直者”，君主就是这个做出公断的人，因此“利出于群，君道乃立”。④ 在这个意义上，君主是要为群体服务的。但是在后代历史的发展中，随着君主权威的日益稳固，君权日尊，民权日衰。刘师培的这些观点，是受到了黄宗羲《明夷待访录》的深刻影响，这也表明，刘师培对于传统君主专制政体的质疑与批判。

关于“三纲”中的父子和夫妇，刘师培从家族伦理角度分析，认为中国传统的家族、宗法制度是一种不平等的家族伦理，在宗法制度的胁迫下，兄弟子侄屈服于父兄犹如臣子屈服于君主一样，毫无人身自主权。父亲、丈夫压迫儿子、妻子的行为即使是错误的，也被世人所认同，如果儿子、妻子胆敢反抗，即使事出有因，也会受到批判和惩罚。刘师培反对父、兄、夫在家族中的绝对支配地位，提出“互相均平”，即“父子、兄

① 刘师培：《刘申叔遗书》，第641页。
② 刘师培：《刘申叔遗书》，第641页。
③ 刘师培：《刘申叔遗书》，第641页。
④ 刘师培：《刘申叔遗书》，第648页。

弟、夫妇之间，均当互尽其伦理，所以矫不平者而使之均平耳”。[①] 父亲的责任是以正确的方法教育子女，使之为善去恶，子女的责任是孝敬长辈，父母有错，也应该规劝，不应一味顺服，这才是父子之间应有之伦理关系。

对于夫妇间的伦常，刘师培认为女子受欺压由来已久，但压迫的程度却是越来越重。先秦时期，“夫妇一伦亦多主平等”，“观礼记有言，妻之为言，齐也”，夫妇之间“义合则留，不合则去”。[②] 但到了汉代之后，出现了“三纲”之说，“夫为妻纲”成为禁锢妇女的重要思想工具。宋代以后，理学家更是提出“饿死事小，失节事大”，妇女的地位进一步下降了。为了推动男女平权，刘师培从礼的角度批评了重男轻女是属于“失礼”，主要表现在三个方面：一是“为子者，重父而轻母”，于孝道不合；二是“为父者，重子而轻女”，违反作为父母的天性；三是“为女者，重舅姑而轻父母”[③]，即女子出嫁之后，要以夫家为重，对父母的义务则减少了，这也于礼不合。基于这三点，刘师培提倡男女平等，主张实行一夫一妻制，废除缠足等陋习，同时主张女子能够接受教育，参与社会工作，取得经济上的自由，摆脱对男人的依附，即“今欲男女平等，必自女子能自立始”[④]。

刘师培对传统儒家“三纲”的批判是和他早期的政治取向相统一的，他在日本接受了无政府主义的思想，主张废除任何形式的政府和权威、实现人与人的绝对平等，而要达成无政府主义的目标，刘师培势必要消解“三纲五常”所宣扬的依附关系。同样，刘师培的妻子何震也是激进的女权主义者，他们二人作为《天义报》的主笔在该报上发表了大量关于女权的文章，刘师培对“夫为妻纲”的批判也恰恰为他们夫妻追求男女平等和女性革命奠定了理论基础。

除了对“三纲”进行批判，刘师培对经学批判的另一矛头指向了“天命论”。所谓“天命”，产生和盛行于古代社会，主张自然、社会和人的命运被某种超自然的力量所主宰，人们只能服从于它。“天命论”是专制

① 刘师培：《刘申叔遗书》，第 2047 页。
② 刘师培：《刘申叔遗书》，第 2052 页。
③ 刘师培：《刘申叔遗书》，第 2052—2053 页。
④ 刘师培：《刘申叔遗书》，第 2052 页。

皇权的另一支撑，古代的皇帝以天子自称，认为自己的权力“受命于天”，以此作为自己统治合法性的依据。如果要推翻君主专制，就要破除“君权神授”在人们心中的神圣地位。刘师培首先从君权产生和起源角度出发，论证君权的出现并非“神授”。他认为一方面“君主”的出现是历史发展到一定阶段的产物，上古社会“有巫无酋”，洪荒以降，“易巫为酋”，《说文》训“酋”为“酒”，由于发明酒是一大贡献，部落民众遂推举为酋长。[①] 另一方面，君主也是顺应社会发展的需要而产生的，人类繁衍日盛，而获取资源的能力有限，为了组织起来和其他部落争夺资源，也为了能够解决内部的争斗，就有必要选择一位君主来“定纷止争”。刘师培受卢梭《社会契约论》的影响，认为君主的权力是民众授予的，人民是国家的“主体”，君主是国家之“客体”。君主利用自己掌握的权力来控制人民的思想，把“民授”的权力逐渐转化为“天授”，自此则民权益弱，君权益强，专制之政体则愈加巩固。刘师培批评古代君主这种以“神道临民”是“舍理信数，此则暴君恃以欺众”。[②] 刘师培对君主权力来源的追溯，使得君权的神圣性光环被祛除，有利于破除人民心中对革命的疑虑。

从个人的角度，他也对“命”进行了新的诠释，提出“命由己造，非定于天”，中国古代经学思想中也蕴含了此精意，如《左传》“祸福无门，为人所召”，《诗》言“自求多福，福由自求，非天锡之”等。刘师培认为要掌握自己的命运，就要先“立志”，然后“实行”，“立志欲为贤圣，则己身即为贤圣之人。立志欲图富强，则己国即为富强之国。其所以有能、有不能者，咸由于实行之力不力。岂可委之于数，又岂可委之于天哉!”[③]刘师培提倡的“命由己造”体现了新时代的要求，即从农业社会向工业社会过渡的进行中，必须打破固有的“命运观”，发挥人们的主动性和积极性。

总体来看，刘师培利用自己在经学上的深厚造诣，以经学作为工具，既为近代政治思想的转型张目，也为其自身的政治主张提供重要论

① 刘师培：《刘申叔遗书》，第 648 页。
② 刘师培：《刘申叔遗书》，第 2033 页。
③ 刘师培：《刘申叔遗书》，第 2033 页。

据，体现了近代经学思想的新旨趣。

第三节　刘师培的治学方法和取向

刘师培成学于清末大变局的时代，其时，各种学说蜂起，西学东渐，学术思想的互通互融成为一种潮流，旧学新学、中学西学在激荡中互相借鉴。刘师培的治学方法也体现了这一时期的特点，他以经学为底，吸收了古今中西的思想，自成一家。

一、强调群经"大义相通"

刘师培继承了扬州学派的治学特点，崇尚通儒之学，他从经学发展的历史出发，认为"六经均先王旧典"[①]，孔子对这些"旧典"进行了系统的整理，并以此来教授学生。孔子在授课过程中，弟子"各记所闻，故所记互有详略，或详故事，或举微言，详于此者略于彼。所记既有详略，因之而即有异同"[②]。由此，"《春秋》所由分为三，《诗经》所由分为四"[③]。但是归根溯源，这些都是孔子所传之六经。刘师培认为，后世虽然经义纷纭，但所传皆出自孔子，只是各派之间的侧重点有所不同，但皆有相通之意。而且先秦传下的资料有限，不同典籍可以互相补充，他举《春秋》三传为例，"三传同出于孔子，公、穀二传乃左传之拾遗，故其义有为《左传》所有者，如五始之说，是盖因左氏未将此意笔于书，故公羊补其缺"[④]。

孔子之后，儒学流传最广的当属春秋战国时期的齐、鲁两地，两地学术在传承过程中形成了不同特点。齐学的特点是"详于典章"，鲁学的特点是"详于故训"，按其特点，齐学多近于今文经学，鲁学则多属于古文经学，但是这种区分不是截然的，不同的经书之间大义是有相通之

① 刘师培：《刘申叔遗书》，第 1374 页。
② 刘师培：《刘申叔遗书》，第 1374 页。
③ 刘师培：《刘申叔遗书》，第 1374 页。
④ 刘师培：《刘申叔遗书》，第 1374 页。

处的。因此，“西汉经师多数经并治，诚以非通群经即不能通一经也”①。到了汉武帝独尊儒术之后，百家之间的争论遂转变为儒学内部的争议，各派为了争夺政治上的优势地位，严格了“家法”、“师法”。许多儒家学者为了仕路之途，取得在某一经典上的独占式地位，多仅治一经而不复参考他经之说。这样，儒家虽然形式上取得了独尊，实则在思想内容上受到了禁锢。

刘师培把这种情况看作儒学式微的体现，他反对统治者用政治手段对学术进行干预，他批评唐代政府组织编订的《五经正义》是仅“一家之注”、“一家之疏”，六朝以来的经义、注疏都因此而失传。因为唐代科举考试皆是以《五经正义》的内容为标准，天下读书人遂“不复发挥新义”。他将唐代思想界的贫乏归咎于《五经正义》“眯天下之目，锢天下之聪”②。他认为：“仅通一经，确守家法者，小儒之学也；旁通诸经，兼取其长者，通儒之学也。”③刘师培在《经学教科书》的序例中阐述了他对古今经注的态度，即“汉儒去古未远，说有本源，故汉学明则经诂亦明，愈明汉学，当治近儒说经之书。盖汉学者，六经之译也。近儒者，又汉儒之译也。若夫六朝隋唐之注疏，两宋元明之经说，其可供参考之资者亦颇不乏，是在责而用之耳！”④

由此可见，刘师培在经学发展史方面，强调古今并举。他继承了清代考据学的特点，强调汉代经学的重要性，同时主张汉代之后的经注有可观之处，不可偏废。同时，他在经学不同学派之间，强调今、古文并治。他主张今、古文之间大义相通，各有特点，可以互相补充。这也可以看出，刘师培在学术上较为开通，不囿于门户之见。

二、经、史、子共治

清代考据学兴盛，学者们除了醉心于经学的整理与研究外，在史学

---

① 刘师培：《刘申叔遗书》，第 348 页。
② 刘师培：《刘申叔遗书》，第 495 页。
③ 刘师培：《刘申叔遗书》，第 361 页。
④ 刘师培：《刘申叔遗书》，第 2073 页。

研究领域也取得了一批重要成果，如王鸣盛的《十七史商榷》、钱大昕的《廿二史考异》和赵翼的《廿二史札记》等，还出现了如章学诚这样的史学理论大家。刘师培就十分推崇章学诚，在《国学发微》中称章学诚“作《文史通义》内外篇，集二刘之长，以萃汇诸家之学术，郑樵以还，一人而已”[①]。章学诚在《文史通义》中系统提出“六经皆史”的主张。章氏的这种主张颇有影响，如刘师培的祖父刘毓崧认为，“六艺未兴之先，学各有官，惟史官之立为最古。不独史家各体各类并支裔之小说家出于史官，经、子、集三部及后世之幕客书吏，渊源所仿，亦出于史官”[②]。受其先辈的影响，刘师培提出“六艺者，古圣王之旧典也”[③]。在《古学出于史官论》一文中，他进一步提出“六艺出于史也”、“九流出于史也”、“术数方技之学出于史也”[④]的论断。

刘师培在治学过程中提倡经、史互证，在他所编的《中国历史教科书》中，将六经当作研究上古史的重要史料。特别是西周以前，中国流传下来的史料稀少，使上古史的研究困难重重，那么六经的重要性就不言而喻了。刘师培认为：“六经皆西周之史书，西周之大政大事以及典章礼俗大抵附见六经之中。”[⑤]如研究古代伦理则需征引《孝经》《易经》《礼记》《毛诗》等，研究古代制度则需征引《尚书》《左传》《公羊》等，研究周边少数民族则需引《诗经》《尚书》《左传》等。同时，刘师培赞同班固《汉书》的观点，认为“诸家学术悉随时势为转移”[⑥]，即学术受到时代的影响。反之，通过对学术的研究，可以帮助史家理解时代之精神。经学在中国学术发展史上的重要地位不言自明，而经学的发展与变化也能反映出政治、社会和时代精神的变迁。在刘师培的《国学发微》《经学教科书》《伦理学教科书》中，就可以从经学的发展史中体会到时代的发展变迁。

刘师培对诸子学研究进行肯定，认为经学和诸子学并非是敌对和

---

① 刘师培：《刘申叔遗书》，第 477 页。

②《儒林三》，《清史稿》（第 43 册），第 13275 页。

③ 刘师培：《刘申叔遗书》，第 477 页。

④ 刘师培：《刘申叔遗书》，第 1477—1478 页

⑤ 刘师培：《刘申叔遗书》，第 2215 页。

⑥ 刘师培：《刘申叔遗书》，第 478 页。

排斥关系，而是有着密切的联系，先秦时期各家争鸣不已，为了能够将自己学派的主张发扬光大，就需要不断吸收其他各家的长处，取长补短。儒家也是如此，孔子对于先秦时期各家观念有一定的吸收，如“九流术数诸学，孔子亦兼通之。观《汉书・艺文志》之叙名家也，引孔子必也正名之语。叙纵横家也，引孔子诵诗三百，使于四方，不能专对之言。叙农家也，引孔子所重民食之词。叙小说家也，引孔子虽小道，必有可观之文。叙兵家也，引孔子足食、足兵之说。以证诸家之学不悖于孔门，然即班志所引观之，可以知孔子不废九流矣”①。孔子之后，其门人弟子亦对其他各家有所涉猎。刘师培用“上达”和“下学”来说明诸子百家的作用，诸子百家当中的许多学问虽然属于“下学”，即被定义为“术”的学问，历来为许多儒家士大夫所轻视，但刘师培认为“下学功夫寖密，则所为上达者愈深”，即“上达”基于“下学”，他批评宋儒“高谈性命，盖徒知上达而不知下学者也。此其所以流为空谈欤！”②

除了治经学需要融通诸子学之外，刘师培研究诸子学也是顺应时代和学术发展的要求。清代考据学极为兴盛，考据的方法和技术已经十分完善了，但儒家经典的数量毕竟有限，考据学家们在考据经、史之外，开始将目光投向中国文化思想的另一大宝库，即先秦诸子学领域。特别是到了清代中晚期，诸子学研究已经蔚为大观，如刘师培极为钦佩的汪中，就对《墨子》进行了研究，著有《墨子序》一书。为了政治需要而研究诸子学，如康有为、梁启超等人研究诸子学，力图从中挖掘出变法图强的方法和依据。另外，西学东渐，如何以中国传统的学术资源来接引西学，成为晚清思想家们需要思考的一个重要问题，由是他们纷纷把眼光投向诸子学领域。

刘师培在诸子学的研究上花费了大量的功夫，著有《管子校补》《老子校补》《庄子校补》《荀子补释》《韩非子校补》《墨子拾补》《楚辞考异》等大量著作。他努力将西学嫁接到中学之上，以此缓解中西文化之间的紧张关系。他认为：“周末诸子之学派多与西儒学术相符，比较而观，

---

① 刘师培：《刘申叔遗书》，第 478 页。
② 刘师培：《刘申叔遗书》，第 480 页。

可以知之矣!”[1]如道家学派的庄子、列子,主张趋乐去苦、逍遥自适,就和古希腊的伊壁鸠鲁所创学派相似;法家的申不害、韩非子主张“任法为治”,类似于西方主张的依法治国;惠施、公孙龙的名学则类似于西方的逻辑学。[2] 刘师培用西学附会诸子学,虽稍显牵强,但他力图在传统文化的母体中为西学找到一块合适的孕育之地,对于汇通中西学术起到了一定促进作用,也是近代以来中西思想交流碰撞的一个体现。同时,诸子学研究也成为刘师培宣传政治主张的有力武器,他和章太炎、邓实等人创办的《国粹学报》,不仅把研究诸子学上升到研究国学、保存国粹的高度,而且要“以国粹激烈种姓,增进爱国热肠”[3]。

三、借鉴西学、中西汇通

鸦片战争之后,西学东渐的趋势逐渐增强。在甲午战争之前,中国传统士大夫仍然以“忠信”“礼义”为“甲胄”“干橹”,顽强与之抗衡。但是甲午中日战争的失败,国人不仅感受到亡国灭种的危险,也看到日本学习西方之后所焕发出的蓬勃朝气。因此,西学以狂风暴雨之势摧垮了中国知识分子心中的堤坝,人们开始正视和接受西学。刘师培生活在东南地区,这里不仅是传统学术的重镇,也受到西方文化较大的影响。刘师培青年时就认识到学习西学的重要性,他在《仪征刘君师培留别扬州人士书》中倡言:“中国数十年来,所习非所用,所用非所习,故列强目为无教之民,而社会无复日新之望。”他劝告扬州士绅学者,“实行欧化主义,而不必托言国粹也;曰保守之习宜革也;曰兼善之念宜生也”[4]。可见,刘师培早年就对西学十分重视。

在世纪之交,随着甲午战败和庚子事变的发生,西方对中国的影响大大加深了。在这种情势之下,康有为梁启超等维新派以及蔡元培、章太炎的革命派都在努力将中西学术进行融合,以期建立一种新的学术

① 刘师培:《刘申叔遗书》,第 479 页。

② 刘师培:《刘申叔遗书》,第 479—480 页。

③ 汤志钧编:《章太炎政论集》(上册),中华书局 1977 年版,第 272 页。

④ 陈奇:《刘师培年谱长编》,第 36 页。

体系，加强国人对西学的吸纳与认知。刘师培注重中国学术与西方的汇通，力图运用西方的新理论、新方法来研究传统学术。在《论小学与社会学之关系》当中，他以西方的社会学理论来考察中国的文字起源，如对“田”字的考察，“西人于言人群之进化者，名曰社会学，其言曰：民之初生，由狩猎时代进而至于游牧时代，由游牧时代进而至于耕稼时代。斯义也，证之中国‘田’字而益信。中国称狩猎曰田，耕稼亦曰田，盖上古之民，言语单简，于凡可以获食者，皆以田字该之。《尔雅》李巡注云：田，陈也。谓陈列种谷之处，盖陈列种谷之处多田，故陈列禽兽之处亦名田，则田之一字，为未有火化前之言矣！”[①]除了运用西学解释文字外，他还将西方学科划分体系引入中国，将中国传统的学问区分为心理学、伦理学、历史学、文学等，并且着手编写了一系列教科书，如前文所提到的《中国文学教科书》《伦理学教科书》《中国地理教科书》《中国历史教科书》等。他对自己所编的教科书寄予厚望，“今所编各课，于征引中国典籍外，复参考西籍兼及宗教、社会之书，庶人群进化之理可以稍明”[②]。对于以西方意义上的教科书来启发明智充满了信心。

除了用西学来解释、理解中学外，刘师培也以中学去附会西学。西学东渐，带来的不仅仅是西方的富强之“术”，也把西方近代形成的价值观念带到了中国。在没有经历辛亥革命和新文化运动的洗礼之前，在普通中国人中间，传统文化仍然占据主导地位，西方价值观念想要落地生根并普及并非易事。因此，欲倡革命，必先占据理论高地，刘师培正是充分利用了自己深厚的国学功底，用中学来附会和接引西学，给西方价值披上传统文化的外衣。在《周末学术史序》中，刘师培把先秦学术发展进行了一番整理，认为西方近代许多学科门类在先秦时期已经开始出现，如“西儒社会学必搜集人世之现象，发见人群之秩序，以求事物之总归”[③]。“大易之道，不外藏往察来，探赜索隐。藏往基于探赜，以事为主，西人谓之动社会学。察来基于索隐，以理为主，西人谓之静社会

① 刘师培：《刘申叔遗书》，第1428页。
② 刘师培：《刘申叔遗书》，第2177页。
③ 刘师培：《刘申叔遗书》，第506页。

学。"[①]同样,"《礼运》一书,历举饮食宫室之微于圣王既做之后,反溯圣王未作之先,以证事物浩繁,各有递变。而春秋大义,实与相符。此《春秋》通于社会学者也"[②]。对于西方的进化论,刘师培认为先秦诸子已有阐发,"儒家立说,虽斥强权,然天择物竞之理,窥之甚明,观《论语》之论岁寒,《中庸》之论生物,因庶物之繁滋而明天然淘汰之作用。孰非孔门之粹言乎!"[③]刘师培将儒家言论比于达尔文之说,将墨子"人定胜天"之说比于斯宾塞之说,将杨朱"为我"之说比于边沁的功利学说,都表现了一定的中学附会西学的特点,而这也是近代中国思想界的潮流。

刘师培用西方的概念来解释中国传统文化,虽不免有附会之嫌,但这种文化比附现象在晚清民国的思想界是一种普遍存在的现象。刘师培通过这种"旧瓶新酒"的方式让不易为中国人接受的西方事物以中国的面目出现,也在客观上为西学在中学的领域内找到了一片立足之地。刘师培的这番努力不仅有助于那些不能放下传统包袱的人接受西学,而且,显示出中学的悠久广博,提高了中国人的文化认同感和民族自豪感。对于刘师培中西汇通的努力,我们应该给予充分的肯定,看到他在近代思想启蒙中的贡献。但是,从学术角度论,刘师培对中西文化的融合显得过于牵强,虽然从语言上看,中国先秦思想家许多言论近似近代西方学说,但其内涵却不一定相通。同时,我们也应该看到,刘师培虽然传统学术素养很深厚,但是对于西学却没有受过系统的训练。因此,他对西学的理解有时会出现舛误,甚至以中学的思维去解释西学。

关于如何对待中学和西学的关系,不是刘师培个人所要面对的难题,是那一代、甚至几代中国人都要探索、思考的问题。王汎森先生曾指出,刘师培的思想中存在着两个灵魂,既有传统的一面,也有激进的一面,他们痛恨西化,却又希望从西学寻求富强之道,同时,他们批判传统,又在某种程度上对他们想象中的纯粹传统有着依恋。[④]同很多近代学人一样,刘师培一生思想都处在"古今中西"的纠缠中,

① 刘师培:《刘申叔遗书》,第 507 页。
② 刘师培:《刘申叔遗书》,第 507 页。
③ 刘师培:《刘申叔遗书》,第 515—516 页。
④ 参见王汎森:《中国近代思想与学术的谱系》,上海三联书店 2018 年版,第 244 页。

力图在其中找一个平衡点。他少年之时，看到国家积贫积弱，在古学中寻找不到救世的良方，转而开始投身革命，不仅要革清政府的命，而且开始学习西方文化，批判传统，并以“激烈派第一人”自居。[①] 但随着对西方文化的接触，刘师培又认为欧美仅有“伪文明”，其政治则“较中国为尤恶”，“人民无形之自由，亦较中国之尤减”，只是在物质文明上比中国进步。[②] 因此，晚年的刘师培又回到了中国传统的怀抱，在北大的讲台上教授音韵训诂、《尚书》、《三礼》等传统学问。此后，刘师培在北大创办了《国故》月刊，开始提倡国粹和整理国故，他和黄侃分任主笔和副主笔。《国故》在当时的北大影响很大，与胡适为首的《新潮》和李大钊为首的《国民》并列。刘师培将《国故》的期刊宗旨定义为“保存国粹”和“昌明国学”，一再表示不是为了与新学争锋。[③] 有学生回忆，他上课时候绝少批评新文学，只是主张不妨用旧有的文章体裁来表达新思想。[④] 这和另一位国粹健将黄侃形成鲜明对比，因为黄侃一节课总要用半个小时去抨击新文化运动。可见，刘师培对新学还是秉持包容的态度。

处在近代思想文化转型的历史时期，刘师培的学术思想呈现了融会贯通的特点，在经学、诸子学、中西比较之学上，他都具有包容性的取向，对古今中西的学说思想都能够保持吸取兼收，这是传统经学家所少能具有的思想特质。这也说明，在古今中西思想交汇的近代中国，思想家们必须兼收并包，才能在其治学领域有所创新。

第四节　刘师培的学术影响

传统社会里，经学在政治、社会、思想文化、教育等各领域都占据统治地位。不论是改朝换代，还是异族入侵，经学的尊崇地位始终未受到

① 刘师培：《论激烈的效果》，李妙根编：《刘师培论学论政》，复旦大学出版社 1990 年版，第 337 页。
②《天义》第七号，1907 年 9 月 14 日，第 19 页。
③ 张允候等编：《五四时期的社团》(二)，生活 · 读书 · 新知三联书店 1979 年版，第 68—69 页。
④ 杨亮功：《早期三十年的教学生活——五四》，黄山书社 2008 年版，第 20 页。

根本性的威胁。但是，到了清朝中晚期，由于专制政权出现了危机，依靠政治支持、并为之服务的经学也开始摇摇欲坠。刘师培作为和古文经学的“殿军”章太炎齐名的经学大师，时人号称“二叔”（刘师培字申叔，章太炎字枚叔），章太炎也对他推崇备至，认为刘师培的才学是“千载一遇”。[①] 刘师培在经学走向没落之时，对传统经学进行了总结和整理，兼收并蓄，为经学发展注入新的元素，在经学的近代转型发展史上写下了浓墨重彩的一笔。

刘师培家族作为经学世家，世代以治《左传》而闻名于世。刘师培绍述先人之志，对于《左传》和《周礼》研究最为精深，“春秋大义，严夷夏之防，周官隆礼制，植人伦之本”[②]。对于其他各经，刘师培亦广泛搜罗、考订，他“广征两汉经师之遗说，成礼经旧说，考以校马郑之异同。其校正群书，则演高邮成法，由声音以明文字之通假，按词例以定文句之衍夺，而又广搜群籍，遍发类书，以审其同异，而归于至当”[③]。在此方面，他继承了清代考据学传统，将传统经学的研究继续向前推进。刘师培比研究《左传》的前辈学人高明之处在于他广泛吸收了当时西方社会科学的理论和研究方法，特别是引入了进化论思想，为《左传》研究开出了一条新路，在这方面的成果有《读左札记》《春秋左氏传答问》《春秋左氏传时月日古例考》《春秋左氏传例略》《春秋左氏传古例诠征》等，是近代学者研究《左传》必读的经典之作。当然，刘师培的经学成就不仅仅局限于《左传》学，如在礼学方面他有《周礼古注集疏》《礼经旧说考略》《逸礼考》等作品；在小学研究方面，他著有《论小学与社会学之关系》《读书随笔》《国学发微》《小学发微补》等，皆是近代学术领域有开创性的作品。

同时，刘师培和其他学者以倡导“研究国学，保存国粹”为宗旨，创办了《国粹学报》，将传统的史学、诸子学都纳入到国粹的范围内。刘师培本人在诸子学研究领域做出了突出贡献，对诸子文献进行了一番校释。同时，他倡导教育改革，是近代较早引入西方学科体系来梳理中国传统学术的学者，为此，他专门为大学生编写了《伦理学教科书》《经学

① 章太炎著，马勇编：《章太炎书信集》，河北人民出版 2013 年版，第 81 页。
② 刘师培：《刘申叔遗书》，第 26 页。
③ 刘师培：《刘申叔遗书》，第 17 页。

教科书》《中国文学教科书》《中国历史教科书》。刘师培编写教科书的目的，一方面是引进西方先进的教育理论和制度，另一方面也是努力把中国传统文化融入近代教育当中，以利于国粹之保存，对于今天人们传承和弘扬优秀传统文化，也具有一定的启发意义。

刘师培给经学注入新的时代内涵，用经学来为启蒙和革命服务。晚清以来，经学在政治领域逐渐式微，在教育领域也随之后撤，它不再是知识分子用以“修身、齐家、治国、平天下”的有力武器。相反，由于无力应付现实中的家国危机，经学反而成为知识分子批判和破除的对象。刘师培出身经学世家，自幼受到经学熏陶，经学对他的影响深入骨髓，使得他不可能和经学决裂。但是，他作为力图振兴国家的有志青年，又背负革命和启蒙的双重任务。刘师培遂另辟蹊径，力图调和传统和西学之间的矛盾，使经学为革命和启蒙服务。今天，如何看待传统文化和西方文化的关系，仍然存在众多争论，刘师培在这方面的努力，对当代人也仍有一定的借鉴意义。

除了在学术上的重要影响之外，刘师培在晚清民国的政治舞台上也是一位风云人物。他早年与蔡元培、章太炎等人一起投身革命，以笔为武器，写作了大量倡导革命的政论文章。在日本时期，他受到无政府主义和社会主义思想的影响，开始信仰和传播无政府主义、女权主义。后来他投靠端方，并且在辛亥革命之后，成为“筹安六君子”之一，为袁世凯鼓吹复辟帝制，为世人所诟病。造成此种情况，一方面是他性格软弱、革命立场和信仰不坚定，容易受到外来因素的影响；另一方面，也和当时时代背景有关，八国联军侵华之后，清王朝面对严重的政治危机开始推行“新政”，统治阶层也开始准备“立宪”。在这种情况下，不仅刘师培，连康有为、梁启超等许多有影响力的学者都成为立宪派的一员，甚至革命元老章太炎看到革命无望，都准备到印度研究佛学。刘师培在政治立场上的动摇，是与其个性和当时的历史环境有着密切关联的。

刘师培是江苏思想史上由传统学术向近代学术转型时期的一位代表人物，他的经学思想承上启下，且吸收了西学思想，是古今中西思想背景下的产物。刘师培在政治立场上的确有反复，但他在中国近代学术史上的重要影响，值得我们予以重视。

第十三章　钱穆的史学思想

有清一代，自顾炎武以来，在中国思想版图上，江苏地区都占据着十分中心的位置，无论是经学还是朴学、新学，都引领风气之先。民国时期，江苏地区成为民国政府的政治、经济中心，在思想文化上也是人才济济，这其中，最为杰出和最具有代表性的人物当属钱穆。钱穆（1895—1990年），字宾四，江苏无锡人，中国近现代史上最著名的思想家、史学家、教育家之一，有学者称他“不仅仅是一位专才，一位学问家，一位史学巨擘，而且是一位通儒，一位著名的思想家”[①]，享有崇高的学术和思想声誉。钱穆一生笔耕不辍、著作等身，留下了大量的作品。这些作品涉猎广泛，遍及文、史、哲等多方面，但数量最多、影响最大的部分在于史学领域。钱穆在史学方面的代表性著作有《刘向歆父子年谱》《先秦诸子系年》《国史大纲》《国学概论》《中国近三百年学术史》《中国历史研究法》《中国文化史导论》《民族与文化》《国史新论》《中国历代政治得失》《中国史学发微》《朱子新学案》《中国学术思想史论丛》等。钱穆在国史、儒学、政治思想等领域都有着卓越的成就，本章将主要讨论他最为突出的史学思想。在近代学术思想转型的大背景下，钱穆的史学中蕴含着他对史学转型和中国文化转型的种种思考，对近代史学的发展产生了深远影响。同时，作为江苏籍思想家，钱穆也是民国时期江

---

① 郭齐勇、汪学群：《钱穆评传》，百花洲文艺出版社1995年版，第2页。

苏人文学术思想的一座高峰。

第一节　钱穆的生平和思想背景

钱穆是近现代以来江苏地区贡献卓越的学术思想大家，他的学术思想成果，对于现代中国学术思想影响十分深远，他的一生也和中国现代社会的变迁息息相关，他的生平经历、学术思想是和 20 世纪中国的时代风云联系在一起的。可以说，钱穆的一生，就是众多中国近现代思想家生平的一个缩影。

一、钱穆的生平经历

钱穆原名恩鑅，后于 1912 年易名为穆，1939 年又易名梁隐，字宾四(语出《尚书·舜典》"宾于四门，四门穆穆")。钱穆出生于甲午战败之年，自幼聪明，博闻强记，可"日读生字至七八十，皆强记不忘"[①]。清末民初，无锡掀起了投资兴办教育浪潮，钱穆也有机会接受新式小学教育，十岁便与其兄进入无锡果育小学读书。在小学期间，钱穆得以初步接受中西文化，其中钱伯圭老师对钱穆思想影响最大，尤其在史学和政治方面。他在晚年回忆师友时称，"余之毕生从事学问，实皆伯圭师此一番话有以启之"，"自幼即抱民族观念，同情革命民主，亦由伯圭师启之"。[②] 另有一位华倩朔老师则对培养钱穆的史学旨趣有影响，他曾因一篇作文奖励钱穆《太平天国野史》一部两册。钱穆回忆说："余生平爱读史书，竟体自首至尾通读者，此书其首也。"[③]

1906 年，钱穆之父钱承沛故去，生活的重担落在其母蔡氏身上。蔡氏虽然没有受过教育，但却识大体、懂礼节，丈夫的离世虽然使得家庭困难重重，但她断然拒绝了亲友给长子介绍的商店职务。她说："先

---

① 陈勇:《钱穆传》，人民出版社 2001 年版，第 9 页。

② 钱穆:《八十忆双亲·师友杂忆》，北京三联书店 2005 年版，第 46 页。

③ 钱穆:《八十忆双亲·师友杂忆》，第 47 页。

夫教读两儿，用心甚至。今长儿学业未成，我当遵先夫遗志，为钱氏家族保留几颗读书种子，不忍令其遽尔弃学。”①1907年，钱穆与其兄长考入常州府中学堂②，由于其在班上年纪最小，所以校长屠元博对他非常爱护。在常州府中学堂度过的三年时光里，史学大家吕思勉先生也是钱穆的老师，吕思勉所教授的历史、地理科目对钱穆影响很深，在中学堂里，两人结下了深厚的师生情。钱穆读四年级时，学校发生学潮，钱穆也参与其中，为学生代表，因与校方商谈不妥，遂填写退学书，自动退学。后经屠元博推荐，1911年春，钱穆得以进入南京私立钟英中学就读。在此期间，钱穆勤奋读书，尤喜唐宋八大家之散文及姚鼐之《古文辞类纂》、曾国藩之《经史百家杂钞》类。1911年10月10日，湖北武昌起义爆发，因时局混乱，学校宣布解散，钱穆乘火车离开南京，回到家乡无锡七房桥。自此，他告别学堂学习，并开始了教书生涯。按照现在的说法，钱穆先生中学肄业而成为一代大师。

1912年春，钱穆前往无锡秦家水渠三兼小学任教，开始了其乡教生涯。在三兼小学，钱穆教学任务繁重，兼任国文、历史、地理、英文、数学、体操、音乐等课程。任教期间，钱穆得到严复翻译的斯宾塞《群学肄言》及穆勒的《名学》等书，自此开始遍读严译名著，也是从这时起接触西方近代思想学说。是年，钱穆撰写了《论民国今后之外交政策》一文，寄予《东方杂志》，这是钱穆第一篇投寄报刊杂志的文章，虽没有发表，但也展示了青年钱穆关心国家的情怀。1913年钱穆又到鸿模学校任教，这所学校的前身是果育小学，也就是钱穆小学时代的母校。1914年无锡创办六所高等小学，县立第四高等小学在梅村镇创办。钱穆受校长华澄波之邀前往县立四小任课，在梅村四小结交了朱怀天，两人成为挚友。钱穆受好友朱怀天影响，喜欢佛学，每到朱怀天处借来佛书，一一读之，尤喜读《六祖坛经》，其治佛学自此始。他也说："杂治理学家及道家佛家言。尤喜天台宗《小止观》，其书亦自怀天桌上得之。"③钱穆

① 钱穆：《八十忆双亲·师友杂忆》，第30页。

② 常州府中学堂，1907年秋，由常州知府许星璧、士绅恽祖祁等人创办，任屠孝宽（字元博，常州武进人）为校长，分师范班和中学班，师范班一年毕业，中学班四年毕业。

③ 钱穆：《八十忆双亲·师友杂忆》，第97页。

在晚年回忆好友秦仲立、朱怀天时感叹:“惟交此二人,获益甚深甚大。至今追思,百感交集,不能已。”①1917年秋,钱穆结婚,并教《论语》,仿《马氏文通》例论句法,后完成《论语文解》一书,“此余正式著书之第一部”②。该书于1918年由商务印书馆出版,钱穆由此开始了其著述的人生历程。

1923年,钱穆开始在无锡的省立第三师范教书。在此结识了钱锺书之父钱基博,两人相交甚笃。钱穆晚年回忆称:“余在中学任教,集美无锡苏州三处,积八年之久,同事逾百人,最敬事者,首推子泉。生平相交,治学之勤,待人之厚,亦首推子泉。”③五四运动后,诸子学研究蔚然成风,在此背景下,钱穆发表了他的成名之作《先秦诸子系年》。20世纪二三十年代,学术界展开关于老子的讨论,钱穆也参与其中,立主“晚出说”,认为老子要晚于孔孟甚至庄子。于1923年夏,撰《老子辨伪》,1924年又撰《孔子与南宫敬叔适周问礼老子辨》《老子杂辨》二文。1924年钱穆又刊行了《中国近代三百年学术史》。次年,他所编《论语要略》一书在商务印书馆发行。1926年,他又相继编写了《孟子要略》《惠施公孙龙》等书。钱穆这一时期关于先秦诸子的研究作品奠定了他在民国学术界的历史地位。

1928年春夏之交,对钱穆来说是不幸的一年,妻儿相继亡故,其兄在料理丧事过程中,因“劳伤过度,旧患胃疾骤发,不幸亦溘然逝世”④。短时间内,亲人接二连三的离世,对钱穆可谓重创。此后,钱穆重新振作精神,开始新的学术研究,运用严谨的考据方法写出了《刘向歆父子年谱》一书,对康有为的《新学伪经考》提出挑战。“一扫清末民初风靡学术界的刘歆伪造群经说的不白之冤,破除了经学家的门户之见,在近代经学史上,有划时代的贡献。”⑤在出版一系列高质量的研究著作后,钱穆声名鹊起,1930年被北平的燕京大学聘为教师,进入现代意义上

① 钱穆:《八十忆双亲·师友杂忆》,第100页。
② 钱穆:《八十忆双亲·师友杂忆》,第91页。
③ 钱穆:《八十忆双亲·师友杂忆》,第128页。
④ 钱穆:《八十忆双亲·师友杂忆》,第138页。
⑤ 钱穆:《八十忆双亲·师友杂忆》,第72页。

学院研究者的序列。1931年夏，钱穆辞去燕京教职，到北京大学历史系任教，为其在大学教授历史课之始，钱穆深厚的国学功底和严谨的授课精神，使他在北大成为令学生尊敬的老师。在北大时期，钱穆教学之外，勤奋地从事学术研究，先后出版了《先秦诸子系年》《中国近三百年学术史》两部史学代表作，成为一代史学家。但这种教学研究的安逸生活被日本的侵略打断，钱穆被迫与学生一起南迁，并在新组建的西南联大继续任教。艰苦的生活并没有打断钱穆的学术生涯，相反，他坚持读书研究，和学者交流，并取得了一系列新的学术成果。他应陈梦家之邀撰写史学教科书，"余之有意撰写《国史大纲》一书，实自梦家此两夕话促成之"①。这本史学大作的出版充满坎坷，《国史大纲》完稿之时恰逢昆明屡遭空袭，稿件于1939年被携至香港后方由商务印书馆刊印成书。此后，钱穆又受顾颉刚嘱托编写《齐鲁学报》，此间，他还完成了《〈史记〉地名考》一书。抗战进入相持阶段之后，钱穆先后在大后方的齐鲁大学、华西大学、五华书院和云南大学教书。1948年春，钱穆开始在无锡江南大学②担任文学院长，其办公室可以远眺太湖，故常雇小船游太湖中，并于闲适的生活中撰写《湖上闲思录》一书，还兼读各家《庄子》注，写成《庄子纂笺》，自序中称《庄子》一书为"乱世之书"，故其说"身居乱世，乃注此书自消遣"③。1949年春，钱穆移居香港。

此时，友人在香港筹划亚洲文商学院，钱穆也受邀赴该校。1950年秋，钱穆与唐君毅在香港新建新亚书院，书院成立伊始，面临着经费极度短缺的困境。同年，他为募集建校资金，不辞劳苦，赴台北各校演讲。直到1954年，新亚书院得到美国雅礼协会的赞助，紧张局面才得以缓解。是年秋，成立新亚研究所。新亚书院还努力出版著作，弘扬学术，《新亚学术讲座》为新亚正式出版的第一本书，《中国兵制史》为新亚研究所诸生正式出版的第一本书。

---

① 钱穆：《八十忆双亲・师友杂忆》，第208页。

② 其友李埏曾有言："老年必倍喜乡食，此或肠胃习惯宜然。君今胃病，正宜乡食，较之离乡旅食自不同，可勿虑。"钱穆认为言之有理，其胃病应以居乡为宜，适逢无锡创办江南大学（为无锡巨商荣氏创办），屡次相邀，钱穆决意离滇返乡无锡。

③ 钱穆：《八十忆双亲・师友杂忆》，第260页。

1956年1月30日，钱穆与胡美琦结婚。1960年，耶鲁大学授予钱穆名誉博士学位，在授予仪式中，耶鲁大学校长特请该校李田意教授“以中国语致辞作介绍，谓耶鲁毕业典礼中使用中国语之第一次”[①]。1965年，七十一岁的钱穆正式辞去新亚院长之职，其旅居香港十六年的办学生涯亦告终结。1966年开始，钱穆先读《朱子大全集》，又专读《朱子语类》，准备两年之久，于1966年2月至1969年11月撰写《朱子新学案》。1967年，定居台湾。1981年，将《〈史记〉地名考》以前各文章汇编为《古史地理论丛》一书付印。后撰《理学三书随札》《朱子四书集义精要随札》《周子通书随札》《近思录随札》，又成《中国学术之传统与现代》一书。[②] 钱穆八十四岁时目盲，不再参加学术活动，定居台北双溪，撰写《晚学盲言》。1990年8月30日，钱穆逝世于台北，享年九十五岁。

二、钱穆的思想背景

钱穆出生于1895年，此前的半个世纪，清王朝在经历了两次鸦片战争，镇压太平天国起义之后，其统治再次稳定下来，并且开始了一场求富求强的改革运动——洋务运动。这场运动开启了中国近代化的历程，创办了大量的近代工业企业，民族资本主义也开始起步，国势也逐渐上升，最具代表性的事件就是建立了当时世界排名前十、亚洲第一的北洋舰队。似乎中国照此前进，也能慢慢走向现代化，自立于世界民族之林。不幸的是，1895年，近邻日本和清王朝发生了一场对赌国运的战争，赢者日本成了东亚霸主，失败者中国则成为被羞辱、被压榨的对象。日本借助中国赔偿的两亿三千一百五十万两白银，建立了完整的近代工业体系和银行制度，一跃而进入世界强国之林。反观中国，甲午一战，国防体系基本被摧垮，失去了抵御外来侵略的力量，列强掀起了瓜分中国的狂潮，中华民族滑入了苦难、黑暗的深渊。

---

① 钱穆：《八十忆双亲·师友杂忆》，第316页。
② 钱穆：《八十忆双亲·师友杂忆》，第350页。

从1895年出生起，到1949年出走香港，整整五十四年间，钱穆所处时代的一个核心主题就是列强交侵，战乱不断。钱穆正是在这样的动荡背景下从事学术研究的。研究钱穆先生的思想，就必须了解他成长、生活的国家所处的历史背景。

近代中国的真实图景是战乱、贫困以及遭受列强欺压、凌辱，因此，救亡图存、实现国家的振兴就成为近代中国无数仁人志士所追求的目标和理想。为了探索救国之道，历代仁人志士都提出了自己的主张，如魏源的“师夷长技以制夷”，冯桂芬、薛福成、郭嵩焘、张之洞等人的“中体西用”论等。甲午之后，随着亡国灭种危险的加剧，国人开始突破“中体西用”的藩篱，更为激进的救国思想主张开始涌现。特别是随着西方思想与文明的大规模传入，中国思想中对于理想社会的“型塑”又多了一个可资借鉴的对象。近代西方工业文明以及与之配套的政治发展模式，对于被“坚船利炮”震慑和困厄住了的中国思想家来说，更是充满了吸引力。因此，近代以来的中国思想界，在“古今”问题的基础上，又多了“中西”问题。

新文化运动之后中国人的思想开始纠缠在“古今中西”之间，其间发展曲折多变。在这个文化大转型时期，中国人必须直面和回答“古今中西”问题，通俗来说，就是中国人如何处理传统与现代、中国与西方的复杂关系。冯契先生曾经把“古今中西”问题作为中国近代思想文化的一个核心问题。他说：“‘中国向何处去’这个时代的中心问题在思想文化领域中表现为‘古今中西’之争，那就是：怎样分析地学习西方先进的文化，批判继承自己的民族传统，以便会通中西，正确地回答中国当前的现实问题，使中华民族走上自由解放、繁荣富强的道路……不论是革命还是建设，都要求正确处理古今中西的关系。可以说‘古今中西’之争贯串于中国近现代历史，今后若干年这个问题大概还是社会的中心问题。”①冯契先生的这个论断应该说是击中了中国近代转型中的要害，在“古今中西”问题上，中国近代出现了众多的思想流派，如以康、梁为首的维新派，以孙中山、章太炎为首的革命派，以胡适、钱玄同为首的全

① 冯契：《冯契文集》（第一卷），华东师范大学出版社2016年版，第3—4页。

面西化派，陈独秀、李大钊为首的马克思主义派，丁文江为首的科学派，张东荪为首的玄学派，熊十力、唐君毅为首的新儒家，梅光迪、吴宓为首的学衡派等。他们虽然各执一词、互不相让，但是仔细分析，也都是围绕如何处理"古今中西"这个大问题而展开的。可以说，近代以来，治中国思想的学者大多是在这样一个时代问题意识下进行思考的。

钱穆先生的思想正是在这样的时代和思想背景下形成并展开的，他的史学研究也正是对"古今中西"问题的一种回应，以强调中华民族历史文化传统的独特重要性。钱穆的史学研究，充满了对于中国历史中所呈现之文化精神、民族精神的"温情和敬意"，而这种治史态度也是对于"古今中西"问题的一种回答。可以说，钱穆先生的一生，是在大动荡时代不懈地振兴中华民族文化的一生。

第二节　钱穆的史学思想

钱穆先生的学问思想以史学为底色，其早期成名的《刘向歆父子年谱》《先秦诸子系年》等，都是史学考证类著作，《国史大纲》《中国近三百年学术史》《史学导言》《中国历史研究法》等也都是史学名著。在一定意义上，钱穆的学术著作都可称为史学著作，包括《庄子纂笺》《朱子新学案》《阳明学述要》等，也是思想史意义上的著作。史学成就是钱穆先生最突出的学术特色，因此，考察钱穆的学术思想，有必要从史学始和以史学为中心，以此来展现其体大精深的思想。

一、民族精神和文化精神的思想史观

钱穆十分重视历史学的作用，他认为要了解一个民族、国家的文化，首先就应该从历史入手，因为文化就蕴藏在丰富的历史现象和历史记载后面。所以，他把研究历史的目的看作是探究历史真相和解读历史背后所包涵的丰富文化符号。钱穆希望通过对中国历史的研究，挖掘出中华民族所特有的文化精神。他把这种精神看作是推动历史前进

的动力，认为只有洞悉了民族文化精神，才能认识过去，把握现在，继而开创未来。因此，钱穆认为“研究历史，就是研究此历史背后的民族精神和文化精神”①。“治国史之第一任务，在能于国家民族之内部自身，求得其独特精神之所在。”②从这个角度来观察钱穆的史学观，有学者就认为钱穆把中国历史看作是一部文化史，主张对重大历史问题的考察和分析都要围绕学术、文化为中心展开。③

钱穆坚持以民族思想文化为中心的治史道路。一方面，他对国家前途怀有深深的忧虑，另一方面，他对中国的文化与民族精神充满了敬意与信心。他呼吁国人能够迷途知返，重新认识自己民族的历史和文化，才能从中接续和汲取继续发展前进的力量，也才能找到正确的道路和方向。

钱穆从学术思想发展的脉络去解释历史发展有其合理性，但是如果单纯地把“文化思想”和“民族精神”作为历史发展的决定力量，则难以对历史做出正确的解释和理解。钱穆在研究历史的过程中，也注重对政治史、经济史的研究，如他在北大讲授通史课时，“必求一本全部史实，彼此相关，上下相顾，一从客观，不骋空谈。制度经济，文治武功，莫不择取历代之精要，阐其演变之相承……上自太古，下及清末，兼罗并包，成一大体”④。但其研究背后都有一个文化决定的预设，即历史的发展是文化演变的外在凸显，而文化的核心则是中国的传统学术思想。因此，也有学者认为，钱穆把学术思想作为指导和决定历史演进的决定性力量，而过分强调学术思想的作用势必会导致对历史认识的不全面和不客观。⑤ 虽然钱穆的民族思想史观有一定的局限性，但不管怎样，钱穆珍视中国的历史传统，重视强调历史的传承与延续，并认为只有从民族传统中汲取力量才能真正地实现中国的前进，这反映了一位“一生为故国招魂”的思想家的真挚情感。

---

① 钱穆:《中国历史精神》，台北东大图书公司 1981 年版，第 7 页。

② 钱穆:《国史大纲・引论》，商务印书馆 1991 年版，第 11 页。

③ 陈勇:《略论钱穆的历史思想与史学思想》，《史学理论研究》1994 年第 2 期。

④ 钱穆:《八十忆双亲・师友杂忆》，第 165 页。

⑤ 陈勇:《略论钱穆的历史思想与史学思想》，《史学理论研究》1994 年第 2 期。

二、宏观通贯的历史研究方法论

钱穆是中国近代史上最为著名的史学大家之一，不仅留下了大量的史学著作，而且也探索出了一套行之有效的治史方法。这些方法有的是继承前人，有的是他自己摸索、实践得来的。

首先，钱穆继承了中国传统读书人治学的精华，他认为要做好学问，必须将考据、义理和辞章三者结合起来。传统中国学人在治学过程中各有侧重，如宋明理学重义理阐发，清人则多侧重考据之学，而桐城派则较重辞章之学。钱穆综合诸家治学之长，认为考据是为"求实"服务，义理可以挖掘历史的意义和功用，而辞章则是写出好的史学著作必备的基本功底。钱穆在当时提出这种治学方法也是为了校正当时学界治史之风气，如傅斯年从德国留学回来，学习了德国大史学家兰克的治学方法，强调史学就是史料学，单纯追求史学求真的面向，而放弃了史学的其他功用。当然，除了傅斯年的史料学派之外，史学界还有一"革新派"，该派的特点恰恰在于为理想之目的而罔顾事实，信口开河，正如晚明心学末流那样束书不观、游谈无根。因此，钱穆强调考据、义理与辞章三结合的治学方法不仅是继承前人治学之精华，也是矫正学风之努力。同时，钱穆治史注重主客观的统一，即在重视史实的基础上，也重视治史者的"史识"，他认为纯粹客观地还原历史是不可能的，史家只能在他所掌握的史料基础上进行加工。因此，历史学家的作品必然会带有他的主观性，因为不同的史家在知识结构、思维看法、伦理价值取向方面都不完全相同，即使面对同样的史料也可能得出不一样的结论。虽然人的主观性可能带来历史事实的失实，但是钱穆鼓励史家发挥主观能动性，写出适合自己时代的史学作品，如对侠客的描写，要根据时代对"侠义"需求与否来进行加工，在诸国纷争的乱世之中，荆轲、聂政、专诸这些人在史家的笔下既可以是侠义的代表，在"大一统"的王朝体制下，也可以是"以武乱禁"的豪强恶霸。这或许也就是当代学者克罗齐所说"一切历史都是当代史"的其中之意，人们往往是根据时代来评判历史。

其次，钱穆强调学贵主“通”，这也是继承了传统史学中“贵通不贵专”的治学特点，自司马迁《史记》之后，中国史家治史就有了一个标杆。司马迁理想中的史学著作就是要“究天人之际，通古今之变，成一家之言”[①]。《史记》内容宏富，从时间上看，上至三皇武帝，下至汉武帝；从内容范围上看，政治、经济、人物、天文、地理等无所不包，充分体现了“通”的特点。到了近代，西方学术的观念和方法传入中国，学问逐渐向专门之学发展，但是钱穆仍然秉持大毅力，要做通人之学，他的史著也是立意高远，时间横跨古今，于政治、学术思想、经济、社会、历史地理等无不涉猎。他强调：“中国学问主通不主专，故中国学术界贵通人，不贵专家。苟其专在一门上，则其地位即若次一等。”[②]为什么钱穆要与学术专业化的趋向相背离，非要强调通学呢？他的解释是由于史学并不能独立成为史学，其他学问也是一样，都不能独立自成一套，学问与学问之间交叉互补才是常态。而西方发展出来了分科之学，由于划分的过于专业化，从而导致了三个弊端：“一则各自分道扬镳，把实际人生勉强地划开了。如研究经济的可不问政治，研究文学的可不问历史等。第二、各别的研寻，尽量推衍引申，在各自的系统上好像言之有理、持之有故，但到底则每一项学问，其本身之系统愈完密，其脱离人生现实亦将愈显著。”[③]钱穆还从中国文化的特点出发来强调“通史”的重要性，他认为中国文化的一个重要特点就是重“和合”，西方则是重“分别”，因此这也决定了中国学术的特点是重视“会通”，[④]大儒的气象就是博通古今、贯穿经史。梁启超在世纪之初曾经撰文提倡建立“新史学”，引发了学者对“新史学”理论的探讨。钱穆在悼念好友张荫麟时，曾经系统总结了他认为和主张的“新史学”者所要具备的几个特质：首先要对国家和社会存有使命感和关怀；其次要能鉴往知来，不拘泥于“世事现实”；再次，必须对“天界、物界、人界、诸凡世间诸事项”及各学科的知识有相当之了解；最后，必须具备哲学的头脑，能够将孤立存在的“时空诸事”融会贯

① [汉]班固：《汉书》卷六十二《司马迁传》，第2735页。
② 钱穆：《八十忆双亲·师友杂忆》，第329页。
③ 钱穆：《中国学术通义》，第238—240页。
④ 钱穆：《现代中国学术论衡》，岳麓书社1986年版，第1页。

通，归纳总结出结论和规律。[①] 钱穆的以上观点，实际上是在要求作为史学家，应该要具备悲天悯人的家国情怀，并兼具博闻强识、好学深思的能力，实际上，钱穆也正是这样的史学家。

钱穆在做学问的过程中也是按照"贵通不贵专"的标准要求自己的，在写作《先秦诸子系年》时，他曾在自序里指出此前考证诸子年世的毛病之一就在于不能"通贯"。他说："各治一家，未能通贯……未能通贯，故治墨者不能通于孟，治孟者不能通于荀。自为起迄，差若可据，比而观之，乖戾自见。"[②]因此，为了达到"通人"之境，钱穆博览全书，对于经史子集都有深入的研究，他的侄子钱伟长后来回忆和钱穆相处时候的情景，称钱穆经史子集无不精读，时而吟咏，时而沉思，并且传授给钱伟长大量的文史知识，令其受益匪浅。[③] 作为著名的教育家，钱穆先生的"通"也体现在他的教学当中，有学生回忆钱穆曾开过的课程有儒家的《论语》《孟子》《诗经》，道家的《庄子》，在历史课程上，他曾主讲过中国通史、秦汉历史、中国文学史、文化史、思想史、社会经济史等，他的这种通博是近代以来很多学者难以企及的。在著作方面，他的《国史大纲》是通史作品中的佼佼者，此书两大特色最为人们所称道，其一是对民族国家存亡及文化命脉存续的忧惧与关怀，极大提振了抗战时期军民的民族意识和抗争精神。其二就是该书极为通博，包含了政治、经济、社会、文化等各方面的内容，而且该书是在颠沛流离中写成，随身并无大量史料可资查证，更多凭借其多年的读书积累，更显出钱穆先生掌握知识和材料之渊博、扎实。

再次，钱穆对中国的历史观察全面深入、高屋建瓴。中国历史渊远流长，历代留下了大量庞杂的史料，他是如何从众多的历史事件和历史记载中求得历史的"精髓"呢？这和钱穆通"变"的历史眼光有着密切关系。钱穆重视对历史发展过程中"变"量进行考察，所谓"变"就是指某一因素或现象，在前一历史阶段并没有，或者是前一阶段有此因素、现象，但是到另一历史阶段发生了较大变异，前后迥异。"凡某一时代之

① 钱穆：《中国今日所需要之新史学与新史学家》，《思想与时代》1943 年第 18 期，第 7—12 页。
② 钱穆：《先秦诸子系年》，商务印书馆 2002 年版，第 21 页。
③ 钱伟长：《钱伟长文集》（上），上海大学出版社 2013 版，第 868 页。

状态，有与其先后时代突然不同，此即所由划分一时代之特性。从两状态之相异，即两个特性之衔接，而划分为两时代。从两时代之划分，而看出历史之变。从变之倾向，而看出其整个文化之动态。从其动态之畅遂与夭淤，而衡论其文化之为进退。”[①]因此，治史贵能知“变”，在某一历史时段，政治制度上发生了重要变革，就应着眼于政治制度方面，而另一时期，学术思想发生巨变，如佛教的传入等，就应该将更多的精力投入到学术方面。又如晚明出现了资本主义萌芽，就应该将视野投放到经济上去。这样，在治史的过程中就把握事物变化发展的主要矛盾，也更有助于发现历史规律。在注意“变”的同时，钱穆也提醒人们不能忽视“常”，历史虽然不能再现，但是具有某些共同本质的事情会不断地在历史中上演，即我们常惊叹的“历史具有惊人的相似性”。钱穆认为常与变的辩证关系是：“变完成这个常，常亦是来完成这个变。没有变，就不得常。没有常，也不得变。任何一个文化传统里都该有常有变。变只是在常的中间变。常呢？拿这许多变合起来，就出一个常。”[②]这也就是说，历史的殊性构成了历史的共性，而历史的共性也体现在历史的殊性当中，普遍性与特殊性是互相依存的。这其实也就是历史的辩证法。

最后，钱穆强调要站在中国文化本位的立场上进行历史研究。如前所述，“古今中西”的问题是近代学人萦绕在心的时代问题，钱穆认为不能简单地将“中西”问题化约为“古今”问题。近代以来，在西方强势文化的冲击下，中国明显落后于西方，仁人志士希望向西方学习，但是中国又是一个尊重历史和传统的国家，有着牢固捍卫传统的观念，因此，西方文化在中国受到了顽强的抵制。为了让中国人可以安心接受西方文化，而且在心理上摆脱“以夷变夏”的不适心理，一些学者就主张淡化“中西”差异问题，将之归结为“古今”问题。其中最具代表性的是冯友兰先生的观点，他曾经说：“所谓西洋文化之所以是优越底，并不是因为它是西洋底，而是因为它是近代或现代底……一般人心目所有之

① 钱穆：《国史大纲·引论》，第 11 页。

② 钱穆：《中国文化精神》，第 33—35 页。

中西之分，大部分都是古今之异。”①冯友兰的这个思路是将世界看成一个整体的历史，有古代、近代和现代分别，而无地方性的差别。按照冯友兰先生的思路，人类由于受地域和生产生活空间的限制，产生了不同形态的文明，但总体上来看，不同形态的文明中很多基本内容是相通的，也都是从低级形态向高级形态不断发展。而且随着社会交往的扩大化，人类文明的趋同化也在初现端倪。

钱穆不接受将“中西”问题化约为“古今”问题的看法，他认为按照冯友兰等人的看法，中国文化的独特性就被泯灭了，中西之间的差异绝不能简单地归结为前现代和现代的差别。钱穆治史有一以贯之的理念，那就是探求中国历史传统及其特殊性，这是中华民族和其他民族之根本区别所在，所以他在不同的作品中都多次强调中西文化之间的差异，在《国史大纲》中就曾指出西方文明是在多国并存、互相争斗中发展出来，而中华文明则是各个地方紧紧团结在中央周围，以道德、伦理等文化方式互相团结协作。正是两种不同环境孕育出来的文明，就导致了西方文明图强进取的特点，中国文明则是谋求和平稳定的特点。因此，钱穆主张研究中国要从本国的历史文化出发，对自己的历史文化要有一种温情与敬意。这种温情在他的著作中随处可以感知，比如他反对用西方民主—专制二元对立的话语来定义中国的政治制度，他强调中国的科举等制度能够保证平民的参政权，帝王、贵族、军人和富人都不能垄断国家权力，他将之称之为“东方式民主”②。对于钱穆的此种观点，当然是见仁见智，但钱穆并非顽固的文化本位主义者，对于西方的理论和方法他是有所涉猎的，对其中有益的部分他也是能够借鉴包容的。钱穆的民族本位文化论调，近年来有不少人予以响应，特别是近年来“国学热”的兴起以及对传统历史文化研究的深入，人们开始重视传统文化精神的延续性，希望传统文化成为滋养国人精神和建构话语体系的重要源泉。

---

① 冯友兰:《三松堂全集》(第四卷)，河南人民出版社 2001 年版，第 205 页。

② 钱穆:《世界局势与中国文化》，九州出版社 2011 年版，第 208 页。

三、“合之当世”的史学价值论

中国自古有“经史传统”，但实际上，“经”的地位是远远高于“史”的，经学是中国古代学术的主体，经学之中不仅蕴含了丰富的思想，而且保存了大量古代的史料。“经”不仅在学术领域，在政治领域也扮演了类似近代“宪法”的地位，渗入古代社会的各个领域。到了晚清，由于西学的冲击，加之经学在政治上的支撑者——专制王朝的崩溃，经学就从神坛上跌落下来。而史学的地位则受到当时学者的重视，梁启超、夏曾佑、章太炎、刘师培等人纷纷撰写文章，发起了一场除旧布新的“史学革命”，目的在于建立“新史学”。所谓“新史学”，一个重要的面向就是要发挥史学经世致用的功能，取代和继承传统经学的这一功用。钱穆先生在学术上是比梁启超、章太炎等人低一辈的学者，他在史学“经世”这方面继承和发展了前辈们的主张。他明确提出自己著史的目的要向司马迁一样“明天人之际”、“通古今之变”、“成一家之言”，最终目的则是要“合之当世”，[①]即要对他所处的时代有所助益。而且相比于同时期的其他史家，钱穆的史学致用倾向要更为强烈，他经常强调学术应该主导政治，学统要超越政统。[②] 他批评民国时期极为流行的论调，即：严格用西方科学方法研究史学，认为他们虽有重视材料、精密审慎的优点，但却将史学变为一种无系统、无意义的纯文本学问，完全割裂了历史与现实的联系。他认为此种治史方法是以“活的人事”换“死的材料”，“既无以见前人整段之活动，亦于先民文化精神，漠然无所用其情……既无意于成体之全史，亦不论自己民族国家之文化成绩也”。[③] 可见，钱穆对学术研究与时代相脱节的情况是感到痛心的，这与他以学术来经世致用的情怀是相背离的。

钱穆在治史过程中还主张发挥历史鉴往知来的功能。他把历史作为一个连续发展、带有因果性的过程，国家、社会乃至个体之所以呈现

① 钱穆：《中国近三百年学术史》，第 4 页。

② 严耕望：《治史三书》，上海人民出版社 2008 年版，第 233 页。

③ 钱穆：《国史大纲·引论》，第 3—5 页。

今天这种状态，其根源必定是由前一时期积累而成。因此，历史是有连续性和因果性的，一个历史事件的发生必有其前因后果，他提出“研究此一事件者，势必回瞻数百年之前、远眺数百年之后，乃克胜任”①。如果我们通过学习历史，从历史中归纳出一些具有普遍性的规律，如因果性，并用这种规律来指导当前人的实践，必然比无经验的盲动要更有效果，即“所谓历史知识，贵能鉴古知今，使其与现代种种问题有其亲切联系之关系，从而指导吾人向前”②。

同时，钱穆还认为历史并非是无生命的、僵化的历史，它无时无刻不在现实中发挥作用，它能引导人们思考、激励人的血性与毅力，并且和现实人的心灵实现充分互动。在抗战期间，钱穆为了激励全国军民的抗战热情，极力从历史中探究中国文化的真精神，以期振奋民族士气，激发军民的爱国热情。他说：“故欲使其国民对国家有深厚之爱情，必先使其国民对国家已往之历史有深厚的认识。欲其国民对国家当前有真实之改进，必先使其国民对国家以往历史有真实之了解。”③在《国史大纲》当中，他的历史叙述无不流露出民族主义和爱国主义思想，期望通过对民族过往点滴的聚集，以达到整合国家、民族力量的目的，即以中国独特的历史和文化为纽带，将千千万万的独立个体凝聚在一个拥有共同历史记忆的民族共同体之下，焕发出强大的民族生命力。这正是历史“致用”功能在民族危难关头最真切的体现。

综上，可以看出钱穆对传统史学的“致用”功能给予了高度的评价，并在自己的史学著述中践行为之。而钱穆之所以能够在众多的民国史家当中脱颖而出，正是他的“经世”史学中所蕴含的爱国情感。同时，在清末民国时期出现的对中学“全盘否定”的浪潮中，钱穆对史学“致用”优良传统的提倡，也让国人看到传统学术的存在价值。历史学之所以受到历代统治者普遍重视，一个重要原因就是它具有教化功能。中国社会最重道德伦理之功用，而道德伦理在古代除了通过经典告知人们，其次就是通过史书来进行教化。史学的教化功用最早来自《春秋》，孔

① 钱穆：《中国今日所需要的新史学与新史学家》，《思想与时代》1943年第18期。

② 钱穆：《中国历史研究法》，第162—163页。

③ 钱穆：《国史大纲·引论》，第3页。

子为了表达对春秋时期君臣失序这种现象的不满，通过春秋笔法在史书中褒贬人物。后世史家继承了孔子的笔法，在史学著述过程中特别注意对人物行为品行的褒贬，而普通人正是通过阅读史书而得到潜移默化的人格熏陶，这种熏陶可能比空洞的道德说教要有效果的多。除了树立道德之外，史学还能培养个人的担当精神，有助于树立远大的理想目标。同时读史使人明智，正如钱穆所言："我们从事研究历史正可训练我们分析和综合的头脑，正可增长我们心智修养，正可提高和加深我们的见识和智慧。"①

四、演进不居的历史进化观

中国有悠久的历史传统，也造就了中国人重视历史的习惯。儒家重视历史，认为在历史上曾经出现过最为美好的社会。儒家认为尧舜禹所处的上古时代是最美好的道德之世，后来逐渐演变为以礼乐文明为主的西周，再到后来就变成了"礼崩乐坏"的春秋时代。到了近代，西方的进化史观也传入中国。在历史进化问题上，钱穆把历史看做是不断前进的，他认为历史只是通体浑然而下，无间断，无停止地向前，②但是这种向前并不是一帆风顺的，也会遭遇暂时的倒退，比如秦汉实现了大一统，到了魏晋南北朝时期，五胡乱华，天下大乱，北方又陷入了大乱，甚至又回复到奴隶社会。对于这种倒退现象，钱穆提出国家发展孕育过程中存在两股力量，即"生力"和"病态"力量，所谓"生力者，即共民族与国家历史所由推动之根本动力也。病态者，即其历史演进途中所时时不免遭遇之顿挫与波折也"③。正如人体一样，具有生生不息的力量，但有时也会遭遇感冒等病痛，而一旦病痛过去，人体很快就又恢复如初，国家亦是如此。

钱穆用这个理论来解释中西国势之强弱，他认为近代中国国力不振，积贫积弱是由于我们正处于"病态"力量支配的历史时期，而恰恰西

① 钱穆：《中国历史研究法》，第 11 页。

② 韩复智编著：《钱穆先生学术年谱》，中央编译出版社、全国百佳出版社 2012 年版，第 1399 页。

③ 钱穆：《国史大纲·引论》，第 25 页。

方则相反，他们的“生力”爆发，国势一日千里，日趋富强。以我之“病态”对抗彼之“生力”，自然高下立判。但这并不能说明，西方文明就比中国文明高明。因为我们在历史上也有“生力”爆发的时期，如汉唐盛世，而同时期的欧洲可能还处于相对落后的时代。钱穆认为历史是曲折前进的，每一个文明都有其自身发展的独特性和起伏性，但是并无优劣之分，所以他不认为西方文明发展的方向和道路是人类文明前进的唯一选择。相比于学习西方文化，钱穆强调“病态”相比于“生力”只是一时的情况，而我们的历史则表明“生力”才是中国文化的主体，只要忍耐撑过“病态”期，中华文明的生机必将“发皇畅遂”。[①] 同时，他认为“生力”源于中华民族的内在潜力，需要到我国以往的历史中去发掘，“探其本而揽其全”[②]，而一旦把握历史，“我民族国家之前途，仍将于我先民文化所贻自身内部获得其生机”[③]。

但是也要看到，钱穆演进式的历史观还存在一定缺陷，如无法解释清楚“生力”作为一种推动历史前进的根本动力到底是什么？这种“生力”为什么能源源不断提供前进的动力而不断绝？[④] 同时，我们也看到，有时候“病态”是可以导致一种文明的覆灭的。中西文明固然有其差异性，但发展方向也有其一致性，人类命运有着共通性。换言之，中西历史发展既有其“异”，也存其“同”。

钱穆的史学思想是近代以来在“古今中西”背景下形成的新史学思想，他强调民族本位，主张历史进化，强调民族精神和文化精神对于本国历史前进的作用。在具体的历史研究中，钱穆主张“贵通不贵专”，以通史和通论的方式来分析中国古代的历史和思想，展现了宏观的历史视野，同时认为历史研究要符合现实需求，“合于当世”，为时代的发展助力。

---

① 钱穆：《国史大纲·引论》，第 31 页。
② 钱穆：《国史大纲·引论》，第 26 页。
③ 钱穆：《国史大纲·引论》，第 32 页。
④ 参见徐国利：《钱穆史学思想研究》，中国社会科学院博士学位论文，2000 年。

第三节 钱穆的贡献与影响

钱穆是中国近现代著名历史学家、思想家和教育家，被学术界、思想界尊称为“一代宗师”“国学泰斗”。钱穆之所以能够得到学人的尊重与认可，不仅因为他著作等身，写出了众多有影响力的作品，还因为他具有高尚的人格力量。他的作品及其在学术界、思想界的影响自不待言，而他的人格力量更是向我们展示了一位温文儒雅的儒家知识分子如何在动荡的乱世之中，始终不改初心，为中国文化保留血脉与火种。

钱穆的人格理想体现在他在颠沛流离中仍然坚守自己的责任和理想，坚定对中国文化的自信心和自豪感。他自称：“虽经乱离困厄，未尝敢一日颓其志。虽或名利当前，未尝敢动其心。虽或毁誉横生，未尝敢绥其气……虽垂老无以自靖献，未尝不于国家民族世道人心，自任其匹夫之有其责。”[①]郑家驹回忆钱穆在大后方仍然坚持教授中国文化和中国历史，从民族兴亡引申到青年人的历史责任，希望学生能够从历史中汲取民族复兴的力量，他身上展现的这种从容、自信的风采使青年学生备受鼓舞。他对学生十分关爱，把他们当作国家未来的希望。据严耕望回忆，他在西南联大求学之时，钱穆对他关怀备至，甚至生活中的种种琐事都能关怀到。对于来虚心求教的人，钱穆也不摆学者的架子，都能一一为其解答。1949 年，钱穆先生到香港，当时他自己的生活也不宽裕，但是当他看到学生衣食无着，不能接受教育，他立即参与到新亚书院的筹建中来。虽然当时新亚学院没有经费，但是钱穆还是想方设法进行筹措，坚持让一些贫困学生得到教育机会。

余英时在评价钱穆时赞扬“他一生为故国招魂”，而这个“魂”就是中国文化。钱穆终生都在思考中国文化的前途和命运，特别是对传统儒家文化，他坚信儒家文化是中国历史能够绵延不绝的一个主要动力，而且在未来中国实现现代化的道路上仍然可以而且应该发挥更大的作用。在他人生的最后时刻，他对中国文化有了新的领悟和期待，虽然目

① 余英时：《现代学人与学术》，广西师范大学出版社 2006 年版，第 14 页。

盲，但仍然通过口授完成了《中国文化对人类未来可有的贡献》一书，在此书中他预言说："此下世界文化之归趣，恐必将以中国传统文化为宗主。"①自全球化发轫以来，世界的话语体系长期为西方所把持，在这种话语霸权下，西方的治理和发展经验似乎成为普世性的规则。而中国要想成为有影响力和负责任的大国，就必须发出自己的声音，为世界治理提供自己的经验和贡献。而中国提供的经验和理论又不是照搬西方，那就必须在吸纳西方有益成果的基础上向本民族的文化和传统寻求帮助，也就是钱先生所希望的"以中国文化为宗主"。

钱穆是20世纪中国思想史上的翘楚人物，更是江苏思想文化史上的佼佼者。自汉代以来，今天的江苏区域为中国思想的发展贡献了一代又一代的杰出思想家，他们参与并推动了中国思想和中国文化的进步。钱穆作为20世纪的思想大家，既传承和延续了江苏地区优秀的思想文化传统，也为当前和未来的江苏地区思想文化发展提供了典范性的榜样，是江苏文脉绵延不绝、发扬光大的重要一环。

---

① 钱穆：《世界局势与中国文化》，第423页。

参考文献

一、古代文献

[汉]司马迁:《史记》,中华书局 1959 年版。

[汉]班固:《汉书》,(唐)颜师古注,中华书局 1962 年版。

[南朝宋]范晔:《后汉书》,(唐)李贤等注,中华书局 1965 年版。

[晋]陈寿:《三国志》,中华书局 1959 年版。

[唐]房玄龄等:《晋书》,中华书局 1974 版。

[北齐]魏收:《魏书》,中华书局 1974 年版。

[梁]沈约:《宋书》,中华书局 1974 年版。

[唐]李延寿:《南史》,中华书局 1975 年版。

[唐]李延寿:《北史》,中华书局 1974 年版。

[唐]魏征:《隋书》,中华书局 1973 年版。

[后晋]刘昫等:《旧唐书》,中华书局 1975 年版。

[北宋]欧阳修,宋祁:《新唐书》,中华书局 1975 年版。

[元]脱脱等:《宋史》,中华书局 1977 年版。

[元]脱脱等:《辽史》,中华书局 1974 年版。

[清]张廷玉等:《明史》,中华书局 1974 年版。

中华书局影印:《清实录》,中华书局 1985 年版。

[清]赵尔巽等:《清史稿》,中华书局 1976 年版。

[北宋]王溥:《唐会要》,中华书局 1955 年版。

[北宋]司马光:《资治通鉴》,中华书局 2011 年版。

[汉]郑玄注,(唐)孔颖达正义:《礼记正义》,北京大学出版社 1999 年版。

[汉]刘向撰,向宗鲁校正:《说苑校正》,中华书局 1987 年版。

[汉]许慎:《说文解字》,中华书局 1963 年版。

[魏]王弼著,楼宇烈校释:《老子道德经注校释》,中华书局 2008 年版。

[魏]王弼注,(唐)孔颖达正义:《周易正义》,北京大学出版社 2000 年版。

[晋]杜预注,[汉]孔颖达正义:《春秋左传正义》,北京大学出版社 2000 年版。

[晋]慧远:《庐山慧远大师文集》,九州出版社 2014 年版。

[晋]皇甫谧著,(清)任渭长、沙英绘、刘晓艺撰文:《高士传》,上海古籍出版社 2014 年版。

[南梁]刘勰著,范文澜注:《文心雕龙注》,人民文学出版社 1962 年版。

[晋]葛洪:《抱朴子》,上海古籍出版社 1990 年版。

[晋]葛洪:《神仙传》,学苑出版社 1998 年版。

[晋]葛洪:《抱朴子内外篇校注》,上海古籍出版社 2018 年版。

[晋]葛洪:《肘后备急方全本校注》,广东科技出版社 2018 年版。

[南梁]陶弘景:《陶弘景集校注》,上海古籍出版社 2009 年版。

[南梁]陶弘景:《登真隐诀辑校》,中华书局 2011 年版。

[南梁]陶弘景著,赵益校:《真诰》,中华书局 2011 年版。

[南梁]陶弘景著,王家葵注:《养性延命录校注》,中华书局 2014 年版。

[南梁]陶弘景:《真灵位业图校理》,中华书局 2016 年版。

[南朝梁]慧皎等撰:《高僧传合集》,上海古籍出版社 1991 年版。

[唐]韩愈撰,马其昶校注:《韩昌黎文集校注》,上海古籍出版社 1986 年版。

[唐]柳宗元:《柳宗元集》,中华书局 1979 年版。

[唐]刘禹锡:《刘禹锡集》,中华书局 1990 年版。

[唐]道宣著,范祥雍译:《释迦方志:范祥雍古籍整理汇刊》,上海古籍出版社 2011 年版。

[唐]道宣:《续高僧传》,中华书局 2014 年版。

[唐]道宣律师著,学诚法师注:《四分律删繁补阙行事钞》,宗教文化出版社 2015 年版。

[唐]道宣著,刘林魁注:《集古今佛道论衡校注》,中华书局 2018 年版。

[隋]智顗述,(唐)湛然记,(宋)道威义疏:《妙法莲华经入疏》,上海古籍

出版社 1990 年版。

[唐]湛然:《摩诃止观辅行传弘决》,三秦出版社 1995 年版。

[唐]湛然,释真定注:《法华五百问论》,上海古籍出版社 2012 年版。

[宋]苏辙:《苏辙集》,中华书局 1990 年版。

[宋]洪迈:《容斋随笔》,上海古籍出版社 1978 年版。

[宋]张君房,蒋立生校注:《云笈七签》,华夏出版社 1996 年版。

[宋]欧阳修:《欧阳修全集》,中华书局 2001 年版。

[宋]欧阳修著,李之亮笺注:《欧阳修集编年笺注》,巴蜀书社 2007 年版。

[宋]胡瑗:《周易口义》,吉林出版集团 2005 年版。

[宋]胡瑗:《洪范口义》,中华书局 1985 年版。

[宋]程颢、程颐著:《二程集》,中华书局 1981 年版。

[宋]普济:《五灯会元》,海南出版社 2001 年版。

[南宋]朱熹著,郭齐、尹波点校:《朱熹集》,四川教育出版社 1996 年版。

[南宋]朱熹:《朱子全书(修订本)》,上海古籍出版社、安徽教育出版社 2010 年版。

[南宋]朱熹:《四书章句集注》,中华书局 1983 年版。

[元]耶律楚才:《湛然居士集》,中国书店 2009 年版。

[明]李时珍:《本草纲目》,山西科学技术出版社 2014 年版。

[明]王艮:《王心斋全集》,江苏教育出版社 2001 年版。

[明]王守仁撰,吴光、钱明、董平、姚延福编校:《王阳明全集》,上海古籍出版社 2011 年版。

[明]刘宗周:《刘子全书》,华文书局 1969 年版。

[清]王先谦:《荀子集解》,王星贤点校,中华书局 1988 年版。

[清]孙星衍:《尚书今古文注疏》,中华书局 1999 年版。

[清]王先慎:《韩非子集解》,钟哲点校,中华书局 2003 年版。

[清]顾炎武:《顾亭林诗文集》,中华书局 1959 年版。

[清]牛运震:《读史纠谬》,齐鲁书社 1989 年版。

[清]永瑢等:《四库全书总目》,中华书局 1965 年版。

[清]张穆等撰,黄坤等编:《顾炎武年谱》(外七种),上海古籍出版社 2012 年版。

[清]黄宗羲著,沈善洪主编:《黄宗羲全集》(第 8 册),浙江古籍出版社 1992 年版。

[清]顾炎武著，黄汝成集释，栾保群、吕宗力校点：《日知录集释》，上海古籍出版社 2006 年版。
[清]黄宗羲著，(清)全祖望：《宋元学案》，中华书局 1986 年版。
[清]黄宗羲著，沈芝盈点校：《明儒学案》，中华书局 1985 年版。
[清]章学诚著，叶瑛校注：《文史通义校注》，中华书局 1985 年版。
[清]江藩：《国朝汉学师承记》，中华书局 1983 年版。
[清]惠栋：《九曜斋笔记》，江苏广陵古籍刻印社 1982 年版。
[清]惠栋：《周易述》，九州出版社 2005 年版。
[清]戴震：《戴震全书》(六)，黄山书社 1995 年版。
[清]戴震：《孟子字义疏证》，中华书局 1961 年版。
[清]孙诒让：《墨子间诂》，中华书局 2001 年版。
[清]王念孙：《广雅疏证》，中华书局 2004 年版。
[清]王念孙：《读书杂志》，上海古籍出版社 2014 年版。
[清]王引之著，虞思征、马涛、许炜君校：《经义述闻》，上海古籍出版社 2016 年版。
[清]王引之著，李花蕾校：《经传释词》，上海古籍出版社 2016 年版。
[清]刘台拱著，张连生、秦跃宇校：《宝应刘氏集》，广陵书社 2006 年版。
[清]淩廷堪：《校礼堂文集》，中华书局 1998 年版。
[清]钱大昕：《潜研堂文集》，上海古籍出版社 1989 年版。
陈文和主编：《嘉定钱大昕先生全集》，浙江古籍出版社 1997 年版。
[清]汪中著，田汉云编：《新编汪中集》，广陵书社 2005 年版。
赵玉新点校：《戴震文集》，中华书局 1980 年版。
[清]阮元：《经籍籑诂》，中华书局 1982 年版。
[清]阮元著，邓经元点校：《揅经室集》，中华书局 1993 年版。
[清]阮元：《畴人传汇编》，广陵书社 2009 年版。
[清]阮元：《两浙輶轩录》，浙江古籍出版社 2012 年版。
[清]焦循：《雕菰集》，中华书局 1985 年版。
[清]焦循：《孟子正义》，河北人民出版社 1988 年版。
[清]焦循：《焦循诗文集》，广陵书社 2009 年版。
[清]焦循：《里堂道听录》，广陵书社 2015 年版。
[清]焦循：《焦循文集》，九州出版社 2016 年版。
[清]焦循：《焦循算学九种》，广陵书社 2016 年版。

［清］庄存与、（清）孔广森：《春秋公羊经传通义》，上海古籍出版社 2014 年版。

［清］庄存与、（清）孔广森撰，郭晓东、陆建松、邹辉杰点校：《春秋正辞》，上海古籍出版社 2014 年版。

［清］刘逢禄：《春秋论上》，上海古籍出版社 1995 年版。

［清］龚自珍：《龚自珍全集》，上海人民出版社 1975 年版。

［清］刘逢禄撰，曾亦点校：《春秋公羊经何氏释例》，上海古籍出版社 2013 年版。

［清］皮锡瑞著，周予同注释：《经学历史》，中华书局 2004 年版。

［清］皮锡瑞：《经学通论》，中华书局 1954 年版。

《清代诗文集汇编》编纂委员会编：《清代诗文集汇编》，上海古籍出版社 2010 年版。

［清］林昌彝：《林昌彝诗文集》，上海世纪出版股份有限公司 2012 年版。

［清］王韬：《王涛日记》，中华书局 1987 年版。

［清］王韬著，楚流等选注：《弢园文录外编》，辽宁人民出版社 1994 年版。

［清］王韬：《淞滨琐话》，齐鲁书社 2004 年版。

［清］王韬著，朱维铮编：《弢园文新编》，生活·读书·新知三联书店 1998 年版。

［清］王韬著，陈玉兰校：《王韬诗集》，上海古籍出版社 2016 年版。

［清］冯桂芬：《校邠庐抗议》，上海书店出版社 2002 年版。

［清］薛福成著，丁凤麟、王欣之编：《薛福成选集》，上海人民出版社 1987 年版。

［清］薛福成：《出使英法意比四国日记》，岳麓书社 1985 年版。

［清］薛福成：《薛福成日记》，吉林文史出版社 2004 年版。

［清］徐世昌：《清儒学案》，中华书局 2008 年版。

张建业主编：《李贽文集》，社会科学文献出版社 2000 年版。

王明：《抱朴子内篇校释》，中华书局 1986 年版。

苏舆著，钟哲点校：《春秋繁露义证》，中华书局 2015 年版。

二、现代论著

《道藏》（第 28 册），文物出版社、上海书店、天津古籍出版社 1988 年版。

《弘一大师全集》，福建人民出版社 1991 年版。

《中国地方志集成·江苏府县志辑 7》,江苏古籍出版社 1991 年版。

蔡桂如:《泰州学派王艮研究》,南京出版社 2018 年版。

曹聚仁:《中国学术思想史随笔》,生活·读书·新知三联书店 1986 年版。

常州市地方志办公室:《常州五学派选萃》,中央文献出版社 2007 年版。

陈德安主编:《中国道家道教教育思想史》,社会科学文献出版社 2010 年版。

陈广忠:《刘安评传》,中国文史出版社 2017 年版。

陈国庆、刘莹:《中国学术思想史编年:明清卷》,陕西师范大学出版社 2006 年版。

陈居渊:《焦循》,陕西师范大学出版社 2017 年版。

陈居渊:《焦循儒学思想与易学研究》,齐鲁书社 2000 年版。

陈居渊:《焦循儒学思想与易学研究》,上海人民出版社 2017 年版。

陈居渊:《焦循阮元评传》,南京大学出版社 2006 年版。

陈丽平:《刘向〈列女传〉研究》,中国社会科学出版社 2010 年版。

陈其泰:《清代春秋公羊学通论》,华夏出版社 2018 年版。

陈　奇:《刘师培年谱长编》,贵州人民出版社 2007 年版。

陈　勇:《钱穆传》,人民出版社 2001 年版。

陈　勇:《钱穆与 20 世纪中国史学》,九州出版社 2017 年版。

陈泽泓:《阮元》,广东人民出版社 2008 年版。

陈祖武:《顾炎武》,中华书局 1984 年版。

陈祖武:《清代学术源流》,北京师范大学出版社 2012 年版。

程乐松:《即神即心:真人之诰与陶弘景的信仰世界》,中国人民大学出版社 2010 年版。

单殿元:《王念孙王引之著作析论》,社会科学文献出版社 2009 年版。

丁凤鳞、张道贵:《薛福成》,江苏人民出版社 1983 年版。

丁凤麟:《薛福成评传》,南京大学出版社 1998 年版。

段怀清:《王韬与近现代文学转型》,复旦大学出版社 2015 年版。

方光华:《刘师培评传》,百花洲文艺出版社 2010 年版。

方立天:《中国佛教哲学要义》,中国人民大学出版社 2002 年版。

费成康:《薛福成》,上海人民出版社 1983 年版。

冯　契:《冯契文集》(增订版),华东师范大学出版社 2016 年版。

冯契主编:《哲学大辞典(修订本)》,上海辞书出版社 2001 年版。

冯友兰:《三松堂全集》,河南人民出版社 2001 年版。

冯友兰:《中国哲学史新编》,人民出版社 1989 年版。

冯友兰:《中国哲学史新编》,人民出版社 1998 年版。

傅勤家:《道教史外一种:中国道教史》,岳麓书社 2010 年版。

高　舫:《凌廷堪》,云南教育出版社 2009 年版。

高信一编:《探索文化史上的亮星:葛洪与魏晋道教文化研讨会论文集》,宗教文化出版社 2012 年版。

葛兆光:《屈服史及其他:六朝隋唐道教的思想史研究》,生活・读书・新知三联书店 2003 年版。

葛兆光:《中国思想史》,复旦大学出版社 2001 年版。

龚　杰:《王艮评传》,南京大学出版社 2001 年版。

顾春、沈传凤、黄珅:《顾炎武与昆山文化》,上海古籍出版社 2010 年版。

郭明道:《阮元评传》,社会科学文献出版社 2005 年版。

郭朋:《中国佛教思想史》,社会科学文献出版社 2012 年版。

郭齐勇、汪学群:《钱穆评传》,百花洲文艺出版社 2010 年版。

郭齐勇编著:《中国哲学史》,高等教育出版社 2006 年版。

郭院林:《彷徨与迷途:刘师培思想与学术研究》,凤凰出版社 2012 年版。

韩复智编著:《钱穆先生学术年谱》,中央编译出版社 2012 年版。

郝继东:《刘向及〈新序〉述评》,线装书局 2008 年版。

洪燕妮:《牛头禅研究》,东方出版社 2015 年版。

侯外庐:《中国思想通史》,人民出版社 1957 年版。

胡适:《淮南王书》,岳麓书社 2011 年版。

胡适:《中国哲学史大纲》,广西师范大学出版社 2013 年版。

胡适著,郑大华整理:《胡适全集》,安徽教育出版社 2003 年版。

胡维定:《泰州学派的主体精神》,南京出版社 2001 年版。

华方田、张风雷等编:《中国佛教宗派理论》,河北省佛学院 2001 年版。

黄忏华:《佛教各宗大意》,广陵书社 2009 年版。

黄继林等:《扬州学派人物评传》,广陵书社 2007 年版。

黄开国:《公羊学发展史》,人民出版社 2013 年版。

嵇文甫:《嵇文甫文集》, 河南人民出版社 1985 年版。

季芳桐:《泰州学派新论》,巴蜀书社 2005 年版。

贾乾初:《主动的臣民:明代泰州学派平民儒学之政治文化研究》,知识产权出版社 2018 年版。

江　华:《清代儒学大师:惠栋与戴震》,中州古籍出版社 2017 年版。

江素卿:《论常州学派之学术特质与其经世思想》,花木兰文化出版社 2008 年版。

姜林祥:《中国儒学史・近代卷》,广东教育出版社 1998 年版。

蒋廷黻:《中国近代史》,上海古籍出版社 2011 年版。

蒋维乔:《中国佛教史》,团结出版社 2005 年版。

金春峰:《汉代思想史》,中国社会科学出版社 1997 年版。

净修法师:《教观纲宗科仪》,上海佛学书局 1931 年版。

邝士元:《中国学术思想史》,上海三联书店 2014 年版。

赖永海:《中国佛教通史》,江苏人民出版社 2010 年版。

蓝吉富:《禅宗全书》(影印本),北京图书馆出版社 2004 年版。

蓝吉富:《大藏经补编》,华宇出版社 1985 年版。

劳思光:《新编中国哲学史》,广西师范大学出版社 2005 年版。

劳政武:《佛教戒律学》,宗教文化出版社 1999 年版。

黎靖德:《朱子语类》,中华书局 1986 年版。

李成良:《阮元思想研究》,四川人民出版社 1997 年版。

李　帆:《刘师培与中西学术:以其中西交融之学和学术史研究为核心》,北京师范大学出版社 2003 年版。

李　帆:《章太炎、刘师培、梁启超清学史著述之研究》,商务印书馆 2006 年版。

李贵生:《传统的终结:清代扬州学派文论研究》,复旦大学出版社 2009 年版。

李经纬、张志斌主编:《中医学思想史》,湖南教育出版社 2006 年版。

李　开:《惠栋评传》,南京大学出版社 1997 年版。

李满林:《葛洪生态健康文化研究》,华中师范大学出版社 2013 年版。

李妙根编:《刘师培论学论政》,复旦大学出版社 1990 年版。

李强、李斌、文倩:《儒本道宗,学贯百家:葛洪传》,华中科技大学出版社 2018 年版。

李少军:《迎来近代剧变的经世学人:魏源与冯桂芬》,湖北教育出版社 2000 年版。

李卫军:《左传集评》,北京大学出版社 2017 年版。

李振声:《钱穆印象》,学林出版社1997年版。

利玛窦、金尼阁著,何高济、王遵仲、李申译,何兆武校:《利玛窦中国札记》,中华书局1983年版。

梁启超:《梁启超佛学文选》,武汉大学出版社2011年版。

梁启超:《梁启超论清学史二种》,复旦大学出版社1985年版。

梁启超:《清代学术概论》,中华书局2016年版。

梁启超:《中国近三百年学术史》,江苏人民出版社2015年版。

林久贵:《阮元经学研究》,人民出版社2015年版。

林启彦、黄文江主编:《王韬与近代世界》,香港教育图书公司2000年版。

林叶连:《刘向经世文选读》,丽文文化事业股份有限公司2010年版。

林益胜:《胡瑗的义理易学》,商务印书馆1974年版。

林子秋等:《王艮与泰州学派》,四川辞书出版社2000年版。

刘固盛、刘玲娣编:《葛洪研究论集》,华中师范大学出版社2006年版。

刘建臻:《焦循学术论略》,社会科学文献出版社2012年版。

刘建臻:《清代扬州学派经学研究》,江苏人民出版社2004年版。

刘瑾辉:《焦循评传》,广陵书社2005年版。

刘精胜:《王念孙之训诂学研究》,吉林大学出版社2011年版。

刘师培:《读书随笔》,广陵书社2016年版。

刘师培:《刘申叔遗书》,江苏古籍出版社1997年版。

刘师培:《刘师培讲读书》,河海大学出版社2019年版。

刘师培:《刘师培讲国学》,华文出版社2009年版。

刘师培:《刘师培讲经学》,凤凰出版社2008年版。

刘师培:《清儒得失论》,中国人民大学出版社2011年版。

刘师培著;劳舒编:《刘师培学术论著》,浙江人民出版社1998年版。

刘文典撰,殷光熹点校:《淮南鸿烈集解》,安徽大学出版社、云南大学出版社1998年版。

刘永霞:《道医陶弘景研究》,巴蜀书社2011年版。

刘永霞:《山中宰相:陶弘景大传》,宗教文化出版社年2013年版。

刘悦斌:《薛福成外交思想研究》,学苑出版社2011年版。

楼宇烈:《中国佛教与人文精神》,宗教文化出版社2003年版。

卢　央:《葛洪评传》,南京大学出版社2006年版。

陆月宏:《顾炎武天下经世之学研究》,江苏人民出版社2019年版。

吕大吉、牟钟鉴:《概说中国宗教与传统文化》,中国社会科学出版社 2005 年版。

麻天祥、姚彬彬、沈庭:《中国宗教史》,武汉大学出版社 2012 年版。

马忠文、任青编:《中国近代思想家文库——薛福成卷》,中国人民大学出版社 2014 年版。

南京大学中国思想家研究中心编:《中国思想史与思想家评传》,中华书局 2002 年版。

潘桂明:《中国佛教思想史稿》,江苏人民出版社 2009 年版。

漆　侠:《漆侠全集》,河北大学出版社 2009 年版。

钱慧真:《惠栋训诂研究》,南京师范大学出版社 2018 年版。

钱　穆:《八十忆双亲·师友杂忆》,北京三联书店 2005 年版。

钱　穆:《国史大纲》,商务印书馆 1991 年版。

钱　穆:《国史新论》,生活·读书·新知三联书店 2005 年版。

钱　穆:《汉刘向、歆父子年谱》,台湾商务印书馆(中国)1980 年版。

钱　穆:《皇帝》,生活·读书·新知三联书店 2012 年版。

钱　穆:《孔子传》,生活·读书·新知三联书店 2012 年版。

钱　穆:《论语新解》,生活·读书·新知三联书店 2002 年版。

钱　穆:《秦汉史》,生活·读书·新知三联书店 2012 年版。

钱　穆:《世界局势与中国文化》,九州出版社 2011 年版。

钱　穆:《宋明理学概述》,九州出版社 2011 年版。

钱　穆:《现代中国学术论衡》,岳麓书社 1986 年版。

钱　穆:《中国近三百年学术史》,九州出版社 2011 年版。

钱　穆:《中国历史精神》,东大图书公司 1981 年版。

钱　穆:《中国历史研究法》,生活·读书·新知三联书店 2013 年版。

钱　穆:《中国思想史》,台湾学生书局 1985 年版。

钱　穆:《中国文化精神》,九州出版社 2018 年版。

钱　穆:《中国学术思想史论丛》,九州出版社 2011 年版。

钱　穆:《中国学术通义》,九州出版社 2011 年版。

钱伟长:《钱伟长文集》,上海大学出版社 2013 年版。

钱　行:《思亲补读录:走近父亲钱穆》,九州出版社 2011 年版。

卿希泰主编:《中国道教史》,四川人民出版社 1996 年版。

卿希泰主编:《中国道教思想史》,人民出版社 2009 年版。

任继愈主编:《中国道教史》,上海人民出版社 1990 年版。

任继愈总主编:《佛教史》,中国社会科学出版社 1991 年版。

阮锡安、姚正根主编:《阮元研究论文选》,广陵书社 2014 年版。

萨孟武:《中国政治思想史》,东方出版社 2008 年版。

沈灌群、毛礼锐主编:《中国教育家评传》,上海教育出版社 1989 年版。

沈剑英主编:《中国佛教逻辑史》,华东师范大学出版社 2001 年版。

释昭慧:《佛教规范伦理学:从佛教伦理学到戒律学思想体系之建构》,宗教文化出版社 2013 年版。

苏克勤:《院士世家:钱穆·钱伟长·钱易》,河南科学技术出版社 2014 年版。

孙本新编著:《葛洪养生论》,天津科学技术出版社 2014 年版。

孙显军:《扬州学派教育叙事——以汪中汪喜孙父子为例》,南京大学出版社 2014 年版。

汤用彤:《汉魏两晋南北朝佛教史》,武汉大学出版社 2008 年版。

汤志钧:《清代经今文学的复兴:庄存与和经今文》,中国人民大学出版社 2015 年版。

汤志钧:《庄存与年谱》,台湾学生书局(中国)2000 年版。

汤志钧编:《章太炎政论集》,中华书局 1977 年版。

田汉云主编:《清代扬州学派研究论文集》,凤凰出版社 2016 年版。

万仕国:《刘师培年谱》,广陵书社 2003 年版。

汪学群:《钱穆学术思想评传》,北京图书馆出版社 1998 年版。

汪　宇:《刘师培学术文化随笔》,中国青年出版社 1999 年版。

王大伟、陈宪良:《唐代道宣著作两种校释》,四川大学出版社 2018 年版。

王　冬:《薛福成文化观》,天津人民出版社 2018 年版。

王汎森:《中国近代思想与学术的谱系》,上海三联书店 2018 年版。

王光辉:《三代可复:常州学派公羊学思想研究》,人民出版社 2018 年版。

王洪霞:《经学大语境下的胡瑗易学》,中国社会科学出版社 2013 年版。

王家葵:《陶弘景丛考》,齐鲁书社 2003 年版。

王俭校注:《顾炎武年谱笺释》,三晋出版社 2012 年版。

王静、孙荣先编:《平民哲学家:王艮》,天津教育出版社 2010 年版。

王　卡:《道家与道教思想史》,中州古籍出版社 2019 年版。

王立群:《中国早期口岸知识分子形成的文化特征:王韬研究》,北京大学出版社 2009 年版。

王启敏:《刘向〈新序〉、〈说苑〉研究》,安徽大学出版社 2011 年版。

王日根、陈国灿:《江南城镇通史:清前期卷》,上海人民出版社 2017 年版。

王卫平:《中日地方志与江南区域史研究》,苏州大学出版社 2014 年版。

王欣夫:《文献学讲义》,上海古籍出版社 2014 年版。

王亚荣:《道宣评传》,宗教文化出版社 2017 年版。

王应宪:《清代吴派学术研究》,华东师范大学出版社 2009 年版。

王云度:《刘安评传》,南京大学出版社 1997 年版。

王章涛:《王念孙、王引之年谱》,广陵书社 2006 年版。

王振忠:《明清徽商与淮扬社会变迁》,生活·读书·新知三联书店 1996 年版。

王作良:《葛洪》,陕西师范大学出版社 2017 年版。

韦政通:《中国思想史》,水牛出版社 1980 年版。

魏兆锋:《钱穆教育生涯的历史考察》,九州出版社 2018 年版。

吴　华:《传统视域下的钱穆:中外文明交流史数论》,上海科学技术文献出版社 2015 年版。

吴龙川:《刘逢禄〈公羊〉学研究》,花木兰文化出版社 2008 年版。

吴全兰:《刘向哲学思想研究》,中国社会科学出版社 2007 年版。

吴伟业:《复社纪事》,上海书店 1982 年版。

吴雁南等主编:《中国经学史》,福建人民出版社 2001 年版。

吴雁南主编:《清代经学史通论》,云南大学出版社 2001 年版。

吴　震:《泰州学派研究》,中国人民大学出版社 2009 年版。

吴宗慈:《张道陵天师世家》,江西省文献委员会 1947 年版。

武　锋:《葛洪〈抱朴子外篇〉研究》,光明日报出版社 2010 年版。

相宏武:《葛洪论稿:以文学文献学考察为中心》,中国社会科学出版社 2013 年版。

萧公权:《中国政治思想史》,新星出版社 2005 年版。

谢无量:《中国哲学史》,中华书局出版社 1940 年版。

忻　平:《王韬评传》,华东师范大学出版社 1990 年版。

熊铁基:《汉代学术史论》,高等教育出版社 2013 年版。

熊月之:《冯桂芬评传》,南京大学出版社 2011 年版。

徐复观:《中国思想史论集》,上海书店出版社 2004 年版。

徐国利:《钱穆史学思想研究》,台湾商务印书馆(中国)2004 年版。
徐建平、陈钟石:《胡瑗:北宋大儒一代宗师》,苏州大学出版社 2012 年版。
徐建平主编:《胡瑗》,中国文史出版社 2000 年版。
徐兴无:《刘向评传》,南京大学出版社 2005 年版。
许道勋、徐洪兴:《中国经学史》,上海人民出版社 2006 年版。
许地山:《道教史》,凤凰出版社 2010 年版。
许苏民:《顾炎武》,陕西师范大学出版社 2017 年版。
许苏民:《顾炎武评传》,南京大学出版社 2006 年版。
薛正兴:《王念孙、王引之评传》,南京大学出版社 2008 年版。
杨　波:《刘向著述研究》,吉林教育出版社 2012 年版。
杨国荣主编:《中国哲学史》,中国人民大学出版社 2012 年版。
杨怀中标注:《钦定兰州纪略》,宁夏人民出版社 1988 年版。
杨镜如编著:《苏州府学志》,苏州大学出版社 2012 年版。
杨丽娟:《刘师培家藏文献研究初集》,商务印书馆 2017 年版。
杨亮功:《早期三十年的教学生活——五四》,黄山书社 2008 年版。
杨世华主编:《葛洪研究二集》,华中师范大学出版社 2008 年版。
杨天石:《泰州学派》,中华书局 1980 年版。
杨曾文:《佛教与中国历史文化》,金城出版社 2013 年版。
杨曾文:《隋唐佛教史》,中国社会科学出版社 2014 年版。
叶　龙:《钱穆讲学粹语录》,商务印书馆(香港)有限公司 2013 年版。
印　顺:《中国禅宗史》,团结出版社 2010 年版。
余英时:《钱穆与现代中国学术》,广西师范大学出版社 2006 年版。
余英时:《宋明理学与政治文化》,广西师范大学出版社 2006 年版。
余英时:《现代学人与学术》,广西师范大学出版社 2006 年版。
曾　亦、郭晓东:《春秋公羊学史》,华东师范大学出版社 2017 年版。
曾其海:《三宗论 华严宗 天台宗 牛头宗》,上海社会科学院出版社 2006 年版。
张程远主编:《人师顾炎武》,苏州大学出版社 2015 年版。
张海林:《王韬评传》,南京大学出版社 2007 年版。
张岂之:《顾炎武》,中华书局 1982 年版。
张岂之:《中国思想学说史·明清卷》,广西师范大学出版社 2007 年版。

张岂之主编:《中国思想史》,西北大学出版社 2012 年版。

张荣明:《信仰的考古:中国宗教思想史纲要》,南开大学出版社 2010 年版。

张寿安:《以礼代理:凌廷堪与清中叶儒学思想之转变》,河北教育出版社 2001 年版。

张舜徽:《清代扬州学记》,广陵书社 2004 年版。

张允候等编:《五四时期的社团》,生活・读书・新知三联书店 1979 年版。

章炳麟:《章太炎全集》,上海人民出版社 1982 年版。

章炳麟:《章太炎政论选集》,中华书局 1977 年版。

章炳麟、马勇编:《章太炎书信集》,河北人民出版社 2013 年版。

章开沅:《清通鉴》(第三册),岳麓书社 2000 年版。

章太炎、刘师培著,罗志田导读,许亮工编校:《中国近三百年学术史论》,上海古籍出版社 2006 年版。

赵昌智主编:《扬州学派研究论文选》,广陵书社 2013 年版。

赵　航:《扬州学派概论》,广陵书社 2003 年版。

赵铭丰:《惠栋〈古文尚书考〉研究》,花木兰文化出版社 2008 年版。

郑　全:《葛洪研究》,宗教文化出版社 2010 年版。

郑　雯:《冯桂芬》,陕西师范大学出版社 2017 年版。

郑先彬:《刘向〈列女传颂图〉研究》,凤凰出版社 2013 年版。

郑晓霞、吴平点校:《扬州学派年谱合刊》,广陵书社 2008 年版。

中国人民政治协商会议江苏省无锡县委员会编:《钱穆纪念文集》,上海人民出版社 1992 年版。

中国社会科学出版社编:《陶弘景道书语法研究》,中国社会科学出版社 2019 年版。

中华书局编辑部编,汤志钧、陈正青校:《王韬日记》(增订版),中华书局 2015 年版。

钟国发:《陶弘景评传》,南京大学出版社 2005 年版。

钟玉发:《阮元学术思想研究》,中国社会科学出版社 2013 年版。

周德昌主编:《北宋教育论著选》,人民教育出版社 1998 年版。

周德全:《道教与封建王权政治交流研究》,人民出版社 2015 年版。

周可真:《顾炎武年谱》,苏州大学出版社 1998 年版。

周可真:《顾炎武与中国文化》,黄山书社 2009 年版。

周可真:《顾炎武哲学思想研究》,当代中国出版社 1999 年版。

周予同:《中国经学史讲义》,上海文艺出版社 1999 年版。

周予同著、朱维铮编:《周予同经学史论著选集》,上海人民出版社 1983 年版。

朱封鳌:《天台山佛教史》,宗教文化出版社 2012 年版。

朱瑞玫编著:《成语与佛教》,北京经济学院出版社 1989 年版。

朱越利主编:《理论·视角·方法——海外道教学研究》,齐鲁书社 2013 年版。

邹进先:《龚自珍论稿》,黑龙江人民出版社 2013 年版。

三、汉译著作

[德]阿尔伯特·史怀哲著,常暄译:《中国思想史》,社会科学文献出版社 2009 年版。

[美]艾尔曼著,赵刚译:《经学、政治和宗族——中华帝国晚期常州今文学派研究》,江苏人民出版社 1998 年版。

[法]程艾蓝著,冬一、戎恒颖译:《中国思想史》,河南大学出版社 2017 年版。

[美]邓尔麟著,蓝桦译:《钱穆与七房桥世界》,社会科学文献出版社 1998 年版。

[日]岛田虔次著,邓红译:《中国思想史研究》,上海古籍出版社 2009 年版。

[日]蜂屋邦夫著,隽雪艳、陈捷等译:《道家思想与佛教》,辽宁教育出版社 2000 年版。

[日]沟口雄三著,燕颖等译,《中国思想史:宋代至近代》,生活·读书·新知三联书店 2014 年版。

[美]柯文著,雷颐、罗检秋译:《在传统与现代性之间:王韬与晚清改革》,江苏人民出版社 1998 年版。

[英]乔治·斯当东著,叶笃义译:《英使谒见乾隆纪实》,商务印书馆 1963 年版。

[美]张灏著,高力克等译:《危机中的中国知识分子——寻求秩序与意义(1890—1911)》,中央编译出版社 2016 年版。

[美]魏白蒂著,朱已泰等译:《清中叶学者大臣阮元生平与时代》,广陵书

社 2017 年版。

[日]小林正美:《六朝佛教思想研究》,齐鲁书社 2013 年版。

[美]伊利亚德著,吴晓群、晏可佳译:《宗教思想史》,上海社会科学院出版社 2004 年版。

后　记

严格来说，在中国传统“大一统”的思想文化格局下，“江苏”或者某个省域、地区并不构成一个严格意义的思想单位，所以一开始在接到撰写《江苏思想史》的任务时，我十分犹豫，觉得此项工作殊为难事。但在江苏省社会科学院哲学与文化研究所所长胡发贵研究员的再三鼓励下，我硬着头皮应承下来。在参加了江苏社科院组织的几次讨论会并与胡所长反复商量后，我开始了搜集资料和撰写工作。可以说，没有胡所长的鼓励和指导，就没有这本《江苏思想史》的完成。

本书按照中国思想的发展历程和内在脉络，选取了具有一定代表性的人物思想进行阐述，以此来展现江苏籍思想家所发明和传承的中国思想。本书秉持在整个中国思想背景下来看待江苏思想人物的总体撰写思路，按照学界共识的中国思想发展线索，同时结合江苏地区在中国思想史不同阶段上出现的翘楚人物，来撰写“江苏思想史”，如在秦汉思想中选取了刘安及其《淮南子》，两汉经学选取了刘向、刘歆父子，在道教兴起的汉末至魏晋南北朝时期选取张道陵、葛洪、陶弘景等人，在佛教中国化的六朝至隋唐时期选取了法融、道宣、湛然，在宋明理学时期选取了胡瑗和王艮，在明清之际的思想大转变时期选取了顾炎武，在清代经学、朴学时期选取吴派、扬州学派、常州学派，在晚期新学时期选取王韬、冯桂芬、薛福成等，在近代以来的古今中西思想交融时期选取了刘师培和钱穆。如上的遴选，肯定有所遗漏，甚至未必准确，但通过上述具有一定代表性的人物及其思想，大致能看到江苏人物参与到中国思想发展史的历程，也能理解“江苏”地区思想家在中国思想史中的处境。

需要特别说明的是，本书在筹划和撰写的过程中，我们反复意识到，一定会面临遴选思想人物的困境，一定会出现对于人物思想之介绍不够详尽准确的地方，一定会出现选材和思想上的“挂一漏万”之弊。关于思想人物的选取原则，我们在本书的导言中也有所交代。在中国思想史上，江苏地区出现了不可计数的思想人物，对于中国传统思想和文化的发生、发展都作出了突出贡献，但是囿于我们自身的学识与能力，不能做更多的记述；还有一些人物，由于其籍贯在历史上存在比较大的争论，故而也没有选取。另外，本书所记述的思想人物，他们的思想也远不止本书记述的内容，但同样囿于学术和能力，也不能做更多的论述。这些都是本书的遗憾和缺失。

感谢江苏省哲学社会科学规划办公室、江苏省社会科学院哲学与文化发展研究所对项目研究的大力支持，感谢审稿专家对文稿内容的指正以及孙钦香博士提供的各种帮助，感谢江苏人民出版社龚权老师辛劳的编辑工作。

朱　承

2020 年 7 月 1 日